●国际商务系列教材

跨国公司财务

（第二版）

徐晓云 ◎ 编著

→ KUAGUO GONGSI CAIWU

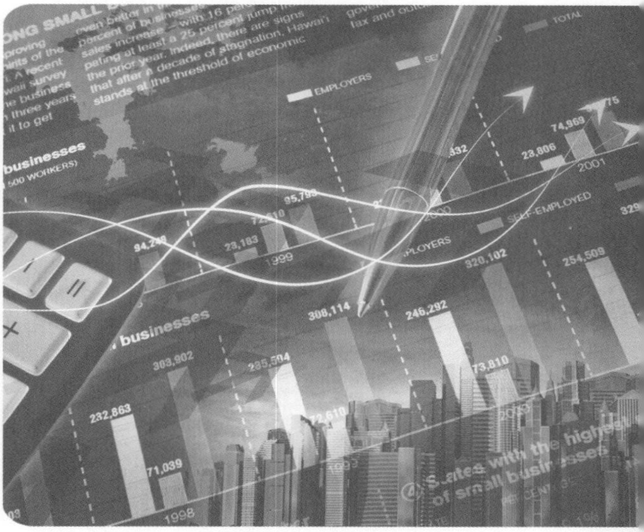

中国人民大学出版社
·北京·

图书在版编目（CIP）数据

跨国公司财务/徐晓云编著．—2版．—北京：中国人民大学出版社，2018.1
国际商务系列教材
ISBN 978-7-300-25256-8

Ⅰ．①跨…　Ⅱ．①徐…　Ⅲ．①跨国公司-财务管理-教材　Ⅳ．①F276.7

中国版本图书馆CIP数据核字（2017）第307330号

国际商务系列教材
跨国公司财务（第二版）
徐晓云　编著
Kuaguo Gongsi Caiwu

出版发行	中国人民大学出版社		
社　　址	北京中关村大街31号	**邮政编码**	100080
电　　话	010－62511242（总编室）		010－62511770（质管部）
	010－82501766（邮购部）		010－62514148（门市部）
	010－62515195（发行公司）		010－62515275（盗版举报）
网　　址	http://www.crup.com.cn		
经　　销	新华书店		
印　　刷	固安县铭成印刷有限公司	**版　　次**	2012年6月第1版
开　　本	787 mm×1092 mm　1/16		2018年1月第2版
印　　张	20.25　插页1	**印　　次**	2025年1月第4次印刷
字　　数	482 000	**定　　价**	45.00元

总序

2010年5月，国务院学位委员会第27次会议决定在我国新增国际商务专业硕士学位，中国人民大学经济学院作为首批设立了“国际商务”专业硕士学位的教学单位，成为研究生教育改革的重要实验基地。

长期以来，中国的研究生教育以学术学位教育为主，即按照学术研究的要求培养学术研究人才，研究生的就业取向多集中在教学、科研岗位。随着我国经济与社会的发展，这种单一的学术型培养目标越来越不适应社会对多样化人才的需求。社会对高层次应用型人才的需求越来越旺盛，于是，专业硕士学位就应运而生。专业学位的学生就业取向定位在各类实际应用部门。专业学位教育主要是应用和实践教育，注重培养学生的应用性、开发性研究与设计能力，以满足特定社会职业对专业应用型人才的需求。在美国和欧洲，专业学位教育已经非常普遍，例如，美国比较常见的有74种专业硕士学位，55种专业博士学位，10种第一职业学位，庞大的专业学位体系覆盖了几乎所有社会职业，使研究生教育具有更加广泛的社会适应性。

国际商务专业的目标是培养适应复杂国际经济、政治、文化环境，通晓现代商务基础理论，具备完善的国际商务知识体系，熟练掌握现代国际商务实践技能，有较强的外语交流能力、国际商务分析与决策能力的应用型、复合型、职业型的高级商务专门人才。

那么，如何培养应用型、复合型、职业型的高级商务专门人才呢？

首先，培养应用型人才，需要我们坚持能力为重的培养方式。过去的学术型学位教育注重基础、注重理论，而专业学位的人才培养模式以职业所需的知识体系来组织课程，教学过程的实践性尤为突出，目标是使学生成为可用的人才。国际商务的应用型人才应具备如下能力：发现、阐述、分析和解决国际商务活动中的问题的能力；在国际团队中跨文化交流、合作与谈判的能力；把握国际经济贸易及金融环境、洞悉商务机会的能力；使用国际通用的方法与工具分析问题的能力；等等。

其次，培养复合型国际商务人才，需要我们以职业所需的知识体系来组织课程，完善学生职业发展所需要的知识结构，并将职业实践与专业学习结合起来。国际商务是跨国界的商务活动，从内容上看，它包括贸易、投资、金融等各领域。具体讲，围绕跨国界的商务活动，需要掌握国际市场、国际战略、资源配置、经营管理、市场营销、如何遵守国际规则、如何适应不同国家政治和文化环境等诸多知识，只有掌握这些知识才能成为复合型的国际商务人才。

再次，培养职业型人才，需要我们着眼于提高人的职业能力、职业伦理、职业精神，使其更好地胜任职业工作。例如，一个优秀的国际商务职业人才要有建立和维护商务人际网络、建立和谐关系的能力，要熟悉企业文化，有道德感和社会责任感，有职业的精神面貌，更要有职业的奋斗精神和开拓创新精神。

最后，我们还要强调国际商务专业学位培养的是高级的精英商务人才，而这主要体现在人才的国际化培养定位上。具备国际化的视野、国际化的思维，了解国际规则和法律，熟练使用外语，这些都是对学生的基本要求。

尽管过去我们在培养国际贸易、世界经济等相关专业的研究生方面积累了比较多的经验，但国际商务专业学位毕竟刚刚设立，应用型学位与学术型学位研究生的培养有比较大的差异，我们必须跳出过去的学术型研究生的培养路子，探索一种适应新的培养目标的培育模式。中国人民大学经济学院作为我国经济学类研究生的重要培育基地，理应探索一条既与国际接轨又适合国内需求的中高级应用型国际商务专业人才的培养路子。为此，我院成立了以杜厚文教授为主任并有多位相关专业的国内著名学者、政府官员、企业家参与的国际商务学术委员会，深入讨论国际商务专业学位研究生的培养模式。大家一致认为，尽快编写出一套适应新的培养目标的国际商务系列教材至关重要。于是，以我院国际经济系为主体，组织教师就如何编写出国际商务系列教材召开多次研讨会，力争在取得基本共识的基础上，把符合专业学位特征的教育思想融入系列教材的设计、写作与编辑之中。

中国人民大学经济学院推出的国际商务系列教材具有如下特点：

第一，系统性。该系列教材系统覆盖了国际商务所需的知识体系，涉及国际经济、国际贸易、国际金融、国际商务、跨国公司管理、国际规则运用、跨文化沟通、市场营销等各个方面。

第二，突出了案例教学的特点。教材选用了大量具有国际背景的前沿性的案例，能够帮助学生了解国际商务的现实环境，并通过案例学习获得职业感觉和应用能力。

第三，具有创新性，凸显了中国人民大学经济学院的知识产权特色。在教材编写过程中，我们多次讨论什么是国际商务教学的一般要求、一般规律，如何能将中国人民大学经济学院长期沉淀下来的知识优势融入这一般规律中，在国际商务人才的培养中创立人民大学特色。而今，呈现在读者面前的这套系列教材，凝聚了我们的思想和创新。

从 2010 年 5 月国家批准国际商务学位建设起的短短一年多的时间里，我们推出了这套系列教材。一方面这套及时出版的系列教材可以为刚刚起步的国际商务专业学位研究生的培养提供一个可供选择的教材蓝本，为同行之间的交流提供参照和渠道；另一方面，我们不得不承认，在这么短的时间内推出一套全新的教材，无论是从时间上来说还是从我们的知识水平上来说都很有挑战性，因而我们的这套教材不可避免地存在这样或那样的不足。我们诚恳地希望同行们批评指正，以便我们在再版这套教材时吸收来自各方面的意见，把教材修订得更好。

这套系列教材得到了中国人民大学经济学院的“985”项目与“211”项目的资助，这套教材也是我院“中国经济学”学科建设子项目的成果之一。同时，中国人民大学出版社在国际商务系列教材的编写过程中自始至终给予了很大的支持，在此我们表示感谢！国际商务专业学位是个新生事物，让我们共同努力，让这个新生事物能像雨后春笋一样破土而出，茁壮成长！

杨瑞龙

2011 年 8 月 19 日于中国人民大学明德楼

CONTENTS

目　录

PART 1

第1部分

导论和市场基础知识

第1章

导 论

本章重点

1. 全球化及其表现
2. 计算跨国指数
3. 财务管理国际化的必要性
4. 如何更好地运用本书

关键词

全球化　外向程度比率　跨国指数

本章是对本书撰写意义、撰写特点以及使用方法的一个全面的概括。本书名为“跨国公司财务”，既可以理解为学习跨国公司的财务管理的教材，也可以理解为学习公司的跨国财务管理的教材。之所以将国际化的财务管理作为专门的课程来学习，是因为世界经济的全球化趋势在加速深化，中国也以前所未有的迅猛势头加入全球化的浪潮之中。本书在公司财务的理论和方法的基础上，全面介绍了企业涉外财务工作的基础理论和基本方法，是专门针对涉外财务工作者的教材。希望学生在学习这本书后，在工作中遇到涉外财务问题时能够应对，或至少建立起基础以在实践中尽快上手。本章分两节，第一节为经济全球化对企业财务工作的影响，目的是阐述本书的撰写意义。我们的生活常识、所见所闻以及统计数据表明，全球化在不断地发展和深化，而跨国公司正是全球化发展的载体。跨国公司的财务工作因此也具备国际化的特殊性，这表现在日常财务管理、营运资本管理和长期投融资业务中；第二节为如何更好地使用本书，是本书的撰写说明以及使用指南。

1.1　经济全球化对企业财务工作的影响

本节在描述经济全球化（globalization）这一现象的基础上，做出跨国公司是经济全球化的载体这一判断。而日益深入发展的经济全球化对企业的财务工作也提出了更高的、国际化的要求。本节讨论三个问题：全球化及其表现；跨国公司是全球化的载体；全球化的收入、支付和投资、融资，要求全球化的财务管理。

1.1.1 全球化及其表现

随着生产和技术的发展、交通与通信的便利，随着全球对于国际贸易和国际投资在政策上的非管制化和市场化改革，随着各国人员和文化的广泛交流，也随着区域一体化组织如欧盟的形成与发展，世界经济呈现出全球化的趋势，这一趋势日益改变着全球分工生产、国际贸易、国际投资的格局，也影响着全球人们生活的方式和文化。每一个人都有其对于全球化的体会，总结起来，全球化主要表现在以下几个方面：

（1）生产日益全球化。在全球范围内进行分工生产，是经济全球化的基础。当前的全球分工，已经从过去的按资源禀赋的不同进行的分工，转变为以追求多样性和追求规模效益为目的而进行的分工；过去不同国家根据生产发展水平的不同，处于全球垂直分工的不同位置，而现在越来越多的水平分工出现在同一产业甚至同一产品中，就像欧洲到处都能看到丰田和本田车，而奔驰和宝马车在日本也随处可见一样；越来越多的国家生产着全球人民使用的产品，同时也享用全球生产的成果。

（2）在世界贸易组织以及其前身关税与贸易总协定的努力之下，全球贸易加速增长，增长速度快过世界 GDP 的增长速度。国际贸易从消费品贸易、资本品贸易逐渐发展到服务贸易；虽然贸易保护主义时有抬头，但较第二次世界大战前，各国的关税得到巨幅削减，各国人民都能享受到全球分工带来的丰富、多样和更加廉价的产品。

（3）国际金融交易频繁，各国金融融合程度越来越高。外汇交易脱离国际贸易实务的需要而得到迅猛发展，各种金融衍生工具不断创新，国际金融市场成为集服务、融资、投资和投机为一体的市场，其交易额已远超全球国际贸易额。欧盟国家更是推出了统一的货币，使用统一的中央银行，并且遵守同样的货币政策。由于金融自由化的不断推进，当前各国人民可以拥有不同国家的金融资产，比如美国、英国、新加坡等国的人民就可以通过在股票市场购买中国公司的股票（严格意义上来说是存托凭证）来持有中国企业的股权。而欧洲货币市场的发展，给世界各国政府、企业和机构提供了以美元为主的多币种的融资平台。

（4）国际投资遍布全球。国际投资是全球经济增长的动力。国际资本在全球寻找盈利机会的努力一直没有间断，不仅发达国家之间相互投资，而且越来越多的资本被投到新兴市场和发展中国家。无论是出于对资源的占有目的（比如对海外油气田和天然矿产的购买），还是出于绕开关税壁垒的目的，或者出于拓展品牌的考虑，或者出于利用不同地区廉价和优势资源的考虑，国际直接投资都呈现爆发式发展。21 世纪前十年的国际投资额比之前全球所有国际投资额的总和还要多。发达国家之间的资本在不断渗透，而发达国家通过资本也在不断地影响其他国家的经济与发展。外国资本对中国经济产生了重要的影响，根据《2015 年对外经济贸易发展报告》中的统计数据，截至 2015 年 12 月底，全国非金融领域累计设立外商企业已经超过 83 万家，实际使用外资金额超过 1.6 万亿美元。

（5）世界生产、贸易、金融和投资的国际化，要求越来越多的国际化人才。随着国际交流的日益频繁，各国文化变得越来越融合、越来越多样化，符合国际化要求的商务、技术人员也越来越多。不同背景的人才组成的团队随处可见。很多理念在全球获得了广泛共识：可持续发展、生态多样化、绿色低碳、反腐败、反垄断、团队合作精神等。由于网络、通信技术的发展，人们几乎可以做到天涯咫尺的交流。

（6）越来越多的政府层面上的合作与协调，使得各国在应对经济问题时获得了更多的支持。虽然为了各自民族的利益，或者为了竞选的需要，各国政府仍然不时针锋相对，但不可否认的是政府之间的合作有了实质性的加深。无论是G7、G8，还是G20，都是一种合作的途径。中美之间的部长级磋商，也为两国在务实层面加强政府间合作提供了较为方便的通道。

1.1.2 跨国公司是全球化的载体

跨国公司在全球范围内安排分工生产，寻求最便宜的自然和人力资源——比如非洲的矿产资源、中国廉价的简单劳动力、印度的软件工程师；跨国公司在全球范围内安排销售，占据最有利的市场——比如无处不在的苹果公司产品和遍布全球的沃尔玛超市；跨国公司在全球范围内投资，追求最大化利润——比如在全球拥有上百家分支机构的百年企业杜邦；跨国公司在全球范围内宣传其产品及文化——比如宣传“科技以人为本”的诺基亚；等等。可以说，跨国公司是全球化最重要的载体。

表1-1是2016年世界500强公司中的前20名，表1-2是2016年世界500强公司中排名最靠前的10家中国公司。我们可以从这两个表中看到跨国公司的强大实力及中国公司在全球地位的崛起。关于世界500强公司的介绍很丰富，简单了解这些公司的名录和基本数据，可以给我们带来如下启示：1）跨国公司富可敌国，掌握着全球最多的资本和财富，也雇用了全球最大数量的人才，其在政治经济上的影响力不可忽视。2）跨国公司就在我们身边。我们不仅在享受越来越多的跨国公司提供的产品和服务，而且会有越来越多的就职于这些公司的机会，这将改变我们的职业生涯，对我们的知识储备的国际化提出更高要求。3）中国公司的实力在增强，学生们为国际化公司服务的机会将越来越多。4）中国公司的国际化水平与世界先进水平还有相当大的距离，我们必须为中国公司的国际化发展添砖加瓦。

表1-1　　2016年世界500强公司中的前20名

2016年排名	2015年排名	公司名称	营业收入（百万美元）	利润（百万美元）	所属国家
1	1	沃尔玛（Wal-Mart Stores）	482 130	14 694	美国
2	7	国家电网公司（State Grid）	329 601.30	10 201.40	中国
3	4	中国石油天然气集团公司（China National Petroleum）	299 270.60	7 090.60	中国
4	2	中国石油化工集团公司（Sinopec Group）	294 344.40	3 594.80	中国
5	3	荷兰皇家壳牌石油公司（Royal Dutch Shell）	272 156	1 939	荷兰
6	5	埃克森美孚（Exxon Mobil）	246 204	16 150	美国
7	8	大众公司（Volkswagen）	236 599.80	−1 519.70	德国
8	9	丰田汽车公司（Toyota Motor）	236 591.60	19 264.20	日本
9	15	苹果公司（Apple）	233 715	53 394	美国

续前表

2016年排名	2015年排名	公司名称	营业收入（百万美元）	利润（百万美元）	所属国家
10	6	英国石油公司（BP）	225 982	−6 482	英国
11	14	伯克希尔-哈撒韦公司（Berkshire Hathaway）	210 821	24 083	美国
12	16	麦克森公司（Mckesson）	192 487	2 258	美国
13	13	三星电子（Samsung Electronics）	177 440.20	16 531.90	韩国
14	10	嘉能可（Glencore）	170 497	−4 964	瑞士
15	18	中国工商银行（Industrial & Commercial Bank of China）	167 227.20	44 098.20	中国
16	17	戴姆勒股份公司（Daimler）	165 800.20	9 344.50	德国
17	35	联合健康集团（UnitedHealth Group）	157 107	5 813	美国
18	30	CVS Health公司（CVS Health）	153 290	5 237	美国
19	19	EXOR集团（EXOR Group）	152 591	825.3	意大利
20	21	通用汽车公司（General Motors）	152 356	9 687	美国

资料来源：《财富》中文网（http：//www.fortunechina.com/fortune500/c/2016－07/20/content _ 266955.htm）。

表1－2　2016年世界500强公司中的中国10强

2016年排名	2015年排名	公司名称	营业收入（百万美元）	利润（百万美元）
2	7	国家电网公司（State Grid）	329 601.3	10 201.4
3	4	中国石油天然气集团公司（China National Petroleum）	299 270.6	7 090.6
4	2	中国石油化工集团公司（Sinopec Group）	294 344.4	3 594.8
15	18	中国工商银行（Industrial & Commercial Bank of China）	167 227.2	44 098.2
22	29	中国建设银行（China Construction Bank）	147 910.2	36 303.3
25	31	鸿海精密工业股份有限公司（Hon Hai Precision Industry）	141 213.1	4 627.1
27	37	中国建筑工程总公司（China State Construction Engineering）	140 158.8	2 251.3
29	36	中国农业银行(Agricultural Bank of China)	133 419.2	28 734.9
35	45	中国银行（Bank of China）	122 336.6	27 185.5
41	96	中国平安保险（集团）股份有限公司（Ping An Insurance）	110 307.9	8 625

资料来源：《财富》中文网（http：//www.fortunechina.com/fortune500/c/2016－07/20/content _ 266955.htm）。

表1-3节选自中国企业联合会与中国企业家协会联合发布的2016年中国跨国公司的跨国指数（transnationality index，TNI），该表按照海外资产总量排序。从海外资产排在前30名的公司来看，跨国指数在20%左右的公司很多，在10%以下的也不少，因此我们可以认为，中国跨国公司的跨国指数不高。全球优秀跨国公司的跨国指数一般为30%～60%，也就是说至少1/3的业务在海外，至少1/3的业务在国内。

表1-3　2016年中国跨国公司30强（按海外资产排名）跨国指数

排名	公司名称	海外资产（万元）	海外收入（万元）	海外员工（名）	跨国指数（%）
1	中国石油天然气集团公司	88 371 552	81 387 296	120 729	24.26
2	中国石油化工集团公司	50 046 256	53 305 508	56 187	19.92
3	中国海洋石油总公司	47 892 423	17 612 348	8 979	30.23
4	中国中信集团有限公司	40 985 730	4 438 657	18 180	9.7
5	中国移动通信集团公司	40 593 214	11 463 919	7 371	14.56
6	中国远洋海运集团有限公司	30 902 627	10 673 721	14 451	37.05
7	中国中化集团公司	27 506 151	31 243 900	5 539	56.62
8	中国铝业公司	18 561 709	1 405 737	2 105	15.18
9	中国化工集团公司	17 929 225	14 772 768	50 327	47.98
10	中国五矿集团公司	17 737 190	7 272 311	10 884	32.81
11	联想控股股份有限公司	17 504 798	21 187 754	34 584	57.22
12	华为技术有限公司	15 360 000	22 910 000	40 800	41.09
13	中国交通建设集团有限公司	14 668 355	8 487 362	8 850	13.83
14	海航集团有限公司	13 866 871	3 593 982	82 800	29.63
15	中国建筑股份有限公司	12 312 766	6 107 836	17 545	8.46
16	广州越秀集团有限公司	11 644 980	223 734	1 749	17.98
17	国家电网公司	11 280 080	1 331 950	2 896	1.52
18	中国航空工业集团公司	11 262 901	4 793 726	29 237	9.9
19	浙江吉利控股集团有限公司	10 350 390	13 121 955	24 112	65.43
20	中国兵器工业集团公司	10 319 834	13 115 047	10 499	22.95
21	中国兵器装备集团公司	10 104 043	11 419 777	5 496	18.01
22	中国电力建设集团有限公司	8 535 104	6 907 625	85 180	28.15
23	大连万达集团股份有限公司	6 911 112	2 911 414	23 814	12.07
24	绿地控股集团股份有限公司	6 245 374	12 919	260	3.82
25	北京首都创业集团有限公司	5 999 007	339 225	1 583	14.76
26	中国电子信息产业集团有限公司	5 953 801	10 452 227	38 750	34.93
27	中国华能集团公司	5 943 710	1 355 205	565	3.86
28	潍柴控股集团有限公司	5 877 532	3 973 251	26 682	42.97

续前表

排名	公司名称	海外资产（万元）	海外收入（万元）	海外员工（名）	跨国指数（%）
29	中国联合网络通信集团有限公司	5 805 186	234 525	465	3.27
30	中国铁道建筑总公司	5 407 904	2 771 573	6 286	4.83

说明：衡量跨国公司国际化经营程度的主要指标包括：(1) 海外销售总额，它衡量跨国公司的海外市场规模；(2) 海外销售净额，即海外销售总额扣除销售折扣、销售退回和销售成本；(3) 海外公司比率＝海外子公司数/全部子公司数×100%；(4) 生产依存度＝海外子公司总产值/全部总产值×100%；(5) 外向程度比率＝海外子公司总产值（或资产、销售额、雇员数量）/全部产值（或资产、销售额、雇员数量）；(6) 跨国指数＝（国外资产/总资产＋国外销售额/总销售额＋国外雇员数量/总雇员数量）/3×100%。

资料来源：中国企业联合会（http：//www.cec-ceda.org.cn/view _ sy.php?id=32009）。

1.1.3 全球化的收入、支付和投资、融资，要求国际化的财务管理

跨国公司在全球投资、采购、生产、销售及融资，必然要求其财务管理能够实现国际化。国际化的财务管理和一般国内公司的财务管理有共性，比如都需要掌握估值技术和风险评价技术，在投资项目或兼并收购时做财务可行性研究和风险评价；都需要了解融资渠道，知道如何计算融资成本；都需要对营运资本进行管理，让企业尽量减少资金占压和加快资金周转；都需要制作财务报表、分析财务指标；等等。但是，国际化的财务管理需要知道的和掌握的还不止这些，我们还需要了解跨国公司在国际化的财务管理中遇到的特殊情况，以及掌握处理这些问题的方法。跨国公司财务的特殊性具体表现为：

(1) 多币种的货币活动频繁，规避货币风险成为重要内容，国际金融市场成为主要活动平台。跨国公司在全球取得收入，显然币种会不同，比如沃尔玛在全球16个国家开设超过7 000家超市，每天将在全球不同地点“点数”不同的货币。与此同时，它也必然在全球采购和进货，支付不同的货币。还比如，沃尔玛在不同国家投资建超市时需要用当地货币支付各种设备和人工成本，开业后需要以当地货币支付员工工资，为了周转需要还可能向当地金融机构融资借款……这些进进出出的货币，数额并不一定匹配，这就需要不同货币同美元之间（沃尔玛的总部在美国）或者不同货币之间进行汇兑以匹配收支需求，这就会带来汇率风险。举个例子来说，沃尔玛在全球的超市里都愿意上架中国的家电产品，比如微波炉。沃尔玛从中国采购微波炉时，人民币相对美元升值了，虽然中国厂家的卖价没有变，但是，如果沃尔玛超市的卖价也不改变，超市的利润就会下降，因为以美元计价的微波炉的采购价变高了，超市成本上升了。又比如，沃尔玛决定由总公司出资在中国建设一家新超市，建设工期为2008年年初到2008年年末，由于2008年人民币升值约10%，所以超市的建设就会出现一边建设一边增加投资预算的情况。这些货币往来带来的风险，在一定程度上是可以被规避的。最简单的是企业内部主动平衡和匹配币种，比如，在中国的利润不换成美元汇回美国，而是留在中国采购货物或建设新超市。如果内部匹配之后仍有外汇敞口，外汇市场就提供了这样一个平台，跨国公司可以通过在外汇市场买卖外汇及外汇衍生品来覆盖风险敞口。为了掌握这些技

术，我们需要学习“跨国公司财务”这门课程。

(2) 多个关联公司之间的往来，为利益安排、利益输送、规避风险及逐利提供了通道。跨国公司在全球有众多分支机构，它们之间有着密切的商务往来。进入21世纪以来，跨国公司内部的国际贸易超过了世界国际贸易的六成，这就为跨国公司在分公司、子公司、孙子公司之间安排利益提供了通道。比如，一个美国的汽车制造商，它在本土组装一辆汽车的零件可能来自全球不同国家的分公司、子公司，可能有来自中国、马来西亚、墨西哥等国的合资厂或者独资厂提供的汽车配件。如果这些海外的子公司以极便宜的价格将这些汽配产品卖给了总公司，则利润就被归集到了总公司，这些海外公司的所有资源优势最后都成了总公司的利润及总公司所在国家的税收利益。如果总公司以极昂贵的价格向这些子公司、孙子公司提供了技术支持和服务，也可以达到同样的目的。考虑到汇率变化的因素，跨国公司还可以在安排资金划汇上采取不同的策略。比如，跨国公司在中国有分支机构，并且从该分支机构进口零部件，当人民币升值预期强烈的时候，总公司会采取预付款的方式来规避风险，反之，如果人民币贬值预期强烈，总公司则会延迟向分支机构支付，这些做法在规避风险与逐利之间也就一线之隔。关联公司越多，跨国公司进行利益输送的通道就越多，这在一定程度上损害了东道国的利益，令东道国防不胜防。

(3) 不同国家有不同的政策法规，涉外财务工作者必须了解和掌握这些政策法规，并据此进行跨国公司的投资、融资安排以及税收筹划。跨国公司要在全球范围内布局，就难免要在全球范围内投资，为了降低资金成本，跨国公司也会在全球范围内融资，这就必须了解当局对于对外直接投资等活动的相关法律法规和政策。比如，一家中国的跨国公司希望上市获得融资，它就可以选择在美国、新加坡、中国香港等境外市场上市，这就需要了解这些国家（地区）证券交易市场的规定以及所在国家（地区）监管机构的规定，了解其工作流程，知道有哪些中介机构可以帮助自己。这些内容都十分务实，财务人员只有了解这些内容，才有足够的信息做出恰当的投资和融资决策。比如，海外上市的可选地比较多，但是在不同地方上市的条件、融资成本、上市溢价、手续烦琐程度和耗费时间、监管力度都有可能不一样，各地文化也存在差异，企业只有了解了不同市场的特点，才能根据自身的条件和追求，在上市地的选择上做出最优的决策。

税收筹划一直是公司财务的重要工作，而这一工作对于跨国公司来讲，又有了新的内容。因为不同国家的税务体制不一样，税收筹划（比如上面提到的通过跨国公司内部的划拨价格来进行利润安排）的收益空间就更大。如果跨国公司在避税天堂开曼群岛、英属维尔京群岛等有分支机构，那么把利润留在那里，则可以更大程度上满足企业的避税要求，尤其是投资公司，商务、咨询服务一类的公司，其收入的获得完全脱离实物的周转，将投资和服务收入安排在避税天堂就更加方便，可以使这些公司的控股股东在避税上获得更大的利益。跨国公司的税收筹划远不止这些内容。税收筹划一度被认为是跨国租赁业务兴起的内在动力。租赁业务在一国国内开展的话，由于其国内的税制是统一的，所以资产的折旧在同一体系内只进行一次，在出租方和承租方中，收入的部分只需要在一方缴税，既不重复，也不会有漏出。但是如果出租方和承租方分处不同国家，则收入的漏出就很难避免。加速折旧和重复折旧带来的现金流收益和税收抵扣收益，就会在出租业务的双方当事人之间进行分配。

1.2 如何更好地使用本书

1.2.1 本书撰写的起因，以及本书的教学目的

本书的撰写缘于中国人民大学国际经济系的国际商务系列教材，该系列教材意在进行专业教育，为涉外工商企业普及财务知识和培养财务工作人员。因此，本书围绕跨国公司或涉外企业所需要的知识准备和日常工作实务来撰写教材，期望学习完本书的学生，能做到：了解公司财务的基本理论和方法，了解企业投资业务中涉及的估值理论，会根据项目的具体情况运用估值理论下的各种估值方法，能从跨国公司的角度对对外直接投资项目——包括绿地投资和兼并收购项目——进行财务评估，能了解对外直接投资的基本步骤；了解企业融资的渠道，熟悉资本市场的业态，熟悉资本市场融资的渠道和步骤，能依靠所学的知识计算融资成本，并从实务的角度对融资渠道做出选择；了解企业营运资本管理的内容，掌握跨国公司进行国际贸易的融资手段，掌握跨国公司在全球范围内重组资金的方法，了解各国的税法及国际税收安排，掌握跨国公司在利润上的输送及安排，并且在熟悉一般公司财务报表分析的基础上，掌握跨国公司并表、报表分析和业务考核的主要方法和手段。

可以说，本书对于一个财务主管在工作中可能遇到的问题都有涉及，并且沿着理论、方法和实务这样的思路来安排撰写。

1.2.2 学习本书所需要的知识准备

如果想很好地理解本书的内容，有三门课是同学们必须在此前学习过的，它们是：经济学原理、会计学原理和公司财务。同时，最好学过国际金融，这是因为跨国公司财务在任何时候都离不开多种货币的问题，因此利用国际金融市场来规避货币风险是跨国公司的财务人员必须理解和掌握的知识。如果没有学过经济学原理等三门必修课，那么就会很难理解这本书里介绍的理论和方法。比如资本资产定价模型，这一理论不仅是经济学在金融领域的重要理论成果，而且在公司财务的实践工作中也一直被用来计算加权平均资本成本。如果没有学过经济学原理和公司财务，这一类问题就无法解决。会计学也一样重要，我们在报表分析、指标分析的部分，几乎离不开会计学的基础，而企业的投资部分和融资部分都离不开估值，最常用的估值方法——贴现现金流法和倍率法，都必须依赖会计核算才能准确得到所需要的现金流数据或者盈利数据。可以说，学好会计学对于学习本书来讲，就像学会拿筷子对于学习夹菜一样重要。

国际金融课程有宏观和微观的内容，对同学们理解货币和汇率问题都是必要的。国际金融市场这门课程的内容也比较丰富，对于跨国公司财务这门课来讲，我们会不时涉及外汇市场、欧洲货币和债券市场等，也需要同学们掌握国际金融市场的参与者、工具和定价机制。

1.2.3 本书的特点

跨国公司财务方面的教材是比较多的，现在图书馆里有多种美国、英国和中国教

授撰写的教材。在撰写本教材时，考虑到本书撰写的目的和学习对象，突出了以下几个特点：

（1）在处理本书与公司财务教材的关系上，本书特别注意回避了重复。这是一本学生在学习了公司财务的基础上，进一步学习跨国公司财务这一特殊内容的教材，因此，撰写时作者着力避免先讲一遍公司财务，再在公司财务的基础上提出国际化的问题。因为同学们在此之前已经学习过公司财务，如果将公司财务的内容编排到本书中，虽然看上去内容很完整，但实际上只是增加同学们学习的负担。另外，作者希望这本教材篇幅合适，能够让学生在 3～4 个学分的课程中全部学完。从作者的教学经验来看，必须非常紧凑地安排 3～4 个学分的学习时间，才能保证营运资本管理和财务评价这两部分能在课堂上讲授。如果每个问题都从公司财务开始，那么篇幅很难控制，也无法用足够的内容让同学们熟悉跨国公司国际化的财务环境。出于这样的考虑，本书在跨境投资的部分，只用一章（第 4 章）的篇幅简单回顾了公司财务的内容，而第 3、5、6、7 章的内容则围绕跨境投资的特殊性来讲解绿地投资和跨国兼并收购的相关内容；在融资部分也是一样，每一种融资渠道的学习，都着力于让同学们了解海外资本市场的状况，掌握获取海外资本的做法。营运资本管理这一部分全部围绕财务工作的国际化内容来讲，包括国际贸易融资、跨国资金重组、如何处理国际税收相关问题等。

（2）本书在处理与国际金融或国际金融市场课程的关系上，也注意了避免重复的问题，这也和本书的撰写初衷有关。我们现在在图书馆看到的跨国公司财务方面的课本，大多数都给外汇市场留有很多的篇幅，一般占到三分之一左右，这是难免的。因为跨国公司的财务工作总是要遇到多币种的问题，所以总是需要很好地掌握在外汇市场上的各种工具，学会运用并明白其道理。但是，鉴于国际金融市场也是一门专门的课程，尤其在本系列教材中也包含了专门的国际金融市场方面的教程，所以，我们只用一章的篇幅介绍了和跨国公司财务最密切相关的部分内容。非国际商务管理硕士的学生可以仅学习这一章的内容以部分了解外汇市场，也可以为扩大知识范围专门学习国际金融市场的相关课程。

（3）本书在处理理论与实务的关系上力图做到理论与实务并重；公司财务这门学科会涉及较多理论问题，比如风险定价中的资本资产定价模型、资本结构中的 MM 模型和权衡模型等。本书对理论模型的学习并不偏重证明，而更偏重应用。比如，在本书中就没有资本资产定价模型的证明，却花了较大的篇幅说明在财务实践中，投行分析师、咨询公司研究部门是采取什么样的做法来确定该模型中的各种参数的，在测算风险贝塔值的过程中如何取舍样本，如何处理风险溢价等。又比如，在资本成本部分，我们也没有用任何篇幅来介绍 MM 模型的证明，但在如何计算加权平均资本成本的权重上，花了较大的篇幅介绍了分析师和研究机构偏爱的做法，也花了较大的篇幅介绍了评级机构的结论在确定企业融资成本时的作用。再比如，我们在海外上市部分，详细介绍了中国企业海外上市的主要市场的上市条件，在私募股权融资部分，详细介绍了企业挑选投资机构时需要注重的细节，企业准备商业计划书时需要注意哪些方面的内容等。

作者这么处理有几个原因，除了上面提到的篇幅、课时等原因之外，还有一个考虑，就是公司财务主管的工作并不仅限于分析报表和估值，并不限于办公室案头工作，公司财务主管还需要处理投资和融资过程中的每一个决策细节和实施过程，因此，仅介绍理论是不够的，同学们应该对于将来可能从事的工作的流程有一个大致的了解，做到理论指导实践，同时具备参与实践工作的能力。

（4）从实务出发，充实对业态的介绍内容。本书有相当的篇幅介绍跨国公司财务人员的对外工作环境。公司财务人员不等于会计人员，他需要和金融市场建立密切的关系，比如和银行建立很好的合作关系，能很好地挑选和运用银行提供的各种服务和便利，或者在资本市场上获取资金融通。要了解以至熟悉财务人员在金融市场上的工作平台，了解资本市场业态，学习成为其中的一员十分重要。因此，本书在业态介绍上也用了相当篇幅。比如，本书在第 3 部分跨境融资中，对于各国证券交易市场，以及私募股权市场的发展状况，都有较大篇幅的介绍，这些介绍包括各海外证券交易所的上市条件、国内企业海外上市的统计、私募资本投资的地区分布和行业分布，甚至包括私募资本和创投的排名。同学们学习了这一部分内容后，对自己将来成为企业财务人员，或者投行、券商的从业人员可能身处其中的工作环境，会有一个较为全景式的了解。作者认为这应该是教学的一部分。作为国际商务硕士的教学用书，培养学生成为了解工作环境、掌握工作技能的人，是不可缺少的教学目的。

（5）提供足够多的数据来源、研究论文和官方网站，供同学们深入学习。在每章最后，都给同学们提供一定的数据来源，方便同学们更加广泛地或者细化地了解各方面的情况。因为本书同样重视理论研究，所以研究论文同样是重要的参考资料。官方网站一直是同学们了解行业状况和相关法律法规的重要平台，所以本书给同学们提供了各重要官网的链接，比如各大证券交易所的网址、各研究机构的网址等。

1.2.4 本书的结构

本书分五个部分。第 1 部分是导论和市场基础知识，接下来的篇章顺序延续公司财务教学的习惯，依次是跨境投资、跨境融资、跨境营运资本管理和跨国公司财务评价。下面是本书的篇章安排。

第 1 部分 导论和市场基础知识	第 1 章	导论	第 3 部分 跨境融资	第 8 章	跨境股权融资——跨境上市
	第 2 章	外汇风险管理基础		第 9 章	跨境股权融资私募股权
第 2 部分 跨境投资	第 3 章	跨国公司的对外直接投资		第 10 章	全球债务融资
	第 4 章	对外直接投资的资本预算		第 11 章	跨国租赁
	第 5 章	资本成本的计算	第 4 部分 跨境营运资本管理	第 12 章	流动资产管理
	第 6 章	海外投资项目预算的案例		第 13 章	国际贸易融资
	第 7 章	跨国兼并收购的案例		第 14 章	跨国公司税收环境
				第 15 章	资金的国际重组
			第 5 部分 跨国公司财务评价	第 16 章	跨国公司财务评价

对于上面的安排需要做两点说明：

（1）本书中不含跨国组合投资的内容。作者是这么考虑的：一般而言，做跨国组合投资的都是专业的机构，比如养老金、信托机构、私人银行等，而我们的教学内容是以公司生产经营中的财务问题为主的，不应该包括金融机构的投资策略。证券投资的内容是很丰富的，在跨国公司财务中加上这么一章，也不能满足同学们学习证券投资相关知识的需要。因此，这部分内容同学们最好在投资学的课堂上去学习。当然，作者能够理解大多数跨国公司财务教材中安排了这部分内容的原因，毕竟投资机构进行跨国组合投资形成的市场，正是跨国公司取得资金融通的来源——正是因为有了比较火热的跨国组合投资，企业海外上市才能迅速地发展。但是，任何交易都是存在买卖双方的，我们的课程容量只能允许我们取一个视角进行学习，正如我们一直以来所做的：我们在财务课上学习企业如何获得银行贷款，但不学习银行如何发放贷款。

（2）延续公司财务的教学体系，我们把教学内容分为长期资产负债管理和营运资本管理，在长期部分学习投资和长期融资的内容，在营运资本部分学习流动资产和流动负债的相关内容。在多数情况下，无论从理论的适用性角度还是从实务的角度来看，长期的资产负债和短期的资产负债在管理上区别都很大。但是，长期债务融资和短期债务融资的内容却非常接近，所以，本书将流动债务的内容合并到了第 3 部分——跨境融资，因此，在跨境营运资本管理这一部分，就没有包含流动负债管理的内容。

在导论中讨论本书的结构，是为了让学生充分了解本书的内容，也是向愿意使用和参考本书的同行做个交代，并希望得到同行的批评和指正。

思考题

从现在开始，把自己想象成梦想公司的财务经理。该公司位于中国河南省，生产各种型号的汽车轮胎。目前公司的客户主要是国内几家规模较大的汽车厂商，如一汽、广汽等。此外，公司在海外也有一些客户，如美国通用和法国标致等，但海外收入占比较小。目前公司还没有海外子公司，国外业务主要采用出口贸易的形式。作为一名刚被提拔的经理，你的业务经验尚浅。为能尽快胜任工作，你很努力，不断向周围的人学习，还利用闲暇时间阅读了本书，希望从中学到更多的理论知识和实践经验，以提高自己的工作能力。

1. 你希望从这本教材中学到什么？
2. 跨国公司财务较公司财务，有哪些特殊性及复杂性？
3. 你认为如何才能成为一名优秀的跨国公司财务经理？
4. 要做大做强本公司，作为财务经理你需要有哪些知识储备？

参考资料

[1] 财富中文网（http：//www. fortunechina. com/）.

[2] 中国企业联合会，中国企业家协会：中企联网（http：//www. cec-ceda. org. cn/）.

[3] 贾格迪什·巴格沃蒂．捍卫全球化．北京：中国人民大学出版社，2008.
[4] 斯蒂芬·A. 罗斯等．公司财务．北京：机械工业出版社，2009.
[5] 布雷利．公司财务原理．8版．北京：机械工业出版社，2008.
[6] 英国银行家协会．公司理财．北京：中信出版社，2003.
[7] 沃森，黑德．公司理财：原理与实践．4版．北京：电子工业出版社，2009.
[8] 杰费·马杜拉．国际财务管理．大连：东北财经大学出版社，2000.
[9] 艾伦·C. 夏皮罗，奥图亚·沙林．跨国公司财务管理基础．6版．北京：中国人民大学出版社，2010.
[10] 戴维·K. 艾特曼，阿瑟·I. 斯通希尔，迈克尔·H. 莫菲特．跨国公司金融．9版．北京：北京大学出版社，2005.
[11] 切奥尔·S. 尤恩，布鲁斯·G. 雷斯尼克．国际财务管理．北京：机械工业出版社，2009.
[12] 中国国家统计局（http：//www.stats.gov.cn）.

第2章

外汇风险管理基础

本章重点

1. 外汇市场的参与者及主要的交易类型
2. 交易风险产生的原因
3. 如何利用金融市场对冲交易风险
4. 外汇波动导致企业经营风险的逻辑关系
5. 如何通过管理规避外汇波动导致的经营风险
6. 折算风险产生的原因
7. IASB、FASB及我国财政部对报表折算的规定

关键词

即期外汇市场	远期外汇市场	外汇期货	无本金交割远期
外汇期权	外汇互换交易	交易风险	择期外汇买卖
可敲出式远期外汇交易	经营风险	再开票中心	背对背贷款
折算风险			

跨国公司的财务管理与仅限于国内业务的财务管理相比，最大的特点就是要管理外汇风险。跨国公司由于其业务的跨国性质，必然会在企业的日常生产经营活动和投融资活动中产生对外汇的需求或者供给，在企业的会计核算工作中遇到外汇折算的问题。由于外汇市场的波动性对企业的影响很大，严重的时候会影响到企业的生存问题，因此了解外汇风险从哪里来、会给企业带来什么样的影响、有哪些方法可以管理和规避风险，就成为跨国公司财务工作的基础。本章我们紧扣企业的财务工作来展开对外汇风险知识的学习。本章第一节为外汇市场及产品，这部分知识将为后面几节的学习打下基础；第二节为交易风险，介绍交易风险产生的原因、对企业的影响及风险管理方法；第三节为经营风险，介绍经营风险产生的原因及管理方法；第四节为折算风险，介绍折算风险产生的原因、处理外币折算的几种方法，并介绍了国际会计准则理事会（IASB）［其前身是国际会计准则委员会（IASC）］、美国财务会计标准委员会（FASB）以及我国财政部最新颁布的会计准则在处理外币折算上的方法选择。

2.1 外汇市场及产品

本节是基础知识章节，包括外汇市场概览、外汇市场的参与者、外汇市场的主要交易类型及企业参与外汇市场的途径四个内容。

2.1.1 外汇市场概览

外汇市场是不同国家的货币进行交易的场所，在这里，各交易币种在市场机制下形成其交易价格，即汇率。外汇市场分为有形的市场和无形的市场。有形的外汇市场大家比较容易理解，即交易在外汇交易所进行。外汇交易所通常位于世界各国的金融中心，从事外汇交易的双方只能在每个交易日的规定时间内进行外汇交易。随着银行逐渐垄断外汇交易，外汇交易所逐渐衰落，无形的市场成为外汇交易的主要市场。所谓无形的市场，是指没有固定的和具体的交易场所，交易不受所谓“开盘”和“收盘”时间限制，外汇买卖双方无须进行面对面的交易，外汇供给者和需求者凭借电传、电报和电话等通信设备与外汇机构取得联系，依托外汇机构进行交易。这些经营外汇业务的金融机构在各国政府的监管下，以先进的通信技术、丰富的产品和专业的管理人才吸引客户。目前，除了个别欧洲大陆国家的一部分银行与顾客之间的外汇交易还在外汇交易所进行外，世界各国的外汇交易均通过现代通信网络进行。所以说，所谓的外汇市场，不仅仅指一个具体的交易场所，还指一地所有外汇买卖的集合，这些数量巨大的买家和卖家通过看不见的通信网络和交易平台，高效地提出报价或寻找合适的价格，进行着数量巨大的买卖，从而形成了外汇市场的价格——汇率。外汇市场的价格形成和有形的“股票交易所”的价格形成是不一样的。我们所熟悉的上海股票交易所的价格是集体撮合的，也就是说，某一时间某一只股票只有一个最高的买方报价和一个最低的卖方报价，从而如果能达成交易，那么必定是一个市场只有一个价格。而外汇市场则更像一个农贸市场，金融机构各自搭台，各有交易，各有价格。但是正如大家在同一个农贸市场的不同摊位上购买同品质的产品价格会相同一样，由于外汇市场高效的交易平台作用，因报价不同而形成的套利机会几乎不存在。即使存在，也在毫秒之间就被套利活动平价了。2016 年国际清算银行（BIS）发布的报告显示，2016 年 4 月全球外汇交易市场日均交易 5.1 万亿美元。在全球交易排名上，美元、欧元、日元、英镑、澳大利亚元依旧排名前五，加拿大元、瑞士克朗分列第六、七名。人民币排名持续上升，已经超过墨西哥比索位列第八位，在全球市场交易中的比重提高至 4.0%。

现在国际上最活跃地进行着外汇交易的地方，包括英国的伦敦、美国的纽约、日本的东京等，因为工作时间的不同，一天 24 小时总是有市场可以进行外汇交易，因此被形容为全球 24 小时不停歇的外汇交易市场。目前比较活跃的外汇市场包括伦敦外汇市场、纽约外汇市场、苏黎世外汇市场、东京外汇市场、香港外汇市场、新加坡外汇市场、巴黎外汇市场、法兰克福外汇市场、惠灵顿外汇市场、悉尼外汇市场等。

2.1.2 外汇市场的参与者

是谁、为什么要到外汇市场买卖外汇呢？企业一般而言通过什么样的途径参与外汇市场呢？任何一个普通的个人或者企业，都有可能产生外汇需求和供给。个人可能因为出国消费、出国留学产生购买外汇的需要，也可能因为获得国外薪酬、朋友家人馈赠而获得外汇，并需要把这些外汇卖掉，换成本国货币来消费。企业，尤其是跨国公司的外汇供需则更平常。它们会因为进口支付、对外投资等活动需要购买外汇，也会因为有出口收汇、跨境融资等外汇来源而卖出外汇，也就是说，为了满足国际贸易和国际投资的需要进行外汇买卖。由于外汇市场的持续波动性，企业和个人也可以通过外汇市场进行投机交易。在操作中企业和个人可以通过商业银行和外汇经纪商实现交易。商业银行是外汇市场的做市商，它们持续给出买卖外汇的报价，个人和企业可以通过外汇银行买卖外汇，外汇银行也自营外汇业务，即出于投资和投机的目的，参与各种外汇及衍生品交易。外汇经纪商是代客买卖外汇的经纪人，视外汇经纪商的层级，他们可能代理银行、对冲基金、企业或者个人进行外汇买卖。外汇市场还有一个重要的参与者，就是中央银行。下面，我们来详细说明一下外汇市场的四个主要参与者：中央银行、商业银行及金融机构、外汇经纪商、从事商业与投机交易的个人和企业。

1. 中央银行

外汇是国际储备的重要构成部分，各国的中央银行都持有相当数量的外汇余额，并承担着维持本国货币稳定的重要职责。在外汇自由兑换的国家，中央银行是通过参与外汇市场买卖来达到干预汇率的目的的。由于外汇市场交易量巨大、交易自由、价格透明，像中央银行这样的参与者也不一定能做到持续地影响汇率。在我国，随着外汇储备的逐步增加，中央银行在外汇市场上的作用日益重要，大量的外汇储备成为中央银行干预外汇市场的重要保证。补充一点说明，由于外汇市场的重要性，各国一般由专门的监管机构来规范外汇市场的发展，我国外汇市场的监管机构为国家外汇管理局。

2. 商业银行及金融机构

在我国，不是所有的商业银行和金融机构都可以参与外汇交易的，这可能是出于风险控制的考虑，以防资格不够的金融机构尤其是有储蓄业务的银行在外汇自营业务中出现亏损，影响储户利益。因此在我国，根据《外汇法》，只有由中央银行指定的商业银行或其他金融机构才可以经营外汇业务，我们把这些银行和金融机构称作外汇银行。外汇银行大致可以分为三类：专营或兼营外汇业务的本国商业银行、在本国的外国商业银行分行，以及本国与外国的合资银行及其他金融机构。我国的外汇指定银行包括了五大国有商业银行和一些全国性的股份制商业银行，以及具有外汇经营资格的外资银行在华分支机构。但是还有许多地方商业银行和信用社不具备外汇指定银行的资格。

3. 外汇经纪商（exchange dealer，或在美国称为 exchange trader）

外汇经纪商就是外汇交易的中间人，他们通过拉拢和撮合外汇买卖，从中赚取佣金。目前中国外汇市场上已经出现外汇经纪商的角色，随着中国外汇市场的发展，外汇经纪商的作用将会逐步扩大。

4. 从事商业与投机交易的个人和企业

在中国，个人有实际需求的，一般是通过外汇银行来买卖外汇，有投机需求的，可以通过外汇银行，也可以通过外汇经纪商来买卖外汇。对于跨国公司来说，其生产经营和投资活动中产生外汇供需是必然的，与企业业务密切相关的商业银行或者投资银行，都可以按要求为其提供外汇买卖。事实上，争相为企业客户提供类型丰富的外汇及衍生品交易，是商业银行、投资银行、外汇经纪人的利益所在，所以企业和个人只要有需求，就能参与外汇交易。

2.1.3 外汇市场的主要交易类型

1. 即期外汇市场（spot exchange market）交易

从事即期外汇买卖的市场又叫即期外汇市场，世界即期外汇市场每天进行着数量巨大的交易。由于这个市场容量巨大、交易活跃而且报价容易，易于捕捉市场行情，所以它是最主要的外汇市场形式。即期外汇市场也是一个高度专业化的市场，由银行和外汇经纪商组成，公司和个人只能作为银行的客户，通过银行进行即期外汇买卖，而不能成为市场的直接成员。即期外汇市场可以满足跨国公司因国际贸易和国际投融资业务而产生的外汇交易需求。那么，即期外汇市场如何提供外汇保值和外汇投机呢？

外汇保值。如果企业判断未来需要用到的外汇会升值，则在即期外汇市场上购入外汇，等到用汇时则不必以更高的汇率去购汇；如果企业判断未来某种外汇会贬值，则在即期外汇市场上卖掉一时不需要的该种外币，以免持有的外汇贬值。

外汇投机。如果企业判断外汇会升值，则在即期市场立即购入，并在外汇升值以后将其卖掉；如果企业判断外汇会贬值，则在即期市场借入外汇卖掉，等外汇贬值后以更低价格买入外汇还款。

2. 远期外汇市场（forward exchange market）交易

远期外汇市场交易指交易双方在成交日约定在未来某一日期以约定的外汇币种、金额、汇率进行交割。通俗地说，就是先把汇率定下来，在将来再交割。远期外汇市场的主要功能是避免即期汇率波动所带来的风险。一般远期外汇市场的参与者可分为套期保值者和投机套利者。

外汇保值。根据货物买卖合同，如果企业在未来某日需要以某种货币支付货款（或者根据投资协议，企业在未来某日需要以某种货币进行投资），则为了确定企业购汇的成本，在当下购入一笔远期外汇，以远期汇率（forward exchange rate）将外币购货款的购汇成本确定下来。这一成本一定是当前企业所愿意接受的、能保证这一单合同有利润的成本。到了交割日，如果外币贬值了，那么企业的这一笔交易实际上是亏损的，但这正好体现了保值和规避风险的本质：规避不确定性。同样，如果根据货物买卖合同，企业在未来某日会收到某币种的货款（或某币种的海外投资、借款等），那么为了确定企业的出口利润（或确定以本币表示的投资额、贷款额），企业可以在当下卖出一笔远期外汇。

外汇投机。如果判断远期某币种升值，则做一笔远期买入，到期后将买入的外汇在即期市场卖出；如果判断远期某币种贬值，则做一笔远期卖出，到期后在即期市场买入外汇交割。

无本金交割远期（non-delivery forward，NDF）是从 20 世纪 90 年代起出现的一种创新的远期合约。在交易时，交易双方确定交易的名义金额、远期汇价、到期日。在到期日前两天，确定该货币的即期汇价，在到期日，交易双方根据确定的即期汇价和交易伊始的远期汇价的差额计算出损益，由亏损方以可兑换货币交付收益方，实践中几乎所有的 NDF 合约都以美元结算。这一创新给外汇管制国家的货币提供了套期保值的机会。人民币、越南盾、韩元、印度卢比、菲律宾比索等亚洲新兴市场国家货币都存在 NDF 市场，与这些国家存在贸易往来或设有分支机构的公司可以通过 NDF 交易进行套期保值，以此规避汇率风险。比如，一国如预期未来有人民币支出，则可以在 NDF 市场买入人民币 NDF 远期，到期时若人民币升值了，其购汇成本的增加可以由 NDF 市场的收益来弥补。

3. 外汇期货（foreign exchange futures）

外汇期货买卖，是指在约定的日期，按照已经确定的汇率，用美元买卖一定数量的另一种货币。① 外汇期货买卖与合约现货外汇买卖的不同之处在于，合约现货外汇买卖是通过银行或外汇交易公司进行的，外汇期货买卖是在专门的期货市场进行的。期货市场至少包括两个部分：一个是交易市场，另一个是清算中心。期货的买方或卖方在交易所成交后，清算中心就成为其交易对手方，直至期货合同实际交割为止。外汇期货与一般期货交易的相同之处在于保证金制度，该制度具有很强的杠杆作用，不同之处在于外汇期货每日轧差，如果投机者的汇率变动损失超过保证金的数额，就面临补仓或者平仓的风险。目前，全世界的期货交易所主要有：芝加哥期货交易所、纽约商品交易所、悉尼期货交易所、新加坡期货交易所、伦敦期货交易所。

外汇保值。一般来讲，外汇期货市场的参与者以投机者居多，因为外汇期货的杠杆作用和每日轧差的机制，用外汇期货来套期在期间内存在被平仓的风险。举例来说，某企业 6 个月后将有一笔外汇支付，该企业财务主管看涨外汇，于是在期货市场购入 6 个月的外汇买入合约，他所交纳的保证金只相当于合约金额的 4%。3 个月后，外汇汇率跟期货合约汇率相比贬值幅度超过了 4%，该企业没有机会等到交割日就被平仓了。但是，6 个月以后也许外汇的汇率又升上来，但是企业的保证金却回不来了。更糟的情况是，企业为了不被平仓而不断补仓，直到最后无力或不愿意补仓而被平仓之后，汇率才开始上升。但是，很多小企业由于并没有机会和途径进入远期市场，可能会经不起期货公司经理的游说，抱着外汇保值的初衷进入外汇期货市场。

外汇投机。如果预期外汇将升值，即购买买入合约，如外汇确实升值，则可以获得轧差收益。如果预期外汇贬值，则做相反的操作。此处的升值贬值以合约汇率为标准来判断。外汇期货是典型的金融衍生工具，外汇期货的买卖双方交易的目的并非获得和出售外汇资产本身，而是根据外汇资产的市场表现做出看涨和看跌的判断，并以预先划定的标准判断交易双方的输赢。判断正确的一方所获利益并不来自资产的价值增值，而全部来自判断失误的一方。

4. 外汇期权（foreign exchange options）

外汇期权指合约购买方在向出售方支付一定期权费后，所获得的在未来约定日期或一定时间内，按照规定汇率买进或者卖出一定数量外汇资产的选择权。所谓买入选择权，也叫看涨期权（call option），就是可以选择买还是不买的权利；卖出选择权，也叫看跌期权（put option），就是可以选择卖或者不卖的权利。因此，与期货相比，期权并无交割义务。说到底，它是一种选择权的交易，交易双方一方出售选择权获得费用，另一方支付费用获得选择权。如果获得选择权的一方在市场变化不符合自己的利益时，可以放弃行权，其成本以购买选择权的费用为限，而当市场变化有利于自己

---

① 关于“期货”的基础知识这里介绍不多，只是着重讨论其外汇保值和投机的机制，希望没有基础的同学自学。这里我们推荐机械工业出版社出版的斯蒂芬·A. 罗斯等著《公司财务》（第七版）一书中的第六部分：“期权、期货和公司财务”。

的利益时，行权带来的收益视市场行情并不“封顶”。一般而言，在外汇期权合约的买卖中，卖出选择权的是期货公司。选择权的购买者根据自己是看涨还是看跌，可以买入看涨期权或看跌期权。

外汇保值。如果企业未来可能有一笔外汇收入，但又不确定一定能收进来，同时企业判断该外汇将贬值，那么企业可以购买一份外汇看跌期权。到期若该笔外汇确实收进，且此时外汇如预期般贬值则行权，那么从期权交易中获得的收益可以弥补外汇贬值损失；若此时外汇升值了，则放弃行权，尽享外汇升值收益。到期若该笔外汇并未收进，也可以放弃行权。

外汇投机。看涨则买入看涨期权，外汇确实上涨则行权，美式期权可在交割日前任何觉得合适的时间行权，欧式期权在交割日决定是否行权；买入看涨期权遇到外汇下跌时，可以放弃行权，损失以期权购入费用为限。看跌做相反的操作。

5. 外汇互换交易（currency swap）

外汇互换交易指对不同货币的债务通过金融中介进行互换的一种行为。因为互换交易比较复杂，公司财务课程又没有专门的章节介绍，所以这里先以一个案例来说明什么是互换交易，并解答跟互换交易相关的问题。

在日本以黑字换贷款（即黑字还流）中形成了日本银行对贵州某玻璃厂的长期贷款，因银企关系融洽，双方一直保持信贷关系。现该厂又获得一笔日元长期贷款，该笔贷款将用来从美国进口一条生产线。该玻璃厂一直以来的出口结算货币都是美元，不大可能获得日元收入。因此，对玻璃厂来说，它面临着复杂的外汇风险：借的日元要换成美元来购买设备，赚的美元要换成日元来还本付息。针对这种困境，互换交易提供了这样一个选择，即玻璃厂可以和中国银行做一个互换，玻璃厂用其获得的日元贷款来换中国银行的一笔同等期限的美元贷款，在贷款到期日再将两笔贷款换回来。说明一点，进行的两次交易，汇率是相同的。这么做的结果是：玻璃厂在第一次交换时得到了美元购买设备，在贷款存续期用经营赚来的美元还款，规避了外汇风险，在贷款到期时做第二次交换，换回日元还款。这里有两个问题需要回答：第一，如果这么做玻璃厂获利的话，中国银行能获利吗？第二，玻璃厂怎么能找到跟它条件相符的美元贷款呢？如果说玻璃厂是恰巧找到了，那么贵州水泥厂、贵州铝厂怎么都能找到条件相符的美元贷款呢？

首先来回答第一个问题。互换确实能给双方都带来收益，其理由是比较优势原理，其实现的手段是安排合适的利率，本例中的利率安排如表 2-1 所示。

表 2-1　　中国银行和玻璃厂获得贷款的利率

	日元	美元
中国银行	8.5%	9%
玻璃厂	10.0%	12%

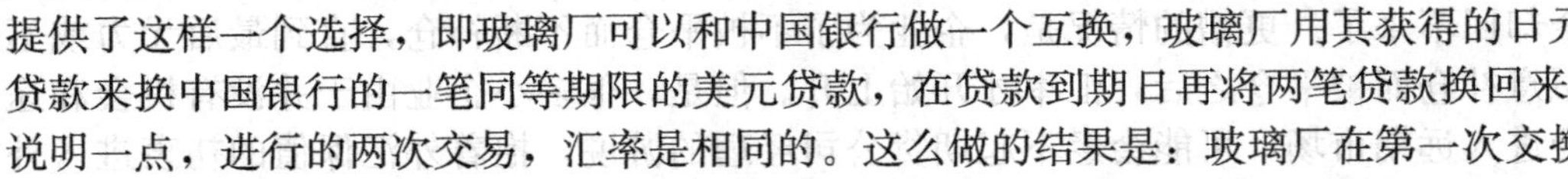

从上述例子可以看到，玻璃厂在任何借款上都不如中国银行便宜，但其在日元借款上劣势小一些，被认为具有比较优势。如果玻璃厂将利率 10%的日元贷款以 8.5%的利率与中国银行进行互换，换成 10%的美元贷款，则比它自己去市场上借美元贷

款要节省2%的利息，这2%的收益减去其在日元贷款上1.5%的损失，还有0.5%的收益。对中国银行来说，在每年的还息日其支付8.5%的日元利息给玻璃厂，从玻璃厂换来10%的美元利息，扣除中国银行支付美元贷款9%的利息，它能从互换中获得1%的收益。

对于第二个问题的回答是，目前互换交易的市场得到了很大的发展，各企业和银行、金融机构做互换，而银行和金融机构之间则可以在同业交易市场交易。在这个市场上，参与的金融机构众多、提供的各种互换条件丰富，标准化的合同更利于撮合，互换交易的一方当事人提出一定的互换条件，另一方就能立即以相应的条件承接下来。这是金融市场上以信息沟通和服务带来共赢的产品，不仅为金融市场开创了更大的发展空间，而且为企业提供了外汇保值的渠道。

外汇保值。如果企业能够获得的贷款币种与收入币种不匹配，可以向银行、投资银行咨询互换，条件合适即可进行互换交易。

2.1.4 企业参与外汇市场的途径

外汇市场是跨国公司经营过程中面对的主要金融市场之一。如上所述，企业无论是在日常生产经营和投融资活动中需要外汇买卖，还是想做套期保值或者投机，都需要参与外汇市场。跨国公司或是从事涉外业务的公司参与外汇市场交易的途径主要有如下几条：

(1) 通过开户行、贷款行等银行操作外汇业务。以中国银行为例，在它为企业客户提供的金融市场服务中，就包括即期结售汇、即期外汇交易、远期结售汇、远期外汇买卖、择期外汇买卖、外汇期权买卖、外汇货币掉期交易、外币对人民币的掉期交易等保值业务。同学可以登录中国银行网站的公司金融服务→公司金融市场服务→代客交易保值的页面，去了解中国银行可以为公司提供的各种交易。

(2) 通过经纪人来做交易。一些比较小的企业可能愿意跟外汇经纪人合作。因为市场细分，外汇经纪人的服务方式更加符合它们的要求。

(3) 通过投行等关系密切的金融机构来获得更具有特色的服务。一般比较大的企业客户采取这种方式。投行不仅可以为大客户提供代客交易的各种服务，还可以根据大客户的特点，设计不同的交易结构，做大客户的交易对手，与大客户开展业务。

2.2 交易风险

财务经理的一个重要任务就是衡量并管理外汇风险，以使企业的盈利、净现金流和市场价值最大化。外汇风险主要有交易风险、经营风险和折算风险三种。表2-2比较了这三种风险的定义及其影响公司盈利的机制、表现等。从这个表的对比中我们可以看到，这些风险并不总是界限明确的，有时候会有重叠。本节分为两个部分，第一部分分析交易风险产生的原因，第二部分通过一个例子来说明企业如何通过金融市场业务来对冲风险。

表 2-2　　折算风险、经营风险和交易风险的比较

	折算风险	经营风险	交易风险
定义	由汇率变化引起的、以外币表示的未履行合约价值的变化（即合约带来未来外币现金流的不确定性）	由汇率变动引起的未来经营现金流的变化	由汇率变化引起的资产负债表中资产和负债的账面价值以及收益表中各项的变化
引致外汇损益的原因	所导致的外汇损益由已经达成的合约决定	所导致的外汇损益由公司未来竞争状况决定	所导致的外汇损益由会计规则决定
合约是否达成	合约已达成，但在未来结算	合约在以后达成并结算	合约已达成
是否实际发生	是实际发生的	是实际发生的	只是账面上的
损益的发生是具有追溯性还是具有前瞻性	基于过去发生的但在未来结算的经济活动，同时具有追溯性和前瞻性	基于未来的经济活动，具有前瞻性	以过去发生的事件为基础，具有追溯性
影响哪些科目	与已达成合同但未实现支付的科目有关	与未来销售有关的收入和成本	已存在于资产负债表中的资产和负债以及收益表中的项目

2.2.1　交易风险产生的原因

交易风险来源于现有合同签订时不能预测未来的汇率变化。因为从现在到交易结算时的即期汇率会有变化，所以相关的外币现金流也会有变化，从而导致外汇损益。现实中，交易风险与折算风险和经营风险是重叠的。比如，外币标价的已入账的应收款和负债，就同时存在交易风险和折算风险。

总交易风险包括报价风险、积压风险和提单风险。图 2-1 是总风险发生经历的三个过程的示意图。交易风险是在卖方向潜在买方报出外币价格的第一时间（T_1）产生的。下单即成交（T_2）将报价时产生的潜在风险转换为实际风险，也称为积压

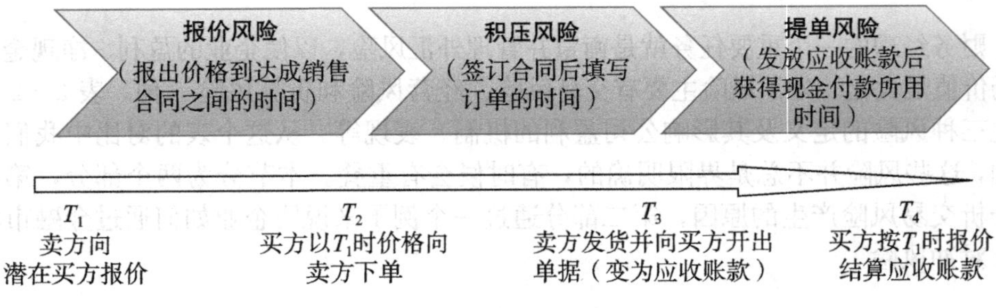

图 2-1　交易风险的周期

风险，因为此时商品还没有装运或开提单。商品装运和开提单时（T_3），积压风险变为提单风险。提单风险持续到卖方收到货款时（T_4）为止。

大体上，交易风险主要来源于以下几个因素：

（1）交易用外币标价时，有赊购或赊销存在。由于汇率波动频繁，在未来支付或得到的外币兑换成本币的数量就不确定，从而产生交易风险。风险就是不确定性，它可以是损失，也可以是盈利。当外币为资产类科目（赊购中的应收账款）时，升值会带来收益，当外币是负债类科目（赊销中的应付账款）时，升值会导致损失。贬值的影响正好相反。

（2）用外币支付时，借入或贷出的资金。借入外币时，外币升值会导致损失，贷出外币时，外币升值会带来收益。贬值的影响正好相反。

2.2.2 交易风险管理

交易风险是跨国公司在日常生产经营中不可避免的，因此合理有效的交易风险管理至关重要。总体来讲，管理交易风险的原则有以下几种：

（1）尽量避免出现交易风险，办法就是在交易中尽量用本币结算。但是这一方法对于中国公司显然是不适用的，由于人民币还不是国际化的货币，这样做的直接后果是订单大量减少。我们只能期望人民币国际化的步子走得更快一些，并且从部分地区开始逐渐推行人民币结算。

（2）放任交易风险而不予管理。在汇率波动很小的情况下，这种做法有效地节约了风险管理成本。然而，当汇率波动很大时，承受外汇风险的成本将远远高于管理外汇风险的成本。在中国，一些小的外向型生产企业，本来利润就很薄，无论是管理成本还是风险成本都是难以承受的，这些企业对交易风险往往被动地采取不予管理的态度。

（3）采取合约对冲的方式进行风险管理。由于我们生活在一个汇率波动频繁的世界，多数跨国公司管理者倾向于选择通过合约对冲的方式进行风险管理。主要的合约对冲是在远期市场、货币市场、期货市场和期权市场上进行的。下面这个例子讲述了企业所面临的交易风险以及风险管理的方法。

天信公司是国内一家家用电器生产公司。公司刚刚结束一轮销售谈判，谈判内容是出口一批价值总额为 1 000 000 美元的电视机给美国客户。这对天信公司当前的业务而言是一笔大交易。这笔交易要求在当年 11 月份交货，在三个月后即次年 2 月份付款。公司已经收集到了如表 2－3 中所示的金融市场信息，以分析外汇交易风险问题：

表 2－3　　金融市场信息汇总

即期汇率	6.399元人民币/美元
三个月远期汇率	6.389元人民币/美元
天信公司的资本成本	12%
中国三个月借款利率	6%（即1.5%每季度）
美国三个月借款利率	8%（即 2%每季度）
美国三个月投资利率	6%（即1.5%每季度）
场外市场上 1 000 000 美元的 2 月份卖出期权，执行价格为 6.38 元人民币/美元，期权费为交易额的 1.5%	

天信公司的财务主管在为这份合约编制预算，根据核算，公司在该笔合同中能接受的最低销售收入为 6 340 000 元人民币，即最低可接受汇率为6.34元人民币/美元。只要汇率低于该汇率，天信公司这笔交易就会产生实际亏损。

那么为了避免这一交易带来亏损，天信公司可以有哪些解决方案呢？

(1) 天信公司可以在远期市场上实现对冲。

(2) 天信公司可以在期权市场上实现对冲。

1. 远期市场对冲

天信公司可以通过与其开户行签订远期合约来做对冲。银行对远期外汇交易的定义是：远期外汇交易是确定汇率在前而实际外汇收支发生在后的结售汇业务。具体操作流程是：客户与银行协商签订远期结售汇合同，约定未来办理结汇或售汇的人民币兑外汇的币种、金额、汇率以及交割期限。在交割日当天，客户按照远期结售汇合同所确定的币种、金额、汇率向银行办理结汇或售汇，如到期违约则需缴纳违约金。银行通常要求客户提交一定比例的保证金或直接授信。

对于天信公司来说，如果它决定在远期市场上进行对冲，应该怎么做？如何核算管理成本呢？

首先，天信公司与其开户行签订了一份远期合约。在本次交易中，该远期合约期限为三个月，标的物 1 000 000 美元，天信公司应作为卖方。对于天信公司来讲，三个月后它将收到美国买家 1 000 000 美元的货款，并将该货款出售给远期合同对手方银行，获得 6 389 000 元人民币（见表 2-3 中三个月远期汇率）。无论人民币兑美元的即期汇率在三个月后有何变化，天信公司本笔交易都将获得固定的收益 6 389 000 元。

签订一份远期合约可以使天信公司在本次交易中获得固定的收入6 389 000元人民币，但是这样一份远期合同也使得天信公司丧失了未来美元升值带来的额外收益。例如假设三个月后人民币兑美元的即期汇率变为6.409元人民币/美元，那么1 000 000美元收入可以得到6 409 000元人民币，天信公司因签订远期合约就损失了20 000元（=6 409 000−6 389 000）人民币收入。

有没有一种方案可以使天信公司既不遭受太大损失，又可以享受美元未来升值所带来的收益呢？有，那就是考虑在期权市场上进行对冲。

2. 期权市场对冲

天信公司可以通过银行购买外汇期权。银行对外汇期权交易的定义是：客户支付一定数额的期权费后，有权在将来的特定时间按约定的汇率向银行买入约定数额的一种货币，卖出另一种货币。外汇期权既为客户提供了外汇保值的方法，又为客户提供了从汇率变动中获利的机会，具有较大的灵活性。天信公司如果想将外币贬值风险限制在某个已知金额，同时获得由美元升值带来的利益，就可以选择利用期权对冲。2011 年 4 月 1 日，国家外汇管理局正式启动在岸人民币对外汇期权交易业务，这意味着银行可与国内机构和企业开展人民币对外汇期权交易。目前仅有十余家银行获得了外汇管理局的核准开展此项业务，大多数银行还在排队等待中。

天信公司以期权对冲风险的具体操作流程为：天信公司从其开户银行购买卖出期权。根据所得信息，1 000 000 美元的 2 月份卖出期权，执行价格为6.38元人民币/美元，期权费为交易额的 1.5%。那么天信公司购买该项期权的成本为 1 000 000 美元×0.015×6.399 元人民币/美元=95 985 元人民币。

由于我们根据终值比较各种对冲策略，因此有必要估计三个月后的期权费成本。这里我们使用 12%的年资本成本，计算次年 2 月份卖出期权的期权费成本三个月后

的终值为

$$95\ 985\text{元人民币}\times\left(1+\frac{3}{12}\times 12\%\right)=98\ 864.55\text{元人民币}$$

三个月后收到的1 000 000美元，其人民币价值将取决于那时的即期汇率。如果美元升值，即人民币对美元汇率上升，高于6.38元人民币/美元，假设为6.385元人民币/美元，那么天信公司选择不执行期权，而通过银行做现汇结汇，可获得的收入为

6 385 000－98 864.55＝6 286 135.45(元人民币)

相反，如果汇率低于6.38元人民币/美元，那么天信公司将执行期权，以6.38元人民币/美元的汇率将1 000 000美元兑换成6 380 000元人民币，其净所得为

6 380 000－98 864.55＝6 281 135.45(元人民币)

无论汇率降至多低，天信公司通过执行期权总可以将其收入下限锁定在6 281 135.45元人民币，而当汇率上升时其收益则是无限的。

3. 小结

远期合约和期权合约是国内企业运用较多的交易风险管理对冲策略。表 2－4 比较了不对冲、远期合约、期权合约三种策略。

表 2－4　不对冲、远期合约、期权合约策略比较

		不对冲	远期合约	期权合约
操作策略	现在	什么也不做	以6.389元人民币/美元的价格卖出1 000 000美元	买入执行价为6.38元人民币/美元的美元卖出期权，支付期权费95 985元人民币
	三个月后	卖掉1 000 000即期美元	交割1 000 000美元，得到6 389 000元人民币	若汇率＞6.38元人民币/美元，则以那时的即期价格卖掉1 000 000美元；若汇率＜6.38元人民币/美元，则执行期权，获得6 281 135.45元人民币
成本		无	保证金（本例假设无）	期权费成本（95 985元人民币现值或者98 864.55元人民币终值）
最高收益		无限	6 389 000元人民币	无限
最低收益		不固定	6 389 000元人民币	6 281 135.45元人民币

从表 2－4 可以看出：

(1) 货币对冲降低了风险，但是风险的降低并不意味着增加价值或回报。操作中，对冲并不是“免费的”，即企业必须花费资源来进行对冲活动。在天信公司的例子中，如果三个月后的即期汇率高于6.389元人民币/美元，则不对冲所获得的收益＞远期合约对冲收益＞期权对冲收益。

如果三个月后的即期汇率低于6.389元人民币/美元而高于6.38元人民币/美元，则远期合约对冲收益＞不对冲的收益＞期权合约对冲收益。

因为期权对冲存在成本，所以只要汇率高于6.281元人民币/美元，期权对冲带来

的收益就不足以弥补对冲的成本，不对冲比期权对冲收益更高。

（2）就合约对冲的两种方式来说，远期对冲和期权对冲都保证了最低收益，但是远期合约的最低收益要高于期权对冲。然而远期合约的固定收益特征也限制了最高收益。期权对冲既保证了最低收益，也使得收益上限提高。可以计算，当三个月后的即期汇率高于6.488元人民币/美元时（6 389 000元加上期权费除以1 000 000美元），期权对冲将优于远期对冲，否则远期对冲收益更高。

（3）究竟采用何种方式，取决于管理层厌恶风险的程度，以及其对未来汇率的预期。如上面两条总结的，策略实施的效果取决于预期汇率与实际汇率的偏差。对本案来讲，坚定看跌美元，做远期最合适；乐观看涨美元，什么都不做最合适；不坚定地看跌美元，又怕错失美元升值收益，做期权对冲最合适。

4. 远期和期权的"变形"

对中国的涉外企业来讲，远期市场发展较早，相对成熟，已成为企业避险的主流手段。近期银行又推出新的交易：择期外汇买卖（foreign exchange optional forward deal）、可敲出式远期外汇交易（knock-out foreign exchange forward deal）。这两种交易都体现了远期和期权的不同组合。

择期外汇买卖。择期外汇买卖是指客户可以在约定的将来某一段时间内的任何一个工作日，按规定的汇率进行交割的外汇买卖业务，它是一种可选择交割日的远期外汇买卖。择期外汇买卖在对冲风险上的原理与远期合约是一样的，其创新之处在于该交易可以在交割日不确定的情况下，将未来某段时间的汇率确定在某一个水平，这样不仅能规避汇率风险，而且降低了客户在贸易项下未正常履行合同导致外汇买卖合约违约的概率，特别适用于将来某段时间内有外币买卖需求又不确定具体交割日的客户。

可敲出式远期外汇交易。可敲出式远期外汇交易是指买卖双方签订远期合约，一方可在交割日按照优于正常远期汇率的价格，买入或卖出约定数量的货币。上述远期合约得以实现的前提条件是：双方设定一个"敲出"汇率，如果在交割日前市场即期汇率未触碰过该"敲出"汇率，则上述合约得以履行；否则上述合约自动取消。我们可以通过中国银行提供的案例来理解可敲出式远期外汇交易是如何帮助企业实现其诉求的。

某企业须于2007年6月支付货款150万欧元，而收入货币为美元，支付货币与收入货币存在不匹配，企业面临欧元升值的风险。中国银行业务人员建议企业选做远期产品，固定汇率成本。按照市场价格，欧元兑美元即期汇率为1.329 0美元/欧元，三个月远期价格为1.334 0美元/欧元。企业认为远期报价较高，希望等待更好的价格购买欧元，可是等待无异于令其现金流暴露于汇率风险下。

中国银行针对客户的需求为其提供了可"敲出"式远期外汇交易产品，即可锁定远期汇率在1.330 0美元/欧元，敲出汇率在1.410 0美元/欧元。如果在交割日前市场汇率从未触碰过1.410 0美元/欧元，则客户可以按照1.330 0美元/欧元的价格购买欧元（仅比即期价格高10个基点，而比远期价格低40个基点）；否则，合约自动取消。交易完成后的3个月中，欧元兑美元汇率始终在一个较窄区间波动，未触碰过敲出汇率1.410 0美元/欧元，企业最终在交割日以1.330 0美元/欧元的价格购入欧元，企业非常满意。

2.3 经营风险

本节分三个部分：第一部分为经营风险的来源，第二部分为经营风险的计量，第三部分为经营风险的管理。

2.3.1 经营风险的来源

汇率波动可能对公司未来经营中的收入和成本产生影响，并因此会影响企业的现值。换句话说，经营风险导致的企业现值变化取决于汇率变化对未来销售量、价格和成本的影响。经营风险和交易风险产生的原因都是未来现金流的意外变化。但是，交易风险涉及的是已签订合同的未来现金流，而经营风险关注的则是由于汇率变化改变了国际竞争力而可能导致的预期（尚未签订合同）未来现金流变化。举个例子，中国有很多箱包加工厂，它们的利润都很薄。如果某家箱包厂签了一份金额很大的出口合同，那么在收款期美元的波动所带来的风险就叫做交易风险。但是，如果人民币一直升值，箱包厂就面临生存问题，因为如果箱包厂不能压缩成本，或者不能创新产品以提高利润率，那么，箱包厂就面临两难的局面：如果不降价，则可能被来自越南、马来西亚等国的竞争对手抢占市场；如果降价，则可能面临全面的亏损预期。这就是经营风险。

对于一家经营范围覆盖多个国家的跨国企业来说，一方面，会有持续不断的外币应收账款以及应付账款，因此未来的汇率变化就会改变企业外币现金流的本币价值。另一方面，公司已有的和潜在的竞争者都会对不均衡条件下的汇率变动做出不同的反应，反过来影响公司的国际竞争环境，从而使得公司未来的外币现金流数量也发生变化。可见，未来汇率变动不仅影响企业外币现金流的本币价值，还会影响所产生的外币现金流的数量。

2.3.2 经营风险的计量——以天信（美国）子公司 FYER 为例

天信公司是中国著名的白电生产商。公司的业务广泛，与世界 30 多个国家有贸易往来，特别是电冰箱产品在欧美市场很受消费者的青睐。为了进一步扩大美国市场业务，天信公司于 2010 年在得克萨斯州建立子公司 FYER，专门生产电冰箱。目前美国市场上该种产品主要从中国进口，所以美元的贬值反而会增加该子公司的竞争优势。此外，为能在竞争激烈的美国市场上站稳脚跟，公司以尽可能低的市场价格获取稳定的市场份额。因此，FYER 从中国进口大量的零部件。经初步估算，在当前汇率（6.5元人民币/美元）下，平均每台电冰箱进口零部件的价值约为 100 美元（650 元人民币）。但是由于近年来人民币加快了升值的步伐，因此未来进口零部件的价值必将随着汇率波动。

基于人民币的升值预期，我们来估算美元贬值对 FYER 以人民币计算的经营现金流的影响。假定汇率由6.5元人民币/美元变为 6 元人民币/美元。这种变化将从两方面影响最终的以人民币计算的经营现金流。这里我们之所以要将 FYER 的现金流最终换算成人民币，是因为考虑到两个方面：(1) FYER 总是要被并表的；(2) 理解经营风险与折算风险的差别。

为使大家清晰地了解经营现金流的变化，我们假定了以下三种具体的情况来展现这一过程。

情况 1：除由中国进口零部件的单位成本发生变动以外，其他变量均未发生改变；

情况 2：销售量和由中国进口零部件的单位成本发生变动，其他变量均未发生改变；

情况 3：销售量、售价和由中国进口零部件的单位成本均发生变动。

如表 2－5 的情况 1 所示，在其他条件不变的情况下，由于美元贬值，由中国进口零部件的单位成本上升至 108 美元。这种情形下，公司的净利润从 8 450 000 美元降至7 908 333美元。以人民币计算的经营现金流从 67 925 000 元减少到 59 450 000 元。这种成本与收益的不对称性使得经营现金流对汇率的变化十分敏感，从而产生较大的经营风险暴露。

表 2－5　　FYER 的预计经营现金流：基准情况及情况 1

	基准情况	情况 1
汇率（人民币/美元）	6.5	6
销售量（台）	100 000	100 000
单价（美元/台）	500	500
单位可变成本（美元）		
人工成本及当地采购支出	100	100
由中国进口零部件的单位成本	100	108
单位不变成本（美元）	150	150
折旧额（美元）	2 000 000	2 000 000
税前净利润（美元）	13 000 000	12 166 667
所得税（35%）（美元）	4 550 000	4 258 333
净利润（美元）	8 450 000	7 908 333
加：折旧（美元）	2 000 000	2 000 000
经营现金流（美元）	10 450 000	9 908 333
经营现金流（人民币）	67 925 000	59 450 000

说明：计算过程四舍五入，结果保留到个位。Excel 表格为交叉引用，进行精确计算，所以计算过程与结果有些许出入。本书后文类似表格中的数据皆如此，不再一一说明。

在情况 2 中，由于人民币升值，中国企业的竞争力相对减弱。这一变化给 FYER 带来了福音，如表 2－6 中间一列所示，公司的销售量从原有的 10 万台增加至 12 万台。尽管产品仍维持以前的单价，但销售量的增加使得 FYER 最终获得的以人民币计算的经营现金流从 67 925 000 元增加到 70 500 000 元。可以看出情况 2 中的竞争效应收益已经完全弥补了兑换效应所带来的损失。

表 2－6　　FYER 的预计经营现金流：情况 2 及情况 3

	情况 2	情况 3
汇率（人民币/美元）	6	6
销售量（台）	120 000	110 000
单价（美元/台）	500	508

续前表

	情况 2	情况 3
单位可变成本（美元）		
人工成本及当地采购支出	100	100
由中国进口零部件的单位成本	108	108
单位不变成本（美元）	150	150
折旧额（美元）	2 000 000	2 000 000
税前净利润（美元）	15 000 000	14 500 000
所得税（35%）（美元）	5 250 000	5 075 000
净利润（美元）	9 750 000	9 425 000
加：折旧（美元）	2 000 000	2 000 000
经营现金流（美元）	11 750 000	11 425 000
经营现金流（人民币）	70 500 000	68 550 000

现在我们来分析情况 3。如表 2-6 右侧一列所示，由中国进口零部件的单位成本、销售量和单价都发生了改变。此时我们假定 FYER 将汇率变动带来的成本上升全部转嫁给消费者。由于面临与情况 2 中同样的竞争环境，FYER 在提价的情况下依然可以增加销售量，但要比情况 2 增加的幅度小。在这种情况下，以美元计算的经营现金流会增加，但以人民币计算的经营现金流会下降。

表 2-7 总结了三种不同情况下的经营现金流情况。我们假定 FYER 的现金流贴现率为 15%，经营周期为 5 年。表 2-7 给出了不同情况下经营现金流的现值，并通过与基准情况对比，计算出各种情况下的风险暴露。

表 2-7　　美元贬值对 FYER 经营现金流的影响汇总

	基准情况	情况 1	情况 2	情况 3
汇率（人民币/美元）	6.5	6	6	6
销售量（台）	100 000	100 000	120 000	110 000
单价（美元/台）	500	500	500	508
单位可变成本总计（美元）	200	208	208	208
年经营现金流（美元）	10 450 000	9 908 333	11 750 000	11 425 000
年经营现金流（人民币）	67 925 000	59 450 000	70 500 000	68 550 000
五年期现值（人民币）	227 695 135	199 285 621	236 326 934	229 790 232
现值变动（人民币）		−28 409 514	8 631 799	2 095 097

从 FYER 这个例子，我们理解了什么是经营风险：

(1) 经营风险不是某一单生意涉及的确定数量外汇收付的风险，是外汇走势对整个企业生产、经营和竞争力产生影响的风险。

(2) 经营风险并不见得一定要通过外汇收付来对企业产生影响，FYER 在本地的销售并不涉及外汇收付，但是由于人民币升值打压了中国产品的竞争力，FYER 在本地的销售量就会上升，从而影响到 FYER 的经营现金流，并进一步影响 FYER 并表以后以人民币计算的经营现金流。

（3）经营风险不仅基于对外汇走势的预测，还基于对企业未来的竞争环境和因此导致的收入和支付的预测，基于对未来现金流的预期和对外汇走势的预期。

（4）天信公司及其美国子公司、英国子公司等，因其所使用的功能货币的不同，对汇率变化的反应必然不一样，正如本例中人民币升值给母公司出口带来的负面影响可以被美国子公司受到的正面影响对冲一样，这些不同的反应很多时候是可以对冲的。由于汇率变动可能在增加公司某些市场的竞争力的同时削弱它在其他市场的竞争力，所以生产、供应和销售的国际多元化管理可能会减少公司现金流的变动，从而达到经营风险中性的目的。

2.3.3 经营风险的管理

外汇的经营风险也是可以管理的。根据经营风险的来源及其特征，企业常用以下方式管理其经营风险。其中使用提前与延后收付、通过货币条款让客户分摊风险、使用再开票中心三种管理技术是针对生产经营的风险管理，使用匹配货币现金流的自然套期保值、使用背对背贷款和使用货币互换是针对融资的风险管理。

1. 使用提前与延后收付

公司可以通过变更资金转移时间，即通过加快或减慢外币支付或收取的时间来减少经营风险。当公司拥有“软币”而它的债务是以“硬币”计价的时候，它应尽可能提前使用软币来支付硬币的债务，目的是在软币币值下降之前偿还货币债务；而当公司拥有“硬币”和“软币”计价债务时，它应尽量拖延支付，以期用更少的“硬币”支付债务。如果可能，公司还可以提前或延后其对应收账款的收取，对软币债权要提前收款，对硬币债权则要拖延收款。这种技术在独立企业之间的运用，必定会伤及对手企业的利益，因此，可以利用一定的折扣补偿来使双方感觉到公平。比如，有软币应收账款的企业总是希望尽早回款，以免将来回款贬值。为此，企业最好利用不同的付款条件，给早回款的企业一定的折扣，也可以理解为让晚回款的企业支付商业信用费用。如果是在同一个集团内使用这一技术，则存在两种情况：（1）双方都是全资公司的话，排除税收因素，也就是让“肉烂在锅里头”，左兜的钱放到右兜里去；（2）若非全资公司，则利益被侵蚀一方的少数股东可能会不满意。我们在第 15 章中讲述集团内资金支付安排时还有更加详细的介绍。

2. 通过货币条款让客户分摊风险

有长期买卖关系的两家公司对长期现金流的管理可以选择的一种方法是风险分担。风险分担是一种契约形式的管理方法，即买卖双方通过书面协议，分享或分摊货币波动对收付双方的利益或损失。如果双方的买卖关系是长久的，其建立风险共享与分摊协议的初衷是保障产品的质量和持续可靠的供应，那么这种协议应该容易达成，对双方来说也是合适而可行的做法。

在前面的例子中，如果 FYER 长期从中国的天信公司进口电冰箱零件，那么汇率的波动就会对交易一方有利而对交易另一方不利。对 FYER 和天信公司来讲，有一个潜在的解决方法，即双方达成协议，只要发票日期的即期汇率，比方说为 6.3 元人民币/美元至 6.5 元人民币/美元，那么 FYER 进口电冰箱零部件都以人民币当期汇率计价。但若汇率不在此范围内，则双方将各自分担汇差带来的损失。例如在前面的例子中，人民币汇率由6.5元人民币/美元降到6元人民币/美元，不在合约范围内。因为人民币升值，FYER的进口成本增加，平均每台电冰箱进口零部件的成本（以美元计算）由约100美元变为108美元，但是按照协议，天信公司将同意承担0.2元人民币/美元的汇率差价，并接受由此计算出的人民币货款，则实际FYER支付的进口零部件的单位成本为650元人民币/(6.3元人民币/美元−0.1元人民币/美元)＝105美元，从而节省了3美元。因此双方在超过规定范围的汇率波动中都有损失也有收益。

风险分担管理主要是为了降低频繁的和不可预计的汇率波动对双方的影响。当然，在一种货币对另一种货币持续升值时就必须制定新的分摊协议，但这个协议的最终目标还是减轻这种持续的商业关系中的货币压力。

3. 使用再开票中心

再开票中心是跨国公司为了实现其内部资金转移或获得税收效应而设在某处（通常是避税港）专门处理公司内部贸易产生的全部交易风险的独资经营子公司。货物的买卖在名义上要经过再开票中心，但实际上则直接由制造商工厂发送至分销商处，因此再开票中心只是负责为交易双方处理发票和结算事宜，并不直接接触实际跨国公司内部资金转移。

如图2-2所示，如果天信公司想将在国内生产的电冰箱发送至FYER进行销售，它可以先开一张人民币发票给香港再开票中心，但是其货物直接运送到美国。然后，再开票中心再将货物出售给美国子公司，并开出一张美元发票。这样，所有涉及该业务的各家公司都以本币计价，而汇率变动的风险则全部集中在香港再开票中心。

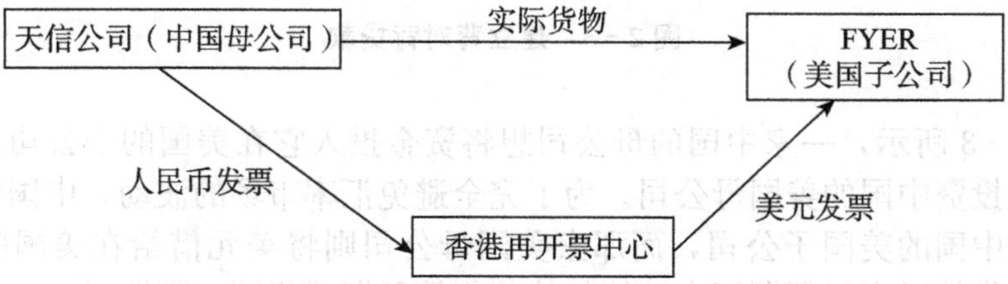

图2-2 再开票中心结构

建立再开票中心有两个好处：(1) 可以使公司内部各子公司间销售的所有外汇风险集中到同一地点。再开票中心的工作人员能集中处理公司的外汇头寸，并在任何有利的时间暴露头寸，而且由于他们处理的是大量交易，所以他们更可能从银行得到更具竞争力的外汇报价。(2) 可以管理内部联盟的现金流，包括提前与延后收付。

但是再开票中心的建立是有成本的。集团必须另外建立一家公司，还必须保持账目独立。因为要对现存的单据处理程序进行调整，所以最初的筹建成本不低。

4. 使用匹配货币现金流的自然套期保值

冲抵预期的某一币种的持续性风险资产头寸的办法之一是获得以该货币计价的债务。对于一家像天信公司这样有长期向美国市场出口业务的中国出口企业来说，为了保证在美国市场上的竞争力，通常出口全部开具美元发票。这就导致了长期而稳定的美元流入。一旦人民币兑美元汇率发生不利变动，这笔美元现金流就会带来很大损失。但是如果能为这些连续流入的美元寻找到一种使用途径，就可以有效减轻这种风险。中国公司可以在美元市场借到部分债务资本，这时它就可以使用这笔相对可以估计的出口美元收入来支付到期的美元债务本金和利息，从而也就实现了自然套期保值。这种套期保值操作是为流入的外币现金设计一笔现金流出，这样就不必使用像远期合约这样的合约性金融工具去主动管理这种风险。当现金流在一段时间内相对不变和可以估计的时候，这种匹配现金流入流出的方法可以有效地消除外汇风险。

5. 使用背对背贷款

背对背贷款也叫平行贷款或信贷互换。在这种贷款中，不同国家的两家公司会安排一定期限的对彼此货币的借贷业务，双方在约定的到期日归还借来的货币。例如，如图 2－3 所示，美国公司贷款给中国公司一定数额的美元，同时，中国公司也将等值的人民币贷给美国公司。两笔贷款期限相同，按期各自偿付对方本息。由于背对背贷款是两国境内的两家公司间的直接贷款，只签订一份贷款协议，协议中明确规定，如一方违约，则另一方有权自动从本身的贷款中抵消损失作为补偿，从而使双方避免信贷风险。

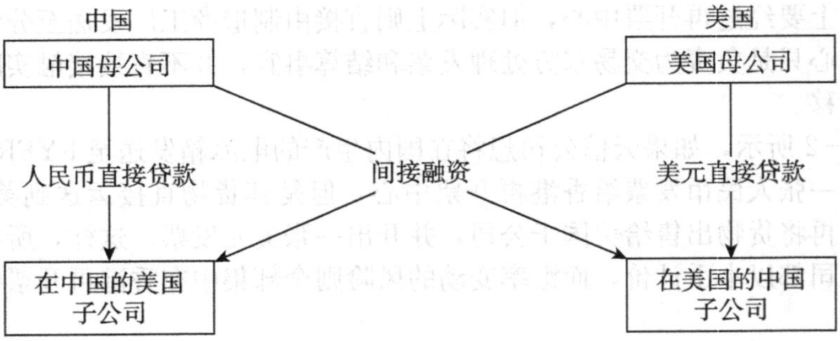

图 2－3　建立背对背贷款

如图 2－3 所示，一家中国的母公司想将资金投入它在美国的子公司，它会确定一家同时想投资中国的美国母公司。为了完全避免汇率市场的波动，中国母公司将人民币借给在中国的美国子公司，而那家美国母公司则将美元借给在美国的中国子公司。这两笔贷款以当时即期汇率计算的价值相等且期限相同。到期时，两笔独立的贷款分别偿还给债权人，从而也就无须再利用外汇市场了。两笔贷款都没有承担任何汇率风险，通常也不需要得到任何管理投资性外汇的政府部门的审批。

在背对背贷款的扩展使用中存在一个主要障碍：公司很难找到一个在货币、金额和期望的借贷期限上都吻合的合作伙伴。这个不足就导致了我们下面将要讲到的货币互换的迅速发展和广泛使用。

6. 使用货币互换

与背对背贷款不同的是，在货币互换中，公司是和互换交易商或互换银行达成协议，而不是直接和合作伙伴进行交易，因此大大减少了搜寻合作伙伴的成本。如图 2－4 所示，互换交易商或互换银行在确立的互换业务中扮演的是中间商角色。

互换交易商安排的大多数互换业务都是盲人互换，意思是指公司不知道和它做互换业务的是哪家公司。公司将交易商或银行看成对应的合作方，因为互换市场都是由世界主要货币中心的银行所控制，所以都认为对方可以接受相应的风险。而且在互换市场上，债务的本金数量都已经标准化，因此通过互换商来撮合变得更加容易。由于国际互换市场集中了大量的业务需求，因此交易商通常能够安排客户期望互换的货币、数量和期限。

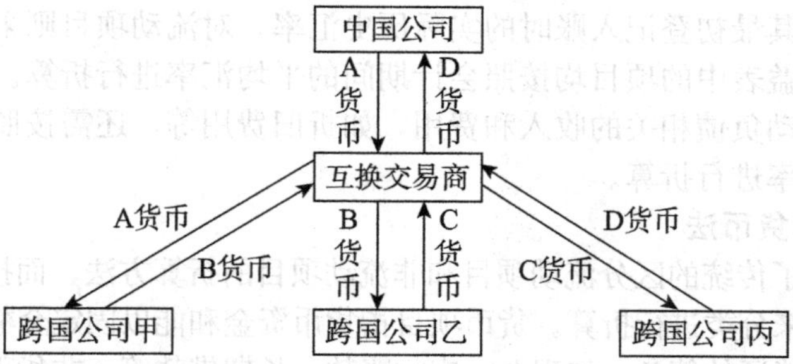

图 2-4　通过互换交易商建立货币互换

2.4　折算风险

本节分为四个部分：第一部分是折算风险的来源；第二部分是目前国际上比较常用的外币折算方法；第三部分是美国财务会计标准委员会、国际会计准则理事会在折算方法上的选择和中国目前的现实选择；第四部分是折算风险管理。

2.4.1　折算风险的来源

产生这一问题的根源在于汇率的不固定。当汇率发生波动时，从母公司的角度看，以母公司的货币衡量，国外子公司按照当地货币计量的资产与负债的价值都会发生变化。尽管外币财务报表折算只不过是将以外币表示的各科目乘以汇率而已，但在实际操作中，世界各国对外币财务报表的折算方法还没有形成一致的惯例。

外币报表折算的核心问题是汇率的选择问题。我们可以想象，如果外币汇率是稳定的，那么外币折算的方法就跟度量衡的折算一样简单。但事实上汇率是不稳定的，所以外币折算会产生风险，而选择汇率的方法对折算的结果也会产生重要的影响。

2.4.2　目前国际上比较常用的外币折算方法

在将外币折算成本国货币时有三个可供选择的汇率：第一个是历史汇率，这是业务发生时的汇率，使用历史汇率可以在本国货币报表上保留外币项目的原始成本，可以保护财务报表免受折算损益的影响。第二个是现行汇率，指报表编制日当天的汇率，使用现行汇率会产生折算差异。第三个是平均汇率，是现行汇率与历史汇率的简单加权平均。使用不同的汇率，能形成四种不同的外币报表折算方法：流动与非流动法、货币与非货币法、现行汇率法和时态法。现在世界各国基本在后两种方法即现行汇率法与时态法之间进行选择。

1. 流动与非流动法

该方法要求对资产负债表中的流动项目和非流动项目给予不同的处理。流动项目是指外币流动资产及在一年内到期的外币流动负债，如外币现金、应收账款、存货、外币短期借款、应付账款等。而非流动项目是指外币长期资产和一年后到期的外币长期负债。考虑到非流动资产在短期内不会转变为现金，所以应不受现行汇率变动的影响，折算时采用其最初登记入账时的实际历史汇率。对流动项目则采用现行汇率进行折算。而对于损益表中的项目均按照会计期间的平均汇率进行折算。但是，对于和非流动资产与非流动负债相关的收入和费用，如折旧费用等，还需按照相应的资产负债表项目的历史汇率进行折算。

2. 货币与非货币法

该方法放弃了传统的区分流动项目和非流动项目的折算方法，而按资产和负债的货币性和非货币性来分类进行折算。货币项目指货币资金和能以固定金额收回的债权，以及须以固定金额偿还的债务，如现金、应收账款、长期借款等。非货币性项目指价值随外币贬值或升值后当地物价的上涨或下跌而变动的项目，如存货、固定资产、长期投资等。折算时货币性的资产和负债项目按年末现行汇率折算；非货币性的资产和负债项目按原交易发生日的历史汇率折算。提出这一方法的理由是货币性项目具有相似性：它们的价值都是用货币计量的，而它们换算后的价值也会随着汇率的变动而变动。根据以上原则，实收资本总是按股份发行时日的历史汇率折算；固定资产折旧及无形资产摊销费项目按取得有关资产时日的历史汇率折算；其他有关收入和费用项目按平均汇率折算；留存收益则是轧算的平衡数额，无论收益还是损失，都计入当期损益。

3. 现行汇率法

现行汇率法是将外币报表中所有资产、负债项目按统一的期末资产负债表日的现行汇率折算，只对子公司报表中的所有者权益项目采用历史汇率进行折算。若子公司收益表中的收入和费用交易发生频繁，也可以采用当期的平均汇率。

选择现行汇率法这种方法可以保持子公司外币报表原先表述的财务结果和关系，并且揭示汇率变动对母公司在子公司的投资净额（母公司权益）的影响，所以折算过程中发生的折算损益将作为资产负债表中权益的独立项目递延处理。在母公司出售子公司或者认定折算损益已经永久性减少以前，累计的折算损益都不能转入留存收益。

4. 时态法

时态法是一种多汇率方法，折算时分别采用其计量日期的汇率进行。时态法站在母公司的角度审视子公司交易，认为外币折算是对外币计量的既定价值的重新表述，即对外币改用本币计量。这一思路下折算的结果，就好像子公司报表中的资产和负债在交易时日就已经把发生额折算为本国货币了。具体做法是：现金、应收项目、应付项目用现行汇率换算；用历史成本记载的非货币性资产、负债项目用历史汇率换算，用现行价值记载的非货币性资产、负债项目用现行汇率换算；实收资本按投入时的历史汇率折算，留存收益为轧算数字；收入与费用项目按照交易发生日的汇率折算，若企业收入费用交易发生频繁，也可以采用当期的平均汇率来折算。

时态法实质上认为汇率变动是一个客观事实，只有在汇率变动的当期确认其对会计造成的影响，才能更好地满足报表使用者预测和决策的需要，所以，时态法通常将折算差额直接计入当期合并损益。

表 2－8 是上述四种折算方法对于会计常用科目的不同处理方法的总结。

表 2－8　　四种折算方法的会计处理

折算方法 会计项目	流动/非流动	货币/非货币	时态法	现行汇率法
库存现金	C	C	C	C
应收账款	C	C	C	C

续前表

会计项目 \ 折算方法	流动/非流动	货币/非货币	时态法	现行汇率法
存货				
按成本	C	H	H	C
按市价	C	H	C	C
投资				
按成本	H	H	H	C
按市价	H	H	C	C
固定资产	H	H	H	C
无形资产	H	H	H	C
流动负债	C	C	C	C
长期负债	H	C	C	C
实收资本	H	H	H	H
留存收益	轧算*	轧算*	C+调整项	轧算**

说明：C指现行汇率；H指历史汇率；*表示轧算的平衡数额；**表示收益和留存收益表折算结果，再通过平衡轧算法算出累计折算调整额。

2.4.3 美国财务会计标准委员会、国际会计准则理事会在折算方法上的选择和中国目前的现实选择

各国报表折算依据的会计准则有所不同，美国财务会计标准委员会与国际会计准则理事会对折算问题做出的反应，基本上可以代表其他国家的选择，所以此处仅介绍它们现行的外币报表折算政策。

1. 美国财务会计标准委员会的第52号财务会计准则公告——《外币折算》(SFAS No. 52)——的规定

SFAS No. 52是以功能货币的择定为前提。所谓功能货币是国外子公司从事经营活动和产生现金流的主要经济环境中的货币。国外主体按其经营所处的环境不同，可以分为“母公司的有机组成部分”和“自主经营的国外主体”两种情况。前者所指的国外子公司可视为母公司在境外经营的延伸，其功能货币就是美元，它的财务报表要用时态法将各项目表述为用美元表达的报表。后者是指在生产经营和财务决策上有较大的自主权，并与国外经济环境融为一体的经济实体，其功能货币一般为非母公司的报告货币，此时采用现行汇率法对国外子公司的外币报表进行折算。

SFAS No. 52同时接受以母公司观点和以地方公司观点作为报告的有效基础，它要求外币折算应达到如下目标：(1) 在合并报表中反映按照每一个被合并的主体从事经营的主要通货（它的“功能货币”）所计量的财务结果和财务关系；(2) 提供通常被认为与汇率变动对企业的现金流和业主权益的影响一致的信息。

2. 国际会计准则理事会制定的准则

国际会计准则理事会的第21号公告《汇率变动的影响》把国外经营分为“构成报告企业经营整体的组成部分的国外经营”和“国外实体”两种，两种实体采用何种

方法对国外经营的财务报表进行换算，应根据其与报告企业相关的融资和经营方式而定。这样，对前者应当采用时态法，对后者则应当采用现行汇率法。

国际会计准则理事会第21号公告与SFAS No. 52的见解十分相似，跟以往的众多准则相比，它们最重要的思想就是兼用时态法和现行汇率法。这种做法在一定程度上解决了时态法和现行汇率法孰优孰劣的争论，但同时也带来了问题：对国外子公司进行分类依赖于管理当局的职业判断，而管理者可能因为知识的欠缺进行主观臆断，也可能出于粉饰其各项财务指标的目的选择折算方法。而且如果跨国公司有若干个国外子公司，那么对这些子公司采用不同的方法进行外币报表折算，会使得合并会计报表成为多种方法、观点的叠加，对财务报表所传达的信息的可靠性造成影响。

3. 我国外币报表折算方法的现实选择

根据《企业会计准则第19号——外币折算》第四章外币财务报表折算的相关规定，企业在处理外币交易和对外币财务报表进行折算时，应当采用交易发生日的即期汇率将外币金额折算为记账本位币金额，也可以采用按照系统合理的方法确定的、与交易发生日即期汇率近似的汇率折算。在具体操作中，资产负债表中的资产和负债项目，采用资产负债表日的即期汇率折算，除"未分配利润"项目外的其他所有者权益项目采用发生时的即期汇率折算；利润表中的收入和费用项目，采用交易发生日的即期汇率折算，也可以采用按照系统合理的方法确定的、与交易发生日即期汇率近似的汇率折算。其中，即期汇率，通常是指中国人民银行公布的当日人民币外汇牌价的中间价。企业发生的外币兑换业务或涉及外币兑换的交易事项，应当按照交易实际采用的汇率（即银行买入价或卖出价）折算。即期汇率的近似汇率，是指按照系统合理的方法确定的、与交易发生日即期汇率近似的汇率，通常采用当期平均汇率或加权平均汇率等。企业通常应当采用即期汇率进行折算。汇率变动不大的，也可以采用即期汇率的近似汇率进行折算。

2.4.4 折算风险管理

1. 选择不同折算方法对折算后资产负债表和损益表的影响不同

因为汇率风险总是存在，而汇率风险在折算风险上的不同反应从根源上来讲是由不同的会计准则决定的，所以看上去企业并没有主动管理折算风险的能力。但是，了解不同会计制度下折算对汇率风险的不同影响，可以给企业提供资产负债表管理的依据。下面我们来看看表2-9中中国的跨国公司银信国际在美国的分公司银信（美国）公司以美元记账的资产负债表和利润表按现行汇率法和时态法折算的结果。为了便于同学们理解留存收益轧算、调整项轧算的方法，我们假设这是银信（美国）公司第一年的会计报表，因此其净利润就是留存收益。

表2-9　　银信（美国）公司资产负债表和损益表的折算

	当地货币（美元）	折算汇率（人民币/美元）	现行汇率法（元人民币）	折算汇率（人民币/美元）	时态法（元人民币）
资产负债表					
现金	1 000	6.4	6 400	6.4	6 400
存货	1 500	6.4	9 600	7	10 500

续前表

	当地货币（美元）	折算汇率（人民币/美元）	现行汇率法（元人民币）	折算汇率（人民币/美元）	时态法（元人民币）
固定资产净额	4 650	6.4	29 760	7	32 550
总资产	7 150		45 760		49 450
流动负债	2 000	6.4	12 800	6.4	12 800
长期负债	3 000	6.4	19 200	7	21 000
总负债	5 000		32 000		33 800
普通股	1 500	7	10 500	7	10 500
留存收益	650		4 355		5 150
累计换算调整	0		−1 095		无
负债与权益合计	7 150		45 760		49 450
损益表					
销售收入	10 000	6.7	67 000	6.7	67 000
商品销售成本	7 000	6.7	46 900	7	49 000
折旧	2 000	6.7	13 400	7	14 000
经营利润	1 000		6 700		4 000
所得税（35%）	350	6.7	2 345	6.4	2 240
税后利润	650		4 355		1 760
外汇损益	无		无		3 390
净利润（留存收益增加额）	650		4 355		5 150

从表 2-9 中我们可以看出：

（1）以现行汇率计算银信（美国）公司存货资产和固定资产净额会导致资产以母国货币记账时减值，以现行汇率计算长期负债余额则会导致以母国货币记账时负债的缩水。因为银信（美国）公司的存货和固定资产净额两项资产的余额高于长期负债余额，所以美元贬值会导致资产负债表不平衡，此时的平衡方法是在权益中设立"累计换算调整"科目，记入借方余额。在本例中，为−1 095 元人民币。

（2）以时态法折算银信（美国）公司的资产负债表时，当年的留存收益即为净利润，是用资产负债表轧算出来的，因此和从损益表中税后利润直接折算出来的净利润存在轧差，这个轧差就是外汇损益，在本例中是盈利的。由于时态法的初衷和原则就是将外汇折算风险视为在折算时点上的现实，所以折算的影响必定要反映到留存收益中，直接影响留存收益，而现行汇率法则是记入累计换算调整，并不能影响留存收益。

（3）在折算损益表时，现行汇率法全部采用平均汇率，从而不存在外汇损益。而时态法的销售收入以平均汇率计算，折旧和销售成本以期初汇率计算，税收在年终汇算所以以现行汇率计算，结果是：折旧等成本的折算值较高，导致较低的计税收入和税收，从而产生了贷方的外汇损益，即收益。

2. 计算折算风险暴露，进行资产负债表管理

（1）计算折算风险暴露的方法。风险资产或风险负债是指会随汇率波动而改变折算后价值的资产或负债。风险资产的价值会随功能货币的贬值而减少，随功能货币的升值而增加。风险负债正好相反。净风险资产是指风险资产减去风险负债之后的净额。如果风险资产超过风险负债，则净风险资产为正，我们称之为多头；如果风险资产小于风险负债，则净风险资产为负，我们称之为空头。多头和空头可以用来衡量折算风险的大小。如果资产负债表中有着大量的多头或空头，就会产生较大的折算风险暴露。

（2）从表 2-10 可以看出，用现行汇率法，银信（美国）公司有净风险资产，这是因为其资产类科目都以现行汇率折算，全部处于风险暴露之中，而负债和权益类科目中的权益部分未暴露，采用时态法，则有净风险负债。

表 2-10　银信（美国）公司的折算风险暴露

	现行汇率法（美元）	时态法（美元）
风险资产		
现金	1 000	1 000
存货	1 500	未暴露
固定资产净额	5 000	未暴露
总风险资产	7 500	1 000
风险负债		
流动负债	2 000	2 000
长期负债	3 000	未暴露
总风险负债	5 000	2 000
净风险资产	2 500	−1 000

（3）以现行汇率法来折算，资产风险不可避免，但负债具有一定的对冲效果。很显然，在使用现行汇率法时，净权益公司的净资产风险暴露是最严重的。而以时态法折算，则要视公司的资产结构和负债权益结构来具体情况具体分析。如本例中，由于银信（美国）公司的净负债风险来自流动资产，因此可以通过降低流动负债减少风险头寸，达到资产负债管理的目的。

3. 资产负债表套期与衍生工具套期

除了如上述第（3）点介绍的，公司可以采取资产负债表套期来管理净风险头寸之外，理论上母公司还可以通过远期合约买卖、期权买卖等衍生工具进行套期保值。与资产负债表套期相比，这是一种主动的风险管理方法。但这种套期保值的方法存在两个问题：（1）能否达到预期目的，有赖于管理者对于汇率未来走势的判断。（2）因为采用衍生工具进行套期保值时，实际上是在对汇率变化进行投机操作，因此是用交易风险来换折算风险。

因为交易风险暴露会对实际现金流产生影响，所以我们认为交易风险暴露比折算风险暴露重要得多。也就是说，没有哪个财务经理愿意以产生交易风险暴露作为代价来降低折算风险暴露。马歇尔（Marshall，2000）在对英国、美国和亚太地区跨国公司的外汇风险管理实践的调查中发现，八成的管理者将管理外汇风险的重心放在了交易风险的管理上，而只有少数管理者将其放在折算风险的管理上。

思考题

1. 梦想公司于昨天向一家美国公司出口了一批轿车轮胎，总金额为 500 万美元。进口商将在 6 个月之后支付该笔款项。作为财务经理，你想通过金融市场对该笔收入进行套期保值，并从中国银行获取了以下信息：

现汇汇率	6.54 元人民币/美元
6 个月远期汇率	6.50 元人民币/美元
中国投资年利率	5%

此外，高盛公司还提供了两种类型的场外交易人民币看跌期权，其中：

执行价为 6.55 元人民币/美元，6 个月后到期的 100 万美元看跌期权的期权费为每笔15 000美元；

执行价为 6.52 元人民币/美元，6 个月后到期的 100 万美元看跌期权的期权费为每笔10 000美元。

请计算各种套期保值方案的成本，并比较各种方案的优劣。

2. 梦想公司的产品大量出口到美国市场，本年度向美国出口的产品的单价为 400 元/只（62.5美元/只），出口总收入为 2 亿元人民币，约占公司销售收入的一半。近年来，人民币对美元持续升值，使公司承受着巨大的经营风险。据权威预测，未来 5 年，人民币对美元将以每年 5%的速度升值，梦想公司的管理层也对此深信不疑。在这样的汇率环境下，梦想公司有以下两种策略可供选择：

（1）不改变当前的美元价格，即62.5美元/只，这样每只轮胎的人民币价格就不断下降，但产品的销售量将以每年 15%的速度增长。

（2）将美元售价每年提高 5%，这样每只轮胎的人民币价格就可以保持不变。但相对于第一种策略，产品销售量的增速相对较慢，每年销售量增速仅为 3%。

梦想公司本年度的销售量为 50 万只，当前汇率为6.4元人民币/美元。产品生产的单位成本恒定为 250 元/只。公司的加权资本成本为 10%，不考虑 5 年之后梦想公司在美国的销售情况及税收，请对比两种定价策略。

3. 由于汇率的变动，跨国企业在经营活动中，在营业获利的同时可能因交易风险而亏损，反之亦然。解释为什么国外子公司经营的货币币值下跌时，公司可能同时获得经营收益和交易损失。

4. 在本章第一节的最后，介绍了中国银行推出的两种外汇交易服务，即择期外汇买卖和可敲出式远期外汇交易，正文中说这是期权期货产品的“变形”。请认真分析，和传统的金融服务相比，这两种服务有哪些创新？这些创新中，融入了哪些金融衍生品的元素？这样的创新是为了满足企业什么样的诉求？银行推出创新产品有什么好处？就这两种产品而言，银行有没有损失的风险？

参考资料

[1] 中国资金管理网（http：//www. treasurer. org. cn/）.

[2] 中国银行全球门户之代客交易保值业务（http：//www. boc. cn/cbservice/cb4/cb41/）.

[3] 国际会计准则理事会（ http：//www. iasb. org/）.

[4] 美国财务会计标准委员会（ http：//www. fasb. org/）.

[5] 中国财政部（http：//www. mof. gov. cn）.

[6] 会计行业管理网（http：//www. acc. gov. cn/framework/faim/index. jsp）.

[7] 斯蒂芬·瓦尔迪兹等．国际金融市场．4 版．北京：中国金融出版社，2005.

[8] J. 奥兰·戈莱比．国际金融市场．3 版．北京：中国人民大学出版社，2003.

[9] 美国密歇根大学 S. R. 赫普沃思．国外业务报告，1957.

[10] Andrew P. Marshall. Foreign Exchange Risk Management in UK，USA，and Asia Pacific Multinational Companies. *Journal of Multinational Financial Management*，2000：185－211.

[11] 丁洪．中信泰富外汇衍生品投资亏损案例分析与启示．南方金融，2009（3）.

PART 2

第2部分

跨境投资

这一部分我们介绍国际直接投资。跨国公司在全球范围内为资本寻找出路，几乎不放过任何好的机会，也不会忘记使用任何一种方式。在21世纪，我们看到规模越来越大的跨国兼并与收购，看到越来越多的私募资本渗透到各个国家的各种行业，无论企业处于何种发展阶段，都有可能获得国际资本的投资。与此同时，我们也看到各国的股票市场规模越来越大，各国的投资机构在全球范围内安排组合投资，而各国的企业也会在全球范围内寻找融资平台。本部分安排国际直接投资相关内容的思路是：第3章先给出一个国际直接投资的全景介绍，让同学们看到现在跨国公司在全球发展的规模和趋势，并进一步了解跨国公司在中国投资及中国的民族企业走向世界的现状；第4章和第5章主要介绍理论和基本方法，其中第4章讲述跨国建厂的资本预算及跨国兼并收购的估值方法，第5章讲述跨国直接投资的加权平均资本成本；第6章和第7章是案例学习，分别介绍了跨国建厂资本预算的案例和跨国兼并收购的案例。

第 3 章

跨国公司的对外直接投资

本章重点

1. 世界对外直接投资的新趋势
2. 中国对外直接投资的趋势和特点
3. 企业选择以绿地投资或者兼并收购方式进行对外直接投资的原因
4. 跨国公司进行绿地投资需要做哪些工作
5. 跨国公司进行跨国兼并收购需要做哪些工作

关键词

外国直接投资	绿地投资	兼并收购
投资银行	投资顾问	兼并收购融资

近三十年来，国际经济的一体化趋势不可阻挡，出现了资本控制全球经济、资本控制全球资源，甚至资本控制全球政治的说法。表现在投资方面，外国直接投资(FDI)的增长在近三十年来增加了两个数量级，在 2007 年达到了一个高峰，FDI 的流入量超过了 2 万亿美元，之后在金融危机的影响下虽然有所下降，但总流入量仍然在万亿美元以上。近十年来，FDI 的发展呈现出的变化，很多都是和与中国相关的 FDI 的迅速增长分不开的。

本章是对跨国公司对外直接投资的一个简单概览，目的是为后面四章勾勒出一个大致的国际经济宏观背景，使同学们理解后面几章内容的重要性。本章分三节，第一节是世界对外直接投资趋势，第二节是中国引进外资和对外直接投资的发展，第三节是对外直接投资的主要模式，在这一节安排了两个案例来详细解释绿地投资和兼并收购的过程。

3.1 世界对外直接投资趋势

世界对外直接投资最突出的现状，就是投资数量上的巨大增长。世界对外直接投资活跃，而且在发达国家之间相互渗透。尽管 2008 年的金融危机给美国经济带来重创，美元的信用也处于美国国家信用评级下降的阴影之下，但从微观上看，2009 年仍然有最多的投资投向了美国，而且美国仍然是全球最大的 FDI 流出国和流入国，在吸收了全球最多资金的同时向全球投资了最多资金。同时，由于亚洲国家近十年来的优秀表现，FDI 向亚洲的倾斜也成为必然的趋势。

1. 外国直接投资的总趋势是数量在迅速增加，但 2000 年后有很大的起伏

如图 3－1 所示，外国直接投资在 2000 年前的增长相对稳定，从 1991 年到 2000 年十年增加了约 1.2 万亿美元，其中 1997—2000 年这三年就增长了将近 1 万亿美元，增长呈现出爆发的状态。此后起伏比较大，2000 年达到第一个波峰后开始迅速下跌，至 2003 年形成波谷，全球流入量只有5 700亿美元，与 2000 年相比下降幅度超过 50%。之后开始新一轮的爆发，到 2007 年形成的第二个波峰较 2000 年的高峰有了明显的增长，投资总量从 2003 年波谷时的不足 6 000 亿美元，在 4 年时间后轻松接近 2 万亿美元，增长了约三倍。但 2008 年的金融危机对 FDI 的影响是巨大的，2008 年全球 FDI 流入量较前一年下降了 17%，2009 年更是同比下跌了近 40%，2010 年开始出现复苏的迹象。

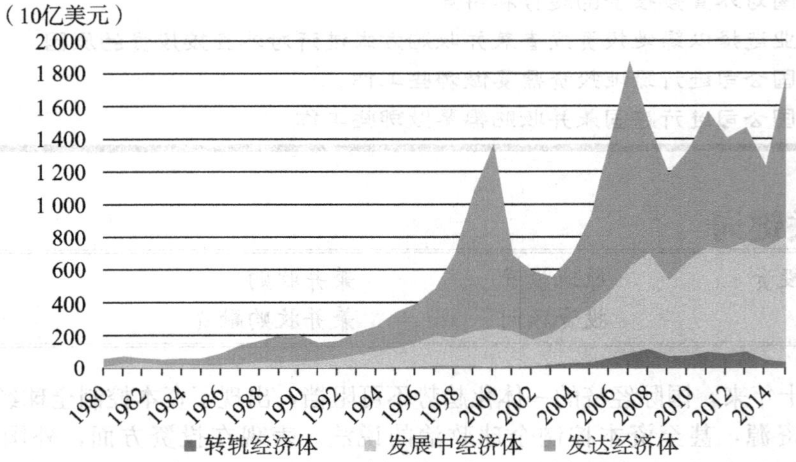

图 3－1　1980—2015 年全球 FDI 流入量统计

资料来源：UNCTAD 数据库．http：//unctadstat.unctad.org/wds/TableViewer/tableView.aspx？ReportId=96740.

2. 从地区结构上看，投资的热点开始转向发展中经济体和转型经济体，虽然发达国家的 FDI 流入量从总数量上看仍然占据多数

图 3－1 中，最上面的一条线显示的是全球的 FDI 流入量，它被划分成三部分，最上面的部分是发达经济体吸收的 FDI，中间的部分是发展中经济体吸收的 FDI，而最下方的部分是转轨经济体吸收的 FDI。可以看到，发达经济体吸收的 FDI 过去要占到 80%～90%，从 20 世纪 90 年代开始，发展中经济体吸收 FDI 的增长开始快于发达经济体。由于生产发展和社会发展程度相近，发达经济体之间水平分工发展迅速，横向的兼并收购也迅猛发展。但从增量来看，更多的投资投向发展中经济体和转轨经济体，尤其是亚洲国家，比如中国、印度等，都成了 FDI 热衷的目标国家。

3. 近十年来，随着中国经济的增长，中国成为 FDI 最活跃的国家之一

2015 年，中国在吸收 FDI 数量方面排名第三，仅次于美国和中国香港（见图 3－2），而 FDI 流出量也排到了全球第三，在美国、日本之后（见图 3－3）。美国依然是全球最大的资本流入国和资本流出国，而且其数量要远远超过第二名。如图 3－2 所示，2015 年美国的资本流入量是3 800亿美元，第二名是中国香港，资本流入量是 1 750 亿美元。中国香港也是 FDI 流出流入最活跃的地区之一。以 2015 年为例，流入量排名第二，而流出量排名第九。

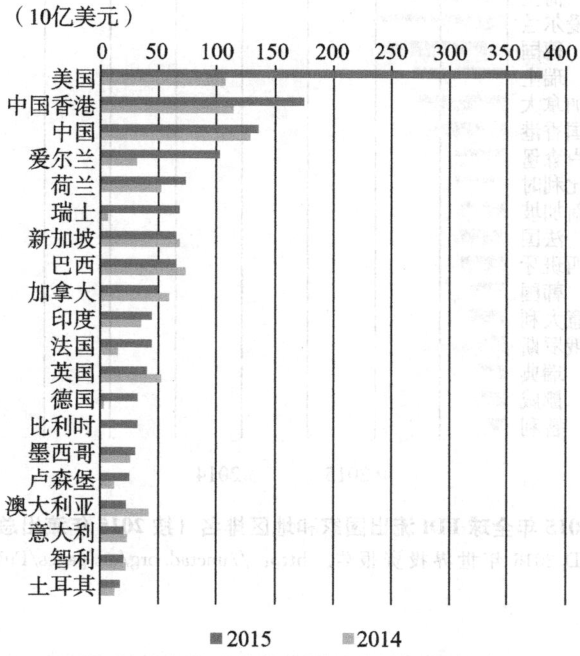

图 3－2　2015 年全球 FDI 流入国家和地区排名（按 2015 年流入总额排序）

资料来源：UNCTAD. 2016 年世界投资报告 . http：//unctad. org/en/pages/PublicationWebflyer. aspx?publicationid＝1555.

4. 从投资方式来看，兼并收购的比重在发达经济体、发展中经济体和转轨经济体中都有所增加

不同的是，发展中经济体和转轨经济体吸收了更多的绿地投资，而发达经济体在跨国兼并收购方面所占比重更大。这显然和其经济发展程度密切相关。发展中经济体所谓“吸引外资”“招商引资”，往往也含有引进设备、技术、管理的意思，希望通过引进绿地投资，在解决就业、优化产业结构上能借力 FDI。但发达经济体之间，由于生产、管理和技术的发展水平相当，文化兼容度也比较高，所以相对于绿地投资，跨境兼并收购成为更加受欢迎的对外直接投资途径。当然，无论是美国、欧盟、日本，还是中国，对资源型产业的收购都保持较大的兴趣。表 3－1 就是 2007—2010 年全球跨境兼并收购和绿地投资的交易宗数和占比。2007 年全球发生的兼并收购是7 018宗，其中发达经济体占 74%，发展中经济体占 22%；而绿地投资全球有12 210宗，其中发达经济体占 52%，发展中经济体占 42%。从 2007 年到 2009 年，无论是兼并收购还是绿地投资，发展中经济体的占比都有所提高，跨境兼并收购提高 1 个百分点，绿地投资提高 6 个百分点。其中，跟中国相关的绿地投资每年几乎要占到全球的10%，而跨境兼并收购占到 3%～4%。

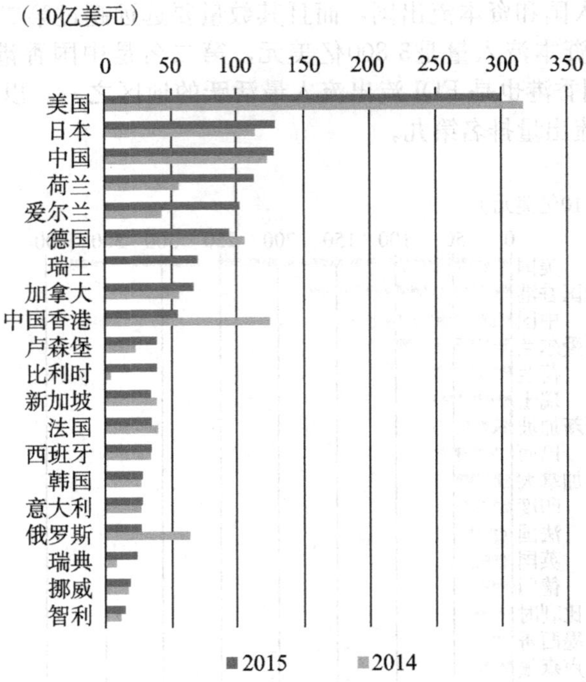

图 3-3　2015 年全球 FDI 流出国家和地区排名（按 2015 年流出总额排序）

资料来源：UNCTAD. 2016 年世界投资报告. http：//unctad. org/en/pages/PublicationWebflyer. aspx? publicationid=1555.

表 3-1　　2007—2010 年按区域划分跨境兼并收购及绿地投资统计（%）

区域/经济体	跨境兼并收购				绿地投资			
	2007	2008	2009	2010	2007	2008	2009	2010
世界	100	100	100	100	100	100	100	100
发达经济体	74	72	69	66	52	46	46	49
欧盟	39	38	32	32	39	34	30	31
法国	3	3	2	3	5	4	3	3
德国	6	5	4	4	4	4	3	3
英国	10	10	7	9	6	5	8	7
美国	18	17	17	16	7	6	9	10
日本	2	2	2	2	1	1	1	1
发展中经济体	22	23	23	25	42	47	48	45
非洲	2	2	1	2	3	5	5	5
南非	1	1	1	—	—	1	1	1
拉丁美洲和加勒比地区	6	6	5	8	7	7	9	8
巴西	2	2	1	2	1	2	2	2
墨西哥	1	1	1	1	2	2	2	2

续前表

区域/经济体	跨境兼并收购				绿地投资			
	2007	2008	2009	2010	2007	2008	2009	2010
亚洲	14	16	16	16	32	35	34	32
西亚	2	2	2	2	5	7	7	7
东亚、南亚及东南亚	13	14	15	14	27	28	27	26
中国	3	4	3	3	10	9	8	8
中国香港	2	1	2	2	1	1	2	1
印度	2	2	2	2	6	6	5	6
转轨经济体	4	5	8	9	6	7	6	6
俄罗斯	2	3	4	6	3	4	3	3
投资案例总数（宗）	7 018	6 425	4 239	1 802	12 210	16 147	13 727	4 104

说明：表中最后一行列出的是投资案例总数，单位为宗。
资料来源：UNCTAD. 2010 年世界投资报告.

5. 从投资的产业分布来看，初级产业、制造业和服务业三大产业的分布大概为 1∶3∶6

从跨境兼并收购的金额来看，在初级产业中，农业、畜牧业、林业及渔业所占比重很小，采矿、采石及石油开采行业占了绝大多数。在服务业中，2014 年和 2015 年都是金融业的占比最大，具体的行业分布可以从表 3－2 中看到。

表 3－2　　2009—2015 年按行业划分跨境兼并收购统计

部门/行业	涉及资金总额（10 亿美元）						
	2009	2010	2011	2012	2013	2014	2015
总计	288	347	553	328	263	432	721
初级产业	51	80	156	46	—13	36	32
农业、畜牧业、林业及渔业	1	5	2	8	2	2	3
采矿、采石及石油开采行业	50	75	154	38	—15	34	29
制造业	79	128	204	135	135	189	388
食品及烟酒	10	38	45	32	55	35	29
化学及化工产品	30	34	78	31	28	83	161
非金属矿产品	0.4	4	2	2	9	6	31
金属及金属产品	—0.7	3	7	11	3	6	13
机器及设备	2	8	15	15	11	13	23
电器及电子设备	19	21	29	23	13	25	26
汽车及其他交通设备	11	8	5	3	2	17	20
服务业	158	140	193	147	140	207	302
电力、天然气及水利	62	—4	27	17	15	14	17
建筑业	11	7	2	0.6	2	—0.3	2

续前表

部门/行业	涉及资金总额（10亿美元）						
	2009	2010	2011	2012	2013	2014	2015
贸易	6	13	19	15	3	37	15
交通、仓储及通信	55	33	52	56	41	−49	52
金融	10	33	39	17	13	91	102
商业服务	14	38	44	36	50	83	92

说明：报告中未提及案例宗数。制造业与服务业下未列出全部子行业的数据，故子行业数据之和不等于行业总数据。由于数据四舍五入的原因，初级产业、制造业、服务业数据之和与总计数略有出入。

资料来源：UNCTAD. 2016年世界投资报告.

3.2　中国引进外资和对外直接投资的发展

随着中国经济的增长，中国引进外资和对外直接投资都有了长足的发展。中国企业的国际化水平也在不断提高。主要表现在以下四个方面。

1. 中国三十多年来引进外资的数量呈现爆发式增长

中国从20世纪80年代开始推进引进外资的工作，但在前十年进步是缓慢的。90年代，引进外资形成了第一个高潮，1998年达到第一个波峰，引进外资达450亿美元，比1988年的32亿美元增加了约13倍。经过短暂和轻微的调整，2000年后，中国引进外资进入了高速增长阶段。除2009年受金融危机影响有小幅下降外，我们几乎可以说中国引进外资高速发展了10年。2008年利用外资数量为1 080亿美元。从图3-4可以看到，中国引进外资经历了两个10年的飞速增长。

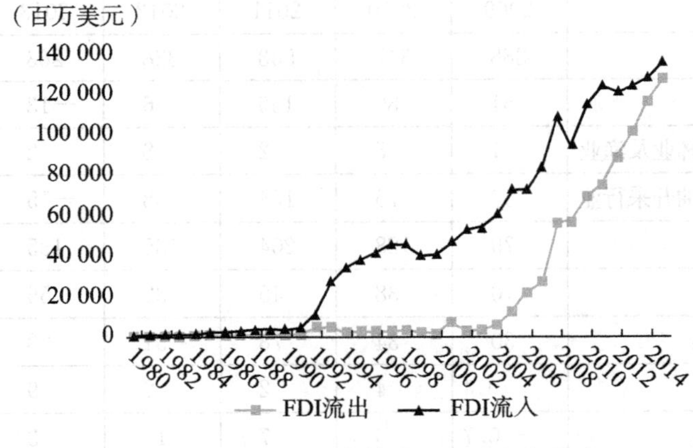

图3-4　1980—2015年中国FDI流入与流出

说明：数据以当时汇率计。

资料来源：UNCTAD数据库. http://unctadstat.unctad.org/wds/TableViewer/tableView.aspx.

2. 中国企业从2000年以后，开始实行“走出去”战略，对外直接投资开始迅猛增长

2000年以前，中国的对外直接投资也有，但是很少，全部的对外直接投资总额不到300亿美元。真正的对外直接投资增长是从2000年以后开始的，而最明显的增长则出现在2005年、2006年和2008年。2008年一年的对外直接投资额就达到了 500 多亿美元。金融危机似乎并没有妨碍中国的企业“走出去”，最新的数据显示，2015 年中国对外直接投资额达 1 276 亿美元。

3. FDI 流入和流出有明显的地域性

如图 3－5 所示，中国香港地区、中国台湾地区、日本、韩国和新加坡这些地处亚洲的国家和地区对中国的投资比较多，尤其是香港地区或者通过香港地区对中国的投资，其存量远远高于第二名。而从图 3－6 来看，中国对外直接投资存量排在前二十名的国家和地区中，避税天堂英属维尔京群岛和开曼群岛分别占据了第二名和第三名的位置，仅排在中国香港之后，美国排在第四名。这种对外直接投资状况和我们对外直接投资的用途与目的是相关的。虽然避税天堂对各国投资者都具有吸引力，但在全球 FDI 流入统计中，我们看到英属维尔京群岛只排在第 15 名，开曼群岛没有上榜，似乎中国对避税天堂的热情要格外高些。关于避税天堂的议题我们在后面的章节还要讨论到。

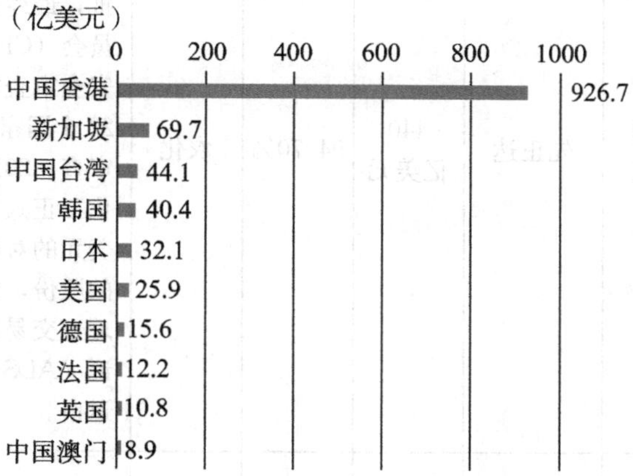

图 3－5　2015 年年末对中国投资排在前十名的国家（地区）

资料来源：商务部外资司．http：//wenku. baidu. com/view/3fe6c403336c1eb91a375dd3. html？from=search.

图 3－6　2014 年年末中国对外直接投资存量排在前二十名的国家（地区）

资料来源：2014 年度中国对外直接投资统计公报．http：//wenku. baidu. com/view/1870cdd1fad6195f302ba651. html？from=search.

4. 进入 21 世纪以后，中国对外直接投资比较多地采用兼并收购的方法

兼并收购的出资方多为我们的央企，这些央企资金比较雄厚，被收购的企业中，也不乏资源性企业。这和我们对外直接投资的战略也是有关的。表 3-3 和表 3-4 分别列举了近五年来我国对外兼并收购海外企业和被外资兼并收购的有影响力的案例。

表 3-3　　近五年来有影响力的中国投资（并购）外国公司案例

序号	时间	并购方	被并购方	交易金额	涉及股权	所属行业	详情
1	2016 年 2 月 20 日	中国化工	先正达	440 亿美元	94.70%	农化	2016 年 2 月，中国化工与先正达签署收购协议，此项收购经过了相关国家政府的严格审批，最终通过美国外国投资委员会（CFIUS）等 11 个国家的安全审查机构和美国、欧盟等 20 个国家和地区反垄断机构的审查。2017 年 6 月 8 日，中国化工正式完成收购，以 440 亿美元的对价获得先正达 94.7% 的股份，并推动先正达股票从瑞士交易所退市、美国存托凭证（ADS）从纽约证券交易所退市。
2	2012 年 7 月 23 日	中国海洋石油	尼克森（Nexen）	151 亿美元	100%	石油	2012 年 7 月 23 日，中国海洋石油以每股 27.50 美元的价格现金收购加拿大尼克森（Nexen）的普通股，对价约为 151 亿美元。收购价格较 2012 年 7 月 20 日尼克森在纽约证券交易所的收盘价溢价 61%。
3	2016 年 10 月 6 日	渤海金控	CIT 航空租赁	100.57 亿美元	100%	金融	渤海金控发布重组报告，公司拟以支付现金方式购买纽交所上市公司 CIT 下属商业飞机租赁业务，交易价格约为 100.57 亿美元，折合人民币 671.59 亿元。交易完成后，CIT 下属商业飞机租赁业务将进入上市公司，整合后上市公司的飞机租赁业务实力将进一步得到增强。

续前表

序号	时间	并购方	被并购方	交易金额	涉及股权	所属行业	详情
4	2015年3月22日	中国化工	倍耐力	71亿欧元	100%	汽车零配件	2015年3月22日，中国化工通过全资子公司中国化工橡胶有限公司与意大利Camfin公司及其股东签署协议，以73亿欧元（约合550亿元人民币）收购倍耐力全部股份并由中国化工橡胶有限公司控股。2015年11月，完成收购后倍耐力退市。
5	2016年6月21日	腾讯控股	Supercell	86亿美元	84.30%	游戏	2016年6月21日，腾讯控股收购Supercell 84.3%的股权，总对价分三期支付，共计86亿美元。Supercell的现有管理层将维持独立营运，Supercell总部将仍在芬兰。
6	2013年10月10日	双汇国际	史密斯菲德	71亿美元	100%	食品	2013年5月，双汇国际宣布以71亿美元收购史密斯菲德，双方于美国签署合约，7月美国专门举行听证会，评估该项收购是否符合美国利益，最终该交易得到通过。历时4个月，在2013年10月，该并购交易最终达成。
7	2014年8月1日	五矿资源	秘鲁邦巴斯铜矿	70.05亿美元	100%	矿业	2014年8月1日，由中国五矿集团公司所属五矿资源有限公司牵头、国新国际投资有限公司和中信金属有限公司共同参与的联合体（“中国五矿联合体”）完成邦巴斯铜矿项目的股权交割，交割金额为70.05亿美元，2016年该项目已正式投产。
8	2016年10月24日	海航旅游	希尔顿集团	65亿美元	25%	酒店	2016年10月24日，海航集团旗下海航旅游以65亿美元的价格收购希尔顿集团25%在外流通的股份，总价65亿美元，并可获得希尔顿集团董事会两个席位，海航将取代黑石，成为希尔顿集团的第一大股东。

续前表

序号	时间	并购方	被并购方	交易金额	涉及股权	所属行业	详情
9	2016年11月1日	美的集团	库卡	37亿欧元	95%	智能制造	2016年8月8日，美的集团发布了对德国机器人制造商库卡进行公开要约收购的最终结果，其持股比例达到了94.55%。该交易于2017年1月6日完成交割。美的集团称此次交易不以库卡退市为目的，将尽力维持库卡在德国的上市公司地位、业务独立性和管理团队的稳定性。
10	2016年6月7日	海尔集团	GE家电业务	55.8亿美元	100%	家电	2016年6月7日，海尔集团收购美国通用电气公司（GE）的交易完成，最终收购价为55.8亿美元。海尔将获得GE及其子公司所持有的家电业务资产，包括GE家电全部的研发制造能力、在美国的9家工厂以及遍布全球的渠道和售后网络。

资料来源：互联网公开资料。

表3-4　近五年来外资投资（并购）中国企业案例

序号	时间	并购方	被并购方	交易金额	涉及股权	所属行业	详情
1	2012年12月7日	正大集团	中国平安保险集团	727亿港元	15.57%	多元金融	2012年12月7日，泰国首富谢国民执掌的正大集团以总价727.36亿港元（约584.29亿元人民币）收购汇丰控股出售的中国平安保险集团15.57%的股权。该交易全部以现金支付，分两次完成，全部完成后，正大集团将正式替代汇丰控股成为中国平安保险集团单一最大股东。
2	2014年1月6日	华侨银行	永亨银行	384亿港元	100%	银行	2014年1月6日，华侨银行以现金支付永亨股东每股125港元，向永亨银行提出全面收购，总作价384.28亿港元，收购价较停牌前收报123港元有1.63%的溢价。

续前表

序号	时间	并购方	被并购方	交易金额	涉及股权	所属行业	详情
3	2012年4月16日	淡马锡控股	工商银行	179亿港元	5.30%	银行	2012年4月16日，淡马锡控股从高盛集团手中购入35.5亿股工商银行H股，作价179亿港元。交易完成后，淡马锡控股在工商银行的H股持股比例接近5.3%。
4	2013年8月15日	欧莱雅	美即控股	65亿港元	100%	消费品	2013年8月15日，欧莱雅集团宣布收购美即控股国际有限公司全部股份，总价为65.38亿港元（约51亿元人民币），美即控股随后退市成为欧莱雅全资子公司。
5	2013年1月17日	史赛克	创生控股	7.64亿美元	100%	医疗器械	2013年1月17日，美国医疗器械制造商史赛克公司(Stryker Corp)宣布，计划以7.64亿美元现金收购总部位于香港的创生控股有限公司(Trauson Holdings Co Ltd)，以拓展中国市场。
6	2015年1月5日	沃尔沃	东风商用车	55亿元人民币	45%	汽车	2015年1月5日，沃尔沃完成了对东风旗下东风商用车有限公司45%股权的收购，受让价格为55.1亿元人民币。按计划，在东风商用车有限公司中，东风汽车集团占股55%、沃尔沃集团占股45%，双方致力于构建全球最具竞争力的商用车联盟。
7	2014年11月3日	拜耳	滇虹药业	36亿元人民币	100%	医药	2014年2月，滇虹药业发布消息称将与国际医药巨头德国拜耳牵手，签署股权转让协议，德国拜耳将整体收购滇虹药业所有股份，该交易在2014年11月3日正式落地，拜耳集团以36亿元人民币（约合4.6亿欧元）完成对滇虹药业集团公司所有股份的收购。拜耳称看重滇虹在OTC及TCM领域的积累与潜力，并看好中国大健康市场的发展。

续前表

序号	时间	并购方	被并购方	交易金额	涉及股权	所属行业	详情
8	2013年8月14日	惠而浦	合肥三洋	34亿元人民币	51%	家用电器	2013年8月14日，惠而浦公司通过协议成为合肥三洋控股股东，持股比例达到51%。通过这次交易，惠而浦的子公司将从三洋电机株式会社和三洋电机（中国）手中收购其持有的全部合肥三洋股份，并通过非公开发行认购合肥三洋发行的新股。
9	2013年10月1日	KKR卢森堡	青岛海尔	33亿元人民币	10%	家用电器	2013年10月1日，青岛海尔以非公开发行方式，向美国私募投资巨头KKR旗下子公司KKR卢森堡增发约3.03亿股A股股票，每股作价10.83元人民币，交易完成后，KKR卢森堡将持有青岛海尔10%的股权。
10	2013年3月22日	帝亚吉欧	全兴集团	22亿元人民币	60.29%	消费品	从2006年起，国际酒业巨头帝亚吉欧通过收购全兴集团股权的方式进入中国白酒业，其后数次增持全兴集团股权，2010年3月，帝亚吉欧再以1.4亿元购入全兴集团4%股权，合计持有全兴集团53%股权。2013年，帝亚吉欧再以约22亿元收购全兴集团剩余47%的股权，将其变为全资子公司。交易完成后，帝亚吉欧将间接持有A股上市公司水井坊39.71%的股份，成为其实际控制人。

资料来源：Wind数据库，互联网公开资料。

3.3 对外直接投资的主要模式

本节不仅要介绍和对比对外直接投资的两种最主要的模式，而且要讨论公司财务技术在不同投资模式中的介入、在投资决策中起到的作用，以及在投资交易过程中所扮演的角色。

我们上面讲到，绿地投资和兼并收购是对外直接投资的两大途径。所谓绿地投资，是从英文 greenfield investment 直译过来的，指从无到有的建设，和过去我们经常讲的创建投资、建厂投资是一个意思。跨国公司根据东道国的法律，在东道国建立一个全资的或者合资的子公司，即为绿地投资。而兼并收购则是通过股权交易，全部或部分持有东道国已经注册经营的企业。那么，为什么与投资发展中国家相比，发达国家之间的资本渗透更多地使用兼并收购的方法呢？为什么发展中国家在对外直接投资方面也越来越多地采用兼并收购的办法呢？这是我们这一节要讲的第一个问题。那么，在绿地投资中，从调研到完成投资，一般都有哪些重要步骤？财务工作有哪些？还需要和什么样的机构合作？在跨境兼并收购中，一般都有哪些重要步骤？可能会出现哪些交易结构？财务工作有哪些？还需要和什么机构合作？这是我们本节要讲的第二和第三个问题。

3.3.1 绿地投资或兼并收购的选择

1. 一般对于生产、经营和技术比较落后的发展中国家而言，东道国和母国比较一致地选择采用绿地投资的方式

因为发展中国家此时吸引外资，本身就具有引进设备、引进管理、引进技术的用意在里面，同时还可以增加产值，扩大就业。中国在改革开放之初就是这样的情况，到现在虽然兼并收购增多，但吸引绿地投资依然是较重要的部分。不过，一开始中国是不允许独资的，外商要投资还必须与国内的指定机构合资，成立合资企业。比如日本的松下电器产业株式会社，1994 年进入中国，算最早进入中国的世界 500 强企业了。最初它是与北京华瀛盛电器开发公司建立了合资企业松下电器（中国）有限公司，其后在 2002 年，才正式转变为独资公司。与此同时，由于发展中国家基础设施尚不完善，已建成的工厂技术设备相对落后，很难满足母国企业的生产要求，所以母国也倾向于选择绿地投资。

2. 企业可能会从自身特点、所处行业的发展以及扩张的战略角度来考虑是否选择绿地投资

一般而言，拥有最新的生产技术和重要资源的母公司，会倾向于选择绿地投资，这是出于防止技术外溢、最大化技术收益和资源收益的做法。如果母公司所处行业是一个技术成熟且已经标准化生产的行业，那么兼并收购是更好的节约投资成本的方式。如果母公司的自身发展战略是多样化的经营，并且希望迅速扩张，那么应选择兼并收购，因为绿地投资的扩张速度相对会慢一些，而兼并收购则可以利用被收购企业已经建立起来的渠道和网络。表 3－3 和表 3－4 分别为近五年来有影响力的中国企业并购国外企业和外资并购中国企业的案例详情，供同学们参考。

3. 两国文化的差异，也是一个决定因素

兼并收购通过购买股权来控制东道国的企业，但购买以后能否很好地运营这个企业，也需要考虑文化差异。如果觉得差异比较大，沟通和控制比较难，那么绿地投资相对要容易些。这个问题很复杂，案例也很多，也许需要更多的知识才能专门讨论这个问题。简单地说，语言就是一个问题。决策层和管理层如果不能顺畅交流，那么管理起来必然很麻烦。

4. 资金需求量是选择投资模式的一个限制

一般而言，投资创建一个新的子公司，资金量可大可小，也可以选择逐步增加投资，或利润留存投资的方式逐步投放资金，也不存在投资溢价。而收购一家现有的企业，多数情况会要求一次性支付，而且会存在收购溢价。这可以从统计数据中看出。在中国改革开放之初，绿地投资的平均投资水平都比较低，但兼并收购总的来说交易额就要大很多。

5. 金融市场的发展深度和企业的国际化程度是阻碍企业进行跨境兼并收购的门槛

我们知道，绿地投资在取得东道国当地政府的支持以后，拿到许可、拿到地、拿到政策，就可以组织创建企业。很多合资企业由东道国一方来组织前期的工程兴建，然后进口设备，组装生产线，开展生产经营活动。这个过程基本不需要金融市场的参与，但是兼并收购则不同。一般而言，兼并收购不仅同样需要东道国政府的支持，而且往往还需要投资银行穿针引线，在全球范围寻找买家或卖家，与不同的潜在交易对象沟通。如果交易额巨大，一般还需要安排相对复杂的交易结构，可能的话还需要在资本市场上融资。收购的一方，需要对被收购企业的定价有一个理性的认识，合理地估值，安排资金来源，这不是一个金融业欠发达的地区可以简单胜任的。对于被收购的一方而言，如果国际化经验缺乏，那么也会存在很多疑虑，包括是否低估本企业价值、能否寻找到更好的买家、交易结构是否合理、有没有很好的律师、能否谈下来足够安全的保护条款等。兼并收购这种产权交易的复杂程度要远远高于产品交易，兼并收购根据买方和卖方的意愿，收购完成之后的新股权结构是各不相同的，兼并双方在合并生成的新企业里的控制权和利益分配也各有追求，要想将这一切安排好，没有好的律师事务所和投行的帮助，是很难想象的。这也是改革开放之初中国几乎都是引进绿地投资，而近几年来兼并收购迅猛发展的原因之一。表 3－5 是 2012 年中国各投资银行兼并收购业务宗数和金额的排名。而专栏 3—1 通过一则新闻，让我们看到了投资银行在跨国兼并收购中的活跃作用。

表 3－5　　CVAwards 2012 年度中国投资银行并购业务排行榜

排名	机构名称	参与案例数量（宗）	披露交易金额（亿美元）
1	中金公司	42	271.57
2	招商证券	26	30.36
3	中信证券	24	43.33
4	平安证券	20	8.69
5	国信证券	20	5.31
6	国泰君安	18	57.73
7	中信建投证券	18	33.09
8	海通证券	18	16.44
9	西南证券	13	22.11
10	华泰联合证券	11	16.5

说明：按参与案例数量排序。

资料来源：CVSource. http：//www.199it.com/archives/93335.html.

专栏 3—1

全球兼并顾问排行之争

据路透纽约 2011 年 1 月 3 日电，高盛集团荣膺 2010 年全球最大并购交易顾问行，从竞争对手摩根士丹利手中夺回第一名的宝座，后者在 2009 年打破高盛持续多年的龙头地位成为行业翘楚。

汤森路透数据显示，投资银行高盛集团和摩根士丹利一直在并购市场份额上并驾齐驱，遥遥领先于竞争对手摩根大通、瑞士信贷、德意志银行、瑞银集团、美国银行和花旗集团。

汤森路透数据还显示，除 2009 年被摩根士丹利超越外，高盛集团自 1997 年以来每年都在全球并购交易业务中占据最大份额。

高盛在 2010 年重登并购交易顾问金额榜首位置，在 370 宗并购交易中担任投资顾问，总金额达 5 545 亿美元；摩根士丹利的这两个数据分别为 394 宗和 5 381 亿美元。

据汤森路透数据，该数据包括去年最后一天 CVS Caremark 宣布拟斥资约12.5亿美元，收购 Universal American 的联邦医疗保险处方药业务，高盛和摩根士丹利分别担任 Universal American 和 CVS Caremark 的顾问。

资料来源：http：//finance. stockstar. com/IG2011010430001178. shtml.

3.3.2 跨境绿地投资的准备工作

在跨国公司决定对某个国家进行绿地投资之前，一定要做好各方面的调研，最好是做实地考察。

(1) 要摸清楚东道国政府的态度，这会为将来投资减少麻烦。

(2) 要选好投资地。这里需要考虑的因素不少，包括：1）是靠近资源地还是靠近市场？比如当初百威啤酒来中国投资建厂时，就考虑到选一处水质与圣路易斯相近的地方，以水的质量保证啤酒的口味一致。而可口可乐在中国最先投资设立的灌装厂则更注重靠近销售地。2）要考虑到不同地方的交通、通信、电力保障、办公和居住条件等硬件，以及政府办事效率、当地居民素质等软件，这是外资进入中国时首选珠三角、长三角的原因。3）比较不同地区的优惠政策，在中国，各种级别的经济开发区有上百个，除了税收上的优惠之外，政府是否能在用地、行政审批手续等方面提供方便，都是需要考虑的因素。4）人力资本。节约人力资本很多时候是绿地投资比较重要的目的。5）进行环保方面的考察。各国、各地区因为当地的具体情况，对环保的要求有所不同，比如排放标准、工业废料的处理标准等。这些成本是不容忽视的，在较高的标准下，有的项目中环保投入的成本甚至会高过产品生产的成本。随着整个社会的发展，地区居民、当地政府对环保的要求也会发生变化，因此，与环保成本密切相关的绿地投资在做这部分调研时需要充分考虑到项目的生命周期。

(3) 决定好投资地以后，要到当地进行深入的实地考察，并和当地政府相关部门切实接触，如果可能，可以在不止一个地区进行选择。

(4) 做市场调查。同学们在有关市场调查的课程中会学习到这部分内容。

（5）做财务预算。这部分是我们要学习的重要内容，我们会在第 4 章介绍资本投资预算的技术及以什么原则进行投资决策，怎么分析协整效应以及如何做财务风险分析。并且将在第 5 章讨论贴现率的决定，在第 6 章和第 7 章以一个比较有代表性的案例加以示范。在跨国投资的预算中，汇率的问题、国家风险的问题，都将体现在其中。

（6）提示风险。

（7）由企业管理层讨论是否将投资提案提交董事会并等待董事会批准。

3.3.3 跨境兼并收购所需做的工作

如本节第一个问题中讨论过的，跨国公司如果要进行跨境投资的话，可以选择绿地投资或者兼并收购。如果决定进行兼并收购，那么就可能需要做以下工作：

1. 组建兼并收购工作组，确立一个胜任的核心领导人物

因为兼并收购工作繁重，内容复杂，最好针对具体业务组建兼并收购工作组，小组中需要核心领导、企业核心业务的主管、财务主管、法律主管和秘书组。因为跨境的兼并收购中经常遇到制度不同、文化不同等特殊因素，所以确立一个能坚持集团核心利益、了解东道国国情、熟悉资本市场规则的人来担任领导，既可以出面沟通，又有一定权威拍板，是非常关键的。一个强有力的财务主管是用好用足财务顾问的关键，同理，一个强有力的法律主管也是充分利用律师的关键。

2. 雇用投资财务顾问和律师事务所

投资的财务顾问一般可以请投资银行、券商来担任。它们在整个兼并收购的工作中可以帮你做很多事：（1）在全球范围内寻找交易对象。大的投资银行一般也是跨国企业，它们的分支机构覆盖全球，或者至少辐射全球。在每个国家，它们几乎都会雇用当地的人员进行公关，并在当地与政府、行业协会、大企业、银行、咨询等中介机构建立了很好的关系，由它们来筛选交易对象还是合适的。（2）进行外围调查，征求雇主意见，锁定潜在交易对象，并了解东道国政府态度。了解东道国政府态度这一点十分重要，曾经出现这样的案例，前期大家花费了很多的人力物力财力进行收购谈判，艰苦卓绝地达成协议之后，被东道国政府驳回，交易中止。当然，也有反面的例子，需要卖方认真对待、吸取经验，那就是政府出于政绩压力，对兼并收购过于热心，甚至出面干预、主导谈判，导致“买精卖傻”的尴尬局面。（3）做行业调研，做市场调查，做目标企业的各方面调查，为雇主提供一份较为详细的建议书，其中包括且不止于：东道国的投资环境和行业发展状况、目标企业的基本情况、经营状况和它在行业中的表现与地位、目标企业的竞争关系调查、兼并收购之后的协整效益分析、风险提示。一般地，投行的前台部门按照行业来分，比如分为能源部门、金融部门、通信部门等。不同部门会雇用本行业的专家，他们不仅对行业知识比较了解，有时和行业里的人也比较熟悉。在专业判断能力不足时，他们也会请行业咨询部门帮助给出咨询意见。比如要收购油田，需要对储量等进行判断，一般就需要聘请权威的专业咨询公司。投资银行因为经历过很多的相关业务，对行业状况比较了解，因此它们的调研报告是具有参考价值的。（4）给目标企业估值，参与价格谈判。这是比较困难的一部分，也是比较核心的一部分。好的财务顾问，不仅可以促成交易，而且还能让雇主得到一个比较好的价格。至于财务顾问是如何对目标企业进行估值的，这正是我们在第 7 章要讲的内容。（5）与交易对手的财务顾问、交易双方充分沟通，构建一个切实可行的交易结构，安排融资。当然，有些时候投行积极参与到费时费力而且成功率比较低的兼并收购业务中被认为还有别的利益，包括为交易提供融资并收取中介费。一般地，如果交易最后需要融资的话，多数企业会继续雇用兼并收购的财务顾问来做融资中介。兼并收购的买方虽然有一定实力，而且预计收购完成后会有较好的现金收益，但在支付购买对价的当时却不一定有如此大量的现金余额。这时，部分的对价可以用新公司的股权来支付，如果不足，债务融资或股权融资就成为必要。

在上述业务进行的过程中，律师一直是必不可少的。联想最终公布出来的收购IBM个人电脑的协议，包括40多个服务协议，都是律师的工作成果，而且应该是修改过无数次才定稿的。在收购的谈判中，确实有很多内容是需要律师来提出建议并和对方律师谈判达成的。

3. 进行谈判

这是最辛苦的工作，往往也需要经历很长的时间，耗费掉双方巨大的精力。虽然财务顾问和律师、公关顾问一直在出谋划策，但最终的利益衡量还是要自己来做，最终的拍板也要靠自己。

4. 安排融资

上文已经提到，大额的交易可能会需要融资。投资企业可根据自己的财务状况和发展战略做出财务决策：是采取债券融资还是采取股权融资？债券融资的速度会快一些，但要求企业的负债状况良好，负债比率不是太高，还需要企业未来有足够的现金流入来保障付息；股权融资涉及寻找买家、定价、谈判等内容，所以比较慢。一般而言，以兼并投资为目的进行的股权融资都希望寻找财务投资，有时候还要找不止一家私募资本，由几家私募资本联合投资。因为有股权交易，所以定价、期权、对赌、控制权、锁定期等主要的谈判内容就必不可少，这需要一定的时间才能完成。有些信誉良好的企业也可能先通过债务融资解决收购资金问题，然后再通过新公司做股权融资来偿还债务。学习公司财务和跨国公司财务，不仅仅是学会在投资建议书中为定价一项作出贡献，同时也需要学习一个交易的全过程，知道如何帮助企业从财务上完成交易，这也是学习这一章的原因。

3.3.4 一个绿地投资的案例

中国在改革开放初期吸引外商投资时，基本上只批准成立合资公司，也是出于“风险共担”（joint-venture）的用意。当时，中国在制造业这一块是比较弱的，来华投资的也多为港资和台资，每一宗投资的数额也都比较小。最早在中国投资的世界500强杜邦公司，于1984年和1986年分别在重庆和上海设立了办事处从事贸易活动，通过设立办事处对东道国进行观察和了解；1988年在中国成立公司，1989年建立独资的深圳工厂，进行了典型意义上的绿地投资。从绿地投资开始，杜邦展开了在中国的一系列投资、建设和布局：20世纪80年代中后期开始投资建厂、建立本地客户服务支持网络；21世纪初期开始在国内兴建研发设施；2005年建成杜邦（中国）研发管理有限公司并将其投入使用；此后相继在常熟、嘉定等地建立大型生产基地。到目前为止，杜邦公司在中国拥有多家独资及合资企业，产品和服务涉及化工、农业、食品与营养、电子、纺织、汽车等多个行业。

专栏3—2就是杜邦在中国投资的资料整理。同学们可以通过观察杜邦中国的发展，回答如下问题：

(1) 杜邦在中国投资为什么选择从绿地投资开始？

(2) 杜邦在中国的布局是怎样的？

(3) 杜邦在中国的成功体现了绿地投资的哪些优势？

(4) 为什么近十年来杜邦开始了在中国的兼并收购？

(5) 从杜邦在中国的成功，我们可以总结出哪些经验？

专栏3—2

从绿地投资到兼并收购：美国杜邦在中国的投资之道

美国的杜邦公司是世界500强里年龄最大的企业（成立于1802年），同时也是一个仍在进取和发展的企业。其在超过200年的发展历程中进行过数次的自我重组和变革。杜邦公司成立之初生产火药，此后不断发展为美国最大的化工企业，20世纪后，开始实行产品和投资多样化战略，收购了大陆石油公司，经营范围涉及20多个行业，在美国本土和世界近50个国家与地区设有200多家子公司和经营机构，生产石油化工、日用化学品、医药、涂料、农药以及各种聚合物等1 700个门类、20 000多个品种。杜邦公司长寿的原因，在于坚持可持续发展、坚持发展高科技和敢于自我调整。在最近的一次调整中，杜邦公司决定将其业务重组成5个“行销和技术成长平台”（电子与通信技术、高性能材料、涂料与颜料科技、安全防护以及食品与营养），同时剥离具有“莱卡”等品牌和专利的纺织行业，另行组建一家纺织品和室内用品的子公司（简称DTI）。

作为在中国投资的第一家世界500强企业，杜邦在中国的发展战略很清晰地勾勒出它在全球布局的战略，它在中国的发展轨迹也是对外投资的一部生动教材。

1. 进取的态度，实地的考察，成熟的政府公关

从1984年起，杜邦进入中国，在重庆和上海设立办事处，从事贸易活动，当然和当地政府进行了不少接触。朱镕基总理上任第一天就接见了杜邦公司的代表，可见其公关的到位。1988年，杜邦在深圳注册成立杜邦中国集团有限公司。据杜邦中国总裁查布朗说，在中国的投资是先成立控股公司即集团公司，并不是先成立生产工厂，然后形成一定规模后再成立控股公司。当初之所以这么做，是因为听取了当时中国外经贸部官员的建议。这是一件双方都可以接受的事：杜邦成立控股公司方便对中国的投资进行协调管理，而政府官员则希望通过控股公司引进更多的外资。1990年4月18日，党中央、国务院做出了开发开放上海浦东的重大决策，上海市委、市政府按照中央的战略部署，制定了“开发浦东、振兴上海、服务全国、面向世界”的开发方针。乘此东风，1992年，杜邦在上海浦东投资2 500万美元，建立该公司在中国的第一家合资公司——上海杜邦农化有限公司。

2. 从绿地投资开始，逐步建立生产和销售网络，打开本地市场

1989年，杜邦建立独资的深圳工厂，开始在中国“绿地投资”的第一步。杜邦自称是“跟着客户跑”，由于长三角、珠三角当时都是中国经济发展的重点地区，所以二者也就成为杜邦中国业务发展的重点所在。杜邦先后建立了独资的东莞杜邦电子材料有限公司、杜邦安全评价（深圳）有限公司、杜邦应用面材（广州）有限公司、杜邦（深圳）实业有限公司、杜邦太阳能（深圳）有限公司等。当然，各公司在具体业务侧重上会有所不同，比如说，由于珠三角地区家电和通信产品制造业相对集中，所以杜邦在那里的业务多与电子产业相关。

3. 寻找合作伙伴，建立合资企业，发挥互补优势，寻求国际化发展

1999年杜邦整体收购贺柏兹公司（Herberts GmbH）时接手黄山市中德合资的贺柏兹华佳化工有限公司的股份，将其更名为杜邦华佳化工有限公司，该公司现已成为中国乃至亚洲粉末涂料界生产规模最大、技术研发实力最强和市场占有率最高的公司之一。该公司之前在四川成都、广东东莞、上海青浦、山东济南都有工厂。2002年，杜邦与郑州市政府签署合作协议，在该市油脂化学集团蛋白车间的基础上，投资2 000万美元兴建了生产大豆蛋白的企业。此后，杜邦与河南省漯河市双汇实业集团合资设立了杜邦双汇漯河蛋白有限公司和杜邦双汇漯河食品有限公司，而双汇实业集团是我国家喻户晓的上市企业。从上海杜邦农化有限公司开始，杜邦在华寻找合作伙伴，建立了14家合资企业。2002年，杜邦与日本旭化成签订协议，双方各占50%的股份，共投资7 000万美元在张家港建立了美日合资的杜邦—旭化成聚甲醛（张家港）有限公司。此举意在利用双方科技优势，称霸中国甲醛市场，并利用各自渠道在全球销售产品。

4. 适时开始兼并收购，加快布局速度，抢占中国市场

在经历了三十余年的改革开放后，中国国内已经存在很多成熟的企业，资本市场也得到了一定的发展，此时杜邦开始同时运用兼并收购的办法加快其在中国布局的速度。2001年杜邦同湖北省云梦县政府达成协议，以2 000万美元全资收购了湖北龙云蛋白（集团）有限公司。该企业曾具有中国最大蛋白生产能力和最高市场占有率。更名后的杜邦云梦蛋白有限公司将作为杜邦扩大在亚洲的大豆蛋白业务的一部分。

5. 显示对中国的诚意，建立研发中心

杜邦理解发展中国家对技术的追求，其在中国发展到相当规模后，开始在中国建立研发中心——杜邦（中国）研发管理有限公司。2005年，该中心投入使用。

资料来源：本书作者根据公开资料整理。

3.3.5 一个兼并收购的案例：联想收购IBM个人电脑部门

专栏3—3是联想收购IBM个人电脑部门的案例。这个案例不仅描述了收购案的缘起，生动叙述了兼并收购过程中组织团队、艰苦谈判、达成协议的过程，还交代了交易的结构，以及为交易进行的融资安排。从这个案例中，同学们请注意并回答以下几个问题：

（1）为什么说东道国的态度很重要？

（2）联想组成了一个什么样的团队？

（3）这次收购经历了多长时间的接触和谈判？

（4）有多少中介和服务机构为这次交易中的买方服务？

（5）能不能清楚地解释这次交易的结构？

（6）联想的融资安排是怎样的？

（7）畅谈：兼并收购交易的复杂性和财务主管的职责。

专栏 3—3

联想收购 IBM 个人电脑部门

2004 年 12 月 8 日，联想集团在北京宣布，以总价12.5亿美元的现金加股票收购 IBM 个人电脑部门。协议内容包括联想获得 IBM 个人电脑的台式机和笔记本的全球业务，以及原 IBM 个人电脑的研发中心、制造工厂、全球的经销网络和服务中心，新联想在 5 年内无偿使用 IBM 及 IBM-Think 品牌，并永久保留使用全球著名商标 Think 的权利。借此收购，联想一跃成为全球第三大个人电脑厂商。

联想在付出6.5亿美元现金和价值 6 亿美元的联想股票的同时，还承担了 IBM 5 亿美元的净负债（来自 IBM 对供应商的欠款）。对个人电脑厂商来说，只要保持交易负债就会滚动下去，不必立即支付，从而产生财务压力。但对于手头上只有 4 亿美元现金的联想来说，融资就是必需的了。在 2005 年 3 月 24 日，联想宣布获得一项金额达 6 亿美元的 5 年期的银团贷款，主要用来收购 IBM 个人电脑业务。

收购后，联想集团的股权结构为：联想控股持有 46%，IBM 持有18.9%，公众流通股共计35.1%，其中 IBM 的股份无投票权且 3 年内不得出售。为降低公司的负债率，化解财务风险，联想又在 2005 年 3 月 31 日引进了三大战略投资者——得克萨斯太平洋集团（Texas Pacific Group）、泛大西洋集团（General Atlantic）、新桥投资集团（Newbridge Capital LLC），三者分别出资 2 亿美元、1 亿美元、5 000万美元，共3.5亿美元用于收购 IBM 个人电脑业务。

引入三大战略投资者之后，联想收购 IBM 个人电脑业务的现金和股票也发生了变化，改为 8 亿美元现金和4.5亿美元的股票。联想的股权结构也随之发生了变化。联想控股持有 27%，公众持有 35%，职工持有 15%，IBM 持有 13%，三大战略投资者持有 10%（以3.5亿美元获得，7 年后，联想或优先股持有人可随时赎回）。三大战略投资者入股后，不仅改善了公司的现金流，而且优化了公司的股权结构。

2003 年 11 月—2004 年 12 月 8 日，联想签订协议的过程历时 1 年多，犹如一场漫长的马拉松。联想为此组织了强大的谈判队伍。在联想内部，收购涉及了所有部门，人力资源、财务、行政、供应链、IT、研发等各个部门都派出了专门小组全程跟踪谈判过程。每个小组由 3～4 名成员组成，总人数接近 100 人。除此之外，联想为完成尽职调查，还聘请了阵容强大的专业公司协助谈判。2003 年年底，聘请麦肯锡为战略顾问，全面了解整合可行性。2004 年春节过后，聘请高盛担任并购顾问，之后又聘请安永、普华永道为财务顾问，奥美作为公关顾问。

2003 年 11 月—2004 年 5 月，联想谈判小组的主要工作就是全面了解 IBM 个人电脑业务情况和提出相关的商业收购方案，如收购范围、收购价格、支付方式、合作方式等。2004 年 6—10 月，双方在第二阶段谈判中就各个问题进行讨价还价，最主要的就是价格。整个谈判过程中，IBM 个人电脑业务的专利和品牌一直为谈判重点，这些专利和品牌，收购后联想如何用、用到什么程度，双方争议很大。所有收购细节均到最后一刻才敲定，收购所涉及的各种文件垒起来竟厚达一米。联想最终公布了一份长达 37 页的协议，其中包括品牌、融资协议等 40 多项服务协议。联想通过不懈努力，最终获得了其全部想要的东西。

据说，早在 2000 年 IBM 曾考虑将其个人电脑业务卖给东芝，由于 IBM 与东芝的内部文化整合冲突相对较小，该交易一度被看好。后来发生了戏剧性的一幕，拥有为 IBM 个人电脑代工的长城国际（IIPC）20%股份的长城电脑，因股份转让和 IBM 就新合作问题未达成一致，因此 IBM 个人电脑业务出售事宜被延迟。2003 年，长城电脑与 IBM 达成协议，以4 000万美元出让长城国际 20%的股权，并在同年 12 月 12 日与 IBM 组建一个新公司，将原长城国际的服务器制造业务填充到新公司，这样才有了联想后来的“蛇吞象”。

2002 年，IBM 就已正式聘请美林证券公司在全球范围内寻找买家。2003 年 10 月，美林将联想排到了目标收购者首位。美林中国区总裁刘二飞与联想集团董事长柳传志、财务总监马雪征私交甚好，美林总部则与 IBM 关系密切，借助这一关系，美林开始安排双方面谈。起初，双方都有些怀疑，IBM 担心如此大规模的收购，联想是否具备足够的财力；联想则疑虑自身运营能力。此后，双方开始了一场旷日持久的谈判。

联想并购 IBM 个人电脑业务的坎坷不单围绕事件本身，事件之外还掺杂许多杂音。2004 年 12 月 8 日联想并购 IBM 个人电脑业务成功后，大洋彼岸的戴尔公司创始人戴尔在接受《金融时报》采访时不屑地问：“在计算机行业，上一次成功的兼并是什么时候的事情了?”并表示，“联想和 IBM 之间的交易可能逃不出业界其他许多合并案的命运。”2005 年 1 月底，台湾惠普科技打出“连想，都不要想”的广告，直逼联想收购 IBM 个人电脑业务。

2005 年 1 月 26 日，美国众议院军事委员会主席邓肯·亨特（Duncan Hunter）、国际关系委员会主席亨利·海德（Henry Hyde）、小企业委员会主席唐·曼祖罗（Don Manzullo）三位大牌共和党议员对联想收购 IBM 个人电脑交易提出质疑，要求商务部外国投资委员会审查此次交易是否会对美国国家安全造成威胁。并购也因此一度陷入夭折的处境。随后，联想与美国政府签订了一系列协议，想方设法使美国 13 个部门的条件和利益得到满足，虽对联想有所限制，但也保住了 IBM 原有的客户。

2005 年 4 月 27 日，戴尔的一位销售人员克里斯为拉拢原 IBM 客户，在发给对方的电子邮件中称：“要知道，联想公司是一家由中国政府控制的企业，最近刚刚收购 IBM 个人电脑业务。尽管美国政府已经批准了联想的收购，但大家必须明白一点，现在客户们每买一美元 IBM 的产品，都是直接支持和资助了中国政府。”

2006 年 3 月，联想获得向美国国务院提供1.6万台台式机及相关设备的订单。由于担心中国政府在计算机中安装监视装置，5 月 19 日，美国国务院宣布将修改采购流程，将采购的联想电脑只用于非保密系统，并对所采购的电脑系统进行严格的审查。为此美国国务院又重新进行安排，把其中一些机器分配给不太敏感的项目使用。

资料来源：本书作者根据公开资料整理。

思考题

1. 梦想公司在美国的业务逐渐扩大，近些年表现出强劲的增长势头。公司管理层正在考虑在美国投资建厂的方案，但由于公司出口到美国的产品并未在美国市场上获得很高的知名度，建立自己的销售渠道显得困难重重。但是，考虑到美国现在的就业状况，去美国投资建厂能解决当地的就业问题，可以因此获得政府的帮助，也许正是进入美国市场的机会。与此同时，公司里还有一部分人认为，先不着急建厂，等公司做大以后到美国去收购竞争企业，这样一来不用重新建立渠道，二来还能消除竞争。

（1）请问，梦想公司有没有必要进行对外直接投资？

（2）请用本章学到的关于绿地投资和跨境兼并收购的相关知识，来分析上述两种投资建议的利弊。

2. 2004 年 1 月 29 日，TCL 并购汤姆逊这家年亏损额高达1. 3亿欧元的老牌企业的彩电业务。同年 8 月，TCL—汤姆逊合资公司成立，成为年产 1 800 万台彩电的世界最大的彩电生产企业。几乎就在同时（2004 年 4 月），TCL 完成了对法国阿尔卡特公司手机业务的并购，一跃成为世界手机第七强。TCL 在短短半年里同时运作两起跨国并购，但并购后的整合成本慢慢变成一个填不满的无底洞。由于对汤姆逊的调查不足，TCL 购买的专利并没有市场价值，多为已淘汰的技术。同时，欧洲市场上又很快刮起了平板旋风，尚未完成整合的 TCL—汤姆逊，反应迟缓。直到 2005 年中期，TCL 的平板电视才开始大规模进入市场，主要竞争对手降价造成 TCL 的显像管电视大量积压。当年，TCL 受阿尔卡特手机业务拖累，亏损高达16. 08亿港元，TCL 欧洲彩电业务亏损5. 99亿港元，仅 2005 年一年的亏损就超过了 2002 年、2003 年、2004 年这三年的利润之和。请结合以上案例，分析中国企业“走出去”应该注意的问题。

3. 本章第一节以较多的数据描述了全球对外直接投资在 21 世纪显示出来的新的发展趋势和特点，以及中国对外直接投资在 21 世纪的迅猛发展。你能分析一下这一热闹场面背后的深层原因吗？

参考资料

[1] 联合国贸易和发展会议（http：//www. unctad. org/）.

[2] 中国投资指南（http：//www. fdi. gov. cn/pub/FDI/default. htm）.

[3] 中投集团（http：//chinaventure. com. cn）.

[4] 杜邦中国官方网站（http：//www. dupont. com/China _ Country _ Site/zh _ CN/index. html）.

[5] 彭博网（英文）（http：//www. bloomberg. com）.

[6] 彭博中文网（http：//www. bloomberg. cn）.

[7] 彭博数据库.

[8] 路透中文网（http：//cn. reuters. com）.

[9] 联合国开发计划署（http：//www. beta. undp. org）.

[10] 中国商务部（http：//www. mofcom. gov. cn）.

[11] 美国财政部（http：//www. treasury. gov）.

[12] 中国投资指南（http：//www. fdi. gov. cn/pub/FDI/default. htm）.

[13] 世界投资报告（历年）.

[14] 朱志砺．中国企业走出去宜选择“绿地投资”．大经贸，2011（4）.

第 4 章

对外直接投资的资本预算

本章重点

1. 项目预算的基本原则和重要方法：净现值法（NPV 法）、内部收益率法（IRR 法）、项目回收期法

2. 用约当年金法处理不同生命周期的项目的预算

3. 现金流的估算方法：计算税前息前收益（EBIT），计算企业净经营利润（NOPAT），计算企业自由现金流（FCF），计算项目现金流

4. 项目预算中风险评价和风险管理的技术：敏感性分析、盈亏平衡分析、情景分析、方案分析、决策树分析等

关键词

净现值	内部收益率	项目回收期	约当年金
营运资本	税前息前利润加折旧摊销	税前息前利润	净经营利润
企业自由现金流	加权平均资本成本	敏感性分析	盈亏平衡分析
情景分析	方案分析	决策树	

在前一章我们说海外投资建厂需要做全面的评估，在这一章我们集中解决海外兴建项目的资本预算问题，也就是财务主管应该回答的问题：在海外建厂，从财务上来讲是不是可行？要说清楚这个方法，我们需要从资本预算的基本理论说起，所以我们用两节的篇幅来复习我们公司财务课程中学习过的资本预算的基本理论，然后在第三节讨论海外投资兴建项目的特殊性和需要考虑的问题及其解决方法。本章的安排是：第一节介绍资本预算的基本理论，第二节介绍现金流的计算方法，第三节介绍资本预算的风险评价技术，第四节介绍对外直接投资的资本预算需要考虑的特殊内容。这一章是对方法的介绍和对不同方法的比较，是相对理论化和抽象的一章。在第 6 章，我们将以案例的方式具体介绍一个海外投资项目的资本预算技术。

4.1 资本预算的基本理论

做资本预算，是要回答一个问题：一个项目从财务上来讲，是不是可行的？即俗话说的赚不赚得到钱。要回答这个问题，我们需要理解如下两个概念：

（1）项目的生命周期。一个项目从投建到投产再到量产，是需要一定时间的，而且在此期间内生产成本也会发生变化，同时，产品从投放市场到占领市场，其价格在这一期间也会发生变化，因此，用任何一年的收入和支出来核算都无法正确衡量出一个项目的盈亏状况，需要全面考察整个项目周期的经营状况，才可以对项目做出正确预算。

（2）资金的时间价值。以一个项目在整个生命周期的表现来衡量项目的盈亏，就不可避免地要关注资金的时间价值。很显然，同样总量的现金流入，在整个生命周期中是前期流入多还是后期流入多，这在财务上的价值是不一样的。因此，做资本预算的一条基本思路是采用贴现现金流。

4.1.1 NPV 法

1. NPV 法的基本公式

净现值即项目从投产到生产经营到生命周期完成后处置完残值的整个过程中每年的净现金流的贴现和，净现值（net present value，NPV）法就是根据净现值来判断项目是否可被接受。NPV 法里有两个重要概念：（1）贴现；（2）净现金流。

NPV 法是将项目生命周期内每年的净现金流折算成现值并求和。公式如下：

$$NPV=CF_0+\frac{CF_1}{1+r}+\frac{CF_2}{(1+r)^2}+\cdots+\frac{CF_T}{(1+r)^T}=\sum_{t=0}^{T}\frac{CF_t}{(1+r)^t}$$

式中，CF 为现金流（cash flow）；下标为年份；r 为项目的贴现率。

在 NPV 法的计算中，我们可以注意到：

（1）我们没有将投入和产出分开来计算，而是按年来计算每年的净现金流，投入记做现金流出，产出记做现金流入，然后每年按照预测的实际发生额，将投入和产出的各项现金全部计算出来。这样做有它的道理。一个项目不会像有些同学想象的那样，当年投入，马上就开始生产。事实上，一个项目可能会前面投资生产不止一年，每年投入不一样，或者在中期需要增加投入，有的项目甚至只在最后一年盈利，这和产业的特征是密切相关的，因此，计算每年的净现金流是比较简明清楚的办法。

（2）在 NPV 法当中，我们把当期定义为第 0 年。

2. 净现值判断项目可行性的原则

计算出净现值后，我们进行项目可行性判断的原则是：

$NPV>0$，项目可行

$NPV<0$，项目不可行

请注意：（1）NPV 大于 0，即项目贴现后的现值为正，表明股东们的收益高于预期收益率，该项目是可被接受的；或者可以表述为，NPV 为正的项目给股东带来了财富的增加值，可被接受。（2）如果 NPV 等于 0，即项目贴现后的现值为 0，表明项目的实施刚好弥补股东和债务人的收益，在没有净现值为正的项目时这样的项目也是可被接受的，否则资金会闲置。（3）如果 NPV 小于 0，那么无论从什么角度说，这个项目都是不能被接受的，因为没有人愿意做得不偿失的事情。

3. 财务主管选择用 NPV 法做项目预算的理由

财务主管们愿意采用 NPV 法来衡量项目的优劣，而不是会计利润或者其他的方法，是出于如下几点考虑：

（1）NPV 法能真正体现投资项目的财务意义。投资一个项目，除了完成企业的战略目标外，在财务上取得收益是核心追求。以现金流来计算，有如下优势：1）现金流的计算，是以现金流的真实发生为原则的，它和企业的税务利润核算不一样，显示的是项目运行过程中真实的现金流发生状况。比如，在税务利润的核算中，折旧、摊销等的计算，将没有发生现金流出的项目从利润中扣除，反映了税务利润对于项目前期固定资产投资及资本化投资的成本摊销目的，但是这和现金流的真实状况——在初期有大量的投资（即一系列负的现金流），其后开始产生利润是不一样的。在税务利润核算时，还可能会有各种预提，比如预提库存减值准备、预提资产跌价准备等，这些预提只是影响会计利润核算，并没有发生现金流出，直到真正出现资产减值时，才会冲抵这些准备，但在时间上是有区别的。2）真实的现金流状况，反映的是企业在本项目中投入和取得现金的真实时间，不仅体现了企业真实的现金水平，还为贴现提供了最好的依据。3）为了成本核算和税务核算的需要，会计利润不仅从现金支出和收入发生的时间上扭曲了真正的现金流，而且因为各国会计法规的不一样、一个国家不同时期的会计法规的变化以及会计人员在工作时主观上的处理分寸不同而有所差异，可能会让同样一个项目在不同的会计核算下显示出不同的效果，依据这样的数据来做判断，难免会被会计利润的表象迷惑，不能做到客观。

（2）NPV 法能在一定程度上体现对风险的管理。下一章我们将讲到贴现率的计算方法和调整。在计算贴现率时，需要计算出股东的投资收益，会用到体现公司个体风险的贝塔值。在通货膨胀预期比较强时，可以通过调整贴现率来体现对通货膨胀的预测。在跨国公司进行海外投资时，可以通过调整贴现率来管理国家风险。

（3）NPV 法具有可分性。比如，有这样一个项目：建一个店面销售自己的产品。我们可以把这个项目看成单个项目，即把建店面和销售自己的产品的投入，以及带来的收益合在一起计算 NPV；也可以把它拆成两个项目：建店面、销售自己的产品。如果单独计算这两个项目的净现值，然后加总，那么其结果是一样的，也就是说：

$$\mathrm{NPV}(A+B)=\mathrm{NPV}(A)+\mathrm{NPV}(B)$$

这种可分性可以让我们把一个看似不错的项目中拖后腿的部分分离出来，并予以剔除，从而获得更大的收益。

4. NPV 法用于比较两个不同项目的技巧

上面的原则可以用来判断一个单一的项目是否可行，但如果出现两个或两个以上不同的项目让投资者来选择和判断的话，仅靠比较这些项目的净现值的大小，则是不够的，因为：（1）不同项目的投入是不一样的，如果一个投入巨大的项目和投入小的项目的净现值都为正的话，那么比大小不能得出孰优孰劣的结论。（2）不同项目的生命周期不一定相同，一个 3 年期的项目和一个 5 年期的项目的净现值也不能简单地比大小。因此，我们需要用一些技巧来使它们变得可比。现在我们来介绍一种比较不同生命周期项目的方法：约当年金法。

年金是指一系列稳定的、有规律的、在固定间隔时间发生的现金收付活动。如果对每一笔现金流都按复利计息，则可以知道年金的现值和终值。年金的现值和终值可查年金现值系数表和年金终值系数表计算。

例如，在质量相同且并不涉及使用感受的前提下，我们有两种小设备可以选择：一个是价格为 5 万元，可使用一年；一个是价格为 8 万元，可使用两年。这时你最可能采取的出于经济打算的计算方法是：价格为 8 万元可使用两年的设备，则平均使用一年需 4 万元，比价格为 5 万元可使用一年的设备合适。这时，我们其实是将价格为 8 万元可使用两年的设备做了一个时间上的平均，将成本平均分摊到每年。但是，如果面对更加复杂和时间期限更长的项目预算时，简单用除法来平均每年的收益或成本，则并不可取。理由很简单，资金具有时间价值。

利用约当年金法，我们可以在充分考虑资金的时间价值的基础上，将项目的净现金流均摊成每年的现金流。我们的思路是这样的：如果有两种存续期相同的资产，它们产生的现金流的现值相同，那么我们可以认为它们在财务上等值。如果这样，那么我们总是能找到和某种资产等值的年金，使该年金的现值和这种资产的现值相等。如果我们给两种或两种以上的资产都找到了与之等值的年金，那么我们就可以通过比较年金的优劣来比较这两种资产的优劣。让我们来看下面这个例子：

为了解决远距离会议中的沟通障碍问题，提高工作效率，飞鱼公司计划在年内安装一套可视电话会议系统，以方便集团公司间的交流。目前，市场上有两种可视电话系统可供选择。这两种系统在使用上没有区别，因此只需要关注实际成本因素，公司决定让财务部门计算一下这两种系统哪一种的成本更低廉。A 系统售价为 18 万元，使用年限为 6 年，B 系统售价为 16 万元，使用年限为 5 年。两系统的初始支出和每年的维护费用如表 4-1 所示。

表 4-1　　A 系统、B 系统的初始支出与维护费用列表　　（单位：万元）

系统＼项目进度	第 0 年	第 1 年	第 2 年	第 3 年	第 4 年	第 5 年	第 6 年
A 系统	18	1	1	1.5	1.6	2	2
B 系统	16	1	1.2	1.6	1.8	1.8	

因为两套系统使用年限不同，一种是 5 年，一种是 6 年，为了充分考虑资金的时间价值，并便于比较，我们可以采用约当年金的处理方法。财务部根据企业的历史数据，将贴现率定为 10%。

第一步：计算 A 系统和 B 系统的成本现值：

$$P_{A系统}=18+\frac{1}{1.1}+\frac{1}{(1.1)^2}+\frac{1.5}{(1.1)^3}+\frac{1.6}{(1.1)^4}+\frac{2}{(1.1)^5}+\frac{2}{(1.1)^6}=24.33(万元) \tag{1}$$

$$P_{B系统}=16+\frac{1}{1.1}+\frac{1.2}{(1.1)^2}+\frac{1.6}{(1.1)^3}+\frac{1.8}{(1.1)^4}+\frac{1.8}{(1.1)^5}=21.45(万元) \tag{2}$$

第二步：我们假设找出两个年金，使其中一个与 A 系统的年限相同并且现值相同，另一个与 B 系统的年限相同并且现值相同。

$$24.33\text{万元}=C_{\text{A系统}}\times \text{PVIFA}_{0.1}^{6} \tag{3}$$

$$21.45\text{万元}=C_{\text{B系统}}\times \text{PVIFA}_{0.1}^{5} \tag{4}$$

在公式（3）中，PVIFA 是年金现值系数（present value interest factor annuity），其右上方的 6 代表 6 年，右下方的0.1代表贴现率 10%。我们查年金现值系数表（6 年，10%），得到4.355 3，将其代入公式（3），得到与 A 系统的现值相同的年金等于5.59万元。运用同样的思路和方法，查年金现值系数表（5 年，10%），为3.790 8，计算出与 B 系统现值相同的年金为5.66万元。

第三步，比较两种年金，与 A 系统等值的年金为5.59万元，小于与 B 系统等值的年金5.66万元，可以认为购买 A 系统的年均成本小于 B 系统，财务部门的决策是选择 A 系统。

4.1.2 IRR 法

有时候我们需要一个比率数据来方便比较不同的投资项目。这里我们介绍一种广为接受的方法，即内部收益率（internal rate of return，IRR）法。虽然 IRR 法从理论上来说有些值得讨论的地方，但是在实践中有相当的优势，因为 IRR 是一个容易理解并方便沟通的指标。

1. 内部收益率的算法

我们前面介绍了 NPV 法，它是将项目生命周期内每年的净现金流贴现求和。这是在具体贴现率下，考察项目给股东带来的超额财富增加值。如果我们将 NPV 法的公式做一点变动，假设 NPV=0，那么此时算出来的 r 就是内部收益率。公式如下：

$$\frac{CF_0}{(1+r)^0}+\frac{CF_1}{(1+r)^1}+\frac{CF_2}{(1+r)^2}+\cdots+\frac{CF_T}{(1+r)^T}=\sum_{i=0}^{T}\frac{CF_t}{(1+r)^t}=0$$

IRR 法的使用和 NPV 法一样依赖于净现金流。按照如上公式计算出来的内部收益率也就是使得 NPV=0 的贴现率。

2. 使用 IRR 法判断项目的原则

如果计算出来的 IRR 大于企业的资本成本（资本成本的计算在下一章讨论），那么该项目可行。一般而言，规模和周期大致相同的项目，内部收益率高的项目从财务上来说被认为是更好的项目。

3. IRR 法和 NPV 法的不同

这两种方法从计算上看，都是依赖于净现金流的贴现，一个表明的是在既定贴现率下的收益，一个表明的是使净现值为 0 的贴现率。按说这两个指标应该没有冲突。但其实不然，在一些情况下，同样的项目，用这两种方法来做判断会得出不同的结论，下面我们举两个例子来看。

（1）当两个项目的容量不同且相互排斥时，IRR 法和 NPV 法计算得出来的结论不同。我们举个例子同学们就很容易理解。比如，课堂上老师做个实验，给出两个投资方案让同学们选择其中一个。A：上课时投资 50 元，下课时就能收回投资并获得收益。IRR 为 100%，NPV 为 50 元。B：上课时投资 100 元，下课时就能收回投资并获得收益。IRR 为 60%，NPV 为 60 元。如果按 IRR 法的原则来选，应该选项目 A，如果按 NPV 法的原则来选，应该选项目 B。但实验中同学们都会毫不犹豫地选 B，因为这两个项目的容量不一样，在多数同学口袋里都有 100 元的条件下，选项目

A 虽然收益率高，但会有更多的资金闲置。

（2）如表 4-2 所示的两个项目，如果按照 IRR 法计算，项目 A 的收益率高于项目 B，但如果按照 10%的贴现率来计算 NPV 的话，则项目 B 的净现值会大于项目 A。我们可以从图 4-1 看到，如果我们把具有如表 4-2 所示的现金流的两个项目各自的所有贴现率和该贴现率对应的净现值的组合标在坐标上的话，会得到两条曲线，分别代表项目 A 和项目 B 的贴现率及其对应的净现值的组合。那么，在贴现率小于其交点和大于其交点所对应的贴现率时，IRR 法和 NPV 法得到的结论总是不一样的。

表 4-2　项目 A 和项目 B 的现金流、IRR 与 NPV

	CF_0（万元）	CF_1（万元）	CF_2（万元）	CF_3（万元）	CF_4（万元）	CF_5（万元）	IRR	10%的贴现率下的 NPV（万元）
项目 A	−3 000	1 800	1 600	1 250	400	100	31.6%	1 121.02
项目 B	−3 000	1 200	1 200	1 200	1 200	1 200	28.6%	1 408.13

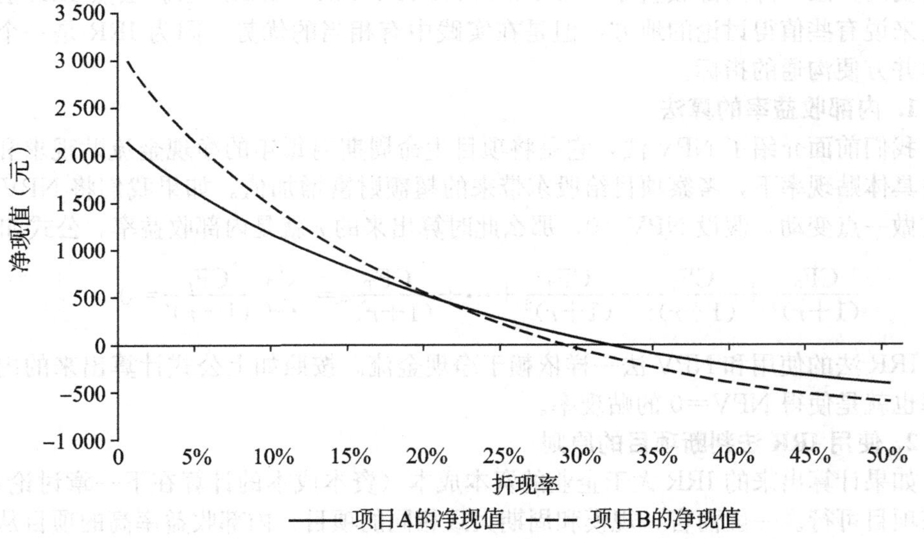

图 4-1　项目 A 和项目 B 的净现值比较图

在某些特定情况下，IRR 法可能会存在不止一个实根，但 NPV 法就不存在这种问题。不过，在选择哪种方法时，各企业的 CFO 还是会考虑多种因素的。事实上，如果两种方法计算出来的结果不冲突的话，总经理办公会或者董事会可能更容易听懂 IRR 要表达的所有意思。这也是很多中国的财务主管更愿意用 IRR 法来汇报预算方案的原因。

4.1.3　投资回收期法

投资回收期法是计算前期投资在多长时间内可以全部收回的方法。该算法也是基于现金流，可以用会计的现金流，也可以用贴现的现金流来计算。具体算法如下例。

1. 会计投资回收期法

假如一个项目的生命周期是5年，先期总投入是100万元，第一年的净现金流是20万元，即收回20万元，第2年收回20万元，此后每年收回40万元（见表4-3）。

表4-3　　项目各年的净现金流　　（单位：万元）

项目进度	第0年	第1年	第2年	第3年	第4年	第5年
净现金流	−100	20	20	40	40	40

那么，会计投资回收期的算法是：如果要全部收回100万元投资的话，需要第1年收回20万元，第二年收回20万元，第三年收回40万元，第四年收回20万元。因为第四年预测能收回40万元，所以如果现金流是匀速流入的话，则需要20/40=0.5年，即会计投资回收期=1+1+1+20/40=3.5年，即三年半。

2. 财务投资回收期法

同样是上述例子，如果项目的贴现率是10%，则每年的净现金流如表4-4所示。

表4-4　　项目各年的净现金流

项目进度	第0年	第1年	第2年	第3年	第4年	第5年
净现金流（万元）	−100	20	20	40	40	40
贴现系数	1	0.91	0.83	0.75	0.68	0.62
贴现现金流（万元）	−100	18.18	16.53	30.05	27.32	24.84

该项目的财务投资回收期=1+1+1+1+7.92/24.84=4.32（年）。

3. 投资回收期法的用途

投资回收期的好处很明显，就是集中反映了项目来自时间的风险。中国有一句古话叫做夜长梦多，说的也是时间是风险的根源这个道理。对于更远的事情，我们很多时候是很难做预测的。投资回收期越短，说明项目来自时间的风险就越小。显然，投资回收期法单独作为衡量一个项目的财务可行性的方法是不够的，多数财务主管倾向于将该方法用作NPV法或者IRR法的补充。

4.2 现金流的计算方法（简）

我们以上介绍的各种估值方法，基本都是基于对项目未来的净现金流的预测。这一节我们来讲讲怎样预测和编制现金流量表。之所以在节标题后面标上“简”字，是因为现金流的计算需要考虑到的因素很多，我们会在第6章详细解释，本章作为框架介绍，会忽略很多细节问题，目的是让同学们对框架有个基本认识，便于整体理解资本预算中的各类问题。

我们将导致项目产生现金的活动分为三种：投资、经营和残值处理。先将这三种活动产生的现金流分别处理，然后依据同一年的现金具有相同时间价值的认识，我们可以将同一年的现金流合并，得到一个项目的净现金流量表。

4.2.1 几点注意事项

（1）当期算做第 0 年。

（2）每年的收入和支出都算做当年 12 月 31 日的收入和支出。

（3）需要计算会计利润，从而预测税收，但会计利润不是净现金流。

（4）折旧的方法要服从各国会计准则的要求，本章采用双倍余额递减法。

（5）既可以用直接法也可以用间接法计算项目的经营净现金流。

（6）随着生产的发展、应收账款和库存的相应增加，可能需要补充营运资本，或者随着企业生产的稳定、信誉的提高、预收款的增加等，可以收回部分营运资本。经营净现金流加上营运资本的补充投入部分或收回部分，就是企业的自由现金流。

（7）最后一年将所有投入的营运资本收回，并入最后一年的净现金流。

（8）残值处理时，市值和账面残值会有所不同；如果市值低于账面残值，则亏损部分可以抵扣税收；如果市值高于账面残值，则将盈利部分扣除所得税后并入最后一年的净现金流。

4.2.2 现金流案例

飞鱼（中国）公司面临关于是否生产一种附加零件的投资决策。这是一个附加的小零件，安装该零件以后原来的产品在使用中会更加安全和方便。该零件的生产需要初始投资 500 万元购买与安装设备，生产安排在原有的闲置车间。因为该零件是原有产品的附加零件，销售部门根据对本企业原有产品的使用客户的调查，以及部分使用其他厂家的原有产品的客户的调查，得出预期的销售数量为 7 万件，并按 10%的增长率每年递增。该零件的预计销售单价为 50 元/件，可变成本为售价的 40%，固定成本核定为 40 万元/年。考虑到本企业的平均账期等主要因素，飞鱼（中国）公司将按照销售收入的 10%来投入营运资本，随着销售收入的增长，每年会不断补充投入营运资本。该项目利用企业自有资金投入，中国的企业所得税为 25%，飞鱼（中国）公司财务提供的贴现率为 10%，该项目的资本预算如表 4－5 到表 4－7 所示。

表 4－5　　飞鱼（中国）公司项目初始投资及折旧处理　　（单位：万元）

项目进度	第 0 年	第 1 年	第 2 年	第 3 年	第 4 年	第 5 年
设备购买与安装投资	500.00	0	0	0	0	0
折旧	0	142.86	102.04	72.89	52.06	37.19
累计折旧	0	142.86	244.90	317.78	369.85	407.03
设备账面残值	500	357.14	255.10	182.22	130.15	92.97
净营运资本需求	0	35.00	38.50	42.35	46.59	51.24
净营运资本投入	35.00	3.50	3.85	4.24	4.66	−51.24
厂房及设备出售所得	0	0	0	0	0	100.00

续前表

项目进度	第0年	第1年	第2年	第3年	第4年	第5年
厂房及设备出售缴纳所得税	0	0	0	0	0	1.76
厂房及设备出售税后净现金流	0	0	0	0	0	98.24

说明：(1) 设备购买与安装当年投入500万元；按7年双倍余额递减法计算，第5年账面余18.59%，即残值为92.97万元。

(2) 营运资本需求按照表4-6计算出的销售收入的10%计算；第0年的投入用于第1年的周转，并滚入第2年和第1年的补充投入一并用于第2年的周转，然后全部滚入第3年与第2年的补充投入一并用于第3年的周转，依此类推；第5年项目结束，营运资本将全部收回。

(3) 处置固定资产的市价估计为100万元，账面余额92.97万元，盘盈为100－92.97＝7.03（万元），盘盈部分需要缴纳中国的企业所得税（税率为25%），则处置固定资产的净现金流为100－7.03×25%＝98.24（万元）。

(4) 营运资本回收和残值处理净现金流入都将计入企业的项目现金流。

(5) 本书的计算表格都是用Excel计算并自动生成的，在不做特殊说明的情况下，计算的结果都保留到小数点后两位。因为四舍五入的原因，计算过程中的中间数据是用四舍五入的原则来表示的。但因为交叉引用的原因，Excel的计算程序中是精确计算的，从而计算过程越复杂，用Excel计算出来的最终数据就越有可能与用表格上经过四舍五入的数据计算出来的结果产生出入。举个例子。表4-6中，如果用表格中四舍五入后的数据来计算第4年的销售收入，则答案应为：9.32×50＝466（万元），而Excel的计算程序则为：$7\times(1+10\%)^3\times50=465.85$（万元），交叉引用的计算程序为：$350\times(1+10\%)^3=465.85$（万元）。不难理解，造成这种不一致的原因是：根据四舍五入的原则，第4年的销售量93 170件被表达成9.32万件。因此，以9.32万件计算的结果466万元就要比Excel以93 170件计算的结果465.85万元多1 500元。类似的情况下文不再一一说明。

表4-6　飞鱼（中国）公司项目损益表

项目进度	第1年	第2年	第3年	第4年	第5年
销售量（万件）	7.00	7.70	8.47	9.32	10.25
单价（元）	50.00	50.00	50.00	50.00	50.00
销售收入（万元）	350.00	385.00	423.50	465.85	512.44
单位可变成本（元）	20.00	20.00	20.00	20.00	20.00
总可变成本（万元）	140.00	154.00	169.40	186.34	204.97
不变成本（万元）	40.00	40.00	40.00	40.00	40.00
折旧（万元）	142.86	102.04	72.89	52.06	37.19
税前收入（万元）	27.14	88.96	141.21	187.45	230.27
中国公司所得税（按税率25%计算）（万元）	6.79	22.24	35.30	46.86	57.57
税后净利润（万元）	20.36	66.72	105.91	140.59	172.71

说明：(1) 销售量按每年10%的速度复合增长，单位可变成本为单价的40%；

(2) 销售收入＝销售量×单价；

(3) 总可变成本＝销售量×单位可变成本；

(4) 税前收入＝销售收入－总可变成本－不变成本－折旧；

(5) 税后净利润＝税前收入×(1－所得税税率)。

表 4-7　　　　飞鱼（中国）公司项目净现值估算

项目进度	第 0 年	第 1 年	第 2 年	第 3 年	第 4 年	第 5 年
税后净利润（万元）	0	20.36	66.72	105.91	140.59	172.71
折旧（万元）	0	142.86	102.04	72.89	52.06	37.19
净经营现金流（万元）	0	163.21	168.76	178.80	192.65	209.89
净营运资本减少（增加）（万元）	−35.00	−3.50	−3.85	−4.24	−4.66	51.24
自由现金流（万元）	−35.00	159.71	164.91	174.56	187.99	261.14
初始投资（万元）	−500.00	0	0	0	0	0
残值处理现金流（万元）	0	0	0	0	0	98.24
项目现金流（万元）	−535.00	159.71	164.91	174.56	187.99	359.38
现值系数	1.00	0.91	0.83	0.75	0.68	0.62
现值（万元）	−535.00	145.19	136.29	131.15	128.40	223.15
资本预算指标	NPV=229.18（万元）			IRR=24%		

说明：(1) 净经营现金流有直接和间接两种算法。间接算法是：净经营现金流=净利润+折旧，折旧在计算税收时从收入现金流中减掉了，但是折旧并不产生现金支出，所以需要加上；直接算法是：净经营现金流=销售收入−总可变成本−不变成本−税收。

(2) 在这里，自由现金流=净经营现金流+净营运资本投入。

(3) 用于贴现求和来判断项目好坏的项目现金流=自由现金流+初始投资+残值处置现金流。

4.2.3　对基于预测现金流的资本预算的几点评价

对基于预测现金流的资本预算方法，很多同学以掌握其中的技巧为傲，十分愉快地摆弄各种数据。而另一部分同学则十分怀疑这种方法的可靠性，甚至觉得现金流的估算过程再精细，也无非预测数字和预测数字之间的游戏，是不是“靠谱”很值得讨论。对于这两种想法，我们认为都有其理由，但是，在很多时候，我们要对那些持怀疑态度的同学说，这是一种靠谱的方法，而在某些时候，我们也要对那些不问数据来源就醉心于演算的同学说，这种方法的核心与其说是算法，毋宁说是预测。理由是：

(1) 当 NPV 法用于设备更新的判断时，是很可靠的。我们举个例子来说明。如果一家企业在产品的质量、产量、外观都不发生变化的情况下，更新某个现有设备可以节能减排，即省水省电，那么从财务上来说这个节能减排的设备更新具有可行性吗？在这里，我们需要考虑如下问题：

1）该设备更新项目的投入即新设备的购买金额。

2）旧设备处置可能会产生固定资产处置的亏损或盈余，如果亏损，则抵扣税收后的净亏损也应该算成投入；如果盈余，则税收的净收益可以抵减投入。

3）新旧设备的折旧差额会带来税收上的不同，如果税收变多了，则多出来的部分是该设备更新项目的负现金流。

4）新设备省水省电，从而使成本减少、利润增加，除去税收之后的净收益，是该项目的正现金流。

5）在项目结束期处置残值，方法前面讨论过。

6）将以上各项现金流贴现求和，即得到该项目的 NPV。

我们可以从上面的处理看到，这个资本预算基本不涉及产品的市场预测，不涉及成本和营运资本预测，1）到 4）项的现金流计算都是有真实依据的，可以说是相当靠谱的预算。

（2）NPV 法用于简单扩大再生产、简单复制扩张的预算时，也是很有用的。因为很多简单的扩大再生产，是在对市场和订单完全有把握的情况下做的，不用担心市场的情况，而简单扩大再生产在成本的预测上也有据可依。

（3）如果企业是为了自己的投资决策而编制预算，那么企业会尽力用最科学的方法去预测。比如，如果该项目对企业来说是新的，但是在市场上已经有别的企业在生产相似产品，那么可以请专业咨询公司来帮忙给出部分预测；如果这是一个创新产品，无经验可参照，那么自始至终这都是一件需要冒风险的事情。

（4）无论是熟悉行业的咨询公司，还是企业的那些富有市场经验的高管人员，都不是预言家。能预测市场是每个人的愿望，但事与愿违的是预测不总是“灵”，预测“不灵”的事也时有发生。

（5）不能否认，如果该预算是本部门用于向总公司争取项目资金，或者子公司用于向母公司争取项目资金，或者类似的其他情况，那么这个预算再漂亮，也是需要认真核实其预测依据才可以信服和采用的。

（6）即便该项目预算是做来给别人看的，这也是一个可以讨论的蓝本，比空谈更有可操作性。如果算法是合理的，那么，预测可信与不可信的依据是什么？有没有水分？水分是从哪里来的？如何挤掉水分？这些都可以通过讨论不断接近真实情况。

4.3 资本预算的风险评价技术

资本预算是基于预测做出来的，我们在计算销售收入时用的是销售部门预测的市场容量、市场占有率、销售价格，我们计算成本时也需要生产部门和人力资源部门提供的数据来预测可变成本等，但是，我们所用的这些预测数据，确切地说是预期值。因为未来具有不确定性，我们的预测总可能会有偏差，所以，我们需要把这种偏差尽可能地表达出来。管理风险的关键是知道它在哪里，预算时把它表达出来，决策时把它考虑进去。在这里，我们介绍五种比较常见的资本预算风险评价技术。我们学习这些方法，不仅要会算，而且要会想。

4.3.1 敏感性分析

对现金流的预测可能会出现误差，而对敏感性因素的波动的分析可以体现敏感性因素的风险状况。敏感性分析的方法是：假设其他影响现金流的因素不变，计算敏感性因素因风险增加 5%、10%、20%或减少 5%、10%、20%时的现金流，并求得 NPV 或 IRR。

不同项目的敏感性因素是不一样的。比如，有些企业是劳动密集型的，设备产能也足够甚至有余，其对劳动力工资水平就比较敏感，如果工人的工资上涨 5%、10%、15%或者更多，那么有些项目就会出现亏损。

1. 敏感性分析举例

回顾一下上面我们用的那个做预算的例子，从结论（项目的 NPV 为正，IRR 等于 24%）来看，它被认为是一个不错的项目，可以投资。但是在这里要补充说明一点，在论证该项投资预算时，销售部门强调，它们感到最没有把握的是销售量，因为根据商业调查，竞争对手也在准备推出一款功能非常相似的产品，拟售价格区间相似。于是财务部门需要以销售量作为该项目的敏感性因素来进行风险分析，重点考察项目的 NPV 随着销售量的变化而发生的变化。我们计算出销售量减少 5%、10%、15%、20%时相应的 NPV，计算结果如表 4－8 所示。

表 4－8　　销售量下降对 NPV、IRR 的影响

销售量变动幅度	0	－5%	－10%	－15%	－20%	－25%	－30%	－35%
NPV（万元）	229.18	194.18	159.18	123.19	85.80	53.66	46.35	－17.50
IRR（%）	24	22	20	18	15	13	13	9

由表 4－8 不难看出，NPV 随销售量的下降大幅下降，一旦销售量比预期下降 35%，该项目的 NPV 就会变为负值，项目不再可行。

2. 敏感性分析的优点和缺点

敏感性分析之所以被广泛应用，是因为这种方法有其优点：第一，可以突出不同因素给项目带来的风险，尤其是敏感性因素带来的风险；第二，能够刻画敏感性因素在一定范围内的变化对项目产生的影响。就拿上面的例子来说，敏感性分析的优点在于：如果投资者关心销售量，认为销售量有可能出现与预测不同的变化，并为此感到担忧的话，敏感性分析能比较清晰地刻画销售量的变化对项目 NPV 的影响；这种刻画即我们在前面说的，管理风险的基础是知道风险在哪里，以及风险怎样变化。

但敏感性分析也有缺点：敏感性分析的前提假设是其他因素不变而敏感性因素变化。在现实经济生活中，各因素之间都是有机联系的。比如，销售价格的变化往往和通货膨胀相关，而且当存在通货膨胀时，很多因素都会一起变化。

4.3.2 情景分析

敏感性分析的缺点是孤立地分析影响项目的因素，而现实的经济生活能让我们生动地分析出哪些因素可能会同时出现。如果我们模拟出可以掌握的联合发生变化的一组因素而不是一个因素，并将其变化对 NPV 的影响求解，即为情景分析。

仍以飞鱼（中国）公司为例。假设销售部门认为，现在最重要的是等待航空安全部门提高某项指标（出台“新政”），如果该指标提高，则销售量会出现爆发式的增长，但因为同样的原因，更多同类的其他公司会加快研发新的更加安全的原产品的替代产品，而不是借助这种附加的小零件来改善原产品，这样的话，产品的生命周期就会缩短成 3 年。在这一组情景假设下，项目的生命周期由 5 年改为 3 年，而产量在第一年就爆发式增长至 10 万件。为了分析这一好一坏两种因素的综合影响，企业会根据出台“新政”这一情景假设重新进行判断，看看“新政”出台到底会对企业产生什么影响，影响有多大。在这里，我们依然假设销售量会按照年 10%的速度递增，第 1 年销售量为 10 万件。3 年的项目周期会导致企业在第 3 年处理设备残值，假设那时旧设备市价为 150 万元，则“新政”出台情景下项目的净现值计算如表 4－9 到

表 4-11 所示。

表 4-9　　飞鱼（中国）公司项目初始投资及折旧处理　　（单位：万元）

项目进度	第 0 年	第 1 年	第 2 年	第 3 年
购买和安装设备	500.00	0	0	0
折旧	0	142.86	102.04	72.89
累计折旧	0	142.86	244.90	317.78
设备账面残值	500	357.14	255.10	182.22
净营运资本	0	50.00	55.00	60.50
净营运资本变化	50.00	5.00	5.50	−60.50
设备出售收入	0	0	0	150.00
所得税（按 25%的税率计算）	0	0	0	8.05
设备出售净现金流	0	0	0	158.05

说明：(1) 在“新政”出台的情景下，项目只有 3 年周期，设备账面残值为 500−317.78=182.22（万元）。

(2) 设备出售收入为 150.00 万元，固定资产盘亏 182.22−150=32.22（万元），可抵扣税收32.22×25%=8.05（万元）。

(3) 设备出售净现金流为设备出售收入加上固定资产盘亏抵扣税收的收益，即 150+8.05=158.05（万元）。用公式表示，残值处理的现金流=设备出售收入−（出售收入−账面残值）×所得税，在这里，如果出售收入大于账面残值，则需要缴纳税收，残值处理的现金流需要减去这部分税收；如果出售收入小于账面残值，固定资产盘亏，则可以抵扣税收，带来现金的增加。

表 4-10　　飞鱼（中国）公司项目损益表

项目进度	第 1 年	第 2 年	第 3 年
销售量（万元）	10.00	11.00	12.10
单价（元）	50.00	50.00	50.00
销售收入（万元）	500.00	550.00	605.00
可变成本（万元）	200.00	220.00	242.00
不变成本（万元）	40.00	40.00	40.00
折旧（万元）	142.86	102.04	72.89
税前收入（万元）	117.14	187.96	250.11
中国公司所得税（按 25%的税率计算）（万元）	29.29	46.99	62.53
税后净利润（万元）	87.86	140.97	187.59

说明：计算方法参照表 4-6。

表 4-11　　飞鱼（中国）公司项目净现值估算

项目进度	第 0 年	第 1 年	第 2 年	第 3 年
税后净利润（万元）	0	87.86	140.97	187.59
折旧（万元）	0	142.86	102.04	72.89
经营现金流（万元）	0	230.71	243.01	260.47
净营运资本减少（增加）（万元）	−50.00	−5.00	−5.50	60.50

续前表

项目进度	第0年	第1年	第2年	第3年
自由现金流（万元）	－50.00	225.71	237.51	320.97
设备出售净现金流（万元）	0	0	0	158.05
初始投资（万元）	－500.00	0	0	0
项目现金流（万元）	－550.00	225.71	237.51	479.03
净现值估算				
现值系数	1.00	0.91	0.83	0.75
现值（万元）	－550.00	205.19	196.29	359.90
资本预算指标	NPV＝211.38（万元）		IRR＝28％	

说明：计算方法参照表4－7。

可以看出，“新政”的出台使项目的NPV从原来的229.18万元下降到211.38万元，但由于项目周期缩短了3年，内部收益率反而上升到28％。“新政”没有影响项目的可行性，却对盈利水平有影响。

4.3.3 盈亏平衡分析

这一分析方法其实是敏感性分析的一个延伸。不同敏感性因素的风险变化，可能使NPV＞0、NPV＜0或NPV＝0。因此，可以从中找到使NPV＝0的该项目敏感性因素的数值。该数值反映出项目从正值到负值的临界点，可以依此来判断项目的承受能力。

1. 盈亏平衡分析法的算法

我们可以依靠Excel来做，或者依靠计算机来计算，即用NPV的计算方法和公式，求解使NPV＝0的敏感性因素的值。有的同学可能会觉得通过试算来求解使NPV＝0的敏感性因素比较麻烦，那么近似地，我们也有一些简单的解决办法。一般而言，可以近似地认为影响现金流的一般因素与净现值之间为线性关系。因此，可以在敏感性分析的基础上，在一个“敏感性因素—净现值”的坐标系内标出两组由敏感性分析法算得的数据，用线连接，该线与横轴的交点即使NPV＝0的敏感性因素的临界值。还有一种算法，即在“敏感性因素—净现值”坐标内画出两条线，即项目支出净现值随敏感性因素变化线和项目收入净现值随敏感性因素变化线，这两条线的交点，就是项目净收入＝项目净支出的点，即盈亏平衡点。

图4－2和图4－3就是用这种方法简单画出来的分析图示。这种近似的画法应该基于同学们对数字的敏感性，因为如果选取的两个“敏感性因素—净现值”点相差太远，那么结果的误差会比较大。如图4－2和图4－3所示，我们选取的销售单价为33元/件～34元/件，销售量下降幅度为32％～33％，这样画出来的图自然比较接近曲线的局部。

2. 盈亏平衡分析的进一步讨论

该方法确切表达了项目盈亏的临界点，是企业掌控风险很重要的参考指标。用通俗的话来讲，如果对某些因素的预测不准令人感到不安的话，那么盈亏平衡分析法可

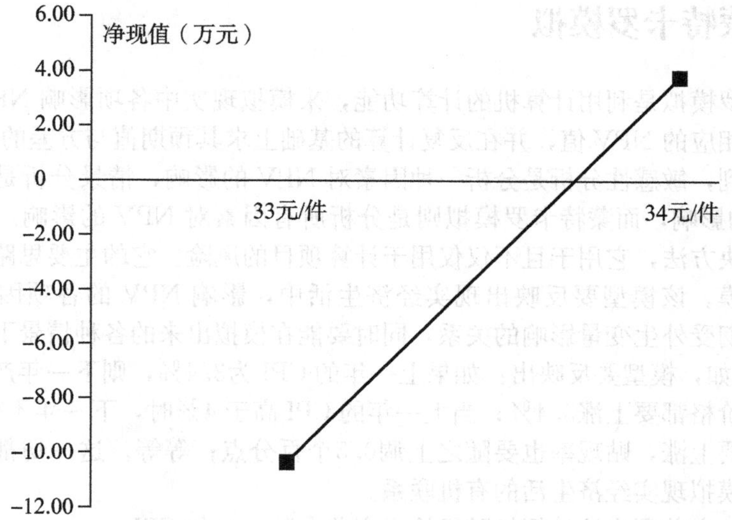

图 4-2　基于产品单价的盈亏平衡分析图

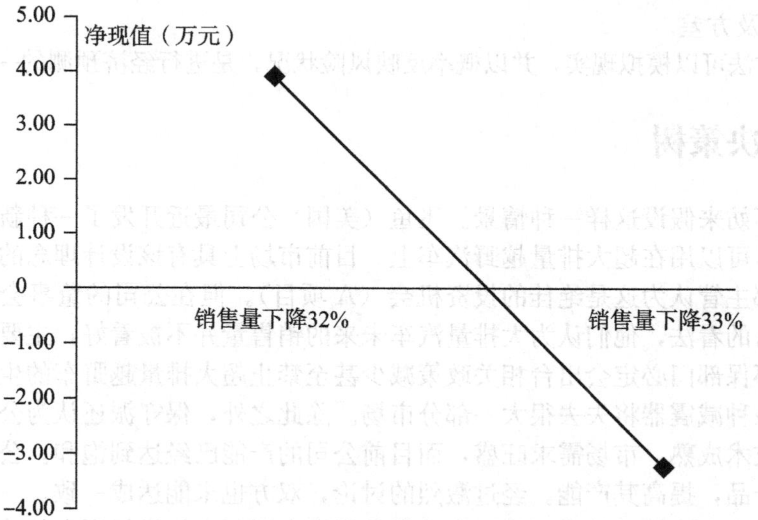

图 4-3　基于销售量的盈亏平衡分析图

以告诉你，该因素“差”到什么程度才是不可以容忍的，会令决策者改变投资决策。

此外，企业在很多时候也利用这一方法来确定参考数据。比如，企业可以用盈亏平衡分析法来确定使 NPV=0 的商品价格，用作在价格谈判中的参考。还是以飞鱼（中国）公司为例，用盈亏平衡分析法，借助 Excel 试算，可以得出，当单价为33.6元/件时，项目净现值为 0。也就是说，无论买家是谁，都不可能以33.6元以下的价格拿到产品。

3. 对盈亏平衡分析的评价

盈亏平衡法的优点是明确，缺点是对敏感性因素的分析是孤立的，这和敏感性分析的缺点是一致的。不过，通过假设其他因素不变来研究某项因素的影响，是一种好的方法，虽不能给出绝对符合现实的答案，但能回答最直接相关的问题。

4.3.4 蒙特卡罗模拟

蒙特卡罗模拟是利用计算机的计算功能，来模拟现实中各项影响 NPV 的因素的变化，算出相应的 NPV 值，并在反复计算的基础上求其预期值与方差的一种方法。

前面讲到，敏感性分析是分析一种因素对 NPV 的影响，情景分析是分析一组因素对 NPV 的影响，而蒙特卡罗模拟则是分析所有因素对 NPV 的影响。蒙特卡罗模拟是一种解决方法，它用于且不仅仅用于计算项目的风险。它的主要思路是：

（1）建模。该模型要反映出现实经济生活中，影响 NPV 的各项因素之间的关系，以及它们受外生变量影响的关系，同时要能在模拟出来的各种情景下计算出项目的 NPV。比如，模型要反映出：如果上一年的 CPI 为3.4%，则下一年产品的销售价格、原材料价格都要上涨3.4%；当上一年的 CPI 高于 4%时，下一年不仅销售价格、原材料价格要上涨，贴现率也要随之上调0.5个百分点；等等。这一切都是利用计算机来尽可能模拟现实经济生活的有机联系。

（2）在一定范围内让计算机随机给出变化参数，比如 CPI。

（3）计算机根据随机给出的外生变量，代入模型计算出 NPV。

（4）让计算机重复计算2 000～3 000次，得出2 000～3 000个 NPV，从而算出预期的 NPV 及方差。

这种方法可以模拟现实，并以概率反映风险状况，是进行经济预测的一种好方法。

4.3.5 决策树

我们不妨来假设这样一种情景。飞鱼（美国）公司最近开发了一种新型减震器产品，该产品可以用在超大排量越野汽车上。目前市场上具有该设计理念的产品仍是空白，研发部主管认为这是绝佳的投资机会（A 项目）。但在公司的董事会上，保守派提出了自己的看法，他们认为大排量汽车未来的销售量并不被看好，主要因为在未来三年内，环保部门必定会出台相关政策减少甚至禁止超大排量越野车的生产。如果那样的话，该种减震器将失去很大一部分市场。除此之外，保守派还认为公司目前的卡车减震器技术成熟，市场需求旺盛，而目前公司的产能已经达到饱和。公司完全可以投资该类产品，提高其产能。经过激烈的讨论，双方也未能达成一致。

为什么会产生这种情况呢？因为政府是否出台限制大排量越野车的政策是个未知数。事实上，我们的很多提案在董事会上各执一词都是因为所讨论的事件在未来的走势具有不确定性。针对这种不确定性，比较理性的方法是用概率的方法求解其预期值，这样可以从概率的角度得出一个量化的结论。而决策树正是这样一种分析方法。

回到飞鱼（美国）公司的例子，董事会同意用决策树的方法来评估投资方案，看看究竟哪个方案更好。我们正好用这个例子来介绍决策树的方法。

假定生产大排量越野车（A 项目）和卡车（B 项目）两个投资项目的周期都为 3 年，初始投资额都为 500 万美元。

通过反复推敲和咨询调查（即背对背咨询相关部门人士，收集记录他们的回答，并据此打分），保守派同意假设在第 1 年年初出台相应政策的概率为 50%，在第 2 年年初出台相应政策的概率为 35%，在第 3 年年初出台相应政策的概率为 15%。尽管研发部门主管认为这个概率被高估了，但为了较为稳健地估计预期收益，还是勉强认同了这一假设。考虑到政策出台的各种可能性的相应现金流如表 4－12 所示。保守派提出如果生产卡车减震器（B 项目），未来每年可以带来 230 万美元的稳定现金流。

表 4－12　　A 项目每年的现金流　　（单位：千美元）

	第 0 年	第 1 年	第 2 年	第 3 年	NPV
第 1 年年初出台（50%）	−5 000	2 000	2 000	2 000	−26.3
第 2 年年初出台（35%）	−5 000	3 000	2 000	2 000	882.8
第 3 年年初出台（15%）	−5 000	3 000	3 000	2 000	1 957.2

使用公司 10% 的资本成本进行贴现，我们可以计算出 A、B 两个项目的期望净现值为

$$E(NPV_{A无出售选择})=50\%\times(-26.3)+35\%\times882.8+15\%\times1\ 957.2=589.4(千美元)$$

$$NPV_{B无出售选择}=-5\ 000+\sum_{t=1}^{3}\frac{2\ 300}{(1+10\%)^t}=719.8(千美元)$$

看来，用决策树的分析方法得出的结论是：卡车项目会更好。

但是，研发部门主管提出，如果联邦环保部门在第 1 年年初就出台政策，那么公司可以选择在第 1 年年末以 400 万美元的价格卖出该项目的专利及设备（如果不出台政策，那么该专利及设备能给企业带来的现值以年净现金流的 3 倍保守计算应该是 900 万美元，减去第一年的收益，粗略计算折价到 400 万美元出售是有把握的）。保守派对此表示同意。如果考虑到第一年就放弃生产的可能，那么此情况下项目的现金流如表 4－13 所示。在这种情况下，A 项目又优于 B 项目。

表 4－13　　卖出 A 项目情况下每年的现金流　　（单位：千美元）

	第 0 年	第 1 年	第 2 年	第 3 年	NPV
第 1 年年初出台（50%）	−5 000	2 000+4 000	0	0	454.5
第 2 年年初出台（35%）	−5 000	3 000	2 000	2 000	882.8
第 3 年年初出台（15%）	−5 000	3 000	3 000	2 000	1 957.2

期望的净现值为

$$E(NPV_{A有出售选择})=50\%\times454.5+35\%\times882.8+15\%\times1\ 957.2=829.8(千美元)$$

用决策树来描述企业的未来期望现金流和净现值情况，如图 4－4 和图 4－5 所示。图 4－4 为无出售选择下的现金流及净现值情况，图 4－5 为有出售选择下的现金流及净现值情况。

综合以上分析可以得出结论：如果 A 项目中公司无法在出台政策的情况下卖出专利和设备，则净现值会小于 B 项目，理性的选择应是 B 项目。而如果 A 项目中公司拥有在出台政策后以 400 万美元卖出专利和设备的选择，A 项目的净现值将增加至 82.98万美元，高于 B 项目的71.98万美元。如果这样，公司应选择 A 项目。

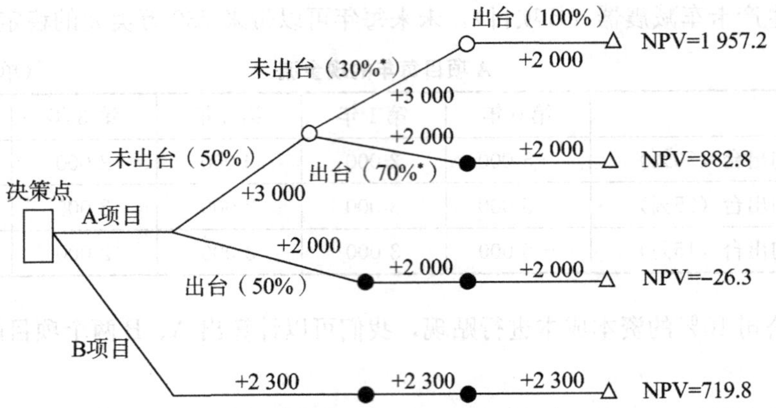

图 4-4　无出售选择下的现金流及净现值（单位：千美元）

* 为假设的一种可能。

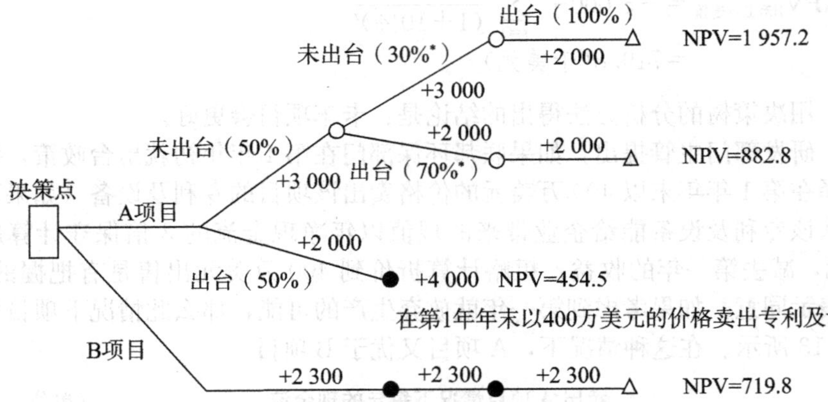

图 4-5　有出售选择下的现金流及净现值（单位：千美元）

* 为假设的一种可能。

这一案例告诉我们：第一，如果有多种可能性，局面十分复杂，那么一个比较理性的办法是搜集足够多的信息，得出各种情况出现的概率，并以决策树的方法将事件的各种可能性全面考虑进去，算出每一种选择的预期收益；第二，在做项目决策时，应该想到选择权（期权）。没有全面考虑期权的决策，有可能是个坏的决策。

4.4　对外直接投资的资本预算需要考虑的特殊内容

上文一直在回顾资本预算的基本原则、方法和风险评价技术。但是，跨国公司对外投资建厂时，需要考虑的内容会更多。本小节主要讨论它需要考虑的有别于国内投资的内容，以及一些解决方案。

4.4.1 汇率风险

正如我们之前说到的那样，在国外投资建厂，进行跨国投资，难免存在使用不同币种的问题。因此，汇率风险和汇兑损益一直是需要考虑的因素，尤其是母公司和子公司之间存在借贷关系，母公司和子公司之间有特许权使用费、专利费或管理费支付，或子公司产品主要用于出口时，都需要在做资本预算时将汇率风险考虑在内。汇率的变动，一来会影响海外投建工厂的利润，二来会导致子公司和母公司合并报表时出现因折算产生的风险。

（1）如果投入和收益的币种不同，且投入的是看涨货币而收入的是看跌货币，那么NPV将会被汇兑损失“吃掉”甚至“吃光”。同样举飞鱼（中国）公司的例子，假如飞鱼（中国）公司的该项目产品主要出口俄罗斯，而俄罗斯卢布对人民币远期贴水，年贴水5%。由于现在该产品是买方市场，这5%的汇率损失就需要由飞鱼（中国）公司来承担，而不能通过提高该产品的卢布标价来转嫁给俄罗斯市场。

（2）对金融市场有些了解的人都很清楚，汇率是很难预测的，财务主管除了尽力凭所掌握的技巧做出预测之外，将汇兑损益作为敏感性因素进行风险评价是一个比较好的办法。依然用飞鱼（中国）公司的例子来说，假如汇率的变动带来的损失都由飞鱼（中国）公司来承受的话，在卢布年贬值5%、10%、15%和20%的条件下重新计算项目的NPV和IRR，结果如表4-14所示。

表4-14　　汇率变动对NPV、IRR的影响

汇率相对预期汇率的年贬值幅度	0%	5%	10%	15%	20%
NPV（万元）	229.18	162.62	102.48	48.41	−0.2
IRR	24%	20%	17%	13%	10%

这一敏感性分析的结果告诉我们：第一，只有当卢布恶性贬值，即每年贬值20%且连续贬值4年或4年以上时，NPV才会出现负值；第二，当卢布连续4年贬值20%时，NPV接近于0，说明这一贬值幅度是该项目的盈亏平衡点，再贬值，项目就不可行了。

4.4.2 国家风险

到其他国家去投资，在别国政府的管理之下经营，毫无疑问是有风险的。这些似乎都是常识。

1. 国家风险可能会从如下几个方面影响对外投资

（1）东道国的政治风险。如果东道国国内政治不稳定，甚至出现战争，那么其经营必定要受到影响，甚至企业的生存也会出现问题。

（2）外汇管制风险。如果东道国政府采取外汇管制，那么投资的资金就有可能被套牢，无法兑换和汇回，东道国外汇管制较严时不仅利润无法汇回，甚至连经营中的资金也会被冻结。

（3）国有化风险。大多数国家都会控制某些关系国计民生的行业，或者某些特殊行业，如果政府觉得应该将某个行业收归国家垄断经营，那么即使有些资产是由私人资本投资和经营的，政府也会将之收归国有。这是有过教训的，因此对外投资时投资人不得不做调查。比如，埃及在1956年将苏伊士运河的运营权收归国有，中东地区的石油产出国从第二次世界大战之后开始，纷纷将石油开采权收归国有。最令投资者顾忌的，是那种无偿的国有化，比如秘鲁于1969年接管美国埃克森石油公司秘鲁分公司。虽然有些国家是有补偿地收归国有，但是国家所给的补偿远不及企业预期带来的现金流。

（4）政策变动风险。一些开放性程度和国际化程度比较低的国家，为了吸引外资，会制定一些优惠政策，让外资在土地使用、税收、行政手续等方面享有一定的便利。与这些优惠对价的，就是政策变动风险。投资者需要权衡，是同时接受优惠和风险还是回避风险。

2. 在做对外投资可行性分析时，需要评估国家风险

国家风险的存在，几乎是不可避免的，但是跨国公司出于追逐资源、追逐比较优势的目的，总是要设法进行跨国投资，所以比较务实的办法是，做好国家风险的调查，并在投资预算中将国家风险考虑进去。

（1）参考国家风险评估机构的报告。一般地，东道国的风险，除了上述政治、政策方面的风险外，还有经济上的风险，主要是指东道国经济周期和经济发展等因素导致的借款无法偿还或延期偿还。比如，在2008年金融危机之后，迪拜就因为受到经济危机的影响而无法按期偿还贷款。要评价一个国家的经济风险，需要考察的因素包括实际的GDP增长率、国债或地方债等公债占GDP的比率、债务还本额占外债的比率、债务利息占出口额的比率等。显然，实际的GDP增长率越高，经济风险越小，而公债占GDP的比率、债务利息占出口额的比率越高，则经济风险越大。这就是穆迪在2011年将美国的国家信用评级下调的原因，因为美国公债占GDP的比率实在是太高了。债务还本额占外债的比率自然是越高越好，这意味着债务总额会逐渐下降。由于对国家风险的评价需要综合地获取多种信息，投资机构如果自己对国家风险进行评价，会难以胜任，因此投资人在实践中更愿意依赖国际信用评估机构，比如穆迪投资者服务公司（Moody's Investors Service）、标准普尔公司（Standard and Poor's）、政治风险服务集团（Political Risk Services Group）、瑞士商业环境风险评估公司（Business Environment Risk Intelligence）等。这些评估公司有偿向投资人提交报告，其评估方法对外基本是黑箱。

（2）利用调查结果，对候选投资地的风险等级进行比较，然后选择合适的投资国家和地区。将国家风险评估用于对外投资决策，首先要看是否存在某些重大的、足以否定整个投资计划的不确定因素。其次，在有多个候选投资地的时候，需要按风险对它们进行等级划分，甄选出合适的投资地。最后，对国家风险进行量化处理。量化处理的办法有几种，一种是根据风险评定的情况，缩短项目的生命周期，比如，原来一个项目的周期是6年，但作为海外投资，我们可以将项目的生命周期缩短到4年，此后保守估计市值将企业沽出。假如该项目的生命周期调到4年后NPV小于0了，那么就应该考虑放弃投资。另一种量化处理的办法是调高项目的贴现率。因为对外投资的风险比在国内高，所以投资者会合理地要求更高的投资回报。如果在更高的投资回报下项目的NPV仍然为正，那么这个风险值得去冒，否则应考虑放弃。当然，正如我们前面讲过的，我们可以对国家风险带来的敏感性因素进行敏感性分析，从而把握风险的状况。

4.4.3 海外项目对母公司的现金流的影响

不仅要考虑海外项目本身的现金流，还要考虑母公司的现金流，这是跨国公司对外投资预算的一大特点。跨国公司对外投资的利益，不仅表现在利润汇回上，而且表现在收取特许权使用费、管理费，以及为子公司提供有偿的技术支持和咨询、培训服务上。用这些税前的收入来保障母公司利益，一来可以享受东道国税盾的好处，二来也是收回投资的一个保证。母公司考虑到利润汇回可能会因为受到来自东道国的阻碍而延迟甚至套牢，因此以收取各种费用的形式将现金流收入囊中是一种比较行之有效的方法。但收取高额的费用，可能会导致海外项目的亏损。迪士尼在法国的连年亏损，就被有关方面认为是被美国迪士尼盘剥所致，而非法国迪士尼经营真的有多大的问题。

海外项目不仅要向母公司支付费用，也会和母公司产生真实的国际货物交易，比如相互提供零部件。这时，海内外公司之间如果不能以完全的市场价格来进行交易的话，那么它们之间是存在利益输送的。因此，看海外项目预算时，若只从母子公司中的一方来考察财务可行性会有失偏颇。比如，发达国家的母公司在发展中国家投资建厂，该海外项目利用当地的自然资源和人力资源，生产出便宜的中间产品并以极低的价格销往母公司，此时只考察子公司的现金流是看不出项目好坏的，要同时考察母公司和子公司的现金流，才会发现原来“醉翁之意不在酒”。

4.4.4 海外项目可能会与母公司业务产生互补或者替代

海外投资的项目可能生产母公司的上游产品（给母公司提供更便宜的上游产品），但有时也可能生产和母公司相同的产品，这将会在一定程度上替代母公司的出口。如果海外项目是与母公司形成整合利益链条，那么在做海外项目预算时考虑整合的利益是必需的，比如，考虑海外项目提供的原材料给母公司节约的成本。反过来，如果海外项目的产品与母公司的产品同质并替代了母公司的出口，那么母公司的出口损失也应该考虑进去。当然，更复杂的局面是，还有其他关联公司在其中的利益，但无论如何，将所有相关方面的利益都考虑进去，是跨国公司海外投资的一个特点。

思考题

1. 请思考在什么情况下，NPV 法和 IRR 法得出的结论可能相互矛盾？为什么会出现这种情形？（提示：结合货币的时间价值。）

2. 为扩大产能，梦想公司计划引进一条新的生产线。目前市场上可选设备有 A、B 两套。这两套设备在生产能力上没有区别，但使用年限却不同。A 设备售价为 1 亿元，使用年限 7 年，B 设备售价为8 500万元，使用年限 5 年。梦想公司适用的资本成本为 12%。两套设备的初始支出和每年的维护费用如表 4 - 15 所示。

表 4-15　**A、B设备初始支出与维护费用列表**　（单位：百万元）

	第0年	第1年	第2年	第3年	第4年	第5年	第6年	第7年
A设备	100	8	10	12	15	18	20	20
B设备	85	5	10	11	18	22	0	0

请比较哪一套设备更合算？

3. 梦想公司目前正在为一个法国项目做资本预算。该项目初始投资为3.5亿元人民币，项目周期为5年，预计每年可产生净现金流1 200万欧元，目前人民币与欧元间的汇率为8.2元人民币/欧元（第0年）。假定未来5年预计人民币以每年2%的速度升值，该项目适用的加权资本成本为8%。请计算该项目的净现值，并计算当人民币以多快速度升值（恒定的升值速度）时，从母公司的角度考虑，该项目不再可行？

4. 用NPV法做项目预算时，为什么要使用“现金流”而不使用“净利润”进行贴现？

5. 什么是机会成本？下面的情况是否需要作为机会成本计入投资成本？

（1）企业为了做本项目，将原来闲置的仓库拿来使用；

（2）企业为了做本项目，将原来用来出租的仓库清出来做厂房；

（3）如果企业不投资该项目，手头的资金将存在多种获得高收益的可能性。

6. 项目风险评价的方法都有哪些？具体评估过程是怎样的？这些不同的风险评价方法都有什么优缺点？分别都适合在什么条件下使用？

参考资料

[1] 斯蒂芬·A. 罗斯等. 公司理财. 8版. 北京：机械工业出版社，2009.

[2] 布雷利. 公司财务原理. 8版. 北京：机械工业出版社，2008.

[3] 蒂姆·科勒，马克·戈德哈特，戴维·威赛尔斯. 价值评估——公司价值的衡量与管理. 4版. 北京：电子工业出版社，2007.

[4] 戴维·K. 艾特曼，阿瑟·I. 斯通希尔，迈克尔·H. 莫菲特. 跨国公司金融. 9版. 北京：北京大学出版社，2005.

[5] 王海军，姜磊，伍文辉. 国家风险与对外直接投资研究综述与展望. 首都经济贸易大学学报，2001（5）.

[6] 聂名华. 中国企业对外直接投资风险分析. 经济管理，2009（8）.

第 5 章

资本成本的计算

本章重点

1. 加权平均资本成本的计算
2. 资本资产定价模型和企业的权益资本
3. 企业债务资本的确定
4. 主权风险的测定和市场风险溢价的测定
5. 企业资本成本和债务成本权重的确定
6. 跨国企业的加权平均资本成本计算
7. 调整现值估值法

关键词

权益资本成本	债务资本成本	资本资产定价模型	无风险收益率
风险溢价	β 系数	利息税盾	债券的到期收益率
债券评级	调整现值估值法		

之前讲到做资本预算时需要对现金流进行贴现，本章讨论贴现率的确定，即讨论资本成本的估算。准确估算资本成本，不仅对投资预算具有重要意义，而且对企业的筹资决策和业绩评价也有着重要的意义。在投资预算方面，资本成本的估算直接影响对项目的判断。不仅对于新建项目来说资本成本的估算很重要，对于公司价值评估（无论是上市企业的估值、IPO 估值还是非上市公司的估值等）来说资本成本的估算也极为关键。在筹资方面，对资本成本的估算会成为企业安排筹资结构、选择筹资方式的依据，因为企业总是要在满足资金需求的前提下，做到尽可能地平衡控制杠杆风险和降低筹资成本这一对矛盾。在评估企业业绩时，资本成本可以作为评价企业资本收益率或净资产收益率的标杆。总之，如何在估算资本成本时尽量做到客观、真实，关乎企业的投资、融资决策和企业经营业绩的评价，直接影响到各种估值的结论，是公司财务中非常核心，而且讨论得非常多的一个问题。

具体到跨国公司财务，计算资本成本时较常用的办法是计算加权平均资本成本。在计算跨国公司加权平均资本成本时，仍然需要估算权益资本和债务资本的成本及其比重。在估算海外项目的权益资本时，本章使用资本资产定价模型。与国内的公司财务相比，在跨国公司财务中，需要进一步讨论的问题是：是用东道国的同类企业的相关数据替代，还是用母国国内的数据替代？在计算无风险收益时，是用东道国的数据还是母国的数据？在计算具体项目的风险 β 值时，其系统风险的计算是选择母国市场、东道国市场还是整个国际市场？其个别风险的计算又参考哪个国家的同类企业？如何在资本成本中体现国家风险？在估算跨国公司的债务成本时，如何处理汇率、利率的问题？如何建立一个全球范围的资本结构？

为了阐明上述问题，本章的第一节“加权平均资本成本”回顾了加权平均资本成本的计算方法，第二节“跨国公司的权益资本成本”解答了跨国公司在权益资本上的特殊处理，考察了全球市场风险与单个国家市场风险的区别；第三节“跨国公司的债务资本成本”，讨论了跨国公司在债务资本上的处理方法；第四节“国际化的资本结构”讨论了跨国公司在全球范围内建立国际化资本结构的问题；第五节“APV 法和税盾”主要讨论计算资本成本时对债务成本的税盾问题的不同处理方法，介绍了调整现值（adjusted present value，APV）估值法（APV 法）。

5.1 加权平均资本成本

为企业带来现金流的资本不止一种，股本投资是一种，我们称之为权益资本(equity)。权益资本的成本，从投资者的角度来看，就是投资者将其资金作为股本投入到该企业或该项目中而放弃的投入到其他风险类似的企业或项目中可能获得的收益。从企业的角度来看，就是企业需要向投资者支付的报酬。债务也是为企业带来现金流的一种资本，从债权人的角度来说，就是其让渡资金使用权获得的利息收入，从企业的角度来说，就是为获得该笔资金的使用权而支付的利息。用加权平均资本成本(weighted average capital cost，WACC）来估算企业的资本成本，就是要确定不同类资本的权重及成本，并按照权重来估算平均成本。为此，我们估算资本成本的一个重要的原则就是，构成资本成本的各要素与自由现金流的各要素保持一致，确保每一类投资人的收益都得以体现，即每一种资本成本都得以计算。因此，在估算资本成本时需要注意：

● 它必须包含每一种资本来源。如果有优先股，也应该包括进去，单独计算其权重和回报率。

● 确定每一种性质的资本的权重时，都要根据其市值而非账面价值来计算。比如，上市公司股本的价值，不能按发行时融入资本来算，而是要按照市值来算。

● 在确定组成加权平均资本成本的各项资金来源的结构时，不是使用历史数据，而是使用预期的目标结构。

● 在现金流中未能考虑到的与融资相关的税盾，需要在计算加权平均资本成本时加以考虑，或者单独计算。

对于跨国公司，我们还要特别强调：

● 计算现金流时用的是什么币种，在计算加权平均资本成本时，就应该使用什么币种。

一般地，我们计算企业或者项目的自由现金流，并以加权平均资本成本作为贴现率对现金流贴现求和，以考察企业的价值或对项目的财务可行性做出判断。但是，计算加权平均资本成本的前提是，企业的负债率基本维持不变。不难理解，如果负债率发生很大变动的话，各种资金的权重势必相应发生变化，税盾的影响也会有所不同。比如，如果企业决定进行一次杠杆收购，那么它的负债率可能会大幅上升；企业决定斥资回购本公司股票，也会使负债率大幅上升。在这样的情况下，原来的加权平均资本成本对税盾的考虑也就会显得不足。因此，在负债率变化预计会比较大时，我们将用净权益资本成本作为贴现率来贴现现金流，然后单独计算并除去税盾及其他融资价值（比如汇率的影响等）。

要估算加权平均资本成本，就要解决三个问题：如何计算权益资本成本？如何计算债务资本成本？如何确定企业的目标资本结构？我们下面分别解决这三个问题。

5.1.1 加权平均资本成本的基本公式

加权平均资本成本是权益资本成本和税后债务资本成本基于市值计算的加权平均，用公式表示为

$$\mathrm{WACC}=\frac{E}{D+E}k_e+\frac{D}{D+E}k_d(1-t)$$

式中，WACC为加权平均资本成本；E为公司的股权价值；D为公司的债务价值；k_e为股权成本；k_d为债务成本；t为公司的边际税率。

如果确定了企业的权益资本成本、债务的税后成本及各自的权重，就可以计算出企业的加权平均资本成本。

需要说明的是，在负债总额的计算中，不含不需要支付利息的应付货款、预收货款及应付职工的工资福利等商业信用内容。因为这些在经营活动中产生的负债，其代价已经作为生产成本核算了，所以在资本成本的计算中将之略去。

我们在这里用一个例子来说明在确定了权益资本、债务资本及各自的权重之后，如何计算一家企业的加权平均资本成本（如表5-1所示）。

表5-1　诺诚集团公司的加权平均资本成本计算

资本来源	占总资本的权重	资本成本	边际税率	税后机会成本
权益资本	0.6	14%	0%	14%
债务资本	0.4	10%	15%	8.5%

诺诚集团公司的权益资本成本是用资本资产定价模型计算出来的，为14%，计算过程我们在下一节介绍。债务资本的成本为10%，边际税率为15%，所以债券的税后机会成本为

$$k_d(1-t)=10\%\times(1-15\%)=8.5\%$$

我们以现在企业的股票市值和债务市值来估算企业的权益资本和债务资本的权重，二者分别为0.6和0.4，并且，该企业近期经营稳定且没有重大投资计划，所以我们认为该企业将保持现有资本结构不变，据此，我们计算出诺诚集团公司的加权平均资本成本为

$$\mathrm{WACC}=0.6\times14\%+0.4\times8.5\%=11.8\%$$

这里要澄清一个概念，那就是在给项目做预算或者给企业估值时我们用做贴现率

的这个百分数：在更加精确地计算它时，用的是“加权平均资本成本”，这一概念既是该贴现率的名称，也体现了这一贴现率的计算方法。在很多地方，我们也用预期收益率来指称该贴现率，意味着我们对投资一个项目或者企业的期望回报，该回报即为满足权益、债务各方资本投资者的投资预期的回报，这是从另一个角度来叙述的加权平均资本成本。有时，我们也会在其他教科书上看到必要回报率等说法，指的也是用于对未来现金流进行贴现的贴现率，以此贴现的现值之和如果小于0的话，就意味着不能满足必要的给予各资金提供方的投资回报，从而项目不可行。

5.1.2　权益资本成本

我们计算权益资本成本时使用资本资产定价模型（Capital Assets Pricing Model, CAPM），虽然对该模型的争论一直没有停止，但是迄今为止仍然没有找到替代的算法。

1. 资本资产定价模型的含义

资本资产定价模型用公式表示为：

$$k=k_{rf}+\beta(k_m-k_{rf})$$

式中，k_{rf}为无风险收益率；k_m-k_{rf}为入市的风险溢价。

从投资者的角度可以这样来理解这一模型的含义：投资于某家企业（亦即某只股票）的投资者要求的回报包括两个组成部分——无风险收益和风险收益。无风险收益是相对于我们生活的世界而言的。比如说，买国债，我们就认为这是无风险的。风险收益是该企业的风险贝塔值和市场风险溢价的乘积。下面我们来厘清这里涉及的概念。

市场风险溢价的含义是投资者入市所要求的风险报酬，也就是说，需要多给投资者多少报酬，他才会愿意承担股票市场无法分散的风险。市场风险也称作股票市场的系统风险，它是相对于不进入市场而言的，这一风险无法通过任何形式的组合投资来分散。这一风险的来源包括经济周期、政府的宏观经济政策、重大的政治事件和经济事件等。举个例子来说，2008年经济危机、政府加息、“9·11”事件等是每一个入市者都必须承担的风险。

但是，具体到个别的企业（股票），它还具有自身的特殊性。因此，一只股票的风险就有两个分量：一个是无法分散的系统风险，另一个是表示企业不同特质的个体风险，又称特殊风险。企业的个体风险是可以通过组合投资（portfolio）来分散的。企业的个体风险又有两个分量：一个是由经营带来的经营风险，还有就是由财务杠杆带来的财务风险。每家企业的风险都是不一样的，比如，电力、通信等基础设施行业因为销售稳定，经营风险就相对小，负债率很高的企业其财务风险就会比较大。可以这么说，系统风险是入市相对于不入市的风险，个体风险是选择不同股票的风险。

风险贝塔值是一只股票的收益率变动相对于整个股市收益率变动的倍数。我们可以通过风险贝塔值的计算过程来更深入地理解风险贝塔值的含义。用某只股票的风险贝塔值乘以整个股市的风险溢价，就是该只股票的风险溢价。理解了该模型各分量的含义后，可以对该模型做出如下说明：

（1）该模型是用风险来衡量投资者要求的投资回报。风险越大，要求回报越高，或者说投资于风险更大的股票的投资者，期望获得更高的投资回报。

(2) 投资回报和风险正相关。

(3) 投资于一只股票的回报包括无风险收益、市场风险溢价和企业个体风险收益。

这一模型的意义在于突破“成本—收益”的研究范式，在资本市场引入了“风险—收益”的研究范式，即更大风险要求更高回报，或者说“在风险相同的条件下追求收益最大化和在收益相同的条件下追求风险最小化”的研究思路，更加符合投资者和融资者对资本市场性质的认识。虽然从研究思路上说，人们倾向于接受这一模型，但是该模型在推导的过程中有一些假设确实和现实有比较大的区别，并且在实证研究中也没有得到一致的结果。这些不符合现实的假设包括：

(1) 投资者可以无止境地以无风险收益借入资金投资股市；

(2) 股市交易不存在最小交易数量限制；

(3) 交易没有费用，也无须缴纳税金。

关于资本资产定价模型是否适用中国 A 股市场，20 世纪 90 年代国内的金融类杂志上有诸多对此进行实证研究的文章，结论基本上都是不适用。

2. 无风险收益的确定

用资本资产定价模型来计算权益资本，需要确定公式中的无风险收益、市场风险溢价和企业风险贝塔值。虽然该模型的提出和论证在理论上令人信服，但是在具体运用当中却没有提供指导。因此，在利用该模型计算权益资本成本时，对无风险收益率、风险溢价等的估算，都没有完全统一的算法，不同的算法都有自己的出发点。

鉴于短期国债的流动性非常好，而且用国债的状况来代替无风险状况也比较符合我们的常识，因此在考虑无风险收益率时，部分学者认为应该用短期国债到期收益率来代替，但也有部分学者愿意采用长期国债的收益率来代替，理由如下：

(1) 我们在选取国债的期限时，最好能与项目的期限匹配。因此，长期国债会比短期国债更加方便。短期国债虽然流动性很好，但是很快就会到期，到期以后还需要考虑再投资于其他国债的收益率，对于一个较长期限的项目来讲，这并不是一个好办法。

(2) 相对于更长期限的国债来说，10 年期的国债可以避免因项目周期过长而出现的延迟回报等问题。

(3) 短期国债作为中间市场的产品，有时候其利率带有一定的政策含义，有一定的权宜性，并不稳定。

(4) 相对于短期国债，长期国债的利率考虑了通货膨胀因素，可以说更加符合需要。

3. 风险溢价的确定

风险溢价是指投资者投资于股票市场所要求的高于无风险收益的超额报酬。因为投资者被假设为风险厌恶者，所以，其投资于股票市场必然要求高于无风险收益的风险溢价作为回报。在资本资产定价模型中，我们看到风险溢价被表达为市场的风险报酬减去无风险收益率，即 $k_m - k_{rf}$。

关于如何确定风险溢价的大小，争议比较大。所以对于企业来说，直接采用一个比较令人信服的投行或者咨询机构的计算结果是一个更加方便的办法。当然，因为各机构的计算方法不一样，所以信服一个机构的结论前需要知道其算法是否和自己的想法一致。

大致说来，对风险溢价的确定有两种思路：一种认为可以通过对过去的风险报酬的观察获得，即用财务比例（比如市场累积股息价格比例）来对超额市场回报进行回归，并以此来替代风险溢价。其回归模型如下：

$$R_m - R_f = \alpha + \beta \ln\left(\frac{分红}{价格}\right) + \varepsilon$$

式中，还有一种前瞻性的思路，认为不能以观察到的过去的结果来作为预测未来现金流的依据，因此，该思路将股息假设为按固定比例永续增长的模型，即戈登模型：

$$P = \frac{\mathrm{DIV}}{1+k} + \frac{\mathrm{DIV}(1+g)}{(1+k)^2} + \frac{\mathrm{DIV}(1+g)^2}{(1+k)^3} + \cdots$$

整理得：

$$P = \frac{\mathrm{DIV}}{k-g}$$

可变形为

$$k_e = \frac{\mathrm{DIV}}{P} + g$$

式中，DIV 为第一年的预期红利；g 为红利增长率；k 为贴现率。

这些想法自然有其道理，但股市毕竟不只是一个追求股息的地方，事实上，换手率总是很高的。

麦肯锡的经济学家用 1962—2002 年的数据进行了测算，发现美国的预期市场收益率较为明显地稳定在一个常数水平，平均为 7%。英国的市场收益率平均为 6%。基于这些结果，用美国市场的 7%的市场收益率减去当前的长期无风险收益率，就可以求得当前的市场风险溢价。比如，美国 2003 年的无风险收益率为 2.1%，则风险溢价为 4.9%。虽然对风险溢价的讨论很多，但麦肯锡的经济学家认为 4.5%～5.5%是一个恰当的范围。①

专栏 5—1

中国的无风险利率与风险溢价

无风险利率与风险溢价是很多金融理论模型与实务操作中的重要输入参数。由于目前中国的利率还没有实现市场化，在无风险利率的选取和风险溢价的确定上并没有达成共识，许多学者都对此提出了不同的观点。

国际上通常采用短期国债利率度量无风险资产收益，但中国市场的短期国债很少，零星的国债发行使得我们很难计算出市场化的到期收益率。在这种情况下，国内学者和机构在无风险利率及风险溢价的估算上莫衷一是。例如，廖理、汪毅慧(2003)② 认为可以通过国债回购利率或者 1 年期银行存款利率进行度量，并计算出以 1 年期国债回购利率和 1 年期银行存款利率为无风险利率的风险溢价水平分别为

① 蒂姆·科勒，马克·戈德哈特，戴维·威赛尔斯．估值评估——公司价值的衡量与管理．4 版．北京：电子工业出版社，2007：263.

② 廖理，汪毅慧．中国股票市场风险溢价研究．金融研究，2003（4）.

6.78％和8.29％。而朱世武、郑淳（2003）① 认为，7日国债回购利率是中国无风险利率的最优替代，并通过这种方法测得近八年来，中国市场名义收益下的股权风险溢价为2.03％，引入通货膨胀因素后，实际收益下的股权风险溢价为2.11％。

此外，也有学者通过比较法研究中国资本市场的风险溢价水平。廖理、汪毅慧也曾使用以下公式对风险溢价进行估算：

$$\text{中国股市风险溢价}=\text{美国股市风险溢价}\times\frac{\text{中国股市月收益率标准差}/\text{中国股市月收益率均值}}{\text{美国股市月收益率标准差}/\text{美国股市月收益率均值}}$$

根据2001年Ibbotson基于1976—2001年25年的数据，估计出美国历史的股市风险溢价为5％。按1997—2001年中国股市月度收益率计算出来的标准差和均值比为6.511 05，选取1977—2001年美国股市的标准普尔的月度收益率计算得到的标准差与均值比为5.893 303。将以上三个数据代入前述的调整公式，计算得出中国股市风险溢价为5.52％。

由于各种客观因素，例如利率管制、资本市场发展时间短、交易成本高及股市扩容快等因素的影响，中国无风险利率和风险溢价的估算具有较大的主观性，这使得估算结果的意义和价值大打折扣。

4. 风险贝塔值的估算

风险贝塔值是反映某一只股票的收益率与市场收益率的相对变动幅度的指标。用公式则表示为

$$\beta_i=\frac{\mathrm{cov}(R_i,R_M)}{\sigma^2(R_M)}$$

式中，R_i 为第 i 只股票的收益率；R_M 为市场收益率；$\sigma^2(R_M)$为市场收益率的方差。

所以，根据定义，风险贝塔值反映的是某只股票波动与系统性波动的关系。我们将系统性波动设为比较的基础，如果一只股票的风险贝塔值为2，则意味着无论系统性波动为多少，该只股票的波动均为系统性波动的2倍。如果一只股票的风险贝塔值为0.5，则无论系统性波动为多少，该只股票的波动均为系统性波动的一半。从经验上来看，同行业的企业，其风险贝塔值会比较接近。因此，我们对一个新项目做预算时，可以选择同行业的上市公司中，与该新项目在规模等方面比较接近的公司的风险贝塔值来替代。

具体到对风险贝塔值的估算，最常用的回归模型是市场模型：

$$R_i=\alpha+\beta R_M+\varepsilon$$

在该模型中，用股票收益率对市场收益率进行回归。市场收益率习惯上用充分分散了风险的股票指数来代替。比如，对于纽约股票市场，S&P 500即标准普尔500指数比较具有代表性。而在中国的A股市场，该股票挂牌的交易所对应的指数就是风险充分分散的，以此代表系统的状况是很合适的。下面以陆家嘴B股为例简要说明风险贝塔值的估算过程。图5-1为1998年1月—2011年4月陆家嘴B股的周收盘价格和上证B股指数的周收盘价格。

① 朱世武，郑淳．中国资本市场股权风险溢价研究．世界经济，2003（11）．

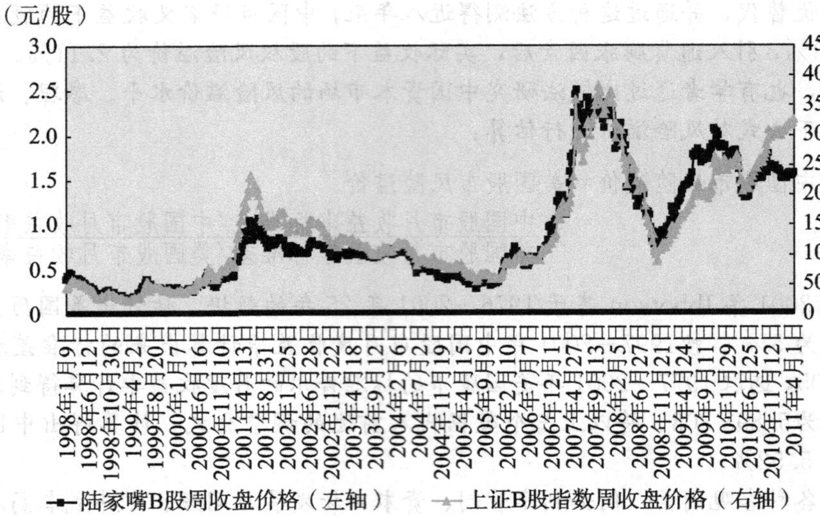

图 5-1　1998 年 1 月—2011 年 4 月陆家嘴 B 股和上证 B 股指数的周收盘价格

我们用价格(指数)的变化率来表示周收益率,即

$$R_{it}=\frac{P_{it}-P_{it-1}}{P_{it-1}},\quad R_{mt}=\frac{I_{it}-I_{it-1}}{I_{it-1}}$$

P_{it} 和 I_{it} 分别表示股票 i 和市场指数在 t 时刻的价格;R_{it} 和 R_{mt} 分别表示陆家嘴 B 股的周收益率和市场指数的周收益率。通过市场模型进行回归,结果如图 5-2 所示。

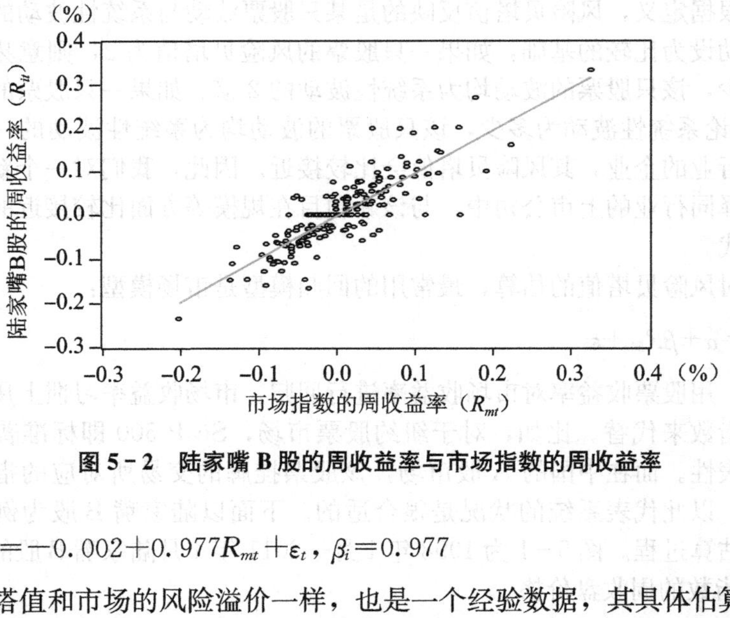

图 5-2　陆家嘴 B 股的周收益率与市场指数的周收益率

$$R_{it}=-0.002+0.977R_{mt}+\varepsilon_t,\ \beta_i=0.977$$

风险贝塔值和市场的风险溢价一样,也是一个经验数据,其具体估算结果和我们的统计样本、回归模型选择等相关。不同的咨询公司或者其他机构在计算时,由于采集数据的时间跨度不一样,采集数据的密度不一样,计算出来的结果都会有一些差

异。如果需要回归一个上市公司的风险贝塔值，可以按照自己的理解去选择数据，也可以采用一家方法跟自己相近的机构的计算结果。一般认为，如果某一数据在较长时期中变化并不是很剧烈，而统计的误差又比较大，则用尽量长的时期内的数据比较好；反之，如果在较长时期内情况复杂，变化很大，而统计误差不是很大，那么把时期缩短一些会更符合当下的情况，更适合用于当前的风险估算。

当无风险收益率、市场的风险溢价和个体股票的风险贝塔值都确定好之后，企业的权益成本就可以用资本资产定价模型计算得出了。

5.1.3 债务资本成本

估算企业的债务资本成本时，我们用企业长期的、无期权的债券的到期收益率来计算。到期收益率的计算公式如下：

$$P=\sum_{t=1}^{n}\frac{R}{(1+YTM)^{t}}+\frac{Par}{(1+YTM)^{n}}$$

式中，P 为债券价格；R 为债券收益率；Par 为债券的票面价值；YTM 即为债券的到期收益率。

如果债券的现值即市场价格确定了，债券的票面利率在发行时就已经确定，根据上面的公式，我们就可以倒算出 YTM，即债券的到期收益率。在这里，要讨论根据如上公式计算债务成本的几个问题：

（1）到期收益率是企业承诺给予债权人的收益，但承诺毕竟只是承诺，违约的可能性还是存在的。但是，对于多数信用比较好的企业来说，基本上可以认为其能及时全部支付利息。考虑到在权益资本成本估算时存在的误差，这个问题好像比较容易被放过。

（2）任何时候都不能用票面利息率来代替到期收益率。票面利息率是在发行时确定的，此后就不会改了。但是这并不意味着债券发行人一定按照票面价值发行债券，债券可能贴水发行，也可能溢价发行。如果贴水发行，那么投资者的真实收益率就会高于票面利息率，如果溢价发行则相反。而且，随着时间的推移和市场的变化，债券的市场价格会有波动，因此购买债券的投资人购买并持有债券的到期收益率应该按照上述公式求解，而这一计算结果会随着债券价格和时间的变化而变化。只有当市场价格与票面价格很相近时，才可以用票面利息率来近似替代投资者的到期收益率。

（3）这里之所以强调不能用可转债等含有期权的债券，是因为期权的存在可能会导致债券价格的变化。如果企业的债券都含有期权怎么处理？

（4）对于几乎没有流动性的债券而言，它就不存在市场价格，因而难以求得到期收益率，对这种情况如何处理？

针对问题（3）和问题（4），经济学家认为比较好的办法是用与发债企业信用评级相同的债券的到期收益率来替代。事实上，使用具有同等信用评级的债务的成本来替代，是一种普遍适合的做法。信用评级是由专门的独立机构来做的，比如美国的标准普尔、穆迪评级。人们对这些机构还是比较信任的，很多企业发债时，也要参考这些评级机构对自己的评级，从而制定可被市场接受的回报率。

有了债券评级，就可以将其换算成回报率。表 5－2 是公司债券与政府债券的利差表。这些利差都是以基点为单位来表示的，100 个基点等于 1%。举个例子，某公司被穆迪评级为Aa3，被标准普尔评级为AA，那么，从表5-2中可以查到，如果采信穆迪评级，则该企业10年期债券的到期收益率要比政府债券利率高出37个基点，即0.37个百分点。在计算该企业的加权平均资本成本时，就可以在政府债券收益率上加上0.37%来替代该企业的税前债务资本成本。

观察表5-2，第一行的数是到期年数。在债券评级一栏，斜线的左边是穆迪评级，右边是标准普尔评级。

表5-2　各债券评级下债券回报利差基点分布

债券评级	1年期	2年期	3年期	5年期	7年期	10年期	30年期
Aaa/AAA	34	28	25	21	22	28	50
Aa1/AA+	37	31	33	34	40	29	62
Aa2/AA	39	33	34	35	42	34	64
Aa3/AA-	40	34	36	37	43	37	65
A2/A	57	49	49	57	65	48	82
Baa2/BBB	79	91	96	108	111	102	134
Ba2/BB	228	245	260	257	250	236	263
B2/B	387	384	384	349	332	303	319

资料来源：Bloomberg.

在中国，由于企业发债本身就受限制，所以这方面现成的研究并不充分。而企业发债受限除了有政府政策限制方面的原因以外，市场发育不完备也是重要的原因，其中包括没有自己的独立评级机构。所以，在这里也无法向大家提供中国的相关数据。

5.1.4　权益资本成本和债务资本成本权重的确定

我们已经介绍了权益资本成本和债务资本成本的确定方法。要计算加权平均资本成本，还需要确定它们的权重。我们强调，确定资本结构要用各自的市场价值来计算，而不能用账面价值来计算。对此的解释是，加权平均资本成本是机会成本的概念，意思是，如果投资者认为投资该公司不合适了，应该可以在不改变资本结构的基础上将股权和债券退回给投资人投资于其他项目。而这种“退回”即交易，是根据市场价值来进行的，所以不能用账面价值来计算。

如果一家企业是上市公司，其权益或者债务都是可交易的，那么观察其市场价值就是很容易的事。

计算一家上市公司的权益资本总量，用其流通的股票数乘以股价就可以了。因为企业可能会回购股票，用发行的股票数来计算就有可能出错，所以要用流通的股票数来计算。如果一家企业没有上市，其权益不可交易，那么可参照可比公司的市盈率以倍数法来计算。具体做法是，以可比公司的市盈率乘以被估算企业上一年的净利润。当然，因为上市公司的股权可交易，流通性更强，实际情况是未上市公司的市盈率跟可比公司相比总是要低一些的。

计算可交易的债务市值也是容易的，但是如果企业未上市，那么在一般情况下，账面值也是一个比较近似的替代。

对于资本结构的确定，有如下几点需要强调：

（1）各资本的权重是相对于市场价值的权重。

（2）该资本结构应该是企业的目标资本结构，而不是历史资本结构。因为估算企业价值或者为企业投资做预算，是基于未来现金流的，如果用历史的资本结构，那么，如果企业在未来会有较大的资本结构变化，历史数据将会过多地计算税盾或者对税盾的计算不足。

（3）对于权益和债务不可交易的企业而言，可以较多地参考可比公司的市场价值。

（4）很多时候，虽然同一行业的企业显示出比较相似的资本结构，但是，资本结构毕竟是企业高管的决策，一个重资产的企业也可以由于其高管的保守心态而采取全权益的资本结构，这在经济实践中也是存在的，因此，我们对不同企业也需根据高管的态度来确定其目标资本结构。

（5）有些企业的预计资本结构变化会比较大，这时我们可以对其资本结构逐年进行考察，而且对不同年份采用不同的资本成本来折算。当然，由于资本结构发生变化，企业的财务杠杆也会变化，因此，可以认为企业的风险也会不同，所以，这种估算不仅需要计算权重，还需要进行一年一次的全面估算，这会非常复杂。很多时候，我们采用调整 APV 法而不是 WACC 法来考虑资本成本中税盾的影响。关于 APV 法我们将在本章的随后部分介绍。

5.2 跨国公司的权益资本成本

在计算跨国公司的加权平均资本成本时，情况和国内企业相比有所不同。我们从如下几个方面来考虑这个问题。

5.2.1 汇率风险问题

根据货币匹配的原则，我们需要用计算现金流的币种计算其加权平均资本成本，而不是一律采用总公司的加权平均资本成本。比如说，中国公司在美国的子公司的项目预算，就要用美元的加权平均资本成本作为贴现率，而不是用人民币的资本成本来计算。当然，与此同时，也要强调，计算跨国公司的加权平均资本成本，需要用跨国公司的资本权重来计算；在计算权益资本、债务资本的成本时所涉及的一切标准，都要用跨国公司面临的全球数据来计算，而不能用其国内企业的数据来替代。如果是海外兴建项目，那么计算资本成本更多地要考虑项目本身的特征，从而在国外以当地可比公司的指标来替代，要比用总公司的相关数据来替代更加合理。

这里需要讨论的问题是，跨国投资的各种风险，比如国家风险、经济风险或汇率风险总是存在的，那么我们是否需要在计算加权平均资本成本时，加上一个风险溢价来体现跨国经营的风险呢？

一些经济学家认为，这种通过提高资本成本反映跨国经营风险的做法是不必要的。其理由主要有以下两点：

第一，他们认为对经济风险和国家风险的管理，应该反映在对现金流的估算上。也就是说，考虑到经济周期和国家风险发生的概率，在不同的情景下将取得不同的现金流，在此基础上加权平均计算出来的现金流的预期值，就充分考虑了国家风险和经济风险，因此不必在计算加权平均资本成本时加上风险溢价。

第二，在计算未来现金流时，必然会涉及即期和远期的汇率，对即期和远期汇率的预测，本身就包含了对国家风险和经济风险的综合考虑。那么，在计算资本成本时再考虑汇率风险，就没有必要了。

而在财务实践中，很多公司的财务主管仍然倾向于以额外的溢价来覆盖跨国投资带来的国家风险和其他相关风险。他们的一个理由是，无论如何，跨国投资将面临更加复杂的局面和风险来源，因此，提高风险溢价能综合体现企业对跨境投资风险的管理。他们还认为，支持跨国投资的投资者们需要一个更高的回报。下一章的案例中采用了这一方法来体现对跨国投资风险的管理，而不是在现金流的预测中去估算不同情景出现的概率和该情景下的不同现金流状况。不同国家的国家风险不一样，风险大的国家，资本成本加成更高，这样的话，能更快地收回财务成本的项目才具有财务可行性，这是符合人们的常识的。

跨国投资面临汇率风险，这是每个投资者都应该知道的。但是汇率风险本身是否应该由企业来管理，不是表面上看到的那样有一个肯定的答案。从理论上来讲，如果投资者自己可以通过分散投资来规避风险的话，企业面临的汇率风险其实也就在投资者的篮子里被分散掉了。我们可以举个例子来说明：一家企业试图通过多样化经营来分散风险，但这种做法对投资者来讲毫无意义，甚至会被否定。因为投资者可以通过组合投资，将其资产分散在不同行业的佼佼者上，来分散其风险。因此，企业多样化经营更可能的后果不是分散风险而是放弃专业化，以及因此带来竞争力下降等问题。但是，我们也可以从另外一个角度来看企业为什么要管理外汇风险及如何管理外汇风险。汇率变动带来的现金流不稳，可以归为经济暴露、竞争暴露和会计暴露等不同原因。单纯从会计暴露的角度出发来管理汇率风险，被一些经济学家认为不必要。但是，从竞争暴露的角度来讲，管理外汇风险就十分必要。管理上的努力可以增强企业应对汇率变动时的抗风险能力，从而使企业具有更强的竞争力。日本和德国的汽车行业，在 20 世纪 80 年代都曾经遇到过本币相对美元升值带来的汇率风险。如果它们不改变本币成本和美元收益之间的现金流不匹配问题，美元贬值就会给其竞争力带来威胁。或者说，如果考虑到汇率风险，日本汽车行业或德国汽车行业采用延迟投资和放缓扩张来应对，那么汇率风险就会降低其竞争力。而通过管理，比如降低成本，将车间建到销售地等，来解决美元贬值这一汇率变化的中长期趋势性问题，则会提高企业的竞争力，这就是企业汇率管理的意义。

5.2.2 跨国投资的权益资本成本

跨国投资的权益资本在计算中有别于国内投资。我们在估算跨国投资的权益资本时，有几个关键问题需要回答：

(1) 在计算市场风险时，是以国内的市场、当地的市场还是以全球的市场为基础？

(2) 在计算无风险收益和风险溢价时，是基于国内市场还是基于外国市场？

(3) 在计算项目的风险贝塔值时，是用国内的、当地的还是全球的可比公司来替代？

回答好以上三个问题，就基本理解了跨国公司国际投资的权益资本的计算问题。接下来，我们逐一回答上面的三个问题。

各个国家的市场风险是不一样的，其无风险收益也不一样，从而市场的风险溢价也不一样。以各国企业自己的市场为基准计算的企业的风险贝塔值也呈现出不同的特征。以上各参数不同，结果是各国的权益资本的回报不同。

罗伯特·N. 麦考利（Robert N. McCauley）和史蒂文·A. 齐默（Steven A. Zimmer）在1989年对美国、英国、联邦德国、日本的市场进行了研究，根据1977—1988年的数据，描绘出了美国、英国、联邦德国、日本在权益成本、债务成本、资本结构和实际资本成本方面的差异（见图5-3至图5-6）。虽然这些数据离现在有几十年的时间了，但是由于四国采用的是同一个时间段的数据，在描绘国际差异性时仍然具有启示作用。

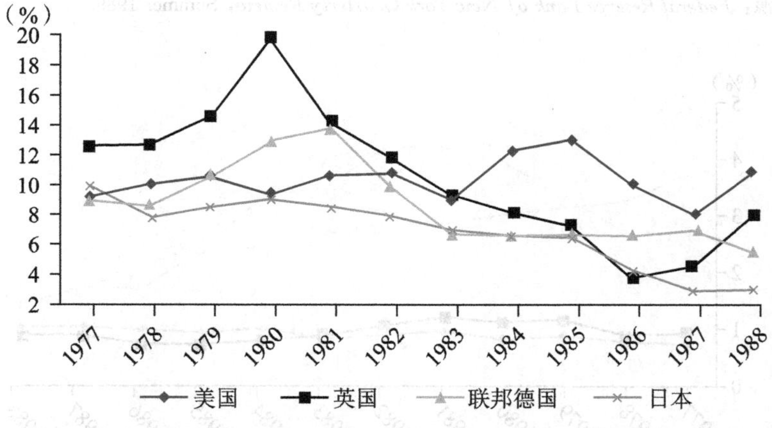

图5-3　美国、英国、联邦德国、日本的权益成本比较

资料来源：*Federal Reserve Bank of New York Quarterly Review*, Summer 1989.

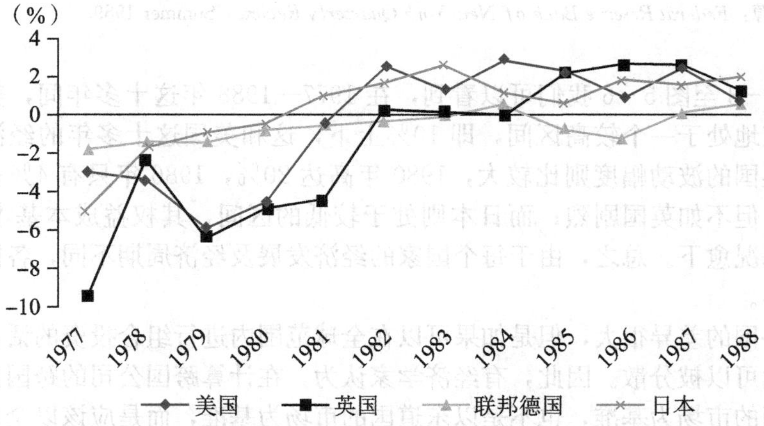

图5-4　美国、英国、联邦德国、日本的税后实际债务成本比较

资料来源：*Federal Reserve Bank of New York Quarterly Review*, Summer 1989.

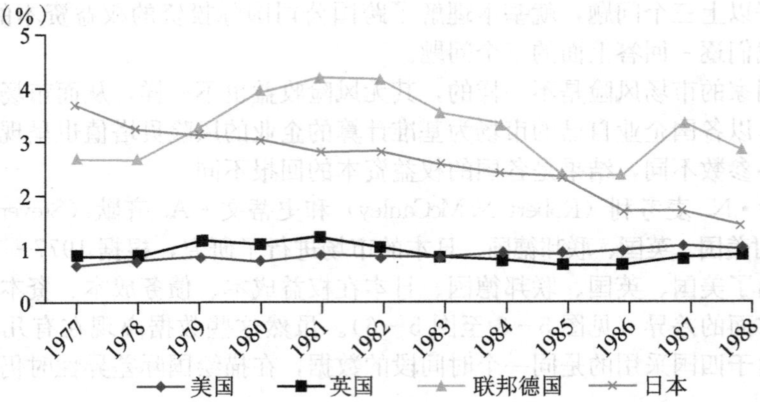

图 5-5　美国、英国、联邦德国、日本的负债权益比率比较

资料来源：*Federal Reserve Bank of New York Quarterly Review*, Summer 1989.

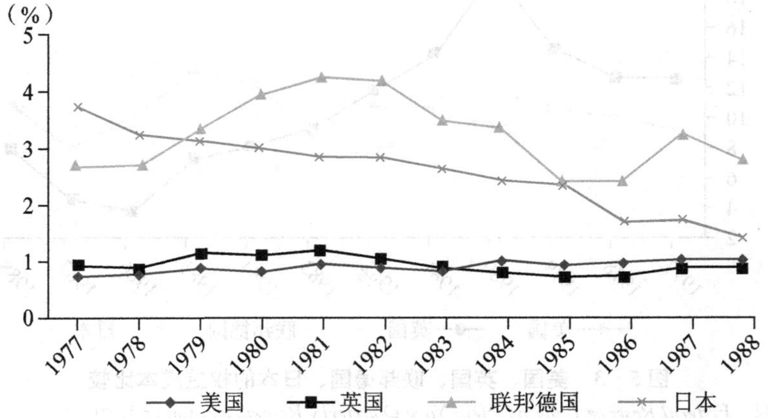

图 5-6　美国、英国、联邦德国、日本的实际税后资本成本比较

资料来源：*Federal Reserve Bank of New York Quarterly Review*, Summer 1989.

从图 5-3 至图 5-6 我们可以看到，在 1977—1988 年这十多年间，美国的权益成本较稳定地处于一个较高区间，即 10%上下，这和美国这十多年的经济发展息息相关；而英国的波动幅度则比较大，1980 年高达 20%，1986 年只有 4%；联邦德国也有波动，但不如英国剧烈；而日本则处于较低的区间，其权益成本基本在 10%以下，而且每况愈下。总之，由于每个国家的经济发展及经济周期不同，各国的投资市场表现各异。

虽然各国的差异很大，但是如果可以在全球范围内进行组合投资的话，各国的国家差异仍然可以被分散。因此，有经济学家认为，在计算跨国公司的跨国投资时，既不是以母国的市场为基准，也不是以东道国的市场为基准，而是应该以全球的市场收益作为基准来进行各项参数的考量。他们认为，随着资本市场的全球化，很多大机构总是可以在全球范围内安排组合投资以分散国家风险，从而达到在全球范围内降低市场风险基准的目的。

如果各国差异大且可以通过全球化组合投资分散掉部分风险，那么在计算跨国公司的资本成本时，我们就建议用全球的市场收益来计算跨国公司的市场收益，而全球市场风险收益显然要小一些。

有很多财务主管在具体工作中，又有很多具体的考虑，比如，他们认为新兴市场国家的发展处于一个比较特殊的时期，在高增长的同时普遍具有较高的风险；又比如，他们普遍认为，不同国家的全球化情况是远不一样的，西欧国家全球化程度高，从而在全球化组合投资的影响下，其权益资本回报也会趋于相近。

在计算跨国公司的市场风险溢价及企业的风险贝塔值时，我们同样建议使用全球化的数据，而不是东道国或者母国的数据。具体操作起来时一个比较理想的状况是存在一个全球股票指数，可以作为计算市场回报和风险溢价的依据。虽然目前也确实有类似的指数存在，但研究和开发得比较晚，数据很少，经济学家也不建议使用。他们认为，就目前的条件来说，比这个更加具有可用性的是充分分散化了的美国市场指数，比如标准普尔 500 指数。

5.3 跨国公司的债务资本成本

计算跨国公司的加权平均资本成本，还需要计算出跨国投资的债务成本。由于利息是可以抵扣税收的，所以要考虑税盾问题，从而需要计算出税后债务成本。

跨国公司债务成本里包含这样几个问题：借的是什么币种？是否需要换成与现金流匹配的币种来计算债务资本成本？转换过程中的成本有多少？当地的边际税率是多少？是否需要计算债务的主权风险溢价？

回答了以上问题，就可以计算跨国公司的税后债务成本了。下面我们就来逐一回答这些问题。

（1）汇兑成本或收益要计算在债务成本内，但汇兑成本不能抵扣税收。一般而言，跨国公司可能会从母国借贷，或者直接从母公司借贷，也可能会在当地借贷。无论借何种货币的债务，是否需要换算都要看具体情况。举个例子来说，中国母公司在美国的子公司诺诚（美国），借入美元债务，在经营中的采购和支付主要是美元，而且商品以美元销售，那么计算现金流和资本成本都用当地币种进行，就不存在汇兑问题。但是，我们把上面这个例子的情况改一下，假如诺诚（美国）从中国母公司借入资金，也就是说母公司给它的资金部分是以负债方式发放的，还需要还本付息，那么诺诚（美国）就需要在借贷时将人民币换成美元使用，而在还本付息时再将美元换成人民币支付给母公司。如果人民币如人们预期的那样一直升值，人民币借贷的成本里除了利息，就还有汇兑成本。

（2）利息可以抵税，所以债务的利息成本是有税盾的。在计算债务成本时要记得扣除。

（3）在计算权益成本时，不建议使用主权溢价，但是在计算债务成本时，使用主权溢价是可以的。在计算债务成本时使用主权溢价，反映的是各种国家风险可能引起的债务损失。表 5－3 是唐纳德 · R. 莱萨德（Donald R. Lessard）根据 J. P. 摩根（J. P. Morgan）的数据做的研究，该研究结果显示出部分国家相对于美国国债收益的主权溢价。将该表第二栏主权溢价基点换算成百分比数字再加上第三栏美国国债收益率即为第四栏——国家的美元债务成本。

表 5-3　部分国家相对于美国国债收益的主权溢价

国家	主权溢价基点（个）	美国国债收益率（%）	美元债务成本（%）
南非	125	5.9	7.15
波兰	185	5.9	7.75
菲律宾	226	5.9	8.16
秘鲁	434	5.9	10.24
巴拿马	514	5.9	11.04
墨西哥	597	5.9	11.87
巴西	610	5.9	12.00
摩洛哥	700	5.9	12.90
阿根廷	718	5.9	13.08
俄罗斯	765	5.9	13.55
委内瑞拉	811	5.9	14.01
尼日利亚	1 087	5.9	16.77
厄瓜多尔	1 113	5.9	17.03
保加利亚	1 517	5.9	21.07

资料来源：应用公司财务，1996 年秋季刊：61.

现在我们来举个例子。

假如飞鱼（中国）借了一笔 1 年期美元贷款，金额为1 000万美元，利率为 7%，中国的边际税率是 25%，人民币兑美元的即期汇率是 1 美元兑换人民币6.7元，一年后的人民币兑美元的远期汇率是 1 美元兑换人民币6.5元。

期初飞鱼（中国）得到的美元贷款兑换成人民币使用，1 000万美元相当于人民币：

$$10\ 000\ 000\times6.7=67\ 000\ 000(\text{元})$$

到期时飞鱼（中国）需要归还的美元贷款的本利和为

$$10\ 000\ 000\times(1+7\%)=10\ 700\ 000(\text{美元})$$

飞鱼（中国）为归还贷款本利需要人民币：

$$10\ 700\ 000\times6.5=69\ 550\ 000(\text{元})$$

其中税盾为

$$700\ 000\times25\%=175\ 000(\text{美元}),\quad \text{或 } 700\ 000\times6.5\times25\%=1\ 137\ 500(\text{元})$$

飞鱼（中国）的税后债务成本为

$$(69\ 550\ 000-67\ 000\ 000-1\ 137\ 500)/67\ 000\ 000=2.11\%$$

以上的分步计算，可以用一个公式来表达，那就是：

$$r_D=\frac{[D\times E_1(1+r)-D\times E_0-D\times E_1\times r\times t]}{D\times E_0}=\frac{E_1}{E_0}[1+r\times(1-t)]-1$$

式中，r_D 为外币贷款的税后实际成本；D 为以外币标价的借款金额；r 为名义借款利率；t 为公司边际税率；E_0 为借款时的汇率水平；E_1 为还款时的汇率水平。（在以上计算中假定借款期限为 1 年，汇率均以直接标价法表示。）

从以上公式可以看出：

（1）当汇率水平不发生变化时，即 $E_1=E_0$ 时，$r_D=r\times(1-t)$。此时，企业的外币借款不会带来汇兑成本。

（2）当本币贬值时，即 $E_1>E_0$ 时，$r_D>r\times(1-t)$。此时，汇兑成本大于零，提高了企业的实际借款成本。

（3）当本币升值时，即 $E_1<E_0$ 时，$r_D<r\times(1-t)$。此时，企业的汇兑成本小于零，实际借款成本将变小。

上面的例子说明，如果借入远期贴水的债务，考虑到汇兑收益和利息税盾，债务的成本可能很低。在我们这个例子里，边际税率为 25%，借款币种贴水 3%，该笔借款的名义利率虽然是 7%，但实际利率只有2.11%。

5.4 国际化的资本结构

建立国际化的资本结构，要回答如下几个问题：子公司和母公司资本结构之间的关系如何？是将母公司和各子公司分开还是全面考察集团公司的状况，建立一个全球的跨国公司资本结构？在做关于建立跨国公司资本结构的决策时需要考虑哪些因素？在实践中有哪些做法？现在我们来逐个回答以上问题，从而得到一个比较清晰的概念。

1. 母公司和子公司的资本结构之间的关系

很显然，母公司和子公司的资本结构有很大的关联性。一方面，因为跨国公司的利润来源多元化，可以分散部分公司经营的风险，所以跨国公司可能会倾向于多负债，并承受更高的财务杠杆。而另一方面，子公司或者集团内的关联公司如果因为杠杆过高而出现清算困难，甚至破产，那么势必会影响到母公司的经营。

因此，有鉴于母公司和子公司之间在资本结构上的相互影响和关联，可以说，在建立全球资本结构时，不能单独地、孤立地考察母公司或者子公司的资本结构，而是应该将它们联系起来考察。一个全球的资本结构，实际上是关照到了每一个关联公司利益的权衡结果。

2. 母公司和子公司应该是同一个全球化的资本结构

母公司和子公司的资本结构相互关联，那么，子公司是否可以拥有一个独立的资本结构呢？答案是否定的。从全球视角来看，子公司没有自己独立的资本结构。我们可以从以下两个方面来解释。

如果一个子公司可以用更高的杠杆，那么，当该子公司出现支付困难的局面时，母公司有没有义务去帮助子公司摆脱困境呢？无论是从法律上还是从自身的利益上来说，母公司都会去“管”子公司的事儿，因此，子公司的高杠杆其实也就是整个集团的高杠杆，子公司的风险其实也就是整个集团的风险。从这个角度来讲，我们认为母公司和子公司其实是共有一个全球化的资本结构的。

从另外一个角度来讲，母公司和子公司之间可能会有资金往来。这种往来的形式可能会改变子公司的负债率，但不会改变母公司的负债率。比如说，诺诚（中国）母公司要投资1 000万美元在美国建立一家子公司生产心脏支架。它可以有很多种方式来投入这1 000万美元。第一种办法是，1 000万美元全部作为股本投入，那么子公司就是全权益公司；第二种办法是，1 000万美元全部作为债务投入，那么子公司就是全债务公司；第三种办法是，将1 000万美元拆成不同的比例，一部分作为股权投入，一部分作为债务投入，那么根据母公司拆分这1 000万美元的比例，我们可以得到不同的负债比例。可是，从诺诚（中国）母公司的角度来讲，无论它怎么投资这1 000万美元，只要这1 000万美元的资金来源性质不变，诺诚（中国）母公司的资本结构就不会变。

当然，如果诺诚（中国）母公司为了投资美国子公司借了钱，或者由诺诚美国子公司在建立之初就直接负债，那么，诺诚集团的负债率就会提高。有人会问：岂不是说诺诚美国子公司一负债，全球化资本成本就提高吗？在建设之初，是这样的。但是，随着诺诚美国子公司生产经营活动的展开和利润的赚取，企业必然产生留存收益。以留存收益作为基础来进行杠杆融资，仅从会计数字上看，就可以做到不改变集团的负债率。

3. 在做有关建立跨国公司资本结构的决策时的考虑因素

首先要问的问题是：一个跨国公司投资建立的子公司，是否有必要保持和母公司一致的资本结构？用上面诺诚集团的例子来说，诺诚（中国）母公司的资本结构是负债：权益＝4∶6，那么以1 000万美元建立诺诚美国子公司的时候，是不是就需要诺诚美国子公司自己负债400万美元，只用诺诚（中国）母公司投资600万美元来保持母子公司相同的资本结构呢？

答案也是否定的。一方面，这一解决方案和母公司负债400万美元再投入子公司也没有区别，这只会提高集团的负债率。另一方面，即使新公司有利润留存，可以在保持全球化资本结构不变的情况下利用杠杆来扩大生产和销售，也不见得一定要用足负债比例。有如下几个理由：一般来讲，投资者对所投公司的负债比率有自己的考量，如果该公司负债率高到一定程度的话，获得权益投资就会比较困难了。所以，公司总是需要保持一个负债余量，在有好的商业机会的时候，能够及时筹资；而且，留有杠杆余量的企业，在出现低成本的负债机会时，也可以及时抓住。海外投资毕竟要面临更多风险来源，比如主权风险、汇率风险，因此，留有杠杆余量，有利于企业灵活安排资金、权宜货币匹配、规避主权风险和汇率风险。如果将杠杆用足，那么企业在资金安排上就会缺乏灵活性，在需要安排融资的时候就困难了。

当然，海外子公司总是要面临债务融资的问题。在做好关于资本结构的决策以后，还需要做融资决策。在做融资决策时，有一些问题是需要考虑进去的：首先，要选择负债币种。选择负债币种第一要考虑的是币种匹配；第二要考虑的是币种汇率走势，我们总是愿意借贬值货币而慎借硬货币；第三要考虑的是币种的利息率。其次，要考虑东道国的税收政策。利息是可以享受税收抵扣的，那么就要琢磨，这一税收抵扣的优惠在哪个国家享受会比较有利？是应该让子公司来负债呢，还是让母公司来负债？最后，处于亏损状态的企业，更多的融资成本已经无法带来任何税收优惠，即，如果公司不负债时已经亏损了，那么它就不缴税了，也就无所谓税盾了，负债只会带来更多的利息成本。

有些时候，海外投资需要的资金量巨大，不负债不足以完成工程项目，在这种项目上，有很多创新方法来解决债务融资的风险问题。比如项目融资、租赁融资。在这些大型的融资项目中，债务方一般需要通过和东道国政府的密切合作，来规避主权风险。这些具体的操作和决策问题，将在后面的章节进一步探讨。

5.5 APV 法和税盾

本章第一节回顾了加权平均资本成本的计算方法，讨论了权益资本、债务资本和资本结构的确定，在解释权益资本确定时，又进一步讨论了无风险收益、市场风险和企业风险贝塔值的计算方法。第二节到第四节，分别讨论了跨国公司全球化的加权平均资本成本计算中涉及的权益资本、债务资本和资本结构的问题。我们一直强调，用做企业估值或项目评估的加权平均资本成本应该做到：用预期的资本结构来计算权重，债务成本一定要考虑税盾。

在实际的操作中，一些财务主管比较愿意用 APV 法来体现债务融资中包含的问题。比如在跨国投资中，债务成本不限于有税盾的利息，汇兑成本、低成本债务等问题，都会出现。这时，财务主管比较愿意用 APV 法来计算财务成本。具体算法如下：

第一步：计算项目或企业的净经营现金流。

第二步：将净经营现金流里面的利息和税盾还原，即加回已经减掉的利息，减去利息的税收影响。

第三步：计算权益资本成本。

第四步：以权益资本成本去贴现第二步调整出来的现金流。

第五步：计算所有的财务成本的现金流及其可能带来的税收影响。如果是利息，计算出利息支付数额及其税盾；如果是汇兑损失，记现金流减少；如果是汇兑收益，记收益；如果是优惠利息，也要计算优惠部分的税后收益。

第六步：以权益资本成本贴现第五步算出来的现金流。

第七步：将第四步和第六步计算出来的现值相加。

关于 APV 法，我们在第 6 章的第一个案例里将会有具体的例子给大家演示。这一方法在兴建项目预算中比较好用，但是对于一家已经建立了的企业的估值，则用全球化的加权平均资本成本来计算比较合适。

思考题

1. 跨国公司在国际金融市场上为什么可以以比在封闭市场上更低的成本获得融资？

2. 由于东南亚国家的橡胶资源丰富，梦想公司准备在马来西亚投资建立一家全资子公司。该公司 50%的资本来自当地的优惠贷款，贷款利率为 4%。剩余 50%由母公司投入，梦想公司的权益资本成本为 12%。当地所得税税率为 30%。请计算从项目角度来看的资本成本。

3. 梦想公司在欧洲市场借了一笔 1 年期3 000万欧元的贷款，利率为 8%，中国的所得税税率是 25%，人民币兑欧元的即期汇率是 1 欧元兑换 8.4 元人民币，一年后的人民币兑欧元的远期汇率是 1 欧元兑换 8.2 元人民币。请计算梦想公司以人民币衡量的债务融资成本。

4. 你认为用资本资产定价模型来测算权益资本成本，是不是最好的选择？为什么？请写出至少三条理由。

5. 在建立跨国公司的全球资本结构时，应该考虑哪些问题？

6. 为什么说母公司和子公司的资本成本最终会统一？

7. 请解释为什么在计算加权平均资本成本时会出现税盾？

参考资料

[1] 蒂姆·科勒，马克·戈德哈特，戴维·威赛尔斯．估值评估——公司价值的衡量与管理．4 版．北京：电子工业出版社，2007.

[2] 廖理，汪毅慧．中国股票市场风险溢价研究．金融研究，2003 (4).

[3] 朱世武，郑淳．中国资本市场股权风险溢价研究．世界经济，2003 (11).

[4] 斯蒂芬·A. 罗斯等．公司理财．8 版．北京：机械工业出版社，2009.

[5] Robert N. McCauley, Steven A. Zimmer, "Explaining International Differences in the Cost of Capital," *Federal Reserve Bank of New York Quarterly Review*, Summer 1989: 7 - 28.

第6章

海外投资项目预算的案例

本章重点

1. 计算企业的投资现金流，包括营运资本投入
2. 计算企业的经营现金流
3. 计算企业债务的净现值
4. 粗算企业的永续现金流，即项目的期末价值
5. 从项目公司的视角估算跨国投资的净现值
6. 从母公司的视角估算跨国投资的净现值
7. 计算跨国公司母公司、子公司的合并利润
8. 调整现值估值法

关键词

投资现金流　　扣除调整税后的净营业利润　　调整现值估值法

在第4章和第5章我们介绍了海外投资预算的原则、方法和技术。在这一章，我们将通过一个案例来讲解如何处理海外投资项目可能遇到的种种与投资预算相关的问题，包括现金流的估算、资本成本的估算、汇率风险的处理、从母公司和子公司的角度分别判断项目的财务净现值、考虑项目替代效应的净现值以及项目的敏感性分析。本章是一个综合的案例，我们将不再分节，而是以篇幅较为短小的一章的形式来深入探讨一个海外投资项目的预算。

这是一家中国企业——天信集团——“走出去”的故事。该企业生产冰箱、洗衣机等白色家电，也生产冰箱的压缩机供应国内其他家电企业，在国内以严格的生产管理、产品质优价廉而著称。该企业除了在国内市场占有较大份额之外，也一直有海外销售。近些年，国内同类产品的竞争异常激烈，价格战硝烟四起，该企业感到领先一步，开拓国外市场才有未来。

直接把生产线放到海外，占领海外市场，有不同的方案可以选择。是选择兼并收购还是绿地投资呢？企业管理层做了论证。他们认为，天信集团是一个专注白色家电的企业，而不是一个多元化发展的企业，它之所以成功，是因为专注，并且通过严密的组织管理和精细化生产达到行业领先。即使是“走出去”，也要跟好国内的步伐，以自己之所长先去攻打未知之市场。因此，绿地投资相比兼并收购，是一种更好的方式。对于该企业“走出去”的战略来讲，将来发展快了，自己的国际化水准高了，也并不排斥用兼并收购的方式快速扩张及实现优势互补，但在“走出去”的第一步，首先要考虑的是站稳脚跟。管理层并不想花太多的精力在企业内部，比如整合不同的文化、统一管理层的意见，因为需要先熟悉外面的市场环境，建立自己的渠道。

管理层决定在海外建立一家由天信集团完全控股的子公司。基于历史原因，首先接触了美国的某州地方政府。美国的地方政府态度积极，因为这一建厂计划将给当地居民带来 350 个就业机会。因此地方政府愿意出面牵线当地招商部门为企业提供优惠的周转金贷款。这样，天信集团就基本选定了将美国作为其“走出去”的第一站。

这当然不是终点。天信集团的战略步骤是：通过第一家公司天信（美国）公司的建立，在美国逐步建立自己的销售渠道，之后扩大生产，在美国建立北美生产和销售中心，并在美国设立研发部门，吸收当地的设计人员，专门研发针对美国市场的产品，形成以美国为中心，辐射整个北美市场的研发、生产和销售基地。如果在美国取得成功，天信还打算向欧洲进发。

现在，大致方向定了以后，企业要对新投建美国工厂这个项目做一个预算。负责该项目投资预算的财务主管决定用 NPV 法来对项目的财务可行性进行判断，同时辅以内部收益率的计算。

1. 确定投资结构和投资额

该项目的总投资预计是 3 000 万美元，其中 500 万美元为营运资本。美国当地招商部门愿意提供 5 年期总额为 500 万美元的滚动贷款，优惠利率是 4%，其余 2 500 万美元由天信集团以人民币兑换成美元投资，按照即期汇率 1 美元兑换 7 元人民币算，天信集团共投资 175 000 000 元人民币。该笔资金虽然都来自天信集团，但是作为两种不同性质的投资投入天信（美国）公司，其中的 1.4 亿元人民币合 2 000 万美元是天信集团的权益投资，作为天信（美国）公司的股东权益，而另一部分 3 500 万人民币合 500 万美元，则是母公司给子公司的长期贷款，不仅要还本，而且还需要按年支付利息，利息按照人民币本金的 10%每年以人民币归还。天信集团投入资金的用途主要是厂房租用改建和设备购置，其中 1 500 万美元用于厂房租用改建，1 000 万美元用于设备购置。企业在建设当地物色到了一处合适的闲置厂房，如果愿意一次性付款租用 5 年的话，物业愿意按照企业的要求改造并装修该厂房。设备的购置分两部分：一部分由天信集团直接提供公允价值为 400 万美元的设备，合 2 800 万元人民币；另一部分在当地采购，约 600 万美元，合 4 200 万元人民币。可以说，这一投资计划还是比较平衡的，用 5 年期滚动贷款解决流动资金需求，而企业的权益资本和母公司长期贷款用于固定资产和先期投资。一般地，长期资金与短期资金的比例和流动资产与固定资产的比例应该匹配。为了追求杠杆经营带来的高利润率而部分地以短期融资解决固定资产需求，是比较激进的办法，流动资金的还款压力太大。相反，为了追求稳妥而过少使用短期贷款，资本成本又会比较高，而且还无法享受税盾的好处。

将天信（美国）公司的初始投资做成表格，如表 6-1 所示。

表 6-1　　天信（美国）公司项目的初始投资支出

支出项目	金额（百万美元）	金额（百万元人民币）
租用改建厂房支出	15	105
购买设备		
天信集团设备提供	4	28
当地采购	6	42
营运资本	5	35
初始投资总额	30	210

说明：营运资本的投入期初由美国招商部门提供，5年后还本。这笔投资应该算杠杆投资。

2. 天信（美国）公司的资本结构

在确定了初始投资之后，我们可以看到用人民币和美元表示的天信（美国）公司项目的初始资产负债表（如表6-2所示），从而看到天信（美国）公司的资本结构和负债率。在其资本形态分布上，2 500万美元的固定资产（即厂房设备），500万美元的流动资产，资本有机构成应该算是比较高的了。

表 6-2　　天信（美国）公司项目初始资产负债表

	金额（百万美元）	金额（百万元人民币）
资产		
流动资产	5	35
厂房	15	105
生产设备	10	70
资产总额	30	210
负债和权益		
长期借款（母公司）	5	35
滚动借款（招商部门）	5	35
负债总额	10	70
权益	20	140
负债和权益总额	30	210

说明：(1) 当地招商部门提供的滚动借款，为期5年。在这5年内，天信（美国）公司可以在信贷总额不超过500万美元的额度内向该部门多次按协定4%的年利率借入1年期贷款。

(2) 天信（美国）公司的负债率为10/30=33.33%。

虽然从资产负债表上看，天信（美国）公司的负债率为33.33%，但是在1 000万美元的负债中有500万美元来自中国母公司天信集团。从借款人的角度考察，天信集团的出资占83.33%，“外债”比例并不高。

3. 天信（美国）公司项目的净现值评估——销售收入

要估算天信（美国）公司的项目净现值，接下来要计算经营净现金流。第一步需要预测销售情况。我们在前面曾经强调过，用 NPV 法做资本预算的基础是有科学的预测方法和尽可能准确的预测结果。在这里，依然要强调预测的重要性。对于天信集团来说，该项目的销售预测有十分可靠的一面，也有需要推理的一面。因为天信集团打算在美国生产的压缩机，原来对美国一直是有出口的，所以有一些自己的客户，对市场需求也有一定的了解。天信集团本次海外投建工厂，意在建立自己的渠道，减少流通成本，所以在原有市场的基础上，对其扩大市场份额的预测有相当的信心。

天信（美国）公司在美国生产，在美国销售，以美元标价，销售所得均为美元，所以这里只用考虑美元销售收入。天信集团给自己的产品定价为 500 美元/台，根据美国近些年的通胀水平和参考未来的预期，天信集团的财务部门预测美国未来 5 年的平均通胀水平为 3%，则产品的价格按照 3%的通胀水平每年递增。销售量第一年为 10 万台，然后每年按 12%的速度增长，这应该说是一个比较保守的估计。事实上，天信集团把在美国建立自己的渠道的困难想得很充分，如果三年之内渠道建设成功的话，销售量完全有望在其后有 50%左右的大幅增长，当然，在渠道建设好之前，也可能实现不了 12%的年增长率。

现在需要确定一下该项目的周期。天信集团对该项目的发展怀有无限的期待，希望该项目能立足美国，打通北美，覆盖墨西哥，生命周期当然不止几年。但是，对于财务可行性研究来说，太长时间（6 年以上）的预测都是无意义的，一是因为在贴现率稍高的情况下，6 年以后的现值都很小了，调整预测的意义不大；二是因为 6 年以后的事情，其实谁也很难计划，诸如计划赶不上变化、经济周期爆发等，从人们的常识来讲，预测 6 年以上的损益表都显得过于乐观。所以，我们将项目的周期定在 5 年。如果能确保 5 年内的净现值为正，那么项目从财务上来说就可行。

表 6－3 即天信（美国）公司项目的销售收入预测。

表 6－3　　　　销售收入预测

项目进度	第 1 年	第 2 年	第 3 年	第 4 年	第 5 年
销售量（万台）	10.00	11.20	12.54	14.05	15.74
销售单价（美元/台）	500.00	515.00	530.45	546.36	562.75
销售收入（万美元）	5 000.00	5 768.00	6 653.96	7 676.01	8 855.05

说明：(1) 销售量每年按 12%递增；销售价格按通胀调整，年递增 3%。

(2) 销售收入＝销售量×销售单价。

4. 天信（美国）公司的损益表

计算该项目的净现金流，可以从净利润开始，以间接法来计算项目的经营净现金流，然后计算企业的自由现金流。现在来考察天信（美国）公司项目的损益表。首先，根据天信集团的生产经验和多年来积累的数据，加上对美国部分生产成本包括人工成本的调查，该产品生产的可变成本为销售收入的 60%，随着销售量和销售单价的变化，可变成本也会增加。对不变成本，企业的预算是第 1 年为 1 300 万美元，此后按 5%的年增长率递增。收取专利费和许可证费是跨国公司的母公司保障自己利益的一种“传统”做法。天信（美国）公司吸取国际经验，也给子公司规定了专利费和许可证费，以保障子公司的收益能及时、优先地汇回母公司。天信集团规定，天信（美国）公司每年需要将销售收入的 10%上缴集团公司作为专利费和许可证费。在这里，我们讲一下专利的定价问题。专利收费有好几种，可以按照固定的费用收，也可以按照销售收入的一定比例收，或者跟专利提供者进行利润分成。如果专利提供者认为其专利是产品得以销售的主要原因，那么其可能会提出按利润分成，这一做法能被双方接受的原因是：专利费的提供是以该专利带来利润为前提的。但是这一方法得以真正实施的前提是利润报表的真实性。鉴于对利润报表的真实性的疑虑，专利提供者也可能提出按照销售收入来分成，这对专利提供者是有利的。在母公司与子公司之间这么安排，显然比较有利于母公司，因为只要有销售，无论企业经营是盈还是亏，专利提供者都可以得到足够的费用。天信集团采用的就是这种方法。按照固定费用支付专利费的办法，其好处是交易达成以后，双方就清账了，坏处是专利的提供方无法享受专利可能带来的利益增长。

为了得到物业方面更好的服务和更加优惠的价格，企业一次性付给了厂房物业1 500万元，这笔费用将在项目周期（5年）内予以摊销，每年摊销1/5。而设备的折旧，也简单假设为5年匀速折旧。这样，每年的摊销和折旧就是（1 500＋1 000)/5＝500万美元。

很多企业在开工前一两年因为产能没有完全发挥，往往会出现亏损。政府为了帮助企业渡过开办时期的困难，都在所得税上给予了让步，如规定在开办期（有的国家规定为前三年，也有其他规定）的亏损可以结转到下一年去抵扣税收，最长的可以在5年内抵扣。也就是说，如果是一家成熟企业的话，税务部门是不允许它将亏损结转到下一年抵扣的，这些亏损将在税后冲抵权益；而如果企业处于开办期，则允许其将亏损结转到下一年，抵扣下一年的利润，享受税盾。如果下一年抵扣之后，还有亏损存在，有的国家允许在5年内结转至再下一年，直至抵扣完所有亏损。规定可以结转亏损的年限过了以后，尚未处理的亏损就不能再抵扣利润了，只能冲减权益。简单理解就是：如果不允许将亏损结转到下一年，那么亏了就亏了，自己承担；如果可以将亏损结转到下一年，那么亏损还可以用于下一年抵税，少缴的税额为结转亏损额×所得税税率。

由于市场还未培育充分，天信（美国）公司第1年是亏损的，计算过程如下：

第1年税前利润＝销售收入－可变成本－固定成本－专利费
－房租分摊及设备折旧
＝5 000－5 000×60%－1 300－5 000×10%－500
＝－300(万美元)

第2年税前利润＝5 768－3 460.80－1 365－576.80－500
＝－134.6(万美元)

第3年税前利润＝6 653.96－3 992.38－1 433.25－665.40－500
＝62.93(万美元)

第4年税前利润＝7 676.01－4 605.61－1 504.91－767.60－500
＝297.89(万美元)

第5年税前利润＝8 855.05－5 313.03－1 580.16－885.50－500
＝576.36(万美元)

现在，我们来看该公司的所得税处理。假定可以结转亏损的年限是5年。第1年和第2年亏损，不交所得税。第1年和第2年的亏损合计是－434.6万美元。第3年、第4年虽然核算盈利，但抵扣前两年的亏损之后，仍表现为账面亏损，亏损额为

第 3 年账面亏损＝62.93＋(－434.6)＝－371.67(万美元)

第 4 年账面亏损＝297.89＋(－371.67)＝－73.78(万美元)

第 5 年账面盈利＝576.36＋(－73.78)＝502.58(万美元)

如此，前四年都不需要缴纳所得税，只在第 5 年需要缴纳所得税，假设在该州，企业需要缴纳的美国联邦和州的所得税税率为 35%，计算第 5 年的所得税为 502.58×35%＝175.903（万美元）（这和表 6-4 里的计算有一点差距，因为表 6-4 的计算过程精确到元，本算式的计算过程精确到百元，从原理上来说没有任何问题）。

看上去，我们这是在重演天信集团财务主管领导部门同事估算该项目的财务可行性的过程。但是，到这一步时一定会有同学有这样的想法：收取专利费用、配比负债以获得税盾等做法都可以获得税收上的优惠。那么财务工作在这一过程中扮演着什么样的角色呢？请同学们思考财务工作的价值。

表 6-4 是天信（美国）公司项目的损益表。

表 6-4　　天信（美国）公司项目的损益表：从项目本身的角度

项目进度	第 1 年	第 2 年	第 3 年	第 4 年	第 5 年
销售量（万台）	10.00	11.20	12.54	14.05	15.74
销售单价（美元）	500.00	515.00	530.45	546.36	562.75
销售收入（万美元）	5 000.00	5 768.00	6 653.96	7 676.01	8 855.05
可变成本（万美元）	3 000.00	3 460.80	3 992.38	4 605.61	5 313.03
固定成本（万美元）	1 300.00	1 365.00	1 433.25	1 504.91	1 580.16
专利费（万美元）	500.00	576.80	665.40	767.60	885.50
房租摊销与设备折旧（万美元）	500.00	500.00	500.00	500.00	500.00
税前利润（万美元）	－300.00	－134.60	62.94	297.89	576.36
美国公司所得税（万美元）	0	0	0	0	175.91
税后净利润（万美元）	－300.00	－134.60	62.94	297.89	400.45

说明：税后净利润＝税前收入－美国公司所得税。

5. 天信（美国）公司项目净营运资本的计算

我们知道，营运资本是流动资产和流动负债的差额，也就是企业投入周转的资金，体现为企业的应收账款、库存资金占压等。从理论上说，当项目结束以后，所有的库存都应清理，所有原材料用完，产成品卖光，应收账款全部收回，业务全部完结，之前投入的营运资本应该可以全部收回。但是，在本项目中，我们对营运资本的处理方法不是停产收回，而是假设项目还在持续运转中，企业将工厂卖掉，而营运资本也就以经营中的应收账款等形态随项目整体卖掉。如果这样，那么只需要算出营运资本的投入和补充投入，而不需要计算其回收。

项目的营运资本的初始投入是 500 万美元。但是，随着销售额的增加，营运资本需要补充投入。因为企业每年的净营运现金流是正的，所以可以由企业的自由现金流自我补充，不需要母公司再行投入或另行借贷。

我们假设营运资本的需求是销售收入的 10%，项目初始投入 500 万美元，该笔投入正好满足企业第 1 年的营运资本需求：

5 000×10%=500(万美元)

第 2 年，项目的营运资本需求增长为

5 768×10%=576.8(万美元)

由于之前投入的500 万美元接着在项目中持续周转，实际上只需要补充投入不足部分即可，投入不足部分为

576.8−500=76.8(万美元)

该笔资金（76.8 万美元）在第 1 年年末投入，用于第 2 年的周转，即前一年补充投入部分供第 2 年周转使用。运用同样的方法，可以算出第 3 年、第 4 年和第 5 年的营运资本需求，减去之前已经投入的营运资本，即得到需要补充投入的营运资本数量。

我们设定的项目周期是 5 年，第 6 年及以后以整体出售的方式处理。因此，第 6 年将不在本企业的考虑之列，因此第 5 年将不再为第 6 年的营运补充投入营运资本，所以第 5 年的营运资本投入量为 0。

表 6-5 是天信（美国）项目的净营运资本计算。

表 6-5　　天信（美国）净营运资本计算　　（单位：万美元）

项目进度	第 0 年	第 1 年	第 2 年	第 3 年	第 4 年	第 5 年
销售收入	0	5 000.00	5 768.00	6 653.96	7 676.01	8 855.05
净营运资本需要额	0	500.00	576.80	665.40	767.60	885.50
营运资本投入	500.00	76.80	88.60	102.20	117.90	0

说明：营运资本投入=下一年净营运资本需要额−本年营运资本需要额，因第 6 年将企业卖掉，第 5 年将不再考虑为第 6 年投入营运资本，所以第 5 年的营运资本投入为 0，但之前投入的所有营运资本都还在项目中随项目周转，也可以理解为从第 6 年开始，项目永续周转。

6. 项目的期末价值

项目在第 5 年结束后，有两种思路来考虑之后的价值。第一种思路是永续发展思路，即从第 6 年后，不再细算每年的收益，而是以第 6 年的经营现金流作为永续年金，算自第 6 年始的永续年金价值。运用这种思路的关键在于确定永续年金的贴现率。一般而言，考虑到遥远未来的不确定性，企业会调高贴现率，比如调到 20%~30%。还有一种思路就是出售思路，并以市场价值比来估算项目之后的价值，比较常用的有 P/EBITDA、P/E、P/FCFF 等。在本项目的预算估值中，天信集团的财务主管认为，以 P/ FCFF 法来算比较合适（这里，FCFF 代表企业的自由现金流）。而如果用倍数法的话，在实践中，企业一般会将倍数估计为 3~5 倍。本例因为是海外投资，保守估计便将项目的出售价格定为经营现金流的 3 倍。强调一点，这一价格是该企业在第 5 年年末出售时的价格，也可以理解为该企业 5 年之后的价值。在本例中，该项目的出售价格计算会在下面的净现值计算中给予说明。

7. 汇率问题

在海外投资建厂还需要考虑汇率的问题。现在，我们来做一个反映人民币汇率的变化状况的表。企业在做人民币汇率预测时，认为我国政府在汇率改革方面还是处于十分强势的主导地位，而中国政府认为，人民币每年升值 3%~5%是合适的，因此，

企业在做人民币汇率预测时还是倾向于认为政府的态度最重要，于是做出了比较中庸的预测——每年升值4%。

在这个案例的计算中，我们用直接标价法来表示汇率，即用多少元人民币能换1美元（而不是1元人民币值多少美元）。在当期，我们假设用7元人民币可以换1美元，但人民币升值后一定不需要7元了，那么需要多少呢？我们用如下公式来计算：

$$7/(1+4\%)=6.73(\text{元人民币})$$

我们可以这样来理解，7元人民币买1美元和6.73元人民币买1美元相比，贵了(7−6.73)/6.73=4%。所以，从7元人民币换1美元到6.73元人民币换1美元，人民币升值了4%。理解了汇率的计算，我们可以得出表6-6。

表6-6　名义汇率变化

项目进度	第0年	第1年	第2年	第3年	第4年	第5年
汇率（人民币/美元）	7.00	6.73	6.47	6.22	5.98	5.75

说明：第 n 年的汇率=(第 $n-1$ 年的汇率)/(1+4%)。

8. 天信（美国）公司的债务净现值估算

这里要先介绍天信集团在财务成本估算方法上的选择。天信集团的财务主管决定用APV法来计算NPV，因为他比较信服APV法。他主要考虑这种方法对税盾的计算不会扰乱整个现金流的贴现。APV法和WACC法同样是为了体现不同资本的成本，尤其是为了强调债务成本的税盾因素，不同的是，在用WACC法计算时，需要对不同资本成本进行加权计算。这个加权计算的过程加入了对负债和权益市值的计算这一内容，提高了计算的复杂程度，从而也加大了获得准确结果的难度；此外，权重确定之后，在整个项目生命周期都不再调整了，这和项目实施的现实不符。但是，APV法则比较清晰。它先算出项目在全权益状态下的现金流，并以全权益的资本成本来贴现，求得自由现金流的现值和。然后计算出债务成本由于税盾因素带来的收益，并以债务成本来贴现求得债务的现值和。将自由现金流的现值和与债务现金流的现值和相加即得项目的NPV。这一算法既清晰体现了项目本身经营的收益，又不忘体现财务杠杆的收益。天信集团曾在国内进行过多宗兼并收购案，几乎都是使用的APV法，其中一个重要的考虑就是，天信集团在资金上和融资渠道上都是占据优势的企业，公司相信将目标企业收购之后，其债务结构必将重组，因此厘清项目本身生产经营的收益，排除原有债务结构扰乱的因素，才能得到天信集团想要知道的“真相”。

用APV法计算，需要确定全权益公司的权益收益率以及债务的收益率和债务现值。根据公司多年的经营状况（这是一家生产性企业），财务主管认为将权益收益率定在12.5%是符合企业实情的。

在本案例中使用APV法，需要先计算项目的自由现金流，我们前面已经为此计算做好了充分的准备。现在需要来计算债务的现金流了。在本案中，债务的现金流估算确实要复杂一些。因为除了税盾之外，这里还有两个因素需要考虑：第一，这里有汇率变化的因素存在。由于借的是升值货币，赚的是贬值货币，所以需要体现损失。第二，企业有优惠贷款，这一优惠所带来的利益也需要体现。现在我们来回顾一下天信（美国）公司的债务问题。

(1) 天信（美国）公司在当地获得了一笔金额为500万美元的为期5年的滚动贷

款，每笔贷款期限为1年，到期可以滚动，利率为4%。

（2）天信集团母公司向子公司提供了一笔3 500万元的5年期长期贷款，贷款利率为10%。天信集团以3 500万元人民币借出，天信（美国）公司将其兑换成500万美元投入使用，但是每年付息时需按人民币支付利息，到期用人民币归还本金。

我们现在通过表6-7来逐项处理这两笔贷款的现金流。

先来看美元贷款。当期贷入500万美元，我们记为第0年的500万美元。此后每年支付利息4%，我们将之记为第1年至第5年，每年一20万美元。到期归还贷款本金500万美元，我们记为第5年一500万美元。

再来看人民币贷款。当期贷入500万美元，我们记为第0年的500万美元。该笔贷款从母公司那边来说是3 500万元人民币。项目开展后，天信（美国）公司每年需要向母公司支付10%的利息，即350万元人民币。因为天信（美国）公司在美国经营，基础货币为美元，因此付息时需要将美元兑换成人民币来归还。我们在表6-6中已经列表计算出了汇率变动状况，将之代入表6-7，计算出天信（美国）公司支付天信集团母公司年息的美元现金流。第5年年末，天信（美国）公司还需要用若干美元兑换成3 500万元人民币用于归还本金。我们从表6-7中可以看出，人民币连续升值到第5年，到第5年年末需要兑换人民币时，1美元已经远不能兑换7元人民币了，所以当时借款500万美元，现在要还3 500万元人民币，需要用约608万美元来兑换。

将两笔借款的利息算清楚以后，我们需要考虑利息的税盾因素。因为利息是在税前扣除的，所以实际上利息对自由现金流的影响要扣除税盾部分。我们在计算利息的现金流时，就要通过计算税后利息现金流来反映税盾的影响。我们可以这样来理解这一部分的现值计算：如果我们用利息率来贴现借贷的现金流，毫无疑问其现值和应该为0。但由于税盾的影响，利息支付这一部分的负现金流会减少，从而整个借贷过程的现金流的现值和就应该大于0，这一部分就是负债带来的税盾收益。

两笔借款的利息率不同，我们用哪一个来贴现呢？结论是用市场利率来贴现（本例中为8%）。用上面的思路来想这个问题：不考虑税盾，如果我们用某一笔贷款的利息来贴现该笔贷款的借贷过程中的全部现金流，那么其现值和应该为0。但是，如果我们得到的是优惠贷款，利息率比较低，那么这时我们用高于优惠贷款利率的市场利率来贴现借贷过程的现金流，现值和一定是大于0的，这部分收益也是负债带来的收益。考虑税盾，用市场利息率贴现的现值和也应该大于用优惠利率贴现的现值和，多出来的部分就是优惠利率带来的负债收益。

当然，如果我们在负债时用了利息率高于市场利息率的债务，那么用市场利率贴现得到的现值和应该是小于用市场利率借贷的现值和的。利息率一般不会超过税率，所以高利息率负债只会部分抵消税盾的好处，税盾的好处仍然存在。

表6-7就是天信（美国）公司的债务现值和的估算过程及结果：

表6-7　　天信（美国）公司债务净现值估算

项目进度	第0年	第1年	第2年	第3年	第4年	第5年
①现汇汇率（元人民币/美元）	7.00	6.73	6.47	6.22	5.98	5.75
②5年期利息率为4%的美元贷款（百万美元）	5	0	0	0	0	0
③利息支付（百万美元）	0	−0.20	−0.20	−0.20	−0.20	−0.20

续前表

项目进度	第0年	第1年	第2年	第3年	第4年	第5年
④本金支付（百万美元）	0	0	0	0	0	−5.00
⑤5年期利息率为10%的人民币贷款（百万元人民币）	35	0	0	0	0	0
⑥按现汇汇率换算成的美元贷款额（百万美元）	5	0	0	0	0	0
⑦利息支付（百万元人民币）	0	−3.50	−3.50	−3.50	−3.50	−3.50
⑧按现汇汇率换算成的美元利息支付（百万美元）	0	−0.52	−0.54	−0.56	−0.58	−0.61
⑨本金支付（百万元人民币）	0	0	0	0	0	−35
⑩按现汇汇率换算的美元本金支付（百万美元）	0	0	0	0	0	−6.08
⑪贷款总额（百万美元）	10	0	0	0	0	0
⑫利息支付（百万美元）	0	−0.72	−0.74	−0.76	−0.78	−0.81
⑬利息的税后现金流（百万美元）	0	−0.47	−0.48	−0.50	−0.51	−0.53
⑭本金偿还（百万美元）	0	0	0	0	0	−11.08
⑮现金流加总（百万美元）	10	−0.47	−0.48	−0.50	−0.51	−11.61
⑯贴现额（百万美元）	10	−0.43	−0.41	−0.39	−0.38	−7.90
⑰负债现金流的现值和（百万美元）	0.48					

说明：(1) ⑥=⑤/①；

(2) ⑧=⑦/①；

(3) ⑩=⑨/①；

(4) ⑪=②+⑥；

(5) ⑫=③+⑧；

(6) ⑬=⑫×(1−35%)；

(7) ⑭=④+⑩；

(8) ⑮=⑪+⑬+⑭；

(9) 统一按8%的贴现率贴现得到债务的现金流，体现了优惠利率带来的收益和母公司高利息率负债对税盾的抵消，其现值和48万美元，就是杠杆的收益。

9. 净现值估算——从项目角度

我们将上述各表的信息综合起来，就可以对该项目做一个净现值的估算了。但是这里又出现了一个问题，即这个项目是天信集团投资创立的，创立之后，项目和总公司就相互独立了，这样一来，衡量“得失”就与角度有关了。比如利息，对天信集团来说就是该项目带来的一笔固定收入，而对天信（美国）公司来说，就是该项目的支出。因此，做这个项目的现值估算，应该从两个角度分别来做，才能全面理解投资人投资的利益所在。

我们先从项目的角度来做。

从表6-4开始，将最后一项税后净利润加上房租摊销与设备折旧，再和表6-5中的净营运资本的补充投入（收回）合并，得到的是表6-8中的自由现金流，其含义和我们以前讲过的FCFF是相同的，即企业的自由现金流。

我们现在来看项目的期末价值。我们在本章第6点讨论了项目的期末价值（5年以后项目的现值），交代过该项目财务主管的决定，即用项目经营产生的净现金流的3倍作为该项目的期末净值。在本例的计算中，期末价值＝(400.45＋500)×3＝2 701.35（万美元）。

将之与表6-1合并，即将FCFF、期末价值和投资三者合并，得到项目的现金流，将之用权益收益率贴现，则得到作为全权益企业的项目的净现值。如果加上负债的净现值（一般而言，由于税盾的原因，其实是负债收益的净现值），则得到作为杠杆企业的项目的净现值。上面我们交代过，天信集团的权益收益率为12.5%，以此贴现之后得到全权益企业的项目净现值。我们在表6-7中估算了负债的净现值，将之与全权益企业的项目净现值合并，则是从天信（美国）公司角度出发得出的项目的净现值。

最后，计算从天信（美国）公司角度来看的项目价值：

$$\text{APV}(\text{项目价值})=\text{NPV}(\text{项目})+\text{NPV}(\text{债务})=75.07+48.47$$
$$=123.54(\text{万美元})$$

结论：项目可行。

表6-8　天信（美国）公司项目的现值估算：从项目角度出发（单位：万美元）

项目进度	第0年	第1年	第2年	第3年	第4年	第5年
①税后净利润	0	−300.00	−134.60	62.94	297.89	400.45
②房租摊销与设备折旧	0	500	500	500	500	500
③净营运资本减少（增加）	0	−76.80	−88.60	−102.20	−117.90	0
④自由现金流	0	123.20	276.80	460.73	679.99	900.45
⑤5年以后项目的现值	—	—	—	—	—	2 701.35
⑥初始投资	−3 000	—	—	—	—	—
⑦项目现金流	−3 000	123.20	276.80	460.73	679.99	3 601.80
⑧现值系数	1.00	0.889	0.790	0.702	0.624	0.555
⑨净现值	−3 000.00	109.51	218.71	323.59	424.51	1 998.75
⑩NPV（全权益价值）	75.07					

说明：(1) ④＝①＋②＋③；
(2) ⑦＝④＋⑤＋⑥；
(3) ⑨＝⑦×⑧；
(4) ⑩等于第⑨行之和。

10. 净现值估算——从天信集团的角度

天信集团在这个项目中的利益当然不仅仅在于让美国企业盈利。从集团公司的角度来讲，除了作为100%控股权股东享受企业所有红利外，还有部分利益是由母公司独立获取的。下面从项目投资期内现金流来判断母公司投资天信（美国）公司的项目净现值。

首先，母公司将为子公司供应一个关键的小零件。这一零件显然属于可变成本，对这一零件的定价，企业的做法是：零部件的价格为产品可变成本的5%，且用美元标价，即：

出口零部件单价=500×60%×5%=15(美元)

而该项出口的利润则为零部件出口收入的10%（这10%的利润由财务部门根据企业的生产成本、运输成本和退税等各因素综合核算出来）。汇率可能会有变化，但是汇率带来的差额由天信集团消化，即美元贬值不影响该零部件的美元标价，因此必然会导致人民币标价的下降，其计算如表6-9所示。

表6-9　母公司向天信（美国）公司出口产生的净现金流

项目进度	第1年	第2年	第3年	第4年	第5年
①现汇汇率（元/美元）	6.73	6.47	6.22	5.98	5.75
②销售量（万台）	10.00	11.20	12.54	14.05	15.74
③从母公司进口的单价（美元）	15.00	15.45	15.91	16.39	16.88
④从母公司进口的单价（元人民币）	100.95	99.66	98.98	98.02	97.08
⑤出口收入（万元人民币）	1 009.50	1 119.57	1 241.63	1 377.08	1 527.50
⑥出口利润（万元人民币）	100.95	111.96	124.16	137.71	152.75

说明：(1) 跟前述各表一致，考虑到美国的通货膨胀率为3%，第③行从母公司进口的单价第1年为15美元，此后每年递增3%；

(2) ④=③×①；

(3) ⑤=④×②；

(4) ⑥=⑤×10%。

其次，母公司将从天信（美国）公司收取相当于销售收入的10%的专利费。因为该费用是以美元销售收入的百分比来计算的，因此汇率变动的风险由母公司承担。

再次，母公司将从天信（美国）公司收取贷款利息。利息的处理上有一点与零件出口价格和专利费不一样。母公司的贷款利息以人民币收取，因此汇率风险在借方，也就是说，如果美元贬值，那么将加重借方的付息负担，而不会使贷方承担风险。可以想象，如果将利息的汇率风险加给贷出一方，那么，美元连续2年贬值4%，利息基本上就被汇率变动消耗得所剩无几了，连续贬值3年以上，利息就为负了。

最后，我们不要忘了天信集团是天信（美国）公司的全资控股股东。它有权要求子公司汇回全部利润。为了全面考察项目对于母公司的利益，我们假设天信（美国）每年都将利润悉数汇回中国。

这里需要说明一点，如果天信（美国）公司要往中国汇专利费（或许可证费）、利息和红利的话，美国政府将征收预扣税。关于预扣税，我们在第14章将详细介绍，这里大家只要知道这个处理方式就可以了。由于中国和美国已经签署双边协议，按协议，美国对于汇往中国的以上各种汇回均征收10%的预扣税。

表6-10列出了母公司的红利、专利费和利息收入的现金流。

表 6-10　　天信集团的红利、专利费和许可证费及利息收入现金流

项目进度	第0年	第1年	第2年	第3年	第4年	第5年
①现汇汇率（元/美元）	7	6.73	6.47	6.22	5.98	5.75
红利汇回						
②红利支付（万美元）	0	0	0	62.94	297.89	400.45
③红利预扣税	0	0	0	6.29	29.79	40.05
④净红利汇回（万美元）	0	0	0	56.65	268.10	360.41
⑤净红利汇回（万元人民币）	0	0	0	352.50	1 604.23	2 073.59
专利费汇回						
⑥支付专利费和许可证费（万美元）	0	500.00	576.80	665.40	767.60	885.50
⑦专利费和许可证费预扣税（万美元）	0	50.00	57.68	66.54	76.76	88.55
⑧净专利费和许可证费汇回（万美元）	0	450.00	519.12	598.86	690.84	796.95
⑨净专利费和许可证费汇回（万元人民币）	0	3 028.85	3 359.69	3 726.67	4 133.74	4 585.27
债务服务						
⑩债务利息汇回（万元人民币）	0	350	350	350	350	350
⑪债务利息预扣税（万元人民币）	0	35	35	35	35	35
⑫债务本金汇回（万元人民币）	0	0	0	0	0	3 500
⑬债务总现金流（万元人民币）	0	315	315	315	315	3 815

说明：（1）第1年到第4年的会计账面之所以均表现为亏损，是因为前两年的会计账面亏损可以结转至下一年抵扣税收，所以它并不意味着现金流为负。事实上，从第1年到第5年的现金流都是正的，所以，母公司可以要求天信（美国）公司按照会计报表利润将全部红利汇回。因此，第②行红利支付在利润为正时，等于表6-4的最后一行，利润为负时无款项汇回，即为0。

（2）③=②×10%。

（3）④=②-③。

（4）⑤=④×①。

（5）支付专利费数额来自表6-4。

（6）⑧=⑥-⑦，⑦=⑥×10%。

（7）⑨=⑧×①。

（8）⑬=⑩-⑪+⑫，⑪=⑩×10%。

将天信集团在本项目中的期初投资、经营期间的利息、专利费、红利和零部件出口收益、项目期末价值合并，就是从天信集团角度出发的项目净现金流。将之贴现求和，即为该项目从母公司角度出发的项目净现金流。

在这里，我们要讨论一下贴现率的问题。根据财务部的测算，天信集团的加权平均资本成本为12.75%，但是，该项目无疑是一个海外投资项目，作为对海外投资项目国家风险的调整，天信集团财务部决定将项目的投资收益率调高4%，即将贴现率调高到16.75%，也就是说，因为存在海外投资的国家风险，项目必须有更高的收益

率，否则不足以让企业承担额外的国家风险到海外去投资。

表 6-11 即从母公司角度出发做出的投资天信（美国）公司的项目净现值的估算。

表 6-11　天信（美国）公司项目的现值估算：从母公司角度出发（单位：万元人民币）

项目进度	第 0 年	第 1 年	第 2 年	第 3 年	第 4 年	第 5 年
①净红利汇回	0	0	0	352.50	1 604.23	2 073.59
②净专利费和许可证费汇回	0	3 028.85	3 359.69	3 726.67	4 133.74	4 585.27
③债务利息及本金汇回	0	315	315	315	315	3 815
④总出口净利润	0	100.95	111.96	124.16	137.71	152.75
⑤五年后的净现值	—	—	—	—	—	15 542.21
⑥初始投资	−17 500	—	—	—	—	—
⑦净现金流	−17 500.00	3 444.80	3 786.65	4 518.33	6 190.68	26 168.82
⑧净现值	6 447.18					

注：(1) ⑦=①+②+③+④+⑤+⑥。

(2) 第⑧行在第⑦行的基础上，以16.75%贴现求和，得出 NPV，并可求得内部收益率为 27%。

结论：从母公司的角度看，该项目 NPV 和 IRR 较天信（美国）公司都更好。

11. 净现值估算——考虑母子公司的业务竞争

我们在上面的估算中其实并没有全面考虑新工厂建立之后与原有企业之间可能存在的协整效应或者竞争关系。如果本项目存在协整效应并将之考虑进去的话，当然是锦上添花，不会改变对项目的判断。但是，如果存在竞争关系，就有可能改变项目的盈亏结果。这里，我们假设项目有竞争性，并以此为例重新估算项目的净现值。

假设在天信（美国）公司成立之前天信集团就从中国向美国出口，且年销售量稳定在 3 万台。天信（美国）公司成立后，原来所有的客户全部转向天信（美国）公司，3 万台销售量全部损失。根据集团公司财务处的精确核算，过去三年平均每出口一台同型号压缩机的单位净现金流是 175 元人民币。以此作为第 1 年的单位净现金流，此后按照 3%的通胀率进行调整，可以算出该项目给母公司造成的损失的总现金流如表 6-12所示。

表 6-12　母公司损失的出口价值

项目进度	第 1 年	第 2 年	第 3 年	第 4 年	第 5 年
损失的销售量（万台）	3	3	3	3	3
单位净现金流（元人民币）	175.00	180.25	185.66	191.23	196.96
损失的总现金流（万元人民币）	525.00	540.75	556.97	573.68	590.89

说明：损失的总现金流=损失的销售量×单位净现金流。

将表 6-11 和表 6-12 合并，得到在考虑损失销售量的前提下从母公司角度出发的现值估算，即表 6-13。这里的贴现率仍然用天信集团加权平均资本成本加 4%，即16.75%。

表6-13　　考虑损失销售量情况下的估值：从母公司角度出发　（单位：万元人民币）

项目进度	第0年	第1年	第2年	第3年	第4年	第5年
①未考虑损失销售量情况下的净现金流	−17 500.00	3 444.80	3 786.65	4 518.33	6 190.68	26 168.82
②损失的总现金流	0	−525.00	−540.75	−556.97	−573.68	−590.89
③考虑损失销售量情况下的净现金流	−17 500.00	2 919.80	3 245.90	3 961.36	5 617.00	25 577.93
④现值	−17 500.00	2 500.90	2 381.34	2 489.28	3 023.27	11 791.82
⑤净现值	4 686.61					

说明：(1) ③=①+②；

(2) 第④行为第③行按16.75%贴现的现值。

(3) 第⑤行为第④行之和。

结论：即使考虑到母公司与子公司之间的竞争，该项目从母公司角度看仍然是财务上可行的。当然，这一竞争不影响子公司，所以也不会影响子公司的财务可行性。

12. 敏感性分析

我们对该项目做一个敏感性分析，来看一看某些关键要素的预测如果不准确的话，是否会出现项目亏损的可能性。

在本项目的财务可行性研究过程中，有很多数据是根据企业自身的历史数据计算而来的，应该说真实可靠。真正意义上的预测，主要是销售量与汇率。而本项目是中国投资美国的项目，我们预测人民币连续升值5年。我们认为，出现比这个预测结果更为悲观的情况（人民币升值更为猛烈）的概率似乎要小于更为乐观的情况，也就是说，人民币也许无法升值到1美元兑换5.75元人民币。如果是这样，那么项目的盈利状况只会更好，所以，可以不用分析汇率的敏感性变化。我们决定对销售量变化这个敏感性因素进行分析。

从表6-14可知，从项目的角度来看，如果销售量的年增长率不能达到我们预期的12%，那么在增长率低至10.5%～11%时，项目就会出现NPV为负的情况。可以说，项目的风险还是不小的。

表6-14　　从项目角度出发基于销售量增长率变化的敏感性分析

销售量增长率	12%	11.5%	11%	10.5%	10%
净现值（万美元）	123.54	72.84	22.87	−26.40	−74.96

但是，从母公司的角度来看，情况就要乐观得多。这也是因为母公司从该项目中的利益获得并不仅仅在红利汇回一项。从表6-15可知，从母公司角度来看，如果项目销售量的年增长率达不到预期的12%，那么根据敏感性分析，只有当其降到5%甚至5%以下时，才会影响到项目的盈利性，而这还是在调高加权平均资本成本的基础上得到的结论。事实上，当销售量的年增长率为5%时，从母公司角度进行评估的内部收益率仍然有16.21%，高于母公司12.75%的加权平均资本成本。

表 6-15　从母公司角度出发基于销售量增长率变化的敏感性分析

销售量增长率	12%	11%	10%	9%	8%	7%	6%	5%
净现值（万元人民币）	6 447.18	6 033.04	5 080.59	4 146.50	2 899.33	1 682.95	649.70	−281.00
内部收益率	27%	26.51%	25.12%	23.74%	21.81%	19.79%	17.97%	16.21%

思考题

1. 讨论在什么条件下国外子公司资本支出的净现值为正，而从母公司的角度来看却是一个无利可图的项目？

2. 梦想公司计划在印度尼西亚建立全资子公司。该项目的预计周期为 5 年。由于当地政府鼓励外商投资，因此可以提供利率较低的当地货币贷款。该项目计划总投资为 2 200 亿印度尼西亚盾（当地货币），其中设备投资为 2 000 亿印度尼西亚盾，按 10 年匀速折旧。剩余 200 万印度尼西亚盾作为项目的营运资本并在第 0 年年末投入。新建公司资本将由 60%的所有者权益和 40%的负债构成。其中，权益全部由母公司提供。负债中 50%由母公司提供，剩余 50%来自当地银行的优惠贷款。梦想公司以印度尼西亚盾表示的全权益资本成本为 20%，当地贷款的利率为 4%，每年年末支付利息，5 年后偿还本金。母公司贷款为人民币形式，期限也为 5 年，利率为 8%，偿还方式与当地贷款相同。投资时（0 时刻）汇率为 1 400 印度尼西亚盾兑 1 元人民币，预计未来 5 年人民币相对印度尼西亚盾将以每年 3%的速度升值。债务适用的贴现率为 9%。根据预测，该项目第 1 年总收入为 2 000 亿印度尼西亚盾，未来每年将以 5%的速度增长。按照以往经验，可变成本为总收入的 20%，不变成本为总收入的 30%。净营运资本为该年销售收入的 10%，项目终值（未贴现）为第 5 年无杠杆自由现金流的 4 倍。公司在印度尼西亚适用的所得税税率为 30%。试从项目角度计算该项目的净现值。

3. 在第 2 题中，如果梦想（中国）公司以人民币表示的加权资本成本为 12%，该项目所有利润全部汇回母公司，印度尼西亚政府不征收预扣税，且该项目的投产不影响母公司原有的业务，请从母公司角度计算该项目的净现值。

4. 以上计算都是在没有考虑国家风险的基础上进行的。如果你要将国家风险考虑进去的话，那么它是体现在主权溢价上，还是体现在汇率上呢？你的理由是什么？

5. 本章的案例用 APT 法来处理资本成本问题。学完本章以后，请和同学交流一下，这一方法有哪些好处？

参考资料

[1] 斯蒂芬·A. 罗斯等．公司理财．8 版．北京：机械工业出版社，2009.

[2] 蒂姆·科勒，马克·戈德哈特，戴维·威赛尔斯．价值评估——公司价值的衡量与管理．4 版．北京：电子工业出版社，2007.

[3] 戴维·K. 艾特曼，阿瑟·I. 斯通希尔，迈克尔·H. 莫菲特．跨国公司金融．9 版．北京：北京大学出版社，2005.

第7章

跨国兼并收购的案例

本章重点

1. 兼并收购创造价值的途径
2. 计算兼并收购的协整效应
3. 计算兼并收购中的整合费用支出
4. 估算兼并收购目标企业的价值
5. 确定兼并收购估值的贴现率

关键词

协整效应　　收购价格　　收购溢价　　中介费

正如我们在第3章所讲的，跨国兼并收购是海外投资的一条重要途径。随着企业国际化程度的进一步提高，以及母国和东道国金融环境的进一步开放，许多企业在进行海外投资的时候会考虑采取兼并收购的方法来加快扩张的步伐，以增强自己在国际上的竞争力。这一章希望通过一个例子，说明如下几点：第一，跨国兼并收购是以创造价值为目的的，因此，收购的代价要以不高于兼并创造的价值为限。第二，在兼并收购中，如何衡量兼并收购所创造的价值，即如何对协整效应估值？第三，如何确定加权平均资本成本？

因为更多关于现金流计算的技术我们在前一章已经有所交代，有关加权平均资本成本的计算也已在第5章详细讨论过，所以本章只是针对兼并收购创造价值的相关内容进行详细叙述，而略去现金流计算中的普遍问题和加权平均资本成本计算中的问题。本章不分小节，只是分段地将一个例子的详细解答展现给大家。

飞鱼（美国）公司打算在中国西部地区收购一家上市的汽配企业来削减其日益上升的各项成本费用，整合其在汽配行业的利益。企业之所以要兼并收购，是因为兼并收购可以为企业创造价值，即使不能立刻实现，也能在预期的将来给企业带来价值的增加。有时候兼并收购能立刻带来价值增加，有时候需要假以时日，才能实现兼并收购的战略意义。

兼并收购为企业创造价值的途径不同。有的兼并收购是横向收购，在这种情况下，消除竞争、整合品牌、扩大原材料收购、整合销售渠道、信息和管理共享等，可以为企业带来更高的销售量和更低的成本。有的时候收购是纵向的，这时，整合上下游利润，整合上下游资源，就可以减少交易成本，提高效率，增加利润。

但是，兼并收购是有代价的，那就是“收购价格”，该价格中包含一定比例的中介机构的服务费用，最主要的是投行的提成。一般而言，被收购企业获得的收购价格要比它当时的市场价格高，这被称为收购溢价，这是对退出者的弥补，同时也是对兼并收购创造的价值的贴现。财务分析工作就是要将兼并收购的溢价和其创造的价值进行比较，兼并收购能为企业创造的价值就是收购溢价的最高限。

在兼并收购的财务分析中，我们坚持使用市场价值作为参照。理由是，如果企业是上市公司，那么股东对企业的投资回报的预期，就是以市场作为参照来决定的。上市公司的股东面临的风险和收益都是市场化的，其投资选择的行为也是市场化的。所以，企业市值就是股东们衡量风险收益之后的均衡价值。

我们对兼并收购的财务评价，分为如下几个步骤：

第一步：向各部门确认兼并收购的价值创造，以现金流衡量兼并收购的价值创造。

第二步：以收购方的全球加权平均资本成本来对价值创造现金流进行贴现。

第三步：考虑到中介费用，计算出收购最高价。

下面的例子是飞鱼（美国）公司收购我国A上市公司的财务分析过程。首先我们来看A公司的现状。我们可以通过A公司近年来的财务指标来了解其经营状况。

表7-1是在A公司2012年、2013年、2014年和2015年四年的利润分配表的基础上，整理出来的相关财务指标。

表7-1　　　　A公司的重要财务指标

	2012年	2013年	2014年	2015年
①销售收入（万元人民币）	12 600	13 600	14 600	15 700
②销售收入增长率（%）	—	7.9%	7.4%	7.5%
③可变成本（万元人民币）	4 460	4 774	5 300	5 621
④可变成本占销售收入的比重	35.00%	35.10%	36.30%	35.80%
⑤固定成本（万元人民币）	5 065	5 685	6 030	6 610
⑥固定成本占销售收入的比重	40.2%	41.8%	41.3%	42.1%
⑦EBITDA（万元人民币）	3 074	3 142	3 270	3 470
⑧EBITDA利润率	24.4%	23.1%	22.4%	22.1%
⑨折旧及摊销（万元人民币）	428	476	482	565
⑩折旧及摊销占销售收入的比重	3.40%	3.50%	3.30%	3.60%
⑪EBIT（万元人民币）	2 646	2 666	2 789	2 905
⑫EBIT利润率	21.0%	19.6%	19.1%	18.5%
⑬利息支出（万元人民币）	680	666	759	864
⑭利息支出占销售收入的比重	5.40%	4.90%	5.20%	5.50%
⑮税前利润（万元人民币）	1 966	1 999	2 029	2 041

续前表

	2012 年	2013 年	2014 年	2015 年
⑯应交所得税（万元人民币）	491	500	507	510
⑰净利润（万元人民币）	1 474	1 499	1 522	1 531
⑱销售净利润率	11.7%	11.0%	10.4%	9.8%

说明：(1) 2013 年的销售收入=2012 年的销售收入×（1+销售收入增长率），依此类推；

(2) 表中第一行销售收入为事先设定的数据，②由①计算得出，2011 年的销售收入（表中未列出）为 11 743万元；

(3) ④=③/①；

(4) ⑥=⑤/①；

(5) ⑦=①－③－⑤；

(6) ⑧=⑦/①；

(7) ⑩=⑨/①；

(8) ⑪=⑦－⑨=①－③－⑤－⑨；

(9) ⑫=⑪/①；

(10) ⑭=⑬/①；

(11) ⑮=⑪－⑬=①－③－⑤－⑨－⑬；

(12) ⑯=⑮×25%；

(13) ⑰=⑮－⑯=①－③－⑤－⑨－⑬－⑯；

(14) ⑱=⑰/①。

从财务报表中可以看出，A 公司的业绩一直稳步增长。2015 年年末总市值为 1.378亿元，以 2015 年的净利润算，其市盈率（P/E）是 9 倍。

2012 年下半年开始的股价暴跌，给兼并收购带来了机会。从市场角度来讲，没有好的投资机会，再低的估值也不意味着一定有交易，因为一般来讲，投资人需要看到更好的投资机会才会把现有的资产变现来进行投资。在市场低迷时，最大的问题就是整个市场几乎没有更好的投资机会，或者说市场充满悲观情绪。在这种情况下，现金充足的企业从战略投资角度出发进行兼并收购，或许是一个机会。

现在，飞鱼（美国）公司认为，投资中国 A 公司的时机到了。飞鱼（美国）公司认为，此项兼并收购能给企业带来很大的协同效应。所谓协同效应，是指收购企业与被收购企业在合并之后，为了同一个目标进行生产而创造的价值，将超过其各自单独进行经营创造的价值之和。在这里，飞鱼（美国）公司认为，其协同效应包括两个方面：一是成本降低，二是收益增加。表 7－2 是成本降低的协同效应，表 7－3 是收益增加的协同效应。

表 7－2　　成本协同效应估算

	2016E	2017E	2018E	2019E	2020E
可变成本占销售收入的比重	30%	30%	30%	30%	30%
固定成本占销售收入的比重	36%	36%	36%	36%	36%

从表 7－1 中，我们可以算出，在过去的四年中，可变成本占销售收入的比重四年平均为 35.7%。如果企业合并，由于统一采购部分原材料，那么采购价格会降低，从而可变成本会降至 30%。

同样，根据表 7-1 中的数据，我们可以算出过去四年中固定成本平均占比为41.4%。如果企业合并，通过统一管理、精简人员，可以节省管理费用。同时，因为品牌整合，广告等推广费用也会有一定程度的节省。综上，固定成本占销售收入的比重将降至 36%。

对于收入的协同效应，飞鱼（美国）公司认为，其接手 A 公司，将会提升 A 公司的品牌美誉度，加上共用销售渠道，在销售收入上会产生协同效应。按照表 7-1，A 公司过去四年中销售收入的复合增长率为7.6%，但是在兼并收购完成的前三年，预期销售收入增长率将达到 10%。此后，协同效应“释放”结束，从第 4 年起，销售收入增长率恢复正常，为 7%，如表 7-3 所示。

表 7-3　　收入协同效应估算

	2016E	2017E	2018E	2019E	2020E
销售收入增长率	10%	10%	10%	7%	7%

我们将本次兼并收购的生产成本和管理成本协同效应、收入协同效应创造的价值以现金流的方式表示出来，就有了表 7-4。

表 7-4　　并购后目标企业损益表估算

	2016E	2017E	2018E	2019E	2020E
①销售收入（万元人民币）	17 270	18 997	20 897	22 359	23 925
②销售收入增长率	10%	10%	10%	7%	7%
③可变成本（万元人民币）	5 181	5 699	6 269	6 708	7 177
④可变成本占销售收入的比重	30%	30%	30%	30%	30%
⑤固定成本（万元人民币）	6 217	6 839	7 523	8 049	8 613
⑥固定成本占销售收入的比重	36%	36%	36%	36%	36%
⑦EBITDA（万元人民币）	5 872	6 459	7 105	7 602	8 134
⑧EBITDA 利润率	0.34	0.34	0.34	0.34	0.34
⑨折旧及摊销（万元人民币）	596	655	721	771	825
⑩折旧及摊销占销售收入的比重	3.5%	3.5%	3.5%	3.5%	3.5%
⑪EBIT（万元人民币）	5 276	5 804	6 384	6 831	7 309
⑫EBIT 利润率	30.6%	30.6%	30.6%	30.6%	30.6%
⑬应交所得税（万元人民币）	1 319	1 451	1 596	1 708	1 827
⑭NOPLAT（万元人民币）	3 957	4 353	4 788	5 123	5 482

说明：(1) 表 7-4 中，从①到⑭各项的关系，与表 7-1 基本相同，即表 7-4 是兼并收购后对表 7-1 的重新评估；

(2) ③=①×④；

(3) ⑤=①×⑥；

(4) ⑩折旧及摊销占销售收入的比重为根据往年数据的预测值。

兼并收购完成之后，在被收购企业完全融入总公司进行正常、协作的生产经营之前，总是需要进行整合的。这种整合涉及从人力到设备到资金各方面。比如，部分员工需要遣散，部分设备需要更新，因为销售的变化，营运资本投入可能需要调整。表 7-5 和表 7-6 就是兼并收购之后整合企业所产生的各项投入预算。其中，表 7-5 为营运资本补充投入估算。假设营运资本的需求为当年销售收入的 10%，那么，由于兼并收购之后，企业的销售收入增加了，其所需要的营运资本也会增加，为此，需要补充投入一些营运资本，营运资本的运用将不计入损益表，不会影响销售净利润，但是会影响现金流，所以单独估算，并在最后计算项目的自由现金流时用到。具体到表 7-5，我们将下一年的营运资本需求量减去本年的营运资本需求量，就得到在本年年末需要补充投入到下一年的营运资本。

在这里，要讲一讲本例的计算思路。在本例中，我们是用间接法来估算现金流的。而各种成本占比是估算协同效应比较方便的办法。根据协同效应对各种销售占比的影响，可以估算出净利润。然后在此基础上进行调整，将整合所涉及的各项支出及其税收影响考虑进去，得到兼并收购之后的经营利润。在此基础上调整营运资本投入，得到兼并收购后企业的自由现金流，如果将设备更新等资本性投入及其折旧也计算进去的话，就是比较完整的兼并收购的现金流了。将此现金流贴现，就得到了考虑了这一兼并收购项目的各项支出和收益的项目现金流。其贴现和，就是该兼并投资收购价的最高估值。如果卖方的出价高于此贴现和，那么兼并收购将会在财务上失败，反之，则意味着被收购方被低估，收购方得到了一个好价格。当然，对于出售的一方，溢价总是越高越好。但只要有收购溢价，就有可能达成交易，实现双赢。因为兼并收购是可以创造价值的，而这一部分创造出来的价值，就可以在谈判中有弹性地由收购方与被收购方分享。

表 7-5　　营运资本补充投入估算　　（单位：万元人民币）

	2015	2016E	2017E	2018E	2019E	2020E
净营运资本	1 570	1 727	1 900	2 090	2 236	2 392
净营运资本增加	157	173	190	146	157	0

说明：(1) 净营运资本＝（表 7-4 中销售收入）×10%；

(2) 净营运资本增加为下一年的净营运资本减去本年的营运资本，我们知道，营运资本的补充投入需要在年初或者说前一年年底进行。

表 7-6 是整合的其他各种成本与支出的估算，包括品牌重建的支出、更新设备的支出和部分员工遣散费。

表 7-6　　其他成本与支出估算　　（单位：万元人民币）

	2016 年年初	2016E	2017E	2018E	2019E	2020E
品牌重建的支出（预期为销售收入的 2%）	0	345	380	418	447	478
更新设备的支出	306	596	655	505	540	0
部分员工遣散费	2 500	0	0	0	0	0

这里先解释表 7-6 中更新设备的支出是怎么算出来的。我们在一开始，假设折

旧占销售收入的比例出入不大，兼并收购之后，由于销售量增加，设备是需要更新以便在一定程度上增加产量的。为此，我们锁定折旧的占比为3.5%，并假设设备都是按10年匀速折旧的。那么将每年的折旧额乘以10，就可以粗算出当年的设备净值。当年的设备净值和上年的设备净值之差，就相当于上年的新增设备额。因此，在表7－6中，更新设备的支出其实就是从折旧额倒推出来的新增设备额。这样，新增设备投资就和折旧的计算比较统一了。因为这一投资是从折旧倒推来的，可以说在计算利润时，折旧的税收影响就考虑在先了，所以这里只是估算投资额，在表7－7讨论支出税盾时，这一部分的支出就不考虑了。但由于上述支出中，品牌重建支出和员工遣散费可以在当期直接计入成本，故可增加税盾价值。而设备更新的支出需要进行资本化处理，相应的成本已在折旧中体现，故无须再考虑其对税收的影响。

如果兼并收购是在2015年年底谈成的，那么2016年的损益估算就都是预测出来的。假设谈成兼并收购之后，立即进行交易并同时进行重大人员整合，那么势必会在2016年年初或者在2015年年底形成较大规模的支出现金流。我们将这些兼并完成之初就形成的现金流记为第0年的支出，在用贴现现金流（DCF）法进行价值计算时，这些支出就不用贴现了。在表7－6中我们记为2016年年初。

表7－6的第一项支出是品牌重建的支出，包括品牌的重新包装、公关、咨询等费用，预计这项支出至少在兼并收购的前5年都会持续发生。该表的第三项是部分员工遣散费用，包括部分高管和中层管理人员的裁减，所以费用不少。

表7－6中的第一项和第三项支出是兼并收购活动产生的支出，不是常规支出，所以我们单列出来，因此在损益表中就没有体现这部分支出，从而由损益表中净利润间接计算出来的现金流中就没有考虑到这部分支出的税收影响。我们应该考虑到，因为有这一部分支出，所以利润会减少，从而税收会减少，所以，在现金流中不仅增加了这部分特殊款项的支出，而且因此减少了相应的税收。我们将表7－6中第一项和第三项支出的税收影响考虑进去之后，再计算其现金流，就得到表7－7。

表7－7　　除去对税收的影响后表7－6各项支出的净现金流　　（单位：万元人民币）

	2016年年初	2016E	2017E	2018E	2019E	2020E
品牌重建的支出	0	259	285	313	335	359
更新设备的支出	306	596	655	505	540	0
部分员工遣散费	1 875	0	0	0	0	0
其他现金成本合计	2 181	855	940	818	875	359

将上述各项现金流合并，用DCF法进行并购后企业价值的估算，结果如表7－8所示。

表7－8　　并购后目标企业价值估算　　（单位：万元人民币）

	2016年年初	2016E	2017E	2018E	2019E	2020E
①NOPLAT	0	3 957	4 353	4 788	5 123	5 482
加：②折旧	0	596	655	721	771	825

续前表

	2016年年初	2016E	2017E	2018E	2019E	2020E
减：③净营运现金流增加	157	173	190	146	157	0
④其他现金成本合计	2 181	855	940	818	875	359
⑤自由现金流	−2 338	3 525	3 878	4 545	4 863	5 948
⑥加：五年后公司价值	—	—	—	—	—	17 845
⑦总现金流	−2 338	3 525	3 878	4 545	4 863	23 793
净现值估算						
⑧现值系数	1	0.909	0.826	0.751	0.683	0.621
净现值	−2 338	3 205	3 205	3 414	3 321	14 774
NPV（企业价值）	25 581					
债务价值	5 000					
股权价值	20 581					

说明：(1) ①和②从表7-4来；

(2) ③从表7-5来；

(3) ④从表7-7来；

(4) ⑤=①+②-③-④；

(5) ⑥按照2015年自由现金流的3倍估算；

(6) ⑦=⑤+⑥；

(7) ⑧按10%的贴现率计算；

(8) NPV=债务价值+股权价值。

关于目标企业的估算，我们要说明以下几点：

(1) 估值的贴现率用加权平均资本成本（WACC）来计。这里，我们直接给出WACC的估算值（10%）。之所以用加权平均资本成本，是因为考虑到这一次兼并收购是一次横向的兼并收购，目标企业的资本结构原本就与收购方相似，投资者人群也比较相似甚至有重合。兼并收购完成后，企业的加权平均资本成本不会有很大的变化。至于WACC的计算过程，和第5章中所讲的内容没有什么不同，也比较复杂，涉及对企业股权资本、债务资本的市场价值估算和全球化考量。本章因为重点介绍兼并收购创造价值的计算，所以直接给出了收购企业的全球化加权平均资本成本。

(2) 在计算NOPLAT时，要注意对利息的处理。用WACC充当贴现率对企业估值时，我们是同时关注企业的股权资本收益和债务资本收益的。因此，在估算企业价值的过程中，我们必须将利息支出也看成自由现金流的一部分，因为它代表着流向债权人的现金流。最终的自由现金流应该是流向股权人和债权人的现金流的总和。所以，在计算时，我们可以有两种计算方法。第一种方法是，先将利息从EBIT中扣除，以便计算出税收，然后再将考虑了利息税盾的利息现金流加回，计算出企业的自由现金流；第二种方法是，在一开始计算税收时，就直接用EBIT做税基来计算，这样计算出来的税后现金流，就是已经包含了考虑税盾之后的利息现金流的，和第一种方法计算出来的结果是完全一致的。在本例计算中，我们采取的是后面一种计算方法，即直接用EBIT乘以税率计算税收，然后计算NOPLAT。

（3）WACC衡量的是企业的平均资本成本，是投资者对被投资企业或项目要求的最低回报，也就是均衡的回报水平。这里的投资者既包括股权投资者，也包括债权投资者。与之相对应的概念是企业价值，它等于企业股权价值和债务价值的总和。在以上案例中，我们首先估算了企业价值，然后减去其中的债务价值部分，从而得出企业的股权价值。具体在计算时，我们使用WACC来贴现项目的自由现金流（其中既包括股权投资者获取的经营现金流，也包括债权投资者获得的利息现金流），计算出项目的现值为255 810 000元人民币。其中，企业的债务价值，我们一般简单地以账面债务余额来计算。2010年年末目标企业债务账面价值为5 000万元人民币，如果兼并收购不影响企业负债的话，那么兼并收购以后，企业的债务价值就是5 000万元人民币。用该项目的NPV减去债务价值，就得到投资该项目的股权价值205 810 000元人民币。在本例中，为了解释利息的处理，我们保留企业原来的债务。但是，在实际操作中，因为债权人的放债是针对借款人的信用的，如果企业被收购了，债务可能会被收回，这在借款合同的条款中往往会有规定。为了维持企业的正常运转，收购方也许会再度发债，也许在集团内部融资，如果是这样，那么对债务的处理就会发生变化，需要根据实际情况来具体处理。

思考题

1. 考虑下面一段话：学术界通常把价值定义为未来自由现金流的现值，而公司则通常把收益或者利润作为价值的定义。

（1）请说明现金流和利润之间的主要区别。

（2）如何把损益表中的净利润转化为自由现金流？

2. 梦想公司计划收购法国一家经营不善的轮胎公司，该公司在2012—2016年这五年中经营业绩持续下滑，公司2012—2016年的自由现金流（单位：万欧元）如下：

2012年	2013年	2014年	2015年	2016年
1 000	920	870	800	750

据梦想公司调查，该公司业绩下滑是因为管理不善。梦想公司预计，通过调整管理团队，在最乐观的情况下，公司可以将未来每年的自由现金流保持在2012年的水平。在最悲观的情况下，未来自由现金流仅能达到过去五年的平均值。公司的加权平均资本成本为14%。请估算该公司的收购价格区间。

3. 越来越多的企业通过兼并收购来扩大市场份额，你认为这种方式可以获得哪些协同效应？

4. 学完本章和第6章以后，你会发现做绿地投资的项目预算和做兼并收购的价值评估，使用的方法有很多不同。比如，在处理收益时，绿地投资按项目销售量及其增长率来算，同时考虑和母公司的竞争问题，而兼并收购则根据原企业的收益，加上协同效应带来的收入增长来计算；在处理折旧问题时，绿地投资根据投资的总额来折旧，而兼并收购则是按原企业折旧占收入总额的比例来估算；等等。请你画张表，将这些诸多的不同总结出来，并思考为什么会存在这些不同？课本上采用这些不同的方法，有什么针对性？通过思考，希望你能建立起处理不同问题的信心。

5. 本章和第 6 章在考虑项目期末价值时，使用的方法都是按照期末现金流的一定倍数（比如 3 倍）来计算。现在请你考虑如下问题：

（1）如果用永续年金的方法来计算，你可能会给项目估一个多高的永续增长率？

（2）照此增长率，期末价值为期末现金流的多少倍？

（3）考虑到项目出售时可能出现的困难和成本，加上保守估计的原则，期末价值可以调整为期末现金流的多少倍？

（4）你的估算和实践中 3～4 倍的做法有多大差距？如果差距比较大，请和同学、老师讨论你的想法。

参考资料

[1] 艾伦・C. 夏皮罗．跨国公司财务管理基础．5 版．北京：中国人民大学出版社，2006.

[2] 蒂姆・科勒，马克・戈德哈特，戴维・威赛尔斯．价值评估——公司价值的衡量与管理．4 版．北京：电子工业出版社，2007.

PART 3

第3部分

跨境融资

第3部分跨境融资，主要介绍跨国公司在海外融资的几种重要渠道。和在国内融资一样，海外融资也分股权融资和债务融资两大类。股权融资即企业让渡自己的股权，获取投资者的资金投入，与投资人利益共享、风险共担。债务融资是企业的负债，企业获取债权人的资金借款，并按债务合约还本付息。股权融资的渠道有公募和私募两种，公募即公开募集，是向社会不特定的公众公开募集股份，其最重要的渠道就是上市发行股票。本部分第8章介绍跨境上市，以及跨境股权融资的一些创新做法。与公募相对应，私募则是向特定的机构和个人募集股份，第9章介绍跨境私募股权融资。债务融资最传统的渠道是发行企业债或向银行借款，第10章介绍企业海外发债、跨境借款，以及欧洲债券和欧洲银行贷款。与一般教材的不同之处是，本书第10章用了一节的篇幅介绍国际金融组织贷款。传统债务融资是企业信用，这对那些特大型的工程项目而言并不合适，本部分第11章将主要介绍一种逐步被推广和接受的债务融资方式——租赁。

第8章

跨境股权融资——跨境上市

本章重点

1. 企业跨境上市的优势
2. 全球股票市场的发展与现状
3. 中国企业为什么要选择海外上市
4. 中国企业在海外上市的现状
5. 中国概念股在海外的表现
6. 企业上市实务

关键词

首次公开发行	境外上市	多国挂牌	交叉上市	股利殖利率
市净率	市现率	市盈率	市销率	权益回报率
红筹架构	可变利益实体	电子公告板	中国概念股	上市辅导

本章主要介绍企业境外上市的相关知识。随着资本市场的国际化的深入发展，境外上市成为企业寻求国际资本的一条越来越重要的途径。不同的国家，不同的市场，给不同的企业提供了不同的选择。本章第一节“境外上市的优势”分析企业选择到境外去上市，或者在多个国家上市的理由。第二节介绍全球股票市场的发展和现状。第三节“中国企业境外上市的现状”介绍中国企业海外上市，在香港上市及A+H股交叉上市，即境内A股和香港H股同时上市的情况，还用了一些篇幅讨论中国概念股在海外的表现。第四节“企业上市实务”讨论企业在上市决策时需要考虑的因素，并介绍中国企业在本土市场直接公开发行（initial public offer，IPO）的步骤，以及到海外市场直接公开发行、借壳上市和存托凭证三种可选的方式。

上市是一个复杂的工程，企业从打算上市到最后成功上市，需要经历两三年的时间，在中国的市场上，往往需要更长时间（一般认为是五年左右）的努力，还需要投行、券商、审计师事务所和律师事务所的帮助。由于上市是企业融资的主要渠道，企业的财务主管很可能是上市领导小组（或者上市办公室）的重要成员甚至领导，因此他/她非常有必要了解全球股票市场的方方面面，以及上市的程序。同时，上市融资也有成本，融资的金额也会因为定价的不同而有区别。财务主管的重要任务，也包括上市定价，虽然投资银行和券商在整个过程中也充当着财务顾问的角色，但是定价的策略还是要公司自己来定夺。关于上市定价的财务方法，将在第四节讨论。

8.1 境外上市的优势

如果企业有长期、大额的资金需求，就会考虑上市，但是，通过私募股权融资或者发行长期企业债券也一样可以解决长期、大额的资金需求问题，只是发债是企业负债，在企业资产不够充足或者负债率已经很高的情况下，发债不容易成功。而与私募相比，上市也具有特殊的优势。根据上海证券交易所的总结（请参看上海证券交易所官网），企业如果能够成功上市，可以享受如下好处：

（1）丰富融资渠道、增强融资信誉。为企业筹集到进一步发展壮大的资金，使企业稳步做大做强；有助于企业提高自身信用，享受低成本的融资便利；让企业拥有更丰富的融资、再融资渠道。

（2）规范企业运营、吸引优秀人才。可以帮助企业规范治理结构、完善各项管理制度，提高运营效率；利用股票期权等方式实现对员工和管理层的有效激励，有助于企业吸引优秀人才，增强企业的发展后劲。

（3）证明企业实力、提升企业形象。上市是对企业管理水平、发展前景、盈利能力的有力证明；通过报纸、电视台等媒介，可提高企业知名度，提升企业形象，扩大市场影响力。

（4）发现股票价值、增强其流动性。借助市场化评价机制发现企业股票的真实价值；增强股票流动性，是兑现投资资本、实现股权回报最大化的有效途径。

但是上市也会带来一些问题，具体体现在以下几个方面。

（1）信息披露的要求，使企业无商务秘密可言，甚至企业的股东、高管也成为公众人物。

（2）持续的信息披露是有成本的，如审计和律师的费用；维持与投资者的关系也需要投入，如公关费用。

（3）股票市场会因为各种原因发生波动，甚至大幅波动，这在一定程度上会影响企业的经营决策。

（4）上市企业有可能成为恶意收购的对象。

以上是企业在国内上市融资的好处和问题分析，这些分析在跨境上市中基本适用，但跨境上市还有一些特殊的优势。

一些企业可能不仅选择上市，而且选择境外上市。境外上市指一家企业在境外的股票市场挂牌上市，而交叉上市（cross listing）则是指一家企业不仅在国内上市，还在其他一个或多个国家（境外地区）上市。企业选择境外上市一般基于如下考虑：

（1）扩大本公司在国际市场上的知名度。在交易所挂牌本身就是一个强有力的广告，足以彰显企业的实力。如果能在海外市场挂牌，无疑能扩大公司在国际市场上的知名度。对于新兴市场国家的企业，这一理由似乎更加重要。对于发展中国家的企业而言，如果能到发达国家交易所上市，甚至多国挂牌，那么不仅可以在上市国起到宣传作用，而且可以鼓舞国内投资者，美化企业声誉，提高企业股价。

（2）给投资者以更大的信心。如果一家公司达到了不同国家的证券管理制度和信息披露制度的要求，在不同国家挂牌上市，尤其在成熟市场国家成功上市，那么投资者倾向于认为该企业在公司治理上一定有所改进，这将坚定投资者的信心。不同国家证券制度的要求各不相同，但总的来说为保护投资者利益，都有信息披露的要求。有些企业，比如家族企业，为了保守商业秘密，或者考虑到调整报表来满足上市的要求太麻烦，或者考虑到某些因素不愿意披露其盈余，都放弃了上市。在美国，一些企业由于上述原因，也可以选择将其股权交易限定于大机构之间而不在交易所挂牌，这样只需要满足美国证券交易委员会的144A规则即可，这一要求要比挂牌上市宽松很多。中国的柜台股权交易也类似。可见，一家企业愿意接受不同国家证券监管机构的披露要求，足以表明其在公司治理结构上的合理改善，以及对投资者的诚意。

（3）在海外上市可以扩大股票的投资者基础，挖掘潜在的股票需求，培养更广阔的融资渠道，增强其股票流动性及提高股票价格。不同国家的股市虽然有一定相关性，但也会出现“东方不亮西方亮”的情况。如果能在不同国家上市，那么企业的融资渠道将不受个别股市的限制，可以在需要资金的时候选择在不同国家增发股票或者登记发债。

（4）拥有更加宽泛和多样化的投资者基础，从而可以降低公司遭受恶意收购的可能性。企业上市的一个弊端就是可能遭遇恶意收购，使原有股东丧失对董事会的控制权，从而丧失对企业的控制权。虽然企业高价收购本公司的股份可以在一定程度上挽回局面，但是这样做却又意味着企业在财务上会遭受巨大的损失。事实上，为了争夺董事会而进行的股权争夺，必然伴随股价的节节攀升。我国1999年的胜利股份之争，使得上市公司的股价上涨了200%。其他类似事件的发生，无论在中国股市还是在美国股市，无疑都伴随着股价的飙升。交叉上市可以让上市公司拥有更加多样化的投资者，从而使恶意收购变得十分困难。

（5）不同股票市场的上市条件不同，为企业尽早上市融资提供了更多的机会。比如美国的纳斯达克市场，由于其要求的上市企业市值相对较小，对那些急需资金来扩张的高科技企业、互联网企业来说是绝好的机会。这些企业有了好的项目、好的创意之后，就可以迅速在纳斯达克上市，获得资金融通，为企业争取到宝贵的市场先机，而不需要等到企业自己慢慢做成巨型企业。在中国创业板推出之前，企业上市所需的时间比较长，受到各种上市条件的限制，所以很多中国的互联网企业就选择到纳斯达克上市，比如百度、新浪、盛大、九城，还有土豆等。当然，在纳斯达克上市的企业不仅仅是互联网企业，很多微电子、新能源、信息技术、农业科技、传媒等领域的企业也选择在纳斯达克上市。

（6）全球股市不同的平均市盈率、市净率等，反映了不同市场对不同行业的市场溢价，跨境上市或交叉上市可以让企业在满足上市条件的基础上选择融资成本更低的市场发行股票。当然，企业此时需要更加充分地了解不同市场的要求，衡量自身的条件，再做出分析和决策。

表8-1是全球部分国家和地区股票市场的收益和市场价值数据。

表 8-1　全球部分国家和地区股票市场收益和市场价值数据（2008 年 10 月 31 日）

国家与地区	股市市值*（百万美元）	股利殖利率（%）	市净率	市盈率	市销率	权益回报率	通货膨胀率*
美国	11 359 391	3.14	1.76	11.39	0.91	15.09	2.90%
日本	2 911 796	2.8	0.95	10.36	0.41	9.18	0.10%
英国	1 962 510	6.5	1.5	7.08	0.72	21.23	2.30%
中国	1 644 933	3.33	1.43	8.83	1.14	16.24	4.80%
法国	1 363 419	6.48	1.21	8.92	0.56	13.58	1.50%
德国	1 038 304	4.68	1.23	7.99	0.49	15.43	2.30%
加拿大	1 016 085	3.58	1.66	11.84	1.14	13.96	2.10%
瑞士	898 490	2.84	1.86	12.66	0.97	14.36	0.70%
澳大利亚	620 195	6.09	1.7	11.49	1.16	14.78	2.30%
巴西	540 348	2.24	1.63	8.52	1.1	19.15	3.60%
西班牙	538 638	5.48	1.42	8.68	0.91	16.3	2.80%
意大利	517 981	8.18	0.89	7.02	0.52	12.66	1.80%
印度	495 185	1.87	2.06	9.67	1.22	21.34	6.40%
韩国	439 721	2.55	1.03	8.48	0.43	12.46	2.50%
俄罗斯	403 062	2.68	5.75	4.42	1.12	140.2	9.00%
中国香港	394 710	5.12	0.91	6.7	1.67	13.4	2.00%
中国台湾	380 411	7.68	1.06	7.63	0.58	13.76	1.80%
瑞典	256 856	6.21	1.19	7.81	0.69	15.24	2.20%
荷兰	253 059	6.32	1.23	6.98	0.44	17.66	1.60%
墨西哥	237 061	2.12	2.02	9.72	1.13	20.71	4.00%
南非	210 519	4.67	1.77	8.79	0.93	20.21	6.50%
新加坡	179 745	5.89	0.96	7.29	0.89	13.16	2.10%
芬兰	159 107	6.14	1.64	8.04	0.67	20.43	2.50%
比利时	149 571	13.38	0.59	4.53	0.19	12.86	1.80%
挪威	148 804	4.71	1.22	6.87	0.65	18.09	0.80%
马来西亚	145 307	5.6	1.29	7.7	1.15	16.79	2.00%
丹麦	137 539	2.65	1.65	10.04	0.85	16.46	1.70%
以色列	101 853	3.99	1.6	10.74	1.11	15.11	0.50%
土耳其	100 039	5.1	1.12	5.6	0.53	19.85	8.70%
智利	98 023	3.53	1.85	15.62	1.18	11.83	4.40%
希腊	86 734	5.69	1.1	6.34	0.78	17.3	2.90%

续前表

国家与地区	股市市值*（百万美元）	股利殖利率（%）	市净率	市盈率	市销率	权益回报率	通货膨胀率*
波兰	83 033	5.36	1.29	7.47	0.73	17.32	2.50%
泰国	78 608	7.73	0.97	6.86	0.52	14.16	2.20%
奥地利	78 554	5.25	0.72	6.79	0.5	10.43	2.20%
葡萄牙	64 558	6.12	1.45	8.25	0.72	17.58	2.40%
印度尼西亚	64 410	5.32	1.6	9.47	1.12	16.89	6.30%
卢森堡	61 510	5.55	0.9	5.04	0.46	18.15	2.30%
摩洛哥	59 675	2.76	3.75	22.26	2.79	17.57	2.00%
哥伦比亚	58 720	2.34	1.08	15.31	1.51	7.06	5.50%
爱尔兰	48 979	10.07	0.82	4.32	0.39	18.98	4.90%
阿尔及利亚	48 217	4.26	3.06	12.02	1.76	26.05	5.40%
捷克	43 300	6.23	2.05	11.06	1.59	17.92	2.90%
菲律宾	41 475	4.3	1.25	8.9	1.16	14.09	2.80%
埃及	38 986	5.51	1.73	7.09	1.69	24.37	9.50%
秘鲁	36 391	6.7	2.1	7.53	1.63	27.97	1.80%
约旦	23 441	1.74	1.8	14.44	2.21	12.64	5.40%
阿根廷	22 544	1.84	1.18	6.81	0.6	17.33	8.80%
新西兰	20 907	6.95	1.3	11.55	0.97	11.24	2.40%
巴基斯坦	19 326	6.41	1.69	6.53	0.83	25.82	7.60%
匈牙利	17 652	2.86	1.21	5.6	0.68	21.61	8.00%
斯洛文尼亚	8 553	2.18	1.47	13.86	0.68	10.62	2.80%
冰岛	5 731	2.65	0.69	4.97	0.65	13.8	5.10%

* 均为 2007 年的数据。

资料来源：根据清科数据库资料整理而得。

在表 8-1 中，各市场的数据为该市场各股票的平均数据。

股利殖利率（dividend yield）是总资产红利率，即以年每股分红除以每股总资产，或者年红利除以总资产。它代表该市场总资产的分红比例。

市净率（price/book ratio，P/B ratio）是每股价格除以每股净资产。

P/cash flow 即市值除以现金流。

市盈率（price/earning，P/E）是每股价格除以上年每股收益（earning per share，EPS），或者市值除以盈利（利润）。

市销率（price/sales，P/S），是市值除以销售收入，或者每股价格除以每股收入。

权益回报率（return on equity，ROE），是每股净利润除以每股净资产。

8.2 全球股票市场的发展和现状

自 17 世纪初全球首个股票交易所荷兰的阿姆斯特丹证券交易所成立并印制全球第一只股票东印度公司股票以来，全球的股票市场已经发展了四百多年。不仅交易所和上市公司数量以及交易价值大幅增加，而且股民群体也有了较大的发展。更多的企业选择在股票市场挂牌交易的同时，也有更多的居民和机构通过股市进行投资理财。1971 年成立的美国纳斯达克市场，旨在给中小企业和创新企业创造更多、更快捷的上市融资机会。同于 1990 年成立的中国深圳证券交易所和上海证券交易所，改变了亚洲甚至全球股票市场的板块，给全球股市的发展注入了新的活力。仅这三个证券交易所，在成立以来的二十多年里，就有近 4 000 家企业挂牌上市。到 20 世纪末，全球股票市场的总市值就已经超过了世界总产出。

总结全球股票市场发展的新趋势，我们可以得出以下几点。

1. 股票市场规模扩大，全球股票市值超过世界总产出

表 8-2 是全球部分国家和地区及交易所的股票市场总值，以及各大交易所的股票市场指数。一些股票市场有不止一个指数，这里介绍现今最常用的指数。比如，纽约证券交易所（简称纽交所）以前比较常用的有道琼斯工业指数、标准普尔 500 指数（S&P 500）。表中的 NYSE Composite Index 即纽交所综合股指，是 1996 年起由纽交所编制的包含纽交所1 500只股票的指数。伦敦证券交易所的指数主要参考伦敦金融时报的指数，有 FTSE 100、FTSE 350，FTSE All Share 是包括全部股票的伦敦金融时报指数。其他的如纳斯达克综合指数（NASDAQ Composite Index）、东京证券交易所的日经指数（Nikkei Stock Average）、香港恒生指数（Hang Seng Index）、德国法兰克福指数（DAX）、台湾加权指数（TAIEX）都是很有代表性的。

表 8-2　　全球部分国家和地区股票市场总值与股票市场指数

地区	交易所	市场总值（百万美元）		股票市场指数
		2015 年	2014 年	
美洲	百慕大	1 850	1 601.48	RG/BSX Index
	巴西交易所	490 534.105 5	843 894.195 3	Bovespa Index
	布宜诺斯艾利斯	56 134.6340 7	60 142.036 74	General Index
	圣迭戈	190 352.002 4	233 245.467 6	IGPA
	哥伦比亚	85 955.454 65	146 745.684 8	IGBC
	利马	56 555.703 38	78 839.855 54	General Index (ICBVL)
	墨西哥	402 253.279 9	480 245.322 2	IPC CompMX
	纽约证券交易所	17 786 787.43	19 351 417.24	NYSE Composite Index
	纳斯达克	7 280 752.17	6 979 171.95	NASDAQ Composite Index
	多伦多证券交易所集团	1 591 928.592	2 093 696.797	S&P/TSX Composite Index

续前表

地区	交易所	市场总值（百万美元）		股票市场指数
		2015 年	2014 年	
亚太地区	澳大利亚	1 187 083.454	1 288 708.339	ASX/S&P All Ordinaries
	孟买证券交易所	1 516 216.706	1 558 299.687	BSE-500 Index
	马来西亚	382 976.654 6	459 004.367 2	FBM EMAS
	科伦坡	20 804.109 49	23 665.120 43	All Share Price Index
	胡志明证券交易所	51 876.653 91	46 067.022 28	VN Index
	中国香港	3 184 874.223	3 233 030.588	S&P/HKEx Large Cap Index
	雅加达	353 270.958 4	422 127.047 4	Jakarta Composite Index
	日本交易所集团	4 894 919.12	4 377 994.368	Nikkei Stock Average
	韩国	1 231 199.763	1 212 759.464	KOSPI
	印度国家股票交易所	1 485 088.616	1 520 925.105	S&P CNX 500
	新西兰	74 350.500 27	74 415.694 86	NZX 50
	菲律宾	238 819.941 9	261 840.670 4	PSE Index
	上海	4 549 288.033	3 932 527.676	SSE Composite Index
	深圳	3 638 731.292	2 072 419.987	SZSE Composite Index
	新加坡	639 955.899	752 831.009	FTSE Straits Times Index
	泰国	348 798.008 9	430 426.61	SET Index
	中国台北交易所	83 027.050 73	84 822.470 1	TAIEX
	中国台湾证券交易所	744 999.664	850 943.073 2	TAIEX
欧洲、非洲和中东	阿布扎比证券交易所	111 936.730 3	113 739.994 6	Abu Dhabi Index
	安曼	25 452.405 89	25 554.861 5	ASE 100
	雅典	42 079.578 23	55 154.271 54	ATHEX Composite Price Index
	巴林证券交易所	19 251.069 52	22 219.1	BB ALL
	马德里	787 192.285 8	992 913.613 3	BCN Global-100
	伊斯坦布尔	188 861.885 8	219 762.563 1	ISE 100
	卡萨布兰卡	45 927.922 64	52 746.804 59	MASI Float
	塞浦路斯	2 692.395 105	4 031.001 936	CSE General Price Index
	德国	1 715 800.492	1 738 539.061	CDAX
	迪拜	83 937.38 392	87 858.943 64	FMG
	埃及	55 191.87 025	70 083.650 58	EGX30 Index
	泛欧证券交易所	3 305 901.442	3 319 062.197	AAX All Share Index、BAS、PSI General、SBF 250
	爱尔兰	128 008.850 5	143 465.827 7	ISEQ Overall Index

续前表

地区	交易所	市场总值（百万美元）		股票市场指数
		2015 年	2014 年	
欧洲、非洲和中东	南非约翰内斯堡证券交易所	735 945.169 1	933 930.701 5	FTSE/JSE All Share Index
	哈萨克斯坦	34 891.875 23	22 973.440 12	KASE
	卢森堡	47 131.381 12	63 167.509 68	Lux General Price Index
	马耳他	4 405.321 241	3 641.747 338	MSE Index
	莫斯科	393 237.755 2	385 926.683 2	MICEX Index
	马斯喀特证券市场	41 123.169 14	37 948.775 4	MSM 30
	纳斯达克北欧交易所	1 268 042.33	1 196 725.424	OMX Nordic All Share-PI
	尼日利亚	49 973.880 42	62 766.306 94	NSE All Share Index
	奥斯陆	193 895.745	219 369.670 3	Oslo Bors Benchmark Price Index
	卡塔尔	142 556.463 3	185 860.281 8	QSI
	沙特阿拉伯	421 060.066 1	483 115.509 7	Tadawul All Share Index
	瑞士	1 519 323.456	1 495 314.199	Swiss Performance Index
	毛里求斯	7 238.553 998	8 751.017 953	SEMDEX
	特拉维夫	243 903.684 3	200 524.990 4	TA 25
总数		62 699 258.57	63 496 031.37	

说明：(1) 作者在整理各市场总值时采用了取整的处理方式。

(2) 世界证券交易所联合会统计的 2015 年和 2014 年市场总值的总数分别为 626 992.6 亿美元和 634 960.3 亿美元，因为本表中并未穷尽所有市场，所以这两项总数并不是表中各项的加总。

(3) “交易所”一列中如列出的是地区名，则指当地的交易所的数据；如列出的是国家或地区名，则指该国或地区的主要交易所的总数据。

资料来源：根据世界证券交易所联合会的数据整理而得。

2. 相对于各国的经济发展水平和金融发展程度，全球的股市发展并不一致

我们可以从表 8-3 中看到，美国 2015 年的股票市值为 25.07 万亿美元，已经超过了美国当年的国内生产总值 16.19 万亿美元，英国股票市值为 3.27 万亿美元，而英国当年的国内生产总值为 2.53 万亿美元，其股票市值是 GDP 的约 129%，而中国深沪两市的股票市值总额为 8.19 万亿美元，占我国同期 GDP（约 10.39 万亿美元）的 78.84%。[①] 可见，作为历史最悠久（成立于 1773 年）、现在仍然是世界最大的股票交易所之一的伦敦证券交易所，其股票市值占本国 GDP 的比重偏高，为 129.14%，而德国因为传统上更加重视债务融资，其股票市值占 GDP 的比重只有 50.86%。与印度（141.75%）、中国香港（1 163.78%）和韩国（99.77%）等亚洲国家和地区及发展中国家相比，中国的股票市场还有一定的发展空间。表 8-3 是美

① 此处美国和英国的国内生产总值数据采用的是美国中央情报局的数据。

国、英国、日本、德国、俄罗斯、澳大利亚、韩国、巴西、印度、中国、中国香港和中国台湾的股票市值和 GDP 以及二者之比。

表 8-3　　2015 年部分国家和地区股票市值与 GDP

国家和地区	GDP（百万美元）	GDP 排名	股票市值（百万美元）	股票市值/GDP
美国	16 197 960	1	25 067 539.6	154.76%
日本	4 817 520	3	4 894 919.12	101.61%
德国	3 373 300	4	1 715 800.492	50.86%
英国	2 532 050	6	3 270 000	129.14%
巴西	2 503 870	7	490 534.105 5	19.59%
俄罗斯	2 109 020	9	393 237.755 2	18.65%
印度	2 117 280	8	3 001 305.322	141.75%
澳大利亚	1 598 070	12	1 187 083.454	74.28%
韩国	1 234 040	14	1 231 199.763	99.77%
中国	10 385 660	2	8 188 019.326	78.84%
中国台湾	—	—	828 026.714 8	—
中国香港	273 667	39	3 184 874.223	1 163.78%

说明：(1) 股票市值以某国家或地区的证券交易所（一家或多家）的市值之和代表。有的国家或地区（比如澳大利亚）只有一个交易所，有的国家或地区有不止一家交易所，则只选取最重要的几个交易所来统计。

(2) 股票市值和 GDP 数据均精确到百万美元，数据取整处理。股票市值/GDP 比值精确到 0.01%，四舍五入处理。由于在计算时多次四舍五入或者取整处理，计算结果可能会有微小出入。

(3) 很多中国内地的股票在中国香港上市，但这里采用的是香港联交所全部股票市值与香港本地的 GDP 之比。

资料来源：世界证券交易所联合会。

3. 随着经济全球化和一体化的发展，越来越多的企业寻求海外上市，也有越来越多的国家接受海外企业在本国上市融资

表 8-4 的数据同样来自世界证券交易所联合会，是主要国家或地区股票交易所截至 2016 年 8 月份的上市本土公司数、境外公司数合计。从表 8-4 中可以看到有一些国家和地区，上市的境外公司比本土公司还要多。在发达国家的成熟市场中，英国市场和美国市场是相对比较开放的。2016 年前 8 个月，伦敦证券交易所有 491 家境外公司上市，占其上市公司总数（2 622 家）的 18.7%；而美国纳斯达克上市的境外公司数为 382 家，占总上市公司数（2 871 家）的 13.3%。因为新加坡向亚洲邻国的开放程度更高，所以有很多中国内地企业、香港企业在那里上市，其 767 家上市公司中就有 283 家境外公司，境外公司占比达到 36.9%，其中约 20%是中国公司。而日本市场和德国市场就相对封闭一些，德国 599 家上市公司中只有 61 家境外公司，占 10.2%；而日本大阪和东京两市一共有 3 525 家上市公司，只有 8 家是境外公司，占比不到 1%。我国深沪两市虽然已经在讨论加快开放的步伐，允许境外公司上市融资，但是就目前来讲，这还是一个在讨论中的话题。

表 8－4　2016 年主要国家和地区证券交易所上市的公司总数、本土公司数及境外公司数

（单位：家）

地区	交易所	2016 年上市公司数（截至 2016 年 8 月）		
		合计	本土	境外
美洲	多伦多证券交易所集团	3 441	3 389	52
	纳斯达克	2 871	2 489	382
	纽约证券交易所	2 322	1 834	488
	巴西	352	341	11
	利马	342	215	127
	圣地亚哥	309	222	87
	加拿大	144	137	7
	其他	358		
亚太地区	孟买证券交易所	5 576	5 575	1
	日本	3 525	3 517	8
	澳大利亚	2 068	1 947	121
	韩国	2 008	1 992	16
	中国香港	1 926	1 829	97
	印度	1 831	1 830	1
	深圳	1 806	1 806	0
	上海	1 124	1 124	0
	中国台湾	901	826	75
	新加坡	767	484	283
	泰国	649	649	0
	其他	4 411		
欧洲、非洲与中东	马德里（BME）	3 553	3 526	27
	伦敦证券交易所	2 622	2 131	491
	泛欧证券交易所	1 057	938	119
	华沙	889	857	32
	纳斯达克北欧	848	813	35
	德国	599	538	61
	特拉维夫	453	430	23
	伊斯坦布尔	386	385	1
	约翰内斯堡	377	306	71
	德黑兰	321	321	0

续前表

地区	交易所	2016 年上市公司数（截至 2016 年 8 月）		
		合计	本土	境外
欧洲、非洲与中东	埃及	254	251	3
	安曼	225	225	0
	雅典	224	220	4
	其他	2 822		

说明：美洲 2016 年上市公司数总计为 10 139 家；亚太地区 2016 年上市公司数总计为 26 592 家；欧洲、非洲与中东 2016 年上市公司数总计为 14 630 家，三者之和为 51 361 家。“交易所”一列中如列出的是地区名，则指当地的交易所的数据；如列出的是国家或地区名，则指该国或地区的主要交易所的总数据。

资料来源：世界证券交易所联合会。

4. 近几十年来，全球股市在动荡中发展

图 8－1 是 1973—2016 年，美国、英国、德国、日本、中国和中国香港的股指变动图。我们选取了美国的纽交所综合股指、纳斯达克综合股指、伦敦金融时报 100 指数（FTSE 100）、德国法兰克福指数（DAX）、日经 225 指数、上证综指和香港恒生指数自 1973 年来的变化趋势。从该图中我们可以看到，股市几度出现高速发展的态势，也经历过泡沫破灭进而崩盘的惨淡，而且全球股市也呈现出一定的同步性。整个 20 世纪 90 年代，股市在波动中上升，美国“9·11”事件之前达到顶峰，之后全球股市深度调整，各股指跌幅高达 30%～50%。此后股市几乎呈 V 形恢复，在 2007 年又达到了前所未有的高度。2008 年波及全球的金融危机使得股市再次急跌，近几年有缓慢复苏的迹象。

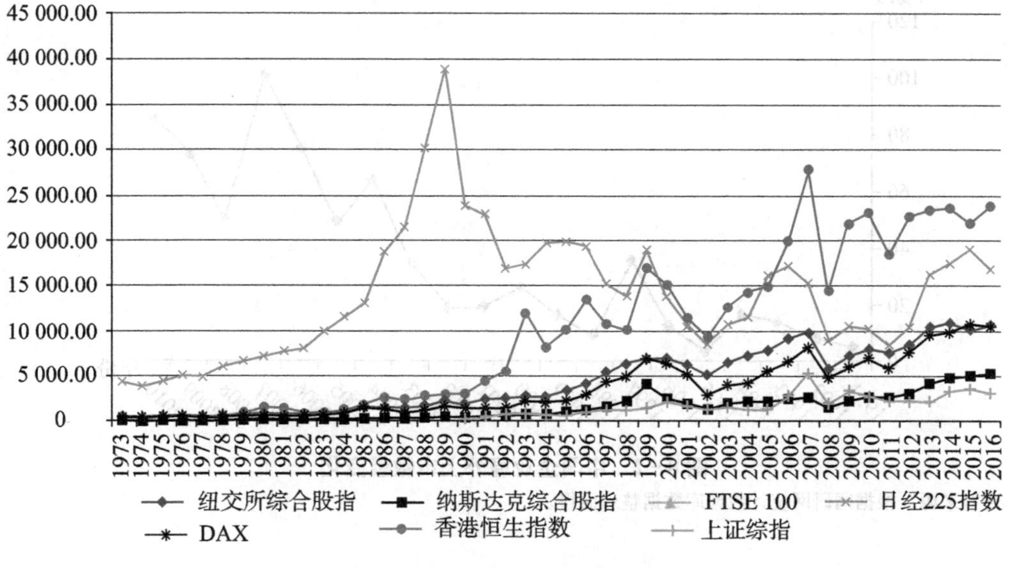

图 8－1 全球主要股票指数变动图

说明：2016 年上证综指取的是该年 9 月 30 日收盘价，其他指数取的均是该年 10 月 7 日收盘价，其余年份数据均取自该年最后一个交易日的收盘价。

资料来源：Wind 数据库。

8.3 中国企业境外上市的现状

随着中国的改革开放，以及海外资本市场对中国的开放，中国企业开始到境外市场上市融资。中国企业选择去境外上市，与第一节里讨论的企业选择境外上市和交叉上市的理由大体是一致的，只是中国企业还有一些比较特殊的原因，比如当年选择将国内的优质央企改制后拿到香港上市等。我们先通过几个图表来看一下中国企业境外上市的数量、趋势和结构，从而了解中国企业融资国际化的发展现状。

1. 中国企业自 20 世纪 90 年代开始，以迅猛的速度开始了在境外上市融资的步伐

图 8－2 是按时间来统计的中国企业境外上市状况，可以从中看到中国企业赴境外上市的发展速度以及发展趋势。这里需要说明一下，图中最早期的境外上市，基本上都是中国内地的企业到中国香港市场上市。香港于 1997 年回归祖国，之前对人民币实施较今天更为严格的管制，因此，当时企业在香港上市被划为“境外融资”、港币被作为外币处理是可以理解的。

通过 20 余年的发展，中国企业在境外的上市也成为全球股票市场，尤其是亚洲地区股票市场的重要部分，同样，境外上市也成为中国企业通过股票市场融资的重要渠道。以 2010 年来看，该年共有 491 家中国企业在股票市场上募集资金，募集资金额约合1 068.69亿美元，占全球 IPO 募集资金额的四成，成为全球 IPO 之首。而在此次 IPO 的 491 家中国企业中，347 家在境内市场实现 IPO，融资金额约合 718.08 亿美元，144 家中国企业在境外实现 IPO，融资金额为 349.80 亿美元。

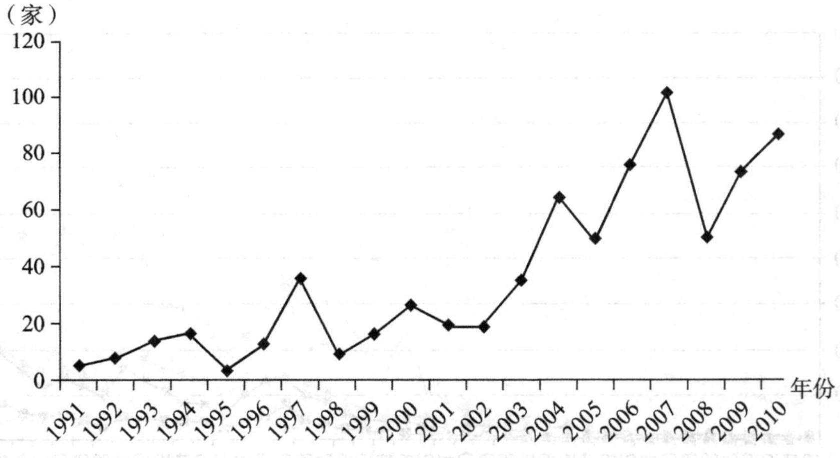

图 8－2　中国企业境外上市数量变化

资料来源：根据国研网统计数据库数据整理而得。

2. 中国企业在全球上市融资的区域布局显示出很强的国际化趋势

表 8－5 是截至 2011 年 6 月中国企业在境外各交易所上市的数量。其中伦敦高增长市场跟我们熟悉的纳斯达克市场一样，也是专门为中小企业和高增长的创新企业设立的市场。在那里有 46 家中国企业上市。当然，除了在中国香港上市的 273 家中国

企业外，在美国和新加坡的交易所上市的中国企业最多。美国纳斯达克市场有146家中国公司上市，而在新加坡交易所主板市场有166家中国企业上市。

表8-5　　中国企业在境外各交易所上市的数量（截至2011年6月）

代码	交易所	中国企业境外上市数量（家）	占比
AIM	伦敦高增长市场	46	6.04%
AMEX	美国证券交易所	17	2.23%
FWB	法兰克福证券交易所	25	3.28%
HKEX	香港交易所	273	35.83%
LSE	伦敦证券交易所	5	0.66%
NASDAQ	美国纳斯达克市场	146	19.16%
NYSE	纽约证券交易所	65	8.53%
SESDAQ	新加坡交易所自动交易与报价市场	16	2.10%
SGX Mainboard	新加坡交易所主板市场	166	21.78%
TSE	东京证券交易所	3	0.39%

说明：表中所列中国企业境外上市数量总计为762家。

资料来源：根据国研网统计数据库数据整理。

3. 在香港上市的企业，央企、优质企业比较多，而且行业分布广泛而全面，它们成为香港股票市场非常重要的组成部分

内地央企在政府支持下到香港上市最早在20世纪90年代初启动。之前香港作为一个金融和消费型的城市，其股票市场比较缺乏重工业、化工行业、航空工业、通信交通业的企业，为提升香港股票市场的国际地位，政府在国有企业中挑选符合各种条件的企业，对其进行改制后拿到香港上市。从1993年第一批青岛啤酒等9家企业开始，我国兴起了内地企业赴香港上市的“浪潮”，而且民营企业也逐步参与进来。截至目前，共有多家内地企业在香港成功上市。这些企业覆盖了金融（如工农中建四大行，中国人寿和平安保险等保险公司）、电信（如中国电信、中国联通等）、能源（如中石油、中石化、神华等）、矿产（如中铝、紫金矿业等）、重工业（如马钢等）、航空（如国航、东航、南航等）、铁路（如成渝高铁）等各行业，成为香港股票市场的重要部分。

要了解内地企业在香港上市的情况，需要介绍和讨论几个问题，即改制问题、红筹架构问题和“A+H”股的价差问题。

（1）改制问题。这里说的“改制”，是中国企业境外上市前的一个特殊的准备阶段，是指那些准备上市的企业按照新公司法（在新公司法出台之前，按照上市地的相关法律）进行股份制改造，重新搭建股东结构和公司治理结构。之所以这么做，是因为中国的国有企业，或者是在新公司法出台前成立的公司，其公司股东的结构不清晰、不完善，公司治理结构缺失，无法满足境外市场和投资者的要求。比如说，当时的全民所有制企业对于谁是股东、所谓的“全民”如何行使股东权利、对企业管理层怎样监管，没有一个清晰的构架，到境外上市很难让投资者明白到底谁是企业的股东，由谁、通过怎样的渠道来行使股东权利，如果投资这样的企业，那么其股东权利如何得到保障。完善公司治理结构需要企业建立“三会”，即股东大会、董事会和监事会。因为过去中国内地的公司制度并不完善，所以打算上市的公司需要先改制再上市。

内地企业到香港上市面临的另一个困难是会计报表体系不同，难以进行财务披露。诸多问题摆在面前，如果将一个有相当历史的内地企业全部改造，并重新整理其历史报表，则工作量太大。因此，一些企业采用了搭建红筹架构的方式在香港上市。

(2) 红筹架构问题。先说红筹股，其实就是指内地国有企业的股票。

由于国内企业的复杂结构和复杂历史，建立一个全新的符合香港证券市场投资者要求的企业结构就成为一个更容易的选择，这就是搭建“红筹结构”。简单地解释搭建红筹结构，就是在香港或者英属维尔京群岛、开曼群岛等地建立特殊目的公司，使该特殊目的公司控股内地企业，然后以该特殊目的公司的名义在境外上市。第一，特殊目的公司按照上市地——比如香港——的法律来成立，并以当地的会计制度来建立会计体系并提交会计报表；第二，特殊目的公司控股国内企业，可以占有国内企业利润作为投资者回报；第三，特殊目的公司只是在法律上控股内地企业，内地企业的生产、经营、盈利都还在国内，是事实上的“红色”资本。如此一来，上市程序得以大大简化。

受到2003年证监会取消红筹架构境外上市的境内审批程序的政策刺激，搭建红筹架构的做法受到企业青睐。因为国内A股上市要受到数量限制，并且审批结果难以把握，所以通过搭建红筹架构赴境外直接上市成为许多企业的首选。但是，搭建红筹架构的做法，也容易被用来转移资产（将国内资产转移到国外，将国家资产转移给个人），造成国有资产的流失。因此，2006年9月8日，商务部等六部委发布的《关于外国投资者并购境内企业的规定》（简称“10号文”），遏制了这一趋势。随着深圳证券交易所创业板的推出，境内融资渠道放宽，加上国内市场的高市盈率，境外上市开始出现向国内上市回归的趋势。

(3) “A+H”股的价差问题。企业同时在A股市场和香港市场（H股）上市，就是所谓“A+H”股。这里的A股是和B股相对应的概念。在上海证券交易所和深圳证券交易所上市流通的普通股，就是所谓的A股。B股的正式名称是人民币特种股票，它以人民币标明面值，以外币认购和交易，在深沪两市交易。B股市场建立于1992年，建立之初只向境外投资人包括境外居民和机构开放，从2001年2月19日起，也向境内居民开放。而H股则是取“香港”英文的第一个字母，指香港股市。在A股和H股上市的企业基本上都是大盘股，在两个市场上交叉上市是企业为最大化融资数量、合理化融资渠道而做出的选择。因为A股市场的市盈率高，而H股市场的市盈率低，所以“A+H”股上市必然会产生同股同权但不同价的问题。表8-6列出了“A+H”股上市的企业2016年10月9日的股价表现。我们列出该表的另一个目的，也是让同学们了解一下内地在香港上市的部分企业名录及其行业分布。

从表8-6可以看出，同样换算成人民币标价，大多数企业的A股价格都要高于H股，有些企业的价差还很大，A股价格几乎是H股的3～5倍，这一度成为经济学家热议的话题。国外有研究表明，在芬兰、瑞士、泰国等分割市场的情况下，外资股票相对于本土股票都有溢价，但H股相对于A股却长期存在折价。总结起来，对于A股和H股价差产生的原因，大致的认识有如下几个方面：第一，两市的投资者群体不同，且供需状况不同。一般认为，香港的投资人有比较多的投资机会，选择面也比较广，而A股市场的投资者受到政策限制，投资机会比较少，因此只能热炒国内A股。第二，两市投资群体的成熟程度和理性程度不一样。一般认为，香港股市的投资者相对成熟与理性，而由于中国股市本身建立时间晚、发展时间短等原因，A股市场投资人不够成熟，缺乏理性，导致A股市场溢价过高。第三，信息不对称。因为外国投资人对中国企业的全面了解程度不够，所以出于谨慎原则，投资者会做出折价判断。第四，风险偏好假设。持这一观点的研究人员认为，A股投机氛围更浓，A股投资者风险偏好应该大于H股投资者。随着时间的推移，企业透明度增加，A股市场日益完善，投资者也日益成熟理性，以上第二、第三点应该可以逐渐改善，从而使A股和H股的价差缩小。

表8-6　A股、H股上市企业2016年10月9日的股价表现

上市企业	A股（元人民币）	H股（港元）	H股（元人民币）*	上市企业	A股（元人民币）	H股（港元）	H股（元人民币）*
万科A	26.17	19.88	17.116 68	复星医药	23.48	25.15	21.654 15
中集集团	14.07	9.45	8.136 45	白云山	24.44	19.54	16.823 94
中兴通讯	14.78	11.38	9.798 18	江西铜业	13.94	9.12	7.852 32
中联重科	4.63	2.86	2.462 46	宁沪高速	8.81	10.74	9.247 14
潍柴动力	9.21	10.98	9.453 78	深高速	8.59	8.3	7.146 3
晨鸣纸业	9.17	7.7	6.629 7	海螺水泥	16.85	22.2	19.114 2
丽珠集团	54.31	47.45	40.854 45	青岛啤酒	31.81	31.9	27.465 9
东北电气	7.22	3.19	2.746 59	福耀玻璃	16.89	23.1	19.889 1
新华制药	12.85	5.96	5.131 56	中船防务	26.77	11.96	10.297 56
广发证券	16.37	16.84	14.499 24	上海石化	5.89	3.96	3.409 56
鞍钢股份	4.52	3.96	3.409 56	南京熊猫	—	8.64	7.439 04
海信科龙	11.82	7.05	6.070 05	*ST昆机	8.03	2.81	2.419 41
金风科技	15.68	12.1	10.418 1	马钢股份	2.77	1.82	1.567 02
山东墨龙	10.8	3.74	3.220 14	海通证券	15.91	13.68	11.778 48
比亚迪	55.59	51.4	44.255 4	京城股份	9.56	3.29	2.832 69
东江环保	19.2	12.9	11.106 9	石化油服	3.88	1.66	1.429 26
浙江世宝	41.27	11.64	10.022 04	创业环保	8.76	4.48	3.857 28
华能国际	7.04	4.97	4.279 17	东方电气	9.6	6.29	5.415 69
皖通高速	12.19	6.45	5.553 45	洛阳玻璃	—	6.34	5.458 74
民生银行	9.26	8.96	7.714 56	东方证券	15.83	7.77	6.689 97
中海发展	6.5	4.64	3.995 04	招商证券	17.19	12	10.332
华电国际	4.95	3.53	3.039 33	重庆钢铁	—	2.48	2.135 28
中国石化	4.86	5.93	5.105 73	一拖股份	10.17	4.29	3.693 69
南方航空	7	4.49	3.865 89	中国神华	15.2	15.94	13.724 34
中信证券	16.12	16.86	14.516 46	四川成渝	4.73	3	2.583
招商银行	18	19.96	17.185 56	中国国航	7.24	5.41	4.658 01
东方航空	6.21	3.74	3.220 14	中国铁建	9.01	8.94	7.697 34
兖州煤业	12.45	5.94	5.114 34	广汽集团	22.3	10.34	8.902 74

续前表

上市企业	A股（元人民币）	H股（港元）	H股（元人民币）*	上市企业	A股（元人民币）	H股（港元）	H股（元人民币）*
农业银行	3.13	3.42	2.944 62	光大证券	16.24	11.8	10.159 8
中国平安	34.16	41.8	35.989 8	中国交建	11.04	8.3	7.146 3
交通银行	5.53	6.06	5.217 66	中海油服	11.89	7.75	6.672 75
广深铁路	4.08	4.12	3.547 32	新华文轩	23.9	7.8	6.715 8
新华保险	41.21	35	30.135	光大银行	3.79	3.67	3.159 87
中国中铁	7.06	5.67	4.881 87	中国石油	7.22	5.52	4.752 72
工商银行	4.43	5	4.305	中海集运	—	1.73	1.489 53
北辰实业	4.33	2.59	2.229 99	大连港	2.36	1.4	1.205 4
中国铝业	3.74	2.98	2.565 78	中煤能源	5.65	4.4	3.788 4
中国太保	28.75	29.75	25.614 75	紫金矿业	3.21	2.39	2.057 79
上海医药	19.73	21.5	18.511 5	中国远洋	5.06	2.76	2.376 36
中国中冶	3.95	2.62	2.255 82	建设银行	5.18	5.92	5.097 12
中国人寿	21.41	21.5	18.511 5	中国银行	3.37	3.63	3.125 43
长城汽车	10.69	8.03	6.913 83	大唐发电	3.84	2.16	1.859 76
华泰证券	17.95	16.32	14.051 52	金隅股份	4.32	3.06	2.634 66
郑煤机	5.93	3.74	3.220 14	中信银行	5.98	5.2	4.477 2
上海电气	—	3.77	3.245 97	洛阳钼业	3.71	1.66	1.429 26
中国中车	8.96	7.11	6.121 71				

* 按照2016年10月9日港币兑人民币汇率央行中间价0.861 0调整得到。

资料来源：Wind资讯。

无论是什么原因导致的A股和H股价差，对这一现象都大致有如下几点认识：(1) 受制于资本流动的政策限制，A股和H股在现阶段是不能相互流通的，所以两者存在价差的情况可能还会持续，而且任何人都不能通过在两市之间买卖股票来套利；(2) 先上H股再上A股，因A股同股价高，对H股股东有利无弊，所以只要A股市场投资者愿意购买，就容易被投资者接受；先上A股后上H股，由于同样原因，H股原有股东有理由认为其利益被损害；(3) A股和H股的价差缩小，A股向H股靠拢是趋势；(4) 从长远来说，“A+H”股的上市方式，有利于A股和H股股价向理性回归。

4. 中国企业的海外上市并非一帆风顺，“中国概念股”也需要加强自身建设

中国概念股是指在海外上市的在中国注册的公司，或虽然在海外注册但业务和关系主要在中国的公司的股票。这些与中国市场密切联系的企业被打上“中国概念”的标签，借助中国经济的高速增长，成为海外股票市场上投资的热点题材。多数企业在市场上表现良好，带动了中国企业的海外上市。

但是随着中国企业海外上市数量的增多，越来越多的问题也暴露出来，尤其是在纳斯达克上市的企业，2010—2011年被停牌、摘牌甚至陷入诉讼风波的企业超过20家。中国企业海外上市的问题大致说来体现在如下几个方面：

（1）企业本身质量不佳，为了吸引投资者，通过虚构业务、隐瞒信贷关系等手法做大利润，美化报表，构成财务欺诈，引发美国证监会的调查。

（2）在利润预期上做夸大陈述，存在“忽悠”投资者的嫌疑，情节严重的被质疑为“诈骗”。

（3）中国企业海外上市的中介机构在尽职调查、上市辅导方面，未尽到职责，致使上市公司不能按有关市场规定披露信息，或所披露信息与事实不符。

（4）企业管理不善，或者没有明确的和完善的盈利模式，不能实现招股说明书中所承诺的企业发展前景，导致投资者丧失信心，股票价格下降甚至跌破发行价，交易不活跃，不再有做市商愿意为其服务。

（5）在电子公告板（Over The Counter Bulletin Board，OTCBB①）借壳上市的企业，需要做反向收购，从现金上来说并不能达到融资的目的。这些企业希望借道OTCBB最终完成在纳斯达克市场或纽交所的IPO，但几乎所有的企业都不能如愿升级进入纳斯达克市场。这一现实在一定程度上冲淡了中小企业到OTCBB借壳上市的热情。

（6）中国政府对于可变利益实体（variable interests entities，VIE）模式的态度并不明确，随时可能制定政策对其进行限制。VIE模式是海外上市企业为了规避中国政府对外资介入电信增值服务、网络视频、第三方支付等行业的监管而设计的一种变通模式，简单来说，就是通过协议将国内相关实体的经营利润转移给注册在境外的合资企业。外资并不能从股权上对这些企业进行直接的控制，只能通过一系列协议来保障外资投资参股的这些企业掌握国内实体的经营利润。这一模式的政策风险显然是比较大的，所以一旦政府有加强监管的意向，市场就会比较紧张。

（7）部分企业的问题集中爆发，动摇了投资者对中国概念股的信心，加上做空势力及媒体渲染的影响，多数企业股价下跌，公司市值下降，股东利益受损。

8.4 企业上市实务

企业上市决策首先要考虑的问题是：是否愿意上市。关于这个议题，第一节介绍了上市的优势和上市带来的问题。对于一家跨国公司来讲，如果它决心上市，那么还存在选择到哪里去上市的问题。关于海外上市和交叉上市的优势，我们在第一节也做了讨论。从原则上来讲，企业做上市决策时都需要考虑到上述各因素。在财务实践中，也需要考虑到企业自身的条件、国家政策的因素和是否有特殊的诉求，据此来综合判断，从而做出合适的关于企业上市的决策。这一节就讲三个实务方面的内容：企业上市决策、上市步骤和股票定价。

---

① 在这里解释一下，美国的证券交易体系有两个，一个是交易所交易体系，包括美国证券交易所（AMEX）和纽约证券交易所。另一个是交易所外交易体系，就是我们常说的柜台交易（Over The Counter，OTC），包括纳斯达克市场、粉单市场，按照上市的难易程度以及对公司信息披露的要求高低，纳斯达克市场难，OTC市场较容易，粉单市场最容易（几乎无门槛）。因此，粉单市场是最低层级的报价系统，只要有做市商愿意报价，就可以在粉单市场交易。无疑，股票的溢价也按纳斯达克市场、OTC市场、粉单市场的顺序递减。一些不满足上市条件的企业，或者已经在纳斯达克市场上市但是因为经营、财务等原因被迫在纳斯达克市场摘牌的企业，会选择层层退到OTC市场甚至粉单市场继续交易。

8.4.1 企业上市决策

企业上市决策需要考虑的因素很多，概括说来主要从企业的主观诉求和交易所的客观条件两个方面来平衡。图8-3是一家中国企业上市的决策过程图。从图中我们可以看到，企业的规模、利润、所处行业、融资的急迫程度、海外经营计划、对股票溢价的追求以及对海外监管部门的熟悉程度和处理投资者关系的能力等，都将成为一家企业做上市决策时需要考虑的因素。柜台交易作为信息披露要求不那么严格，或者不需要强制披露信息的股权交易系统，也为不愿意或者不能上市的企业提供了一条解决股权流动性的途径，使得股权融资平台具有弹性和层次。

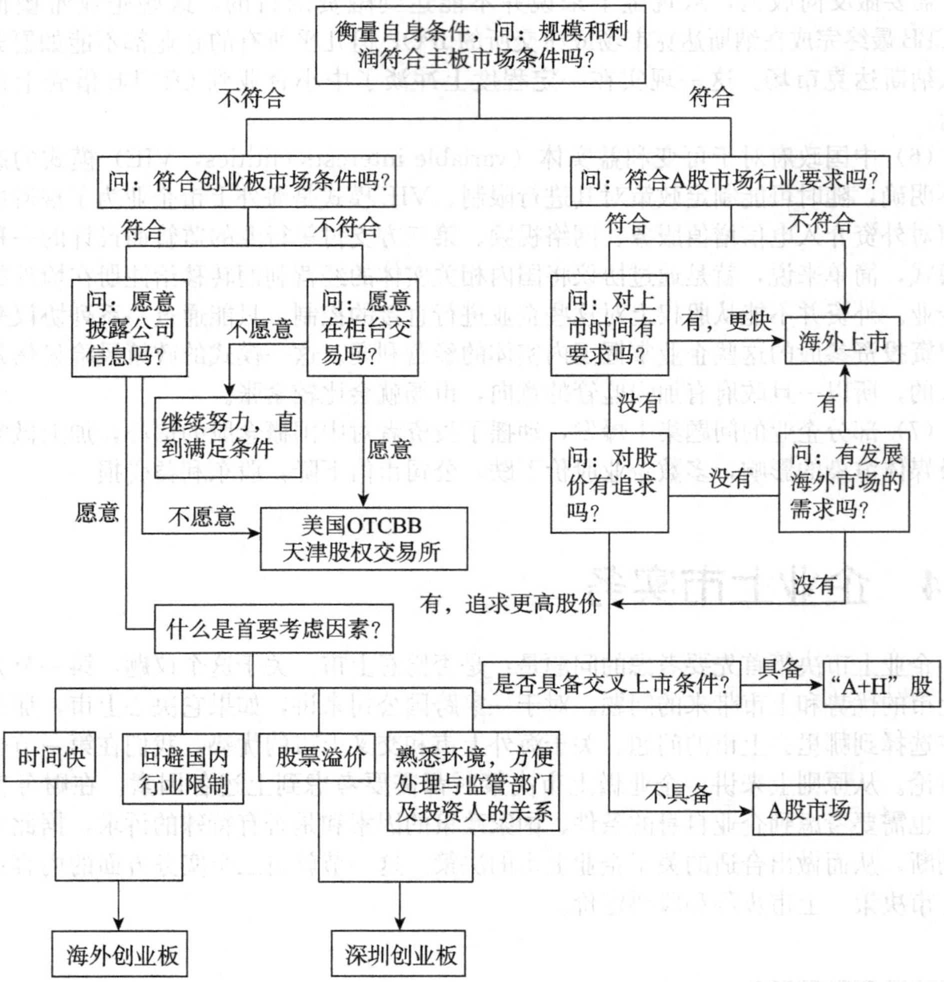

图8-3 一家中国企业上市的决策过程图

表8-7和表8-8是中国企业全球上市的最主要市场的上市条件比较。表8-7是主板市场的比较，从中可以看到各市场对于企业的营运记录、盈利状况、上市规模及公众股持股比例等方面的不同要求。

各国创业板和其主板相比，上市条件都要宽松很多。这里我们仅仅选出我国深圳创业板和美国纳斯达克全球市场的上市条件来做比较。纳斯达克有三个层次的市场：全球精选市场、全球市场和小型资本市场。其中全球精选市场要求最严格，而小型资本市场的要求则最宽松。从表8-8我们可以看出，我国的创业板虽然在规模上较A股市场要小，但与纳斯达克及其他国家的创业板不一样的是，它仍然强调企业的盈利性，并且对净资产有要求。事实上，不仅纳斯达克，其他国家的创业板也不像中国市场这样强调企业的盈利。

表8-7　中国企业全球上市的条件比较之一——主板市场

	上海证券交易所	香港联合交易所	纽约证券交易所	新加坡证券交易所
营运记录	三年业务纪录，持续经营时间应当在三年以上（有限公司按原账面净资产值折股整体变更为股份公司的可连续计算）	三年业务记录，发行人最近三年主要业务和管理层没有发生重大变化，实际控制人没有发生变更	三年业务记录，发行人最近三年主要业务和管理层没有发生重大变化，实际控制人没有发生变更	三年业务记录，发行人最近三年主要业务和管理层没有发生重大变化，实际控制人没有发生变更
盈利要求	最近三个会计年度净利润均为正数且净利润累计≥3 000万元	最近一年盈利≥2 000万港元，之前两年盈利之和≥3 000万港元	三年盈利，每年税前收益≥200万美元，最近一年税前收益≥250万美元； 或三年累计税前收益≥650万美元，最近一年税前收益≥450万美元； 或最近一年总市值不低于5亿美元的公司，收入达到2亿美元以上，三年总收益合计≥2 500万美元	过去三年累计税前利润≥750万新元，每年≥100万新元；或最近两年累计税前盈利≥1 000万新元（1新元约等于5元人民币）
最低市值和公众持股比例	发行前股本≥3 000万元； 发行后股本总额≥5 000万元，公开发行比例≥25%； 如果发行后股本总额>4亿元，则公开发行比例≥10%	市值不得少于2亿港元，公开发行比例≥25%或公众持有股份超过5 000万港元（二者取高者）； 如果发行人市值≥40亿港元，则公众持股比例不低于10%； IPO发行至少有100名股东	社会公众持有的股票数量不少于250万股； 有100股以上的股东人数不少于5 000名； 上市后市值不低于1亿美元	最低市值为8 000万新元，最少有500名股东； 若市值少于3亿新元，则公众持股比例≥25%； 若市值为3亿～4亿新元，则公众持股比例≥20%； 若市值为4亿～10亿新元，则公众持股比例≥15%； 若市值超过10亿新元，则公众持股比例≥12%

续前表

	上海证券交易所	香港联合交易所	纽约证券交易所	新加坡证券交易所
其他相关要求	最近三个会计年度经营活动产生的现金流净额累计>5 000万元；或最近三个会计年度营业收入累计>3亿元；发行前股本≥3 000万元；最近一期末无形资产占净资产的比例≤20%；最近一期末不存在未弥补亏损	主要持股人IPO之后半年内禁售		发起人持有股份在IPO之后半年内禁售，半年后至少持有原股份的50%

资料来源：作者根据公开信息整理。

表8-8　　中国企业全球上市的条件比较之二——创业板市场

	深圳创业板	纳斯达克全球市场（选择性条件）		
		条件一	条件二	条件三
上市条件摘要	持续经营时间达三年以上；最近两年连续盈利，最近两年净利润累计不少于1 000万元且持续增长；最近一年盈利，且净利润不少于500万元，最近一年营业收入不少于500万元，最近两年营业收入增长率均不低于30%；发行后市值不少于3 000万元；最后一期末净资产不少于2 000万元	股东权益不低于1 500万美元；最近一个财年或最近三个财年内的两个财年的税前盈利不低于100万美元；公众持有股份数量不少于110万股；公众持有股份市值不低于800万美元；整股股东不少于400名；股票买入价不低于5美元/股；选择至少3名做市商	公司有至少两年的经营记录；股东权益不低于3 000万美元；公众持有股份数量不少于110万股；公众持有股份市值不低于1 800万美元；整股股东不少于400名；股票买入价不低于5美元/股；选择至少3名做市商	上市证券市值不低于7 500万美元，或者总资产和总收益均不低于7 500万美元；公众持有股份数量不少于110万股；公众持有股份市值不低于2 000万美元；整股股东不少于400名；股票买入价不低于5美元/股；选择至少3名做市商

资料来源：作者根据公开信息整理。

8.4.2　上市步骤

各国交易所的上市步骤都是大致相同的。我国情况稍微特殊，新中国成立时关闭了旧交易所，新建立的交易所至今才运营几十年，各种规范正在逐步形成中。考虑到金融市场的健康和稳定发展，上市过程中的审批也会相对复杂一些，考虑因素和影响因素会多一些。因此，相对于国外市场企业上市速度可能会慢一些，但大致的步骤是差不多的。一家企业如果熟悉了在中国 A 股市场的上市步骤，那么对于在海外上市就不会完全陌生。下面，我们以一家企业在中国 A 股市场公开发行的程序为基础，同时讨论国内和海外上市的流程及其不同之处。

依照《公司法》《证券法》及中国证监会和交易所颁布的规章等有关规定，企业在中国 A 股市场公开发行股票并上市应遵循以下程序：

改制与设立股份公司：

- 企业确定上市计划或撰写改制重组方案，聘请中介对方案进行可行性论证；
- 对资产进行审计，评估；签署发起人协议和起草公司章程等文件；
- 设置公司内部组织结构，登记设立股份有限公司。

——这一步骤是我国特有的。如果我国企业需要在海外上市，则第一步应该是取得证监会的无异议函。

尽职调查与辅导（2～3 个月）：

- 保荐机构和其他中介机构对公司进行尽职调查、问题诊断、专业培训和业务指导；
- 内部管理，规范企业行为，明确业务发展目标和募集资金投向；
- 对照发行上市对存在的问题进行整改，准备首次公开发行申请文件。

——这一步各国大同小异。这里的中介机构主要是审计师事务所、律师事务所和投行。它们需根据上市地的相关法律法规的要求来指导企业，规范其内部管理。在辅导中主要关注的问题包括：日常经营的规范性问题，法人治理结构问题，财务规范问题，募集资金的用途，用人及劳资问题，纳税及补贴情况等。之后，律师和会计师均需出具报告，以确认经营的合法性，以及会计原则及财务审核同意。

申请文件的制作与申报（3～9 个月）：

- 初审：证监会正式受理申请文件后，进行初审，同时征求省级政府和国家有关部委的意见。
- 证监会向保荐机构反馈意见，保荐机构组织发行人和中介机构对审核意见进行回复或审核。
- 证监会根据初审意见对补充完善的申请文件进行进一步审核。初审结束后，进行申请文件预披露。
- 发审委审核：将初审报告和申请文件提交发行审核委员会审核。
- 核准发行：依据发审委审核意见，证监会对发行人申请作出决定。

——这一步我国要严格一些，各部委和拟上市公司所在地的地方政府都需要给出意见，所以历时也会长一些。其他各国的等待时间要短很多。比如，在纳斯达克上市，准备好公开说明书、填表并提交以后，美国证券交易管理委员会在 30 天内就会答复，如果需要修改，也会在 30 天内提出意见，即使企业的文件和表格被多次要求修改，一般也能在 8 周之内完成。

发行与上市（3～4 周）：

——这一步各国也大致相同，具体见图 8－4。

8.4.3 股票定价

最优的定价是能充分体现企业价值的定价，它能在确保上市成功和后市稳定的基础上，为企业获得尽可能多的融资。上市公司的股票定价，既有理论依据，又有适用模型，还需要参考市场供需状况。从实务的角度，大致分为如下四个步骤（见图 8－5）。

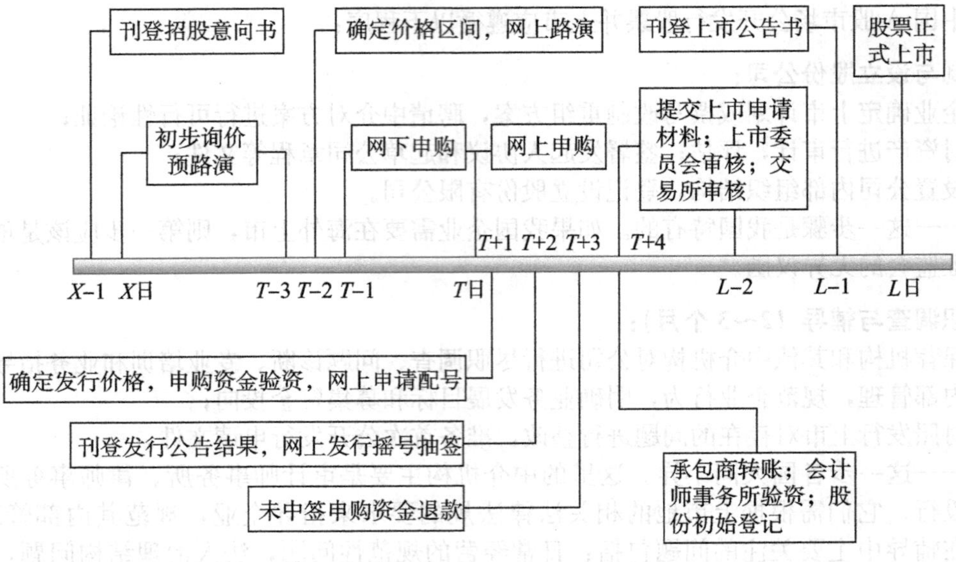

图 8－4　发行与上市流程

说明：X 日——初步询价日；T 日——网上发行日；L 日——股票发行日。

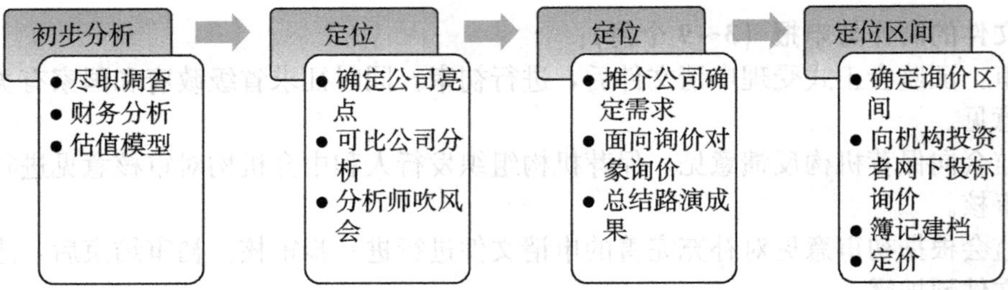

图 8－5　股票定价的步骤

这里我们要讨论一下定价使用的模型。企业和投资银行一般需要从绝对价值估值和相对价值估值两个方面对企业进行初步的定价。绝对价值估值模型的核心是之前介绍过的净现值和的计算方法。

绝对价值估值模型的核心公式是：

$$NPV=CF_0+\frac{CF_1}{1+r}+\frac{CF_2}{(1+r)^2}+\cdots+\frac{CF_T}{(1+r)^T}=\sum_{t=0}^{T}\frac{CF_t}{(1+r)^t}$$

各种不同的模型其区别在于对 CF 的取值不同。我们分别来讨论。

1. 股利贴现模型

股利贴现模型也称为高登模型，其 CF 取的是以去年的分红为基数，按照一定比例复合增长的股利。股利贴现模型在市场预测方面表现不好，虽然有诸多对于股利贴现模式的细化处理，但都不能解决该模型的内在逻辑问题：

(1) 从根本上来说，股利是对剩余价值的分配，而不是价值的创造。我们投资的根本，是追求价值创造，而价值的分配则是相对独立于价值的创造的另外一个问题。

(2) 分红决策受到董事会成员等诸多因素的影响，对未来股利的预测并不可靠。

(3) 这一模型对很多企业不适用，因为很多企业不分红。很多高增长的企业以取消分红来换取高增长，目的是创造更大的价值。

2. 贴现现金流模型

这一模型中CF取的是企业预期的自由现金流。因为有很多理论和市场实践表明，现金流充足的企业，从长期来看在市场上总是有好的表现，从而能给投资者带来更大的利益。在之前的第4章，我们曾经讨论过采用自由现金流来进行贴现的优势，在第4章、第6章和第7章都有例子说明在不同情况下，对于企业自由现金流的计算。因此，这里我们不再着力介绍具体的计算方法了。但是贴现现金流模型也存在一些问题，主要表现在：

(1) 对预测的依赖性比较强。在一个好的模型下，也需要有好的数据输入，才能得到准确的预测。这一点我们在第4章也有讨论，所以说，贴现现金流模型在预测靠谱的前提下，是一个好的模型，但很多时候预测并不靠谱。

(2) 从技术上来说，该模型中永续部分的取值会对计算结果产生较大影响，而且对永续增长率的预测很可能差之毫厘，失之千里。

3. 基于净资产的剩余收益估值模型

这一模型与贴现现金流模型的区别在于：

(1) 贴现对象不是企业自由现金流，而是剩余收益，也被称为经济增加值。

(2) 计算出剩余收益的贴现和以后，要减掉必要回报。

关于经济增加值如何计算，以及这一模型的优势和存在的问题，我们在第16章用专门的一节来讨论，在这里就不再讨论了。虽然这一模型的推广人和不少经济学家对这一模型的逻辑给予了充分的肯定，但是，用这一模型对各国股市进行预测的效果也不理想。

4. 相对估值模型

相对估值模型的核心公式是：

倍率＝当前市值/上年某项指标

或者

倍率＝当前股价/上年每股指标

相对估值模型的基本逻辑见图8-6。

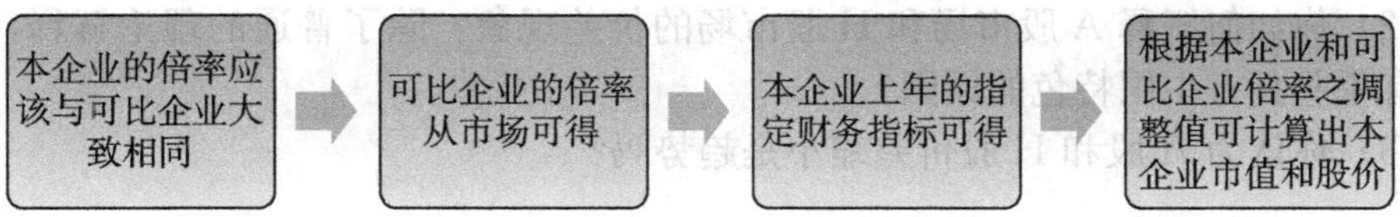

图8-6 相对估值模型的基本逻辑

在这里，根据上年的每股指标，如每股净收益、每股净资产、每股销售收入计算出来的倍率分别被称为市盈率(price/earning，P/E)、市净率(price/book，P/B)和市销率(price/sale，P/S)。其中最常用的是市盈率，分析师的报告中九成左右用的是市盈率，估值金融企业时用得更多的则是市净率。

倍率法的优点很明显：

(1) 不依赖预测。无论是可比企业的倍率，还是本企业的财务数据，都是真实可靠的。

(2) 利用已上市可比企业（有多个可比企业的，可以计算平均值、中间值）的倍率作为参考，充分尊重市场对于同类可比企业的判断结果。

(3) 如果本企业有其特殊性，也可以据此调整倍率，有理有据。

无论我们采用绝对价值估值模型，还是相对价值估值模型，从定价的实务来说都是给上市定价定一个区间，要最终确定面向公众投资者的发行价格，还需要通过路演进行需求确定和当面询价，以及网下投标询价。因为股票市场总是一个由买卖双方力量来定价的市场，影响双方决策的因素都很多，投资者的积极性在任何时候都是企业股票价格决策的重要决定因素。

思考题

1. 梦想公司从成立至今已有六年时间，公司总资产为5亿元人民币。过去三年税后净利润均在3 000万元以上。如果梦想公司希望上市融资，请问它可以选择哪些市场？

2. 如第1题的答案，梦想公司确实有很多选择。请同学们根据自己的偏好，分为三组，分别代表三种主张：主张在A股市场上市，主张在H股市场上市，主张在美股市场上市。然后进行讨论，并将讨论的结果总结出来。

3. 梦想公司计划今年在纽约证券交易所上市，拟发行1 000万股普通股。在纽交所上市的轮胎企业市盈率在15～25倍的区间内。梦想公司上一财年净利润为1 500万美元，未来净利润将以每年6%的速度增长。公司以美元衡量的加权资本成本为12%。请用不同方法估算梦想公司股票的发行价格。

4. 同学们讨论一下，该如何看待部分中国概念股在美国遭受调查一事？有人认为这仅仅是中国企业的品质问题，也有人认为这与投资人、投行和律师、会计师等中介也有关系。请同学们画出一家中国中小型IT企业海外上市的路线图，包括海外私募、搭建VIE结构、OTCBB反向收购，看看整个过程中有多少机构参与其中并获得利益。

5. 请同学们根据章末参考资料，通过理论学习，探讨如下问题：

(1) 为什么交叉上市会出现股票折价现象？中外研究者都是如何解释这一现象的？

(2) 你如何解释A股市场和H股市场的价差现象？除了普通的理论解释，你认为还有哪些具有中国特色的原因？

(3) 你认为A股和H股价差缩小是趋势吗？

参考资料

[1] 美国中央情报局（https：//www.cia.gov/）。

[2] 世界证券交易所联合会（http：//www.world-exchanges.org/）。

[3] 中国证券业协会（http：//www. sac. net. cn）.
[4] 上海证券交易所（http：//www. sse. com. cn/sseportal/ps/zhs/home. html）.
[5] 深圳证券交易所（http：//www. szse. cn）.
[6] 香港联交所（http：//www. hkex. com. hk）.
[7] 中国证券监督管理委员会（http：//www. csrc. gov. cn）.
[8] 香港证券及期货事务监察委员会（http：//www. sfc. hk）.
[9] 新加坡证券交易所（http：//www. sgx. com）.
[10] 纳斯达克证券交易所（http：//www. nasdaq. com/）.
[11] 纽约证券交易所（http：//www. nyse. com/home. html）.
[12] 澳大利亚证券交易所（http：//www. asx. com. au/）.
[13] 雅虎财经（http：//finance. yahoo. com/）.
[14] 国研网数据库.
[15] 国研网门户，国务院发展研究中心信息网（http：//www. drcnet. com. cn）.
[16] 天相数据库.
[17] 天相门户网（http：//www. txsec. com）.
[18] 曲保智，任力行，吴效宇，陈凌．H 股对 A 股的价格折让及其影响因素研究．金融研究，2010（9）.
[19] 胡章宏，王晓坤．中国上市公司 A 股和 H 股价差的研究．经济研究，2008（4）.
[20] Domowitz，I.，J. Glen，and A. Madhavan. Market Segmentation and Stock Prices：Evidence From an Emerging Market. *Journal of Finance*. 1997，52：1059－1086.
[21] 傅健．NYSE 与 NASDAQ 上市的中国概念股的现状及对策分析．中国证券期货，2011（7）.

第9章

跨境股权融资——私募股权

本章重点

1. 私募股权的定义
2. 私募股权基金的组织结构、资金来源与退出方式
3. 海外私募股权基金在中国面临的机遇与挑战
4. 企业引入私募股权的好处与所面临的决策选择
5. 企业引入私募股权的具体流程

关键词

私募股权	风险投资	杠杆收购	上市前融资	战略投资者
一般合伙人	有限合伙人	基金的基金	跨境私募融资	尽职调查
商业计划书	对赌条款	回购条款		

这一章我们讲股权融资的另一种形式——私募股权融资。私募股权融资和公开上市发行是相对的概念，它们都是企业通过出让股份获取资金的方式，但不同的是，私募股权融资采用私募的方式而不是公开募集的方式进行股权融资。不同于将股票公开发行给不确定的投资人，私募是定向募集资金，将股权转让给有限的、确定的投资人。私募股权投资基金则是通过私募的方式向特定的、有资质限定的有限数量的出资人募集资金并集合投资的一种形式。本章的第一节是私募股权融资简介，介绍私募股权融资概念，讨论私募股权融资在全球及中国兴起的原因，并介绍中国企业利用私募融资的现状；第二节是跨境私募股权融资，介绍近年来跨境私募股权融资在中国的发展，以及中国企业接受跨境私募股权融资的利弊；第三节是跨境私募股权融资实务，介绍企业挑选私募股权投资需要做的工作和必须关注的内容。

9.1 私募股权融资简介

无论是上市的企业还是非上市的企业都可以通过向特定的投资人出让股权而获得融资。我们这里介绍的不是上市公司的定向增发 PIPE（private investment in public equity），而是专注于介绍非上市公司的私募股权融资。从企业角度来讲是私募股权融资，从投资者的角度来讲则是私募股权投资。要想了解私募股权交易的方方面面，我们还需要了解私募资本的发展情况。本节分为两部分：第一部分是私募股权融资的基础知识，主要介绍私募股权融资的定义、相关概念的辨析和私募资本的组织结构；第二部分介绍私募资本的发展和现状。

9.1.1 私募股权融资定义

广义的私募股权（private equity，PE）融资涵盖企业首次公开发行前各阶段的权益类融资，即处于种子期（概念试验期）、起步期、成长期、扩张期、成熟期等各个时期的企业所进行的股权融资，包括风险投资（venture capital，VC）、杠杆收购（leveraged buyout，LBO）和上市前融资（pre IPO）。

狭义的私募股权融资主要指已经形成一定规模的，并产生稳定现金流的成熟企业在IPO前几年进行的股权融资，并且一般而言要同时考虑投资人的退出机制，比如通过兼并收购转让给其他投资者或者将持有的股份转让给被投资企业的管理层（manager buyout，MBO），实行阶段性退出，或者使企业成功上市。如果企业能够成功上市，那么度过特定锁定期后，投资者就可以通过在二级市场上出售股票获得相当高的回报。在习惯上，私募股权融资用的是狭义概念，以便和企业发展更早阶段的创业投资相对应。更早阶段的股权投资也被称为风险投资。图9-1是按照企业发展阶段和私募股权的不同概念划分的示意图。事实上，在图中相邻阶段的投资界限是相对模糊的。

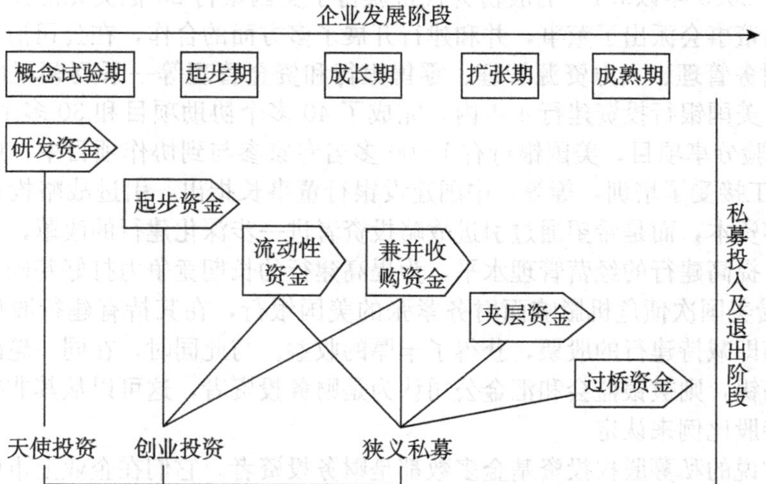

图9-1 企业发展阶段与私募投资阶段示意图

9.1.2 与私募股权投资相关的概念辨析

因为私募股权投资是需要大量资金的，而以大量资金集合使用为特征的组织形式复杂多样，所以比较容易造成概念上的混淆。尤其在中国，很多民间的习惯叫法混在其中，必须要认真辨析才不至于“脑子里一锅粥”。

1. 私募股权与基金

基金（fund）是一个非常宽泛的概念，为了某种目的而设立的具有一定数量的资金都叫基金，例如，信托投资基金、单位信托基金、公积金、保险基金、退休基金、各种基金会的基金，当然也包括私募股权投资基金。在日常生活中，老百姓说起基金，往往有特指，专指用于买卖公开发行的证券的基金，也就是做组合投资的基金。在此专门所指之下，基金管理公司必须是有金融牌照的金融机构。人们常说的基金经理，也就是专指证券基金的实际管理人和操盘手。广义来讲，做私募股权投资也是需要将资金集合起来使用的，所以也是基金，无论该基金的组织形式、适用的法律如何，资金的管理模式如何，它都是基金。所以，当我们说到私募股权投资基金时，几乎是泛指以私募股权投资作为其资金使用目的的各种基金的组织形式，但是需要特别注意的是，这里所说的“基金”是广义的基金，和用于证券投资的基金完全没有交集。

2. 私募股权投资与战略投资者

虽然都是参与成熟企业的上市前融资，战略投资者和财务投资者却有所不同。战略投资者一般是投资同行，投资完成之后会在一定程度上参与企业管理，为企业提供咨询与技术支持等，但也不排除战略投资者会在条件合适并可能的前提下退出；而财务投资者仅仅从财务收益的角度进行投资，意在退出获取收益，并不参与企业的经营管理。一般而言，对战略投资者投资持股的比例有要求，比如不低于5%，而对财务投资者而言则没有。举个例子来说，中国建设银行（简称建行）在上市之前进行了一轮融资，于2005年以9.1%的股份为代价获得了美国银行25亿美元的投资，而同时美国银行向董事会派出了董事，并和建行开展了多方面的合作，在公司治理、风险控制、IT、财务管理、人力资源管理、零售银行和资金管理等一系列领域向建行提供技术支持。美国银行投资建行4年内，完成了40多个协助项目和30多个咨询项目，200多个经验分享项目，美国银行有1 500多名专家参与到协作项目中，中方共有近4 000名员工接受了培训，等等。中国建设银行董事长指出，引进战略投资的目的主要不是充实资本，而是希望通过引进战略投资者进一步深化建行的改革，完善建行的公司治理，提高建行的经营管理水平，为提高建行的长期竞争力打好基础。但是，在2009年，受美国次债危机影响而财务紧张的美国银行，在其持有建行股份的锁定期过了之后随即减持建行的股票，获得了丰厚的收益。与此同时，在同一轮融资中投资建行的淡马锡，则被银监会和汇金公司认为是财务投资者，这可以从其非银行业同行的背景及持股比例来认定。

我们常说的私募股权投资基金多数都是财务投资者。它们在企业上市前进行投资的目的，主要是获取退出后的收益。可以说，在上市前融资中，战略投资者和财务投资者对于企业的意义是不一样的，但不排除它们可能参加对同一公司的投资甚至同一轮投资。好的战略投资者的加盟，会增强其他投资者对企业的信心，为企业成功上市增加砝码。

3. 战略投资者与兼并收购

虽然同样需要参与融资企业的管理，但战略性股权投资与兼并收购仍有不同。战略投资者一般不以控制被投资企业为目的，往往也不控股，条件合适时还可能退出。而兼并收购则是以取得被并购企业的控制权为特征的，收购方一般并不以退出为考量。战略投资者一般而言没有控制权方面的诉求。并购行为最基本的动机就是追求企业的迅速发展。通过兼并收购，企业不仅可以迅速扩张，还可以获取品牌认可，开拓市场，整合资源，总之为企业创造 1+1>2 的协同效应。比如，中国汽车品牌吉利收购沃尔沃，从其收购到现在，很显然吉利的目的在于整合资源以提高吉利自身的品牌知名度，不过看上去也是决心将沃尔沃经营到底的。私募股权投资或者创投的退出方式之一，是在兼并收购中将自身持股溢价转让给兼并收购的买方。虽然存在上述区别，但私募也有进行兼并收购业务的。私募资本通过兼并收购获取控制权后，对所收购的企业进行资源整合、管理改革等，使企业价值获得提升，之后再出让其控制的股权获利。得克萨斯太平洋集团的私募投资中，就有很多经典的案例是采取“控股收购—整改—出售股权”模式的。

9.1.3 私募股权投资基金的组织结构

私募股权投资基金可以选择不同的组织形式来进行投资活动。不同组织形式的选择，对私募基金的税收、运营方式和投资方式等许多方面都会有影响。因此，选择一个合适的组织形式很重要。在实践中，在国际上比较通用的有公司制、有限合伙制和信托制。下面分别介绍这三种组织结构。

1. 公司制

（1）定义。在公司制形式下，私募基金公司是由具有共同投资目的的投资者组成的以营利为目的的有限责任公司或者股份公司，例如金石投资有限公司、摩根士丹利亚洲投资有限公司。由于公司的有限责任特点，大多数国家的法律对公司，尤其是股份有限公司的设立，都有比较严格的限制措施，包括出资人、出资金额、出资方式等。

此类私募基金公司的结构应该符合一般公司的要求，具备一般公司的完整架构。公司的股东即公司的出资人，享有一般公司股东的权利，包括决策权、收益分配权等，可以通过股东大会决定公司的管理人员等。

（2）管理。公司会将股东出资的资金交给专业的资金管理人员进行管理，由他们决定具体投资事宜，比如发现项目、挑选项目、谈投资条款、定投资价格、辅导被投资企业上市，等等。按照国际惯例，管理人收取资金管理费和收益提成，计入公司的运营成本。一般来讲，管理费是按每年整个资金总量的百分比来提取的，比如2.5%（不同公司可能会有出入，但不会有很大差距）。

（3）优点。在中国的信用体系还没有完全形成的情况下，公司型基金更容易被投资人信任与接受。

（4）缺点。由于有公司法的制约，公司形式的私募基金的运作比较正式和规范。因此，既需要在公司层面缴纳各种税费，还需要公司的股东（出资人）以个人名义对从公司取得的分红缴纳个人所得税。所以，其缺点之一就是双重纳税。缺点之二是，在其决策机制中由于股东权利的存在，管理团队做决策的效率会比较低下。

海外公司型的私募基金应对双重征税的主要措施有如下两种：

第一，将公司注册于税率比较低或者可以避税的地方，例如英属维尔京群岛或开曼群岛；

第二，将公司注册成为高科技企业或者其他可以享受税收优惠的企业作为基金公司的壳。

2. 有限合伙制

(1) 定义。合伙有两种：无限合伙和有限合伙。在无限合伙制下，所有的合伙人都是普通合伙人或一般合伙人（general partner，GP），一般合伙人要对合伙经营产生的债务承担无限连带责任。在有限合伙制下，除了普通合伙人外，还有对合伙债务仅以出资额为限承担有限责任的有限合伙人（limited liability partner，LP）。通常情况下，有限合伙中的普通合伙人是合伙的发起人和执行人，具有相关的管理才能，负责合伙组织的经营。而有限合伙中的有限合伙人是主要出资人（比如所有有限合伙人的出资占整个合伙制基金盘子的99%），但是有限合伙人不参与合伙的经营管理，也不能对外代表合伙组织。可以说，合伙制基金本质上是资金与专业才能的结合。随着私募基金的发展、投资市场的完善和相关法律体系的健全，有限合伙逐渐成为私募基金的主要组织形式。

(2) 组织结构图。图 9-2 是有限合伙形式的私募基金的组织结构图。

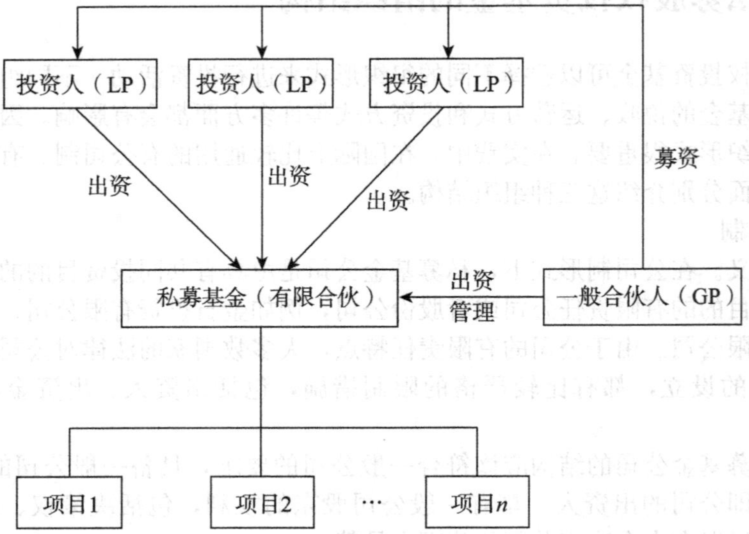

图 9-2 有限合伙形式的私募基金的组织结构图

(3) 管理。在有限合伙的组织形式下，普通合伙人替有限合伙人管理资金，追求高额回报。而有限合伙人将资金全权委托给普通合伙人管理，并向普通合伙人交纳管理费。与公司制不同的是，在合伙制下，主要的出资人——有限合伙人——不是大股东，不拥有一般股东的权利。他不仅要交管理费给普通合伙人，如果投资成功取得收益，还要和普通合伙人分成，比如普通合伙人提成 20%，有限合伙人获得 80%，而普通合伙人管理团队中经手该项目的团队还可以从中获取一定比例的奖励。这一机制看上去很令人羡慕，但有一点需要理解，作为普通合伙人，凭其专业的管理团队要想募集到有限合伙人的资金，必须有足够的资历和管理经验才能做到。一般公司是先由股东出资成立公司，拟定公司章程，高管由董事会任命，通过合法程序，股东可以撤资，高管可以撤换。但有限合伙形式下的投资基金，是先成立管理公司（管理团队），然后由管理公司（管理团队）来募资。有限合伙人必须充分认可管理团队，才有可能在此机制下出资。有限合伙制基金一般是有期限的，比如 10 年，在此期限内有限合伙人是不能撤资的。

(4) 优点。有限合伙的组织形式受到青睐的主要原因有三点：

1）有限合伙成立的程序相对于公司而言比较简单，出资要求也相对较低；

2）有限合伙的经营方式比较灵活；

3）有限合伙避免双重纳税，税收更加优惠。

在美国，大约有 80%的风险投资采用合伙制形式，在英国，由于合伙基金不缴纳公司税，且组建与运作相对简单，其私募基金也更多地采用这种方式。

3. 信托制

（1）定义。要定义信托形式的私募股权投资，需要从定义信托开始。根据 2001 年颁布的《中华人民共和国信托法》的定义，信托是指委托人基于对受托人的信任，将其财产权委托给受托人，由受托人按委托人的意愿以自己的名义，为受益人的利益或者特定目的进行管理或者处分的行为。信托涉及委托人、受托人和收益人三方关系，图 9－3 是三方关系图。

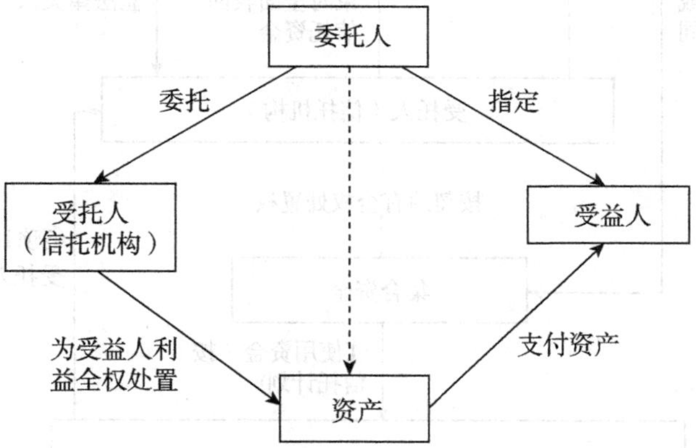

图 9－3　信托中的三方关系

从信托最初的形式来看，采用较多的是委托他人管理自己的资产，好让受益人能持续稳定地从资产的管理和处置中获得收益。比如富有的人将自己的“万贯家财”委托给专业的理财机构，好让自己的子孙后代能常受荫庇（而不至于挥霍无度）。

信托业在中国发展到如今，因为其灵活性而被广泛使用。以信用资产投资产业，成为联通产业和民间资本的纽带，从房地产、基础设施、大型工程建设投融资到企业的兼并重组、改制顾问再到租赁、担保，信托公司都能够参与其中。

信托的种类复杂多样，从不同的视角可以做出不同的分类。在这里，我们介绍其中跟私募主题有联系的一种信托——资金信托。它的主要特征就是：信托财产是资金。资金信托通常是以资金在一定时期内获得收益为目的。资金信托按资金是否有特定用途又可以分为指定用途资金信托和不指定用途资金信托两种。按照委托人的数量，资金信托又可以分为单一资金信托和集合资金信托。单一资金信托的受托人接受单个委托人委托，单独管理和运用信托资金，而集合资金信托的受托人将两个或两个以上委托人的信托资金汇集起来，按照事先约定的方式运用和管理信托资金。集合资金信托按照接受委托的方式，又可分为两种，第一种是社会公众或者社会非特定人群作为委托人，以购买标准的、可流通的、证券化的合同作为委托方式，由受托人统一集合管理受托资金。比如，受托人做好了信托计划，包括资金总量、资金用途计划、预期收益等，将该信托计划分为若干标准等份，比如每份 100 万元（不能低于 5 万元一份），通过路演等推广手段向目标人群或社会公众推介其信托计划，接受其信托计划的人可以认购一份或多份，成为该信托计划的委托人。第二种是有风险识别能力、能自我保护并有一定风险承受能力的特定人群或机构为委托人，以签订信托合同的方式作为委托方式。第二种方式是以私募方式开展的信托。（这里的私募指的不是资金用途，而是信托资金的来源。）图 9-4 是一个信托计划发行的流程示意图。

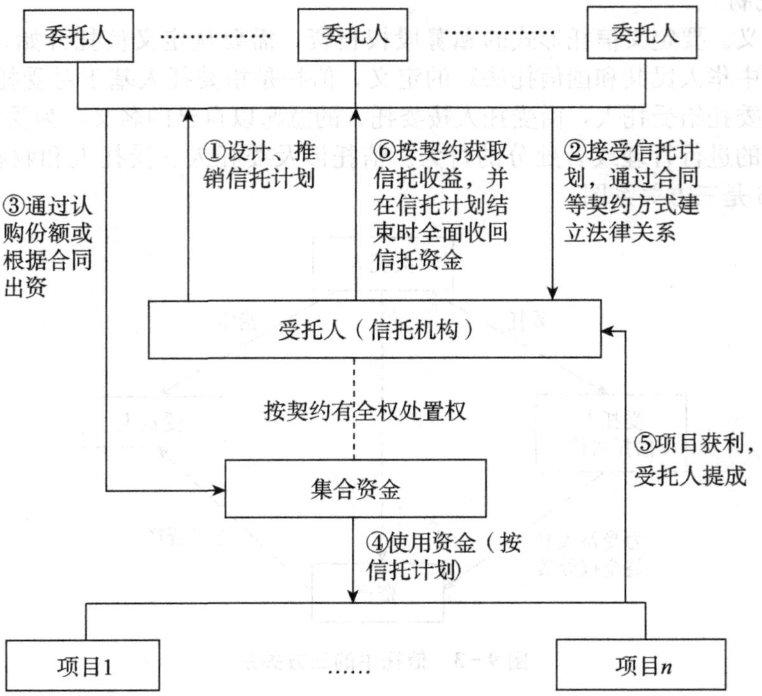

图 9-4　信托计划发行流程图

如果我们按照信托资金的运用方向来划分，那么集合资金信托可以分为：证券投资信托（用于投资公开发行的股票、证券）、组合投资信托、房地产投资信托、基础建设投资信托、贷款信托以及私募股权投资信托。

我们按如下方式来理解信托形式的私募股权投资：该组织形式的主体是可以从事信托业务的机构，该机构接受的信托资产中有一大类是资金信托，当不同委托人的资金聚集使用时，就是集合资金，当集合资金用于私募股权投资时，就是以信托为组织形式的私募股权投资。

（2）管理。以信托方式来组织私募，受托方和委托方以契约的方式来规定彼此的权利和义务，委托方凭信托合同获取投资收益。

（3）优点。信托计划的设立相对成立公司、登记注册基金而言，更加灵活，程序也更加简化，而且可以避免双重征税。在中国，还有一个特点，或者说优点，就是产业和投资者之间直接融资的市场不发达，信托几乎就是最有法可依的直接融资的通道，所以其在募资上的优势至少从目前来讲是很明显的。

4. 以上三种的组合

在组织形式上，主要就是以上三种形式。根据基金设立时期的社会投资环境和信用体系，不同国家在不同时期也都可能会有创新或灵活的做法。在中国，有一种信托＋私募（创投）的组织管理形式，从募资的角度来讲，由信托发起募资，从资金运用的角度来讲，由私募（创投）来管理。这一模式获得成功的关键在于处理好受托人和私募的合作关系。这两方在管理上的不同职责的一般表述为：由私募（创投）来管理，由受托人来监督管理。在实际操作过程中，私募负责项目的初选、管理和退出，但信托始终具有否决权。这一模式很特别，在中国有成功的例子，比如湖南信托和深圳达晨创投。湖南信托发起信托计划时，深圳达晨创投也有部分出资参与其中，以实现二者利益的一致化。但是该模式之所以不可复制是因为湖南信托和深圳达晨创投之间由于股权关系而形成了彼此充分信任的关系。

我们知道，一个强大的管理团队可能不止管理一只私募基金，有的管理公司就是公司制的，按照公司法的要求来严格管理，这类管理公司也会有自己的股东，比如我国的一些金融机构就会下设私募基金的投资管理公司，它们则是这些管理公司的大股东，而管理公司则可以以一般合伙人的身份在市场上以合伙制的形式募集资金。

更加特别地，美国的黑石资本将其管理公司公开上市了，我国的中投集团还成为其投资者。黑石资本的管理公司是公司制的，旗下管理着各种不同的私募股权投资基金，这些基金多半是以有限合伙制的形式存在的。在募集这些基金时，黑石资本的管理公司是作为一般合伙人参与管理的（有趣的是，黑石资本的管理公司上市以后，其作为一般合伙人出资的1%其实就是股东的，上市融资获得的资金就可以“撬动”更多的有限合伙人出资）。还有一个例子就是中国的渤海基金，其形式更为复杂，是公司制、信托、产业基金和合伙制的结合体，同学们如果感兴趣可以通过网络公开信息去查找其组织结构。

上面介绍的管理方式在不同的金融和信用环境下也会因地制宜地改变。比如在美国，一般合伙人的出资习惯上是1%，即以这1%作为将自己的利益和有限合伙人的利益绑在一起的表示。但在中国，如果出资人不习惯接受1%这个象征性的表示，可能会要求一般合伙人出资更大比重，或者要求一般合伙人的股东单位、所属政府产业基金等同时以有限合伙人身份出资相当比重。还有一些通过单纯向民间资金募资组织起来的股权投资基金，民间出资人可能会觉得交2.5%的管理费是一种养懒汉的做法，更加愿意将激励机制定为少交甚至不交管理费，但获得投资收益后给予一般合伙人更高的提成，比如30%，也有一些一般合伙人会接受类似变通的安排。

9.1.4 私募股权投资基金的资金来源和退出方式

1. 私募资本的资金来源

在中国目前的状况下，国内私募资本的来源和国外私募资本的来源其侧重会有所不同。在国外，私募资本的主要来源包括图 9-5 中所列各项。

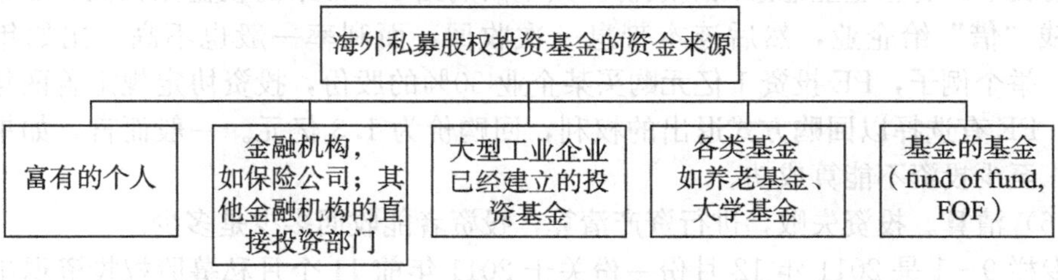

图 9-5 海外私募股权投资基金的资金来源

在中国，目前私募股权基金的主要资金来源包括图 9－6 中所列各项。

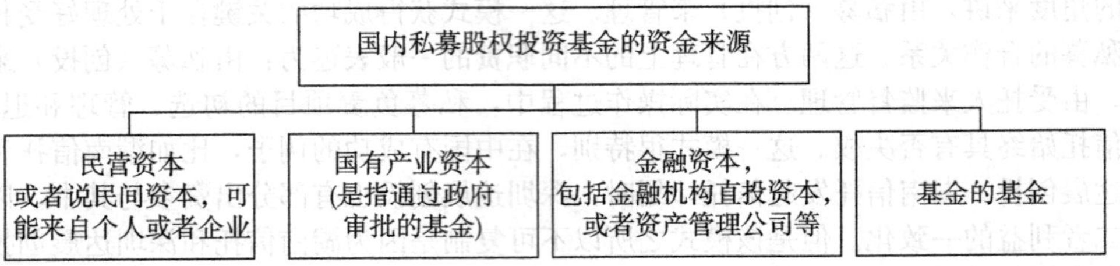

图 9－6　国内私募股权投资基金的资金来源

这里我们需要解释一下什么是基金的基金。顾名思义，它们不直接投资企业，而是将募集来的资金投资于选中的私募股权基金，成为这些基金的出资人。比如瑞士的合众集团（Partners Group），它在 2005 年募集了一期4 000万美元的基金，是鼎晖、弘毅、今日资本和软银中国的有限合伙人。在中国，最大的人民币 FOF 就是社保基金了，而较大的美元 FOF 则是外管局和中投，它们在国内外知名的投资机构中都有出资，比如外管局曾投资过的德泰等外资私募基金。

在国内，私募资本的一个重要来源是金融资本，而且金融资本因其资金雄厚很快成长为国内实力最强的私募股权投资基金，比如建行系统的建银国际和信达资本，中信银行下属的金石投资，从中金直投分出来的鼎晖，平安系的平安财智等。

在中国，很多时候政府为了支持产业发展，可能会出资一小部分，比如 15%，作为种子资金，然后由一般合伙人去募集社会资金。

2. 私募资本的退出方式

（1）上市发行。PE 退出的方式有很多种，但最受企业家和私募青睐的无疑是公开上市发行。因为私募在中国投资的前几年以外资更为活跃，所以将企业引导至海外上市的案例很多，我们可以从上一章的数据中看出。随着内资的私募基金逐渐兴起，以及深圳创业板市场的启动，国内 IPO 的数量也有所增加。

（2）股权转让。企业借壳上市或者在柜台交易市场挂牌，虽不能达到公募资本的目的，但是其股份却因此具有了流动性，可以在市场上交易流通，PE 也能得以脱手。但从盈利的倍数来讲，受制于柜台交易本身的较低市场倍率，PE 的获利不会丰厚。

（3）兼并收购。在兼并收购中股份被转让给买方，因为兼并收购能创造价值——正如我们在第 7 章讲的那样，所以会有一定的收购溢价。

（4）管理层收购。管理层收购是指 PE 将股份转让给所投资企业的管理层，即所谓的 MBO。

（5）回购。如果 PE 和企业的投资协议中有回购的条款，那么在企业不能顺利上市的情况下，有些企业愿意回购股份。只是回购给 PE 带来的收益比较低，非常类似于将钱“借”给企业，然后连本带息一次收回，而利率一般也不高，比如年利率 15%。举个例子，PE 投资 1 亿元购买某企业 30%的股份，投资协定规定若两年不能上市，PE 有选择以回购方式退出的权利，回购价为 1.3 亿元。一般而言，如果发生回购，至少投资不能算成功。

（6）清算。投资失败，进行资产清算，投资者能收回多少是多少。

专栏 9—1 是 2011 年 12 月份一份关于 2011 年前 11 个月私募股权投资退出的报告分析。

专栏 9—1

清科报告：2011 年私募股权投资退出压力骤升

清科研究中心最新数据显示，前 11 个月，共有 204 只私募股权投资基金完成募集，其中披露金额的 195 只基金共计募集 335.82 亿美元，均超过上年全年水平。但在募资和投资活动均激增的同时，机构退出表现拉响警报，前 11 个月，共有 123 只私募股权投资基金从被投企业中实现退出，较上年同期下滑10.9%。

从退出方式看，123 笔退出中包括 IPO 退出 111 笔，并购退出 6 笔，以股权转让方式退出 3 笔，以管理层收购方式退出 1 笔及以其他方式退出 2 笔。

据介绍，平均账面回报倍数的走低显示私募股权投资机构的境内及境外退出均面临着极大压力。由于海外 IPO 遇冷，VC/PE 支持的中国企业海外上市数量大幅下滑，仅有 21 家企业上市，共融资35.90亿美元；133 家 VC/PE 支持的中国企业在境内上市，占 VC/PE 支持的企业上市总量的86.4%，融资额达到 216.14 亿美元，占总融资额的85.8%。

账面投资回报方面，境内上市的企业为 VC/PE 带来的平均账面投资回报为17.24倍，海外上市的企业为投资者带来的平均账面投资回报为6.64倍。从具体市场看，如果剔除华锐风电的影响，上海证券交易所的平均账面投资回报为6.48倍，境内资本市场的平均回报为8.43倍，境内外的平均回报为8.17倍。与 2010 年全年境内外9.27倍的平均账面投资回报相比，VC/PE 通过 IPO 退出所获得的收益在逐步减少。

资料来源：中证网 . http：//www.cs.com.cn/sylm/jsbd/201112/t20111207 - 3159421.htmL，2011 - 12 - 07.

9.1.5 私募在中国的表现

（1）新募基金数量增长迅速。受 2008 年金融危机影响，2009 年募资总量下降，但 2010 年开始迅速回升。图 9 - 7 和图 9 - 8 分别是 2006—2015 年私募股权投资基金

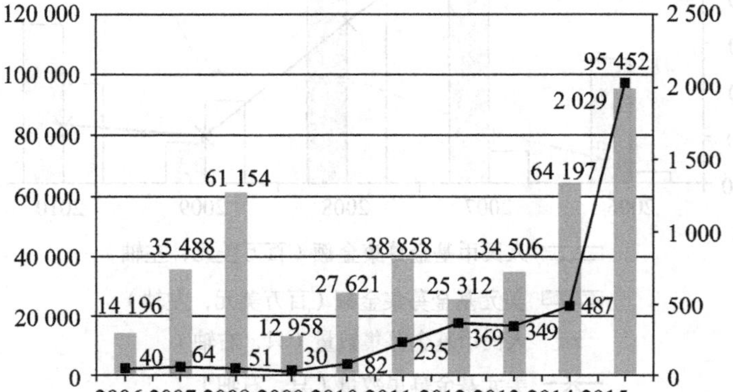

图 9 - 7 PE 新募基金数量与募资金额

资料来源：清科研究中心私募通（www.pedata.cn）。

和风险投资基金募资总量，柱图对应左边坐标，代表募资金额，线图对应右边坐标，代表新募基金数量。从图中也可以看到，2005 年新募基金的平均募资金额显然比其他年份要大，而 2003 年新募基金的平均募资金额最小。我们在这一部分都采用中国私募股权研究的权威机构清科研究中心的数据。

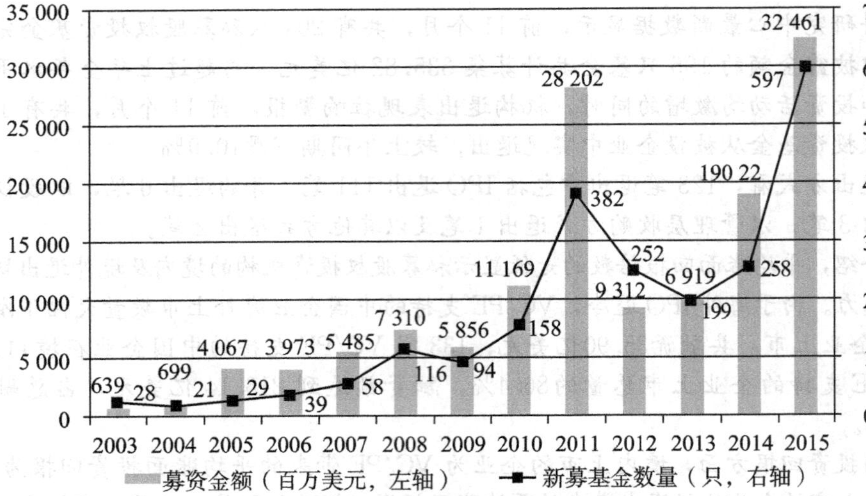

图 9-8　VC 新募基金数量与募资金额

资料来源：清科研究中心私募通（www. pedata. cn）。

（2）新募股权投资基金的币种。图 9-9 和图 9-10 分别是按币种划分的私募股权投资和风险投资结构变化图。其中，受金融危机的影响，美元基金在 2009 年有所减少，但在 2010 年回升，而人民币基金募集数量增长较快。

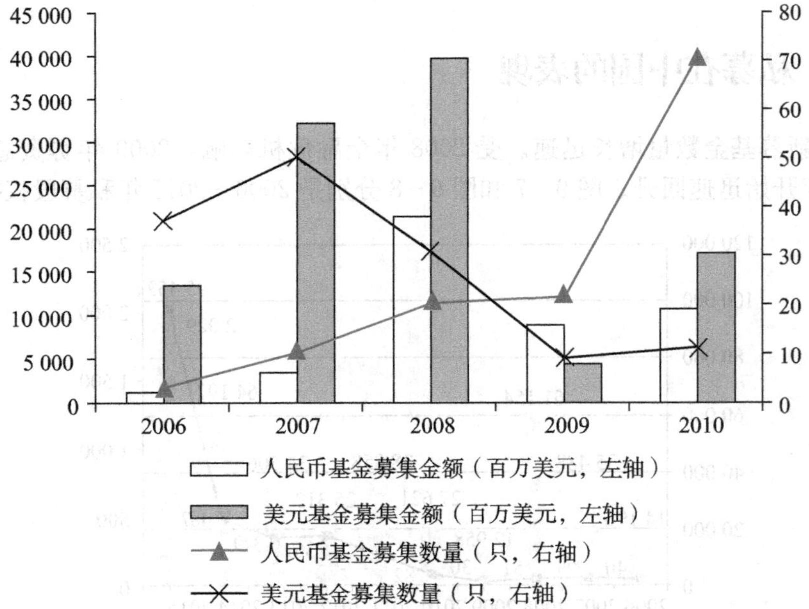

图 9-9　PE 人民币与美元募集金额与数量

资料来源：清科研究中心私募通（www. pedata. cn）。

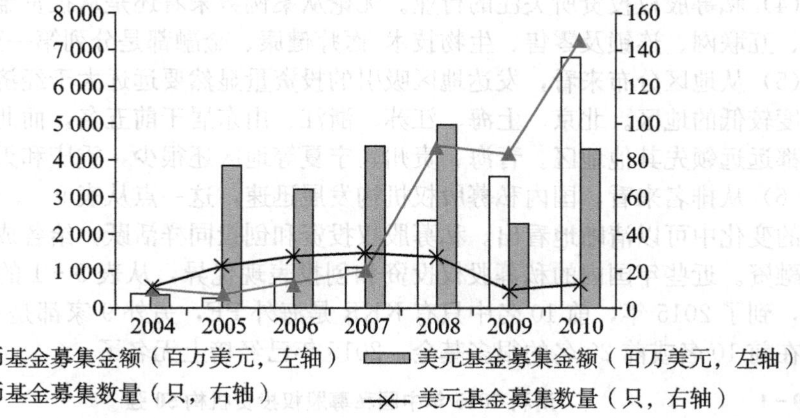

图 9-10　VC 人民币与美元募集金额与数量

资料来源：清科研究中心私募通（www.pedata.cn）。

（3）投资额与投资案例数。图 9-11 和图 9-12 分别是私募股权投资额和风险投资额与投资案例数。

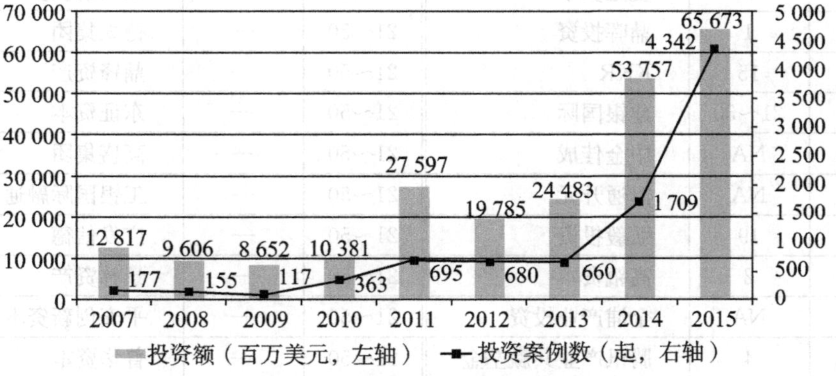

图 9-11　PE 投资额与投资案例数

资料来源：清科研究中心私募通（www.pedata.cn）。

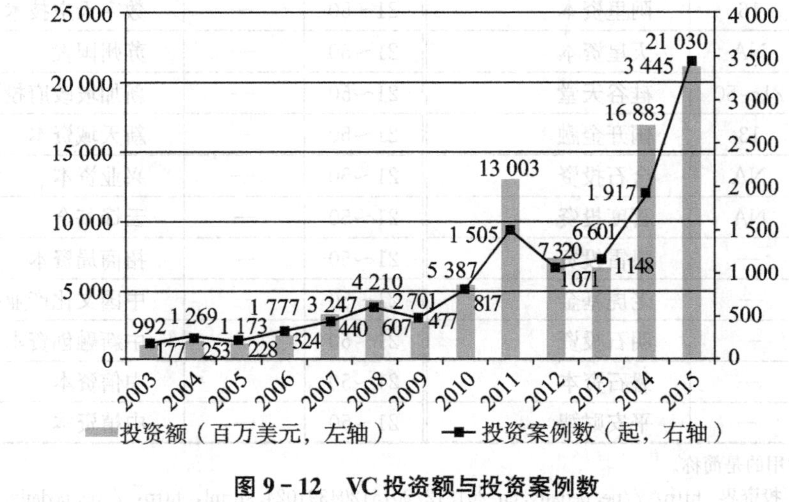

图 9-12　VC 投资额与投资案例数

资料来源：清科研究中心私募通（www.pedata.cn）。

(4) 私募股权投资所关注的行业。无论从案例数来看还是从投资金额来看，机械制造、互联网、连锁及零售、生物技术/医疗健康、金融都是分列第一至第五名。

(5) 从地区分布来看，发达地区吸引的投资量显然要远远大于经济发展程度和开放程度较低的地区。北京、上海、江苏、浙江、山东居于前五名，而北京在数量和金额上都远远领先其他地区。青海、贵州、宁夏等地区还很少，重庆和天津也比较少。

(6) 从排名来看，国内私募股权机构发展迅速，这一点从表 9-1 和表 9-2 排名情况的变化中可以清晰地看出。私募股权投资和创投同样活跃，给各成长阶段的企业带来融资。近些年国内的私募股权投资和创投表现优异，从表 9-1 的排名我们可以看到，到了 2015 年，前 10 名中只有 KKR 是海外 PE，另外 9 家都是本土 PE。2014 年排在前 10 名或前 20 名的很多基金，2015 年已经榜上无名了。

表 9-1　清科 2015 年中国私募股权投资机构 50 强

2015 年排名	2014 年排名	机构名称*	2015 年排名	2014 年排名	机构名称*
1	8	九鼎投资	21～50	—	秉鸿资本
2	7	中信产业基金	21～50	—	长江资本
3	6	复星资本	21～50	—	淡马锡投资
4	1	鼎晖投资	21～50	—	德太集团
5	15	KKR	21～50	—	鼎锋资产
6	21～50	建银国际	21～50	—	东证资本
7	NA	中金佳成	21～50	—	高盛集团
8	NA	海通开元	21～50	—	工银国际融通资本
9	19	弘毅投资	21～50	—	广发信德
10	2	高瓴资本	21～50	—	景林资产
11	NA	金浦产业投资	21～50	—	平安创新资本
12	4	腾讯产业共赢基金	21～50	—	普华资本
13	NA	光大控股	21～50	—	盛世景投资
14	NA	华平投资	21～50	—	时代伯乐
15	16	阿里资本	21～50	—	数字天空技术
16	NA	天星资本	21～50	—	苏州国发
17	21～50	硅谷天堂	21～50	—	新加坡政府投资公司
18	13	国开金融	21～50	—	新天域资本
19	NA	金石投资	21～50	—	兴业资本
20	NA	百度投资	21～50	—	云锋基金
21～50	—	凯雷投资	21～50	—	招商局资本
21～50	—	老虎基金	21～50	—	中国文化产业投资
21～50	—	明石投资	21～50	—	中新融创资本
21～50	—	磐石资本	21～50	—	中信资本
21～50	—	平安财智	21～50	—	中植资本

* 机构名称用的是简称。

资料来源：投资界. http://pe.pedaily.cn/201512/20151204391024.shtml，http://pe.pedaily.cn/201412/20141204374638.shtml.

我们把排名列示于表 9－1 和表 9－2 中，一方面能看到近些年私募发展中群雄崛起、逐鹿中原的状态，另一方面能了解当前活跃在资本市场上的创投和 PE。

表 9－2　　2015 年中国创业投资机构 50 强

2015 年排名	2014 年排名	机构名称*	2015 年排名	2014 年排名	机构名称*
1	19	达晨创投	21～50	—	澳银资本
2	9	深圳创新投	21～50	—	策源创投
3	1	红杉资本中国基金	21～50	—	晨兴资本
4	6	经纬中国	21～50	—	创东方投资
5	2	IDG 资本	21～50	—	DCM 资本
6	7	毅达资本	21～50	—	德同资本
7	NA	蓝驰创投	21～50	—	东方汇富
8	3	君联资本	21～50	—	富坤创投
9	16	东方富海	21～50	—	高榕资本
10	21～50	北极光创投	21～50	—	高特佳投资
11	11	联创永宣	21～50	—	华睿投资
12	12	元禾控股	21～50	—	华映资本中国
13	13	同创伟业	21～50	—	金沙江创投
14	21～50	启明创投	21～50	—	昆仲资本
15	10	软银中国	21～50	—	启迪创投
16	21～50	基石资本	21～50	—	启赋资本
17	21～50	赛伯乐投资公司	21～50	—	顺为资本
18	8	赛富投资基金	21～50	—	松禾资本
19	4	今日资本	21～50	—	天图资本
20	20	纪源资本	21～50	—	维梧资本
21～50	—	光速安振中国创业投资基金	21～50	—	信中利资本
21～50	—	海纳亚洲	21～50	—	亚商资本
21～50	—	湖北高投	21～50	—	源码资本
21～50	—	湖南高新创投集团	21～50	—	浙商创投
21～50	—	华创资本	21～50	—	中国风投

* 机构名称用的是简称。

资料来源：投资界．http：//tech. sina. com. cn/i/2015－12－06/doc-ifxmihae9119699. shtml，http：//www. 360doc. com/content/15/0119/21/405246 _ 442149173. shtml.

9.2　跨境私募股权融资

最早以私募资本这种形式在中国进行投资的，主要是境外资本。但是从目前来看，境内资本和人民币资本的数量在逐步增加。中国的金融资本参与进来以后，更是迅速地占据了很大份额。

9.2.1 涉外私募资本在中国私募股权投资中的份额

以美国最大私募股权基金之一新桥集团 2004 年 9 月收购深发展股权为标志，大型国际私募股权基金开始进入中国。近几年，外资私募股权基金的身影，频频出现在我国多个行业。但在外资争先抢滩中国私募股权投资领域的同时，中国本土私募股权基金也如雨后春笋般快速发展。目前，从投资案例数的角度看，本土私募占据约 2/3 的份额，远远超过外资私募32.7%的比重（见图 9－13 和图 9－14）。但因为外资私募平均单笔投资金额远大于本土私募，所以从投资金额来看，外资私募占据着绝对优势，占比高达88.76%。

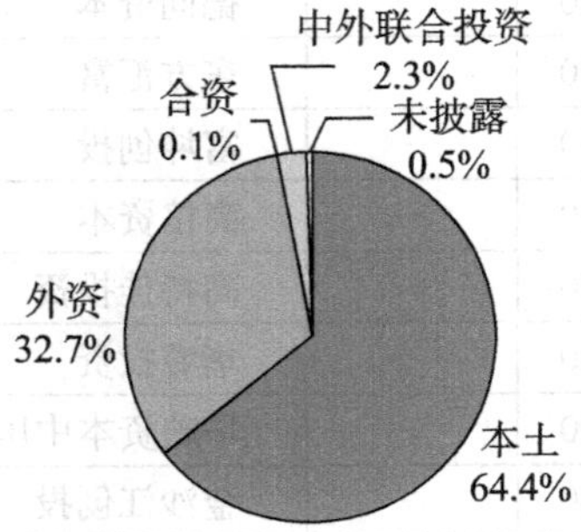

图 9－13　按案例分中国私募股权所占份额

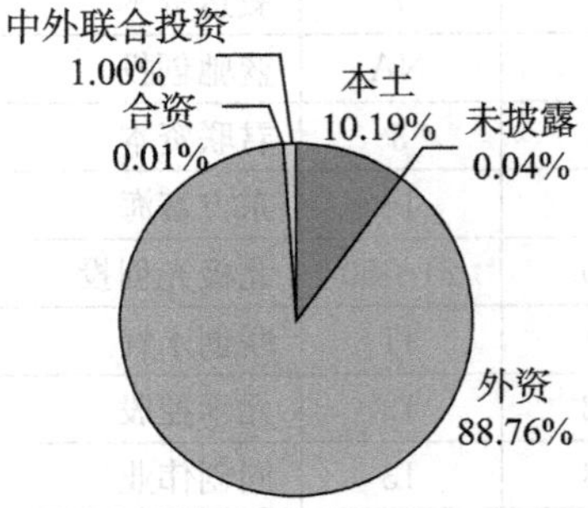

图 9－14　按金额分中国私募股权所占份额

9.2.2 海外私募资本投资中国市场的动力和遇到的挑战

这些年海外资本热衷在中国市场上进行投资，主要是看中了中国经济高速增长和改革深化带来的巨大潜在机会。在可以预见的未来，外资私募在中国仍然会比较活跃，而且不少外资私募股权投资机构还会凭借其资金管理的专业能力在中国境内募集人民币基金，但是，外资在中国投资仍然会遇到不少困难和挑战。下面，专门讨论外资私募股权投资在中国面临的机会及挑战。

（1）在过去十年间外资私募投资中国时最关心的因素，以及使其保持较高的投资热情和充分的信心的因素有如下几点：

1）相对于发达国家，中国经济增长迅猛，这毫无疑问是海外资本追逐利益的根本意愿。随着中国经济的迅速增长，海外市场对中国、中国产品、中国企业渐渐开始熟悉、接受，这给投资中国企业并引导企业至海外上市打下了重要的市场基础。

2）大型国有企业的重组，给外资提供了很大的机会。其中金融机构改革的例子最为明显。由于拥有管理经验和国际市场，在中国的金融改革中很多海外资金都获得了参与机会，并分享了改革成功的红利。最早的例子是新桥以12.35亿元资本参股浦发银行，后来淡马锡参股中行和建行、高盛参股工行等。

3）民营企业的蓬勃发展，中国金融市场整体上直接融资的缺位，也让出了很大的空间给海外股权投资者。很多民营企业家在其发展的道路上，一般会面临两类情况：一种是壮志凌云，内心充满整体提升企业管理的愿望；一种是壮士暮年，寻求退出，这些愿望财务投资者都能助其实现，所以双方结合得特别快。

4）中国在互联网等领域涌现出大批创业者，尤其是海归创业者，不仅企业契合纳斯达克上市的题材，而且创始人拥有海外背景，沟通顺畅，甚至从海外带着风投资金回国抢滩创业，吸引了海外风投的关注。

5）中国资本市场的法律法规建设取得了一定成果，因而海外资本能够有法可依，加之中国执法透明，海外资本面临的政策风险减少。

可以说，如果上述各因素在未来都能保持较好的状态，或者继续得到改善，那么无疑外资仍然会追捧中国市场。

（2）海外资本投资后在管理中也遇到了很多挑战，这些挑战主要包括：

1）较难获得公司运营和财务方面的关键信息。财务投资者如果不是控股接管的模式，那么要在企业的管理上投入更多精力并获取关键信息，是不大现实的。钱投出去以后就失控了，这当然不只是外资投资中国面临的问题，外资投资海外、中资投资本土，也都面临这个挑战，但是跨境投资面临的困难显然会多一些。

2）较难就企业的关键政策和经营程序达成一致意见。在关键政策上与企业产生分歧，甚至不愉快，是很多引入外资私募的民营企业都经历过的，很多民营企业家也把引入外资带来的不方便和不愉快作为反面教材来警示其他企业家，告诫他们引入外资要慎重，否则对方不了解情况瞎指挥，误人误己。有些海外资本的投资人，或者说项目的主管人，不愿意理解企业家的经历、经验和感情，以出资作为本钱，遇事强硬处置，确实也不乏伤害企业家感情的事情发生。

3）在持续地服务于企业，培训企业管理人员，改善企业管理，引导企业走向健康发展之路等方面，还需要发挥更大的作用。很多国内的民营企业家在企业发展到一定规模之后，可能会面临管理方面、人才方面的瓶颈，尤其是家族企业，引入外部投资者的智力支持和管理支持也是融资的目的之一。但是海外私募中，要保证对企业承诺的持续的支持，确实是一个很大的挑战。正如一些国内私募的合伙人所说的那样，海外的部分私募集中了很多在大学学习管理的金融精英，他们没有任何产业经验，也体会不了国内企业家在发展中的经历，要他们给中国的企业家提供实际的帮助似乎并不能取得很好的效果。

（3）外资私募在中国已经发展了十余年，获取了丰厚的回报，也开始遭遇到来自本土私募资本的竞争。但是，未来推动外资私募在中国发展的动力仍然存在，这些动力包括：

1）民营企业的水平提高。中国的民营企业不仅在商业领域愈加成熟，在资本市场上眼界也愈加开阔，开始更加主动地寻求资本市场的财务投资。总的资本需求量上升，给外资和内资私募提供了同样的机会。

2）中国企业的国际化发展。中国的企业也面临很大的“走出去”的压力，从国企到民企都面临国际化的需求，这是海外资金的又一次机会。

3）民营企业的创始人寻求退出的机会。

4）国有企业私有化。

5）企业对财务投资者的偏好增强，而不再偏好与跨国公司建立合资企业；过去企业对财务投资是什么、会怎样影响自己的经营和控制权等并不了解，也存在很多疑虑，对私募投资整个行业还比较生疏，但是随着这个市场的逐渐发展，和投资人的频繁接触，企业家中会有一部分人逐渐坚定获取财务投资的选择。

总之，中国存在对直接投资、财务投资的需求，尤其是对于国际化发展的追求，所以海外资本仍然大有机会。

（4）从整体来说，在未来几年内海外私募在中国的发展可能会遇到如下阻力和挑战：

1）退出压力增大。前一段时间有外资私募投资背景的企业大量登陆美国证券市场，其中部分企业的不良表现引发了对中国概念股的不信任风潮，对外资引导企业海外上市退出确实存在负面的影响。

2）政府反对并购国有企业或者有重大产业禁入限制。商务部、发改委对一些并购案始终可能做出否决，比如凯雷收购徐工、可口可乐收购汇源果汁等都是例子。另外，很多行业禁入政策，虽然外资会有绕道的做法，但是政府现在“睁一只眼闭一只眼”意味着可能有一天闭着的那只眼会睁开。VIE 结构现在就面临这个问题。

3）可供投资的企业不多。国内、国外资本蜂拥而来，好企业确实已经被挑选了一遍，现在很多投资人都感到好企业少了，十几个甚至几十个投资人争夺一个好企业的局面也时有发生。

4）企业的要求更多。中国的投资环境、企业家队伍经过这些年的发展和积累，显然有长足进步。更多的新募基金的成立，形成了一定程度的资金追逐企业的状况，使企业挑选投资者的余地更大，因此对投资者提出的要求也会逐渐增多。虽然资金仍然是企业的最大需求，但能否给企业带来经营方面的持续指导，为企业在后续发展中提供持续的金融支持和解决方案，会成为企业在做融资决策时越来越关注的因素。

9.3 跨境私募股权融资实务

这一节实务，我们是从融资企业的角度而非投资人的角度来叙述跨境私募股权融资的流程、文件准备、估值和协议条款。

9.3.1 企业引进私募股权投资的好处

一般地来谈论引进私募股权投资对企业的好处，我们认为有如下几个大的方面：

1. 获得持续的金融支持

引入私募股权投资，不是一件孤立的事，尤其是在企业发展的早期就有股权融资的企业，可能还会有第二、第三轮的融资，上市前可能会有介于股权和债务融资之间的夹层资本融资；无论上市前还是上市后，企业如面临并购重组，需要资金，都可从银行贷款；当然，很多私募资本都具有广泛的金融背景，比如高盛直投、摩根士丹利直投，国内的中信产业基金等，给企业提供的金融服务很可能是“一条龙”的、持续和全面的，从股权融资到债务融资，可为企业设计一系列差异化的金融产品。

2. 完善公司治理结构

（1）增加外部董事。这对于家族式企业或者有严重的“一言堂”问题的企业来讲，是一个很好的完善公司治理结构的方法；不少家族企业的企业主都会遇到各种亲戚朋友请求在公司任职的问题，希望他任人唯亲，这会扰乱公司经营，带来经营风险。此时引入外部董事，会使企业家受到任人唯贤的“约束”，这对企业家来讲也是一种人情的解脱。

(2) 重大事项集体决策。外部董事不能占据董事会的多数席位，但重大事项的决策外部董事会参与，发表意见。

(3) 财务预算公开透明。业务规范化，财务透明化，将引导企业走向健康发展之路。

3. 改善管理

这主要是指有些投资者具有很好的产业背景和经验，投资过很多类似的企业，这样就能把优秀的管理经验、先进的做法带到企业。很多 PE 都会从行业内“挖”有经验的人来做投资人，比如从世界一流的医药公司聘请前 CEO 来负责投资医疗卫生行业。这类投资人不仅在判断项目的好坏上经验老到，对企业的经营管理中存在的问题也看得很准，还能提出好的整改方案。

4. 提高知名度、美誉度和信用程度

一般而言，金融行业从业人员都认为，私募股权投资在将大量资金投进一个企业之前，一定会对其进行全面的财务审计，从多方面论证其产品的优势，并对企业主和高管进行认真的考察，因此，一旦企业被一个知名的私募投资，这件事就成了其自我介绍中不可缺少的部分，为其推广产品、扩大合作以及进一步融资，提供了强有力的支持。

5. 支持企业重组，整合企业力量

很多企业的创始人在经历过一段时间的团结一致、艰苦奋斗之后，对企业未来发展的理念会出现分歧，严重的时候变成“内部斗争”，不仅伤及感情，而且对于企业的发展极其不利。如果此时有资金进入，给出一个比较均衡的报价，那么意见不统一的人就可以选择去留。如果选择离开，则可以将其股份转让出来，实现退出。

9.3.2 企业进行私募股权融资的决策：引入海外资金还是引入本土资金

有些企业家可能没有想过这个问题，就开始跟投资者接触，花费很多精力。如果他事先想清楚如下几个问题，就可以做出决策，在接触投资者时做到心中有数。

要做出引入外资还是内资的决策，首先要厘清自己的发展思路，问自己三个问题：第一，业务发展所需资金的货币种类，是人民币、港币、美元还是欧元？在中国存在资本管制的前提下，这是一个务实的问题。如果你需要人民币，而且是在境内使用，引入港币、美元就存在使用上的不方便，弄不好就违规。第二，企业目前的业务在国内还是在国外？未来三年内是否有大幅拓展国际市场的计划？第三，是去海外上市还是在国内上市？

除非有特别的原因，否则一般我们假设企业最终都有国际化的要求，那么上面三个问题，则可变为两个问题，即是否需要外币和是否需要海外上市。如果答案是外币＋国际化发展＋海外上市，那么，毫无疑问，应该选择引入外资。否则需要慎重，因为引入外资可能遇到一些不同于引入本土资金的政策方面的困难和风险。

（1）国内诸多产业政策对外资有限制，而证监会上市审核需要得到相关产业的政策制定部门的批准，所以引入外资常常成为境内上市的障碍，涉外企业要符合发改委和商务部制定的《外商投资行业指导目录》中的要求。该目录中明确列示了限制外商投资和禁止外商投资的行业目录。如果企业所处的行业是限制甚至禁止外资进入的，那么在引入外资时要慎重考虑风险。为了绕过监管完成投资，外资机构可能会提出一些规避措施，比如新浪模式（VIE 模式），但其中的风险却总是存在的。

（2）中国目前的外汇管制，使得企业融外币、用人民币存在一些麻烦。如果企业本来不需要外币资金，外资注入之后需要结汇，则要符合外管局的相关规定，提供结汇人民币所得资金的支付命令函、结汇后人民币用途证明、前一次结汇人民币使用清单等材料向银行申请结汇。结汇所得的人民币还有使用上的诸多限制，比如不得用于购买房地产、不得用于偿还贷款等。

（3）境外上市后募得的外资想要汇回国内使用在政策上也存在障碍。从程序上来讲，如果海外上市企业融到的外资需要汇回国内使用，那么在企业得到海外市场核准之后，就需要在外管局申请登记，如果得不到批复就上市发行的话，上市募得的资金就无法通过合法渠道汇回国内。企业在海外市场核准上市之后，必须在半年之内挂牌，否则需重新申请，有的企业因为不能及时得到外管局的批复，可能因此耽搁上市发行。

但是引入外资也有如下优势：第一，到中国来进行私募股权投资，很多海外私募股权投资机构有着相对丰富的投资经验和行业经验，操作规范，不仅对企业，对整个市场的影响都比较正面。第二，国内上市有数量限制，海外上市没有所谓的数量限制，周期也比较短，对于将上市作为成功标准的企业来讲，成功离自己要近一些。

9.3.3 企业进行私募股权融资的准备工作

1. 基本流程

图 9－15 列出了私募股权融资的基本流程。

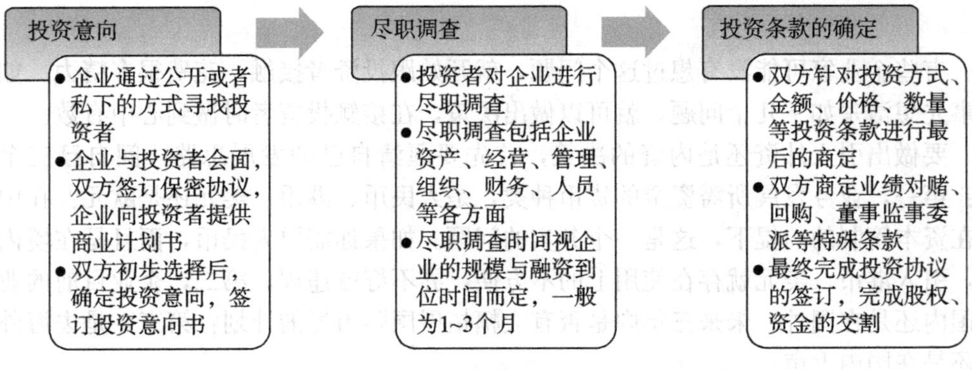

图 9－15　私募股权融资的基本流程

2. 配合尽职调查

图 9-16 列出了尽职调查的内容及流程。

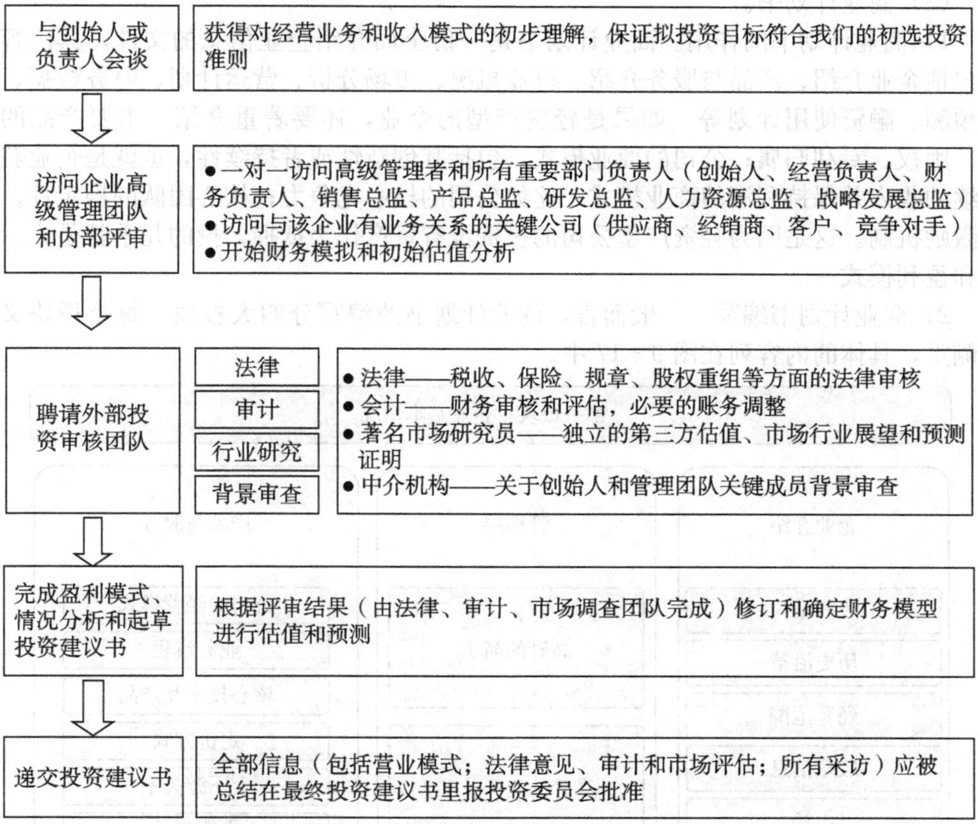

图 9-16　尽职调查的内容及流程

3. 准备保密协议、商业计划书和投资意向书

一般而言，所谓协议，哪方出模板以供讨论和谈判都是可以的，区别在于：自己准备模板，对自己有利，但是辛苦，或者需要请律师，要是律师不好，还不如不请；对方出模板，比较方便，但都是按照对方的思路在表述，对自己不利。所以，我们建议企业自己准备保密协议。商业计划书当然由企业准备，而投资意向书一般比较简单。

（1）保密协议。

1）保密协议的作用：保密协议签订于初次接洽投资者并需要向其提供商业计划书等资料时，它可以在今后投资方进行尽职调查时起到保护企业商业信息安全的作用。也就是说，先签订保密协议，再看企业需要保护甚至保密的内容。

2）准备保密条款时，需要涵盖如下内容：划定保密范围，包括商业计划书、财务数据等尽职调查的所有内容；规定保密义务，投资者不得将保密信息披露、分发；规定保密期限为合作完成时或合作终止一定时间以后；规定违反保密协议需承担的责任，包括赔偿损失等。

保密不是仅仅签订协议就能做到的，还需要企业、投资者各方有保密意识，从自身管理开始，建立保密机制。比如国外的大投资机构，工作人员的任何电子设备都是受控制的，且都没有外接插口，想通过拷贝或者电子邮件将文件传送出去都无法做到。这样就防止了员工不慎或蓄意将企业客户的信息外泄。

（2）商业计划书。

1）商业计划书的作用。商业计划书是一份全面介绍企业信息的文件，其内容通常包括企业介绍、产品与服务介绍、行业概况、市场分析、营运计划、财务数据、财务预测、融资使用计划等。如果是轻资产型的企业，还要着重介绍：主要产品的商标、版权、专利归属；公司的商业模式，包括其创新性或者持续性，也就是企业获得持续的收入并保持利润的商业模式，比如公司的核心竞争力；核心团队的稳定性；公司激励机制。这是因为轻资产型公司的投资没有资产作为抵押，投的几乎就是人、专利和盈利模式。

2）商业计划书编写。一般而言，商业计划书的编写分四大板块，每个板块又各有侧重，具体的内容列在图 9－17 中。

图 9－17　商业计划书的内容

4. 募资金额的估算和企业价值估算

(1) 企业募资多少比较好？看上去好像越多越好，但其实不然。最合适的募资数量应该是企业现阶段发展需要的现金投入。理由包括：

1) 企业进行股权融资是有对价的，那就是企业要让出股份。在对企业做出估值后，融资越多，出让的股份就越多。出让过多股份有两个不利的结果：第一个结果是，由于企业在不同发展阶段是可以多轮融资的（融资太多也不好，会分散企业精力，影响主营业务发展），而且随着企业业务的发展和成熟，企业的价值是在不断增长的，所以好的企业会越来越值钱，其股价会越来越高；第二个结果是，企业如果让出过多股份，则企业的创始人或者大股东可能会面临丧失控制权的风险。

2) 引入资金过多又没有使用计划的话，会导致大量资产闲置。过多的资产闲置会影响资产收益率。如果资产收益率降低，企业上市时的股价就会受到影响。

所以，我们的结论是：融资的数量应该充分考虑项目的资金需求、企业的目标股权结构和企业的上市计划，来统筹安排，做到尽量满足资金需求，又不至于出让过多股份，并为下一轮融资留有余地。

(2) 从私募估值的原则和方法来看，与企业上市估值十分相似，主要的方法就是两类：绝对法和相对法，或者称为贴现法和倍率法。但是在使用倍率法时，私募的估值与上市公司的估值会有些不同：1) 考虑到私募市场和股票市场的流动性是不可比的，也就是说股票市场的流动性要高很多，所以，私募市场的倍数理应比可比的上市公司低一些。2) 考虑到在企业发展的不同阶段，私募股权投资的风险不同，其出价也应该不同。发展阶段越是靠前的企业与可比上市企业的倍数越低。

5. 投资协议

企业和投资者将有关投资的各种安排敲定后，就可以起草、讨论并签署投资协议了。一些私募股权投资机构有自己的投资协议模板，其中对于估值、出资额、转让股份、投资后的股权结构、董事会的席位安排、总经理的权利、财务监督、双方在重大经营管理事项上的协商机制、对赌条款、回购条款等，企业要有一定的谈判能力，不能为了融资，一味地迁就投资者，比如同意投资者共管账户的要求等，一旦双方意见不统一，大家就冻结账户，这对企业经营有很大的破坏作用。但是企业也要理解私募的一些常规做法，其中一条就是对赌。

(1) 对赌条款。对赌条款其实就是期权的一种，是投资人的看跌期权。一般对赌条款的简单实质内容就是：投资者投入资金之后的一段时间内，如果没有取得如企业融资时承诺的那么好的成绩，比如利润达到多少，或者增长率达到多少，则投资人有权行使某种权利。这种权利可能包括：调低对企业的估值，从而获得更多企业股份；在董事会占据更多席位；如果企业不愿意丧失更多股份，则可以向投资人支付现金。

对赌条款看起来比较有利于投资者，但这其实是消除融资过程的信息不对称因素的有效办法。在融资的时候，投资人对于企业的了解显然不如企业家。投资人掌握的很多重要的信息可能都来自企业家，为了更高的估值，企业家可能倾向于将自己的预期利润夸大，将增长率虚报，将各种尚不明朗的情况，比如产业政策等，都往乐观的方面去估计。这时，如果放上对赌条款，则企业家可能在一开始的时候会因为考虑到后果而将各种预期调至尽量真实的水平。

对赌条款对投资者而言确实是一个保护条款，如果在投资初期企业家隐瞒了关键信息或者对企业估值不准，那么一两年后，投资者可以通过这个条款来及时调整估值，挽回部分损失。

当然了，签了对赌条款，企业会比较紧张，会更加努力地工作以达到对赌条款的要求，这也是对赌条款积极的一面。比如，某私募投资一家企业时，企业家说下一年的预期利润是6 000万元。私募开出的对赌条款可能是：如果到不了6 000万元，则将私募所持股份的比例调高15%。如此，企业家就要努力去争取达到6 000万元的利润。

专栏 9—2 分别列出了对赌条款的成功案例和失败案例。

专栏 9—2

对赌案例

成功的案例：

—— 中国动向（0318. hk）与摩根士丹利约定，若其业绩超过预期，则管理层将获得摩根士丹利无偿转让的1%的股份；若业绩达不到标准，则大股东要向摩根士丹利转让 20%的股份。

—— 2003 年，摩根士丹利等投资机构与蒙牛乳业签署了类似于国内证券市场可转债的“可换股文据”，未来换股价格仅为0.74港元/股。通过“可换股文据”向蒙牛乳业注资3 523万美元，折合人民币2.9亿元。为了使预期增值的目标能够兑现，摩根士丹利等投资者与蒙牛管理层约定，2003—2006年，蒙牛乳业的复合年增长率不得低于50%。若达不到 50%，则公司管理层将向摩根士丹利交付 6 000 万～7 000 万股的上市公司股份；如果业绩增长达到目标，则摩根士丹利等机构就要拿出自己的相应股份奖励给蒙牛管理层。2004 年 6 月，蒙牛业绩增长达到预期目标。

失败的案例：

—— 2007 年年初，高盛、英联以及摩根士丹利联合注资太子奶集团7 300万美元，并与太子奶集团约定，在收到7 300万美元注资后的前三年，如果太子奶集团业绩增长超过 50%，就可调整（降低）对方股权占比；如果完不成 30%的业绩增长，太子奶集团董事长李途纯将会失去控股权。最终李途纯失去控股权，与投资者两败俱伤。

—— 2005 年 1 月，摩根士丹利和鼎晖斥资5 000万美元收购永乐家电 20%的股权，并约定，如永乐 2007 年净利润高于7.5亿元人民币，则外资股东向永乐管理层转让4 697.38万股；如果净利润等于或低于6.75亿元人民币，则永乐管理层将向外资股东转让4 697.38万股；如果净利润不高于 6 亿元人民币，则永乐管理层向外资股东转让最多9 394.76万股。由于对赌协议中的利润目标使得永乐管理层倍感压力，不得不出售旗下 7 家非核心业务的附属公司股权，裁员、减薪，并施行激进的并购扩张战略，2006 年 7 月国美收购了上市仅 9 个月的永乐。

（2）回购条款。回购条款就是融资企业向投资方承诺，在未来一定期限内，若企业没有上市成功，则向投资方回购股权。回购条款中约定的期限一般为 3 年或 5 年，也就是说 3～5 年若不能成功上市，则回购条款自动生效。回购条款中约定的回购价格一般为投资金额加上一定的利率，比如回购条款是“按照每年 8%的利息率（单利）回购”，其含义是：以当年接受的全部投资额换回投资人的股份，并按照年 8%

的单利支付企业使用投资人资金的利息。假如当初企业是出让 30%的股份换来 1 亿元人民币投资，到第四年结束仍未成功上市的话，则履行回购条款，企业将支付投资人 1.32 亿元人民币来回购其 30%的股份，从而让投资者保全资金退出。回购条款的回购义务一般由企业的控股股东或第三方来承担。

对于企业的控制人而言，回购条款意味着一种承诺，承诺企业将在未来尽快实现上市，为投资者实现回报；这也是控制人对企业未来发展充满信心的体现，同时对于企业经营也是一种约束和促进。对于投资者而言，回购条款有助于保障投资者的资金安全，如果企业愿意签订回购协议的话，可以加强投资者对企业的投资信心。

思考题

1. 私募基金有哪些组织方式？各有什么优势和劣势？

2. 梦想公司计划在 2020 年上市，希望引入投资者快速扩大企业规模。公司计划出让 20%的股权，价格不低于8 000万元人民币。上个月，公司聘请了方鑫财务咨询公司作为财务顾问，为公司收集、推介合适的股权投资者。目前，有四家投资机构对梦想公司十分感兴趣，但它们对公司未来的盈利能力表示担忧。梦想公司上年的净利润为 800 万元，但前年的净利润仅为 400 万元。公司预测如果获得投资，本财年（2017 年）的净利润就会达到1 300万元，明年将达到2 000万元。但各家投资机构却对这一预测不以为然。为了能达成协议，公司准备和投资方签订对赌条款或回购协议。

对赌条款其实就是期权的一种，是投资人的看跌期权。一般对赌条款的简单实质内容就是：投资者入资后，如果没有达到企业融资时的预期，则投资人有权行使的某种权利。例如：如果 2017 年利润未达到1 300万元或企业 2018 年利润未达到 2 000万元，那么私募持股比重将无偿提高至 25%。回购条款就是融资企业向投资方承诺，在未来一定期限内，若企业没有上市成功，则向投资方回购股权。回购条款的约定期限一般为 3 年或 5 年，也就是说 3～5 年若不能成功上市，则回购条款自动生效。例如，如果 2020 年 12 月 31 日梦想公司仍未成功上市，则梦想公司有义务以协议中的成交价按 10%的年利率复合增长后的金额回购协议中出售的股份。根据以上资料：

（1）请分别从投资者和被投资企业的角度分析对赌条款和回购条款的作用与意义。

（2）对赌条款可能涉及的对象会有所不同，上例是持股比例，也有以管理权转移至投资人作为对赌内容的。试站在梦想公司创立者的角度，面对不同对赌条款和融资压力，设想你会如何权衡？

（3）假如你是投资者，寻找到梦想公司这样优秀的有潜质的企业是很不容易的。你将如何权衡投资机会和投资风险？你是否愿意为了抓住机会而放弃对赌？

（4）班里同学分为两组，一组代表投资者，一组代表企业，对上述条款进行谈判。

参考资料

[1] 肖金泉．国际私募——企业通往国际资本市场的桥梁与跳板．北京：中信出版社，2008.

[2] 清科数据库.

[3] 外汇管理局网站（http：//www. safe. gov. cn/model _safe/index. html).

[4] 风险投资领域“对赌协议”的可执行性研究．证券市场导报，2011（9).

[5] 任兰英．不同组织形式下私募股权投资基金运作过程中的法律适用规则．金融理论与实践，2010（5).

第10章

全球债务融资

本章重点

1. 跨国公司进行跨境债务融资的原因
2. 跨境债务融资的策略
3. 跨境债务融资的工具
4. 欧洲票据融资
5. 国际债券市场

关键词

伦敦银行同业拆借利率	短期融资券（中国）	周转信贷协定	循环贷款协定
欧洲商业票据	欧洲信贷额度	（欧洲）循环贷款协定	
国际银团贷款	国际债券循环承销便利	票据发行便利	备用发行便利
欧洲中期票据	法人账户透支		

本章讲的是跨国公司的债务融资。债务融资包括短期债务融资和长期债务融资两个方面。考虑到公司在短期融资和长期融资的优势、风险及资金来源等方面的相似性，我们将短期融资和长期融资决策合并在一起进行讲解。

跨国公司在运营中必然需要流动资金的周转，以满足原材料、库存占压、应收账款、在途资金和预缴税款等生产运营上的需要。在公司财务的学习中，我们知道，一家企业在具有一定信誉以后，或者其生产的产品非常受欢迎的时候，是可以通过占用原料供应商的应付账款，或者预收买家的预付款等来解决或者部分解决营运资本的需求的。跨国公司在营运资本的管理上也需要面对同样的问题。如果企业在采购、生产和销售等经营活动中产生的流动资产大于其流动负债，那么企业就需要有短期融资行为来满足营运资本的投入。尽管国际贸易融资可以部分满足企业对流动资金的需求，但其毕竟只能解决跨国公司国际贸易的在途货物的资金占压问题，企业还有很多其他生产经营上的需要，因此，以企业信用作为依据的短期融资仍然十分必要。此外，无论是跨国公司购买机器设备进行扩大生产，还是去海外进行兼并收购，都需要大量的长期资本补充。此时，企业可以通过股权融资和债务融资这两种途径来满足自身对长期资本的需求。对于部分企业来说，它们的财务杠杆较低，同时股东不愿意因公司规模扩张而稀释股权，那么此时中长期债务融资将是更为合适的选择。尽管债务融资可能带来财务风险并导致破产可能性上升，但其杠杆作用可以提高公司的盈利指标，给股东带来更高的回报。

相较于国内企业来说，跨国公司在进行债务融资时具有一定的特殊性。一是要考虑币种问题。债务融资无论从汇率风险还是从成本考虑，都需要解决一揽子货币的组合问题。二是要考虑融资途径的选择。三是要确定多币种融资的综合财务成本。所以，接下来第一节介绍跨境债务融资战略，第二节介绍跨境债务融资工具及跨境债务融资成本计算。

10.1　跨境债务融资的原因及策略

上面讲到跨国公司需要一些以公司信用为基础的债务融资。它们在国际上取得这些融资的一条重要途径是发行欧洲债券和非担保债券。因为欧洲债券的资金来源即欧洲货币，其经营不受各国的货币政策限制，没有存款准备金比例限制，所以较各国的贷款利率都会低不少。欧洲债券多以多币种组合发行，也在一定程度上规避了单一币种的风险，所以深受跨国公司青睐。这些欧洲债券是浮动利率的，一般以LIBOR加点的方式计息。LIBOR是London Interbank Offered Rate的缩写，即伦敦银行同业短期资金（隔夜到一年）的拆借利率，代表国际短期资金的利率基准，是最常用的利率基准。在亚洲比较常用的还有新加坡银行同业拆借利率（SIBOR）和香港银行同业拆借利率（HIBOR）。很多跨国公司发行30天、60天和180天的短期债券，然后不断展期滚动，当成中期融资来使用。当然，跨国公司也可以直接向欧洲银行申请不同期限的贷款，很多跨国公司都和欧洲银行建立了很好的信用关系，需要时可以获得债务融资。我们知道欧洲银行在经营欧洲货币时，可以不受中央银行的货币政策限制，很多跨国公司在本国实施紧缩货币政策时，也会考虑向欧洲银行借款。

10.1.1　利用国外融资抵消国外应收账款

如果跨国公司有外币的应收账款，那么借此种外币将是很好的对冲，可以覆盖应收账款所属外币贴水的风险。当应收账款收回来时，正好用于归还借款，这样财务成本就是确定的，汇率风险可以被部分或全部地对冲。比如说，一家在中国境内的中国与美国合资的大型汽车配件生产商，有大量的配件出口到日本和德国，从而也形成了数额较大的日元和欧元的应收账款。此时，企业如果借入的都是人民币短期贷款，那么等到从日本和德国的汽车公司收回应收账款后，就要把日元和欧元兑换成人民币来归还贷款。由于近期人民币的升值压力，同样的日元和欧元兑换的人民币将会减少，从而将使用更多的日元和欧元来兑换人民币以归还贷款。此时企业融资成本就是人民币短期贷款利率加上外币贴水。反之，如果该企业能够借来合适头寸的日元和欧元的话，则用日元的应收账款回款还日元贷款，用欧元回款还欧元贷款，该企业的短期融资成本就是可控的。

不仅应收账款的头寸，有时企业的其他远期的外币收益，比如投资收益，也可以在融资中用同币种的借款来覆盖，这些对冲的策略确实很吸引人。不过，中国是一个资本管制的国家，虽然我们有些例子用人民币来做比喻，目的是让同学们更加了解其中的含义，但我们应该知道外汇在中国的进出是不自由的，那些业务涉及外币的企业必须遵守中国的外汇管理局制定的各项规章制度。

10.1.2 利用国外融资降低成本

1. 当外币利率很低时利用国外融资降低成本

有时候我们会发现不同币种的利率有很大的差别。从图 10－1 中就可以看出，不同国家的利率有时相差竟然将近一倍。这与各个国家当时的经济形势和货币政策，以及货币供应的情况有关。因此，跨国公司有时候仅仅出于低利率的考虑，也会借入外币借款。由于现在货币互换（currency swaps）业务的发展，企业可以借入某种低利率的外币，通过互换业务换成需要的币种，在还款时再换回来以便归还贷款。这时，企业的短期融资成本是所借外币的利息加上互换业务产生的费用。

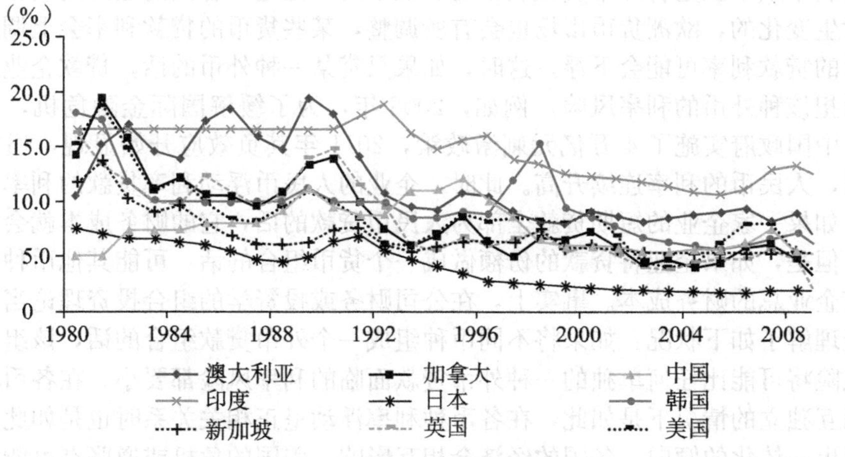

图 10－1 不同国家的短期利率

上面我们也讲到欧洲货币市场的低利率是吸引跨国公司去筹资的原因。比如一家在中国投资的美资企业可以在美国本土借到美元贷款，也可以在中国借到人民币。它在融资决策时做了如下两个判断：(1) 人民币在一年之内必将升值，不确定的只是升值幅度的问题；(2) 美国当前半年期贷款的年化利率是 4.8%，人民币当前的挂牌利率是 6.1%，美元贷款利率近期不会变化，而人民币贷款利率因为通胀预期的加强可能还会上涨。此时，该企业需要借入一笔金额为 1 000 万美元的 180 天固定利率贷款，该企业根据上面两个判断决定借入美元。如果该企业借入美元半年之后美元的汇率如判断的一样再次下降，比如从借款之日的 1 美元兑换 6.45 元人民币降到 1 美元兑换 6.38 元人民币，那么该企业的融资成本计算如下：

该企业在借款日借来的美元换成人民币是：10 000 000×6.45=64 500 000(元)

使用了半年之后需要归还的美元利息是：10 000 000×6.1%×0.5=305 000(美元)

还款日需要归还的美元是：10 000 000+305 000=10 305 000(美元)

兑换上述美元需要用的人民币是：10 305 000×6.38=65 745 900(元)

该笔美元贷款的实际利息负担是：65 745 900−64 500 000=1 245 900(元)

该笔美元贷款的实际年化利率是：1 245 900÷64 500 000×2=3.86%

可见，使用美元贷款的实际财务成本和在本土借入人民币相比，要节省很多。在本例中，如果直接在本土借入人民币，则贷款利率为 6.1%，利息为 64 500 000×6.1%×0.5=1 967 250（元），比借美元要多支付 721 350 元。

当然，如果人民币升值更加剧烈的话，比如升到 6.26（=645 000/10 305 000）元人民币/美元以上，那么借美元不仅没有成本，甚至可以赚钱。

由此可以看出，在某些情况下，跨境融资确实可以大大降低融资成本，但这必须建立在利率平价不成立的前提下。如果有利率平价，那么理论上利差等于升水或贴水，有鉴于借外汇的人应该是追求外币低利率的人，所以利率节省应该被外币升值抵消。

2. 利用外币组合贷款，可以降低贷款利率风险，降低组合贷款的预期成本

我们知道，如果各种货币的贷款利率确定的话，那么不同权重的外币组成的贷款，其利率成本就是各外币贷款利率的加权平均。但是，各国的经济周期及货币政策是会发生变化的，欧洲货币市场也会有所调整，某些货币的贷款利率会上调而另外一些货币的贷款利率可能会下浮。这时，如果只贷某一种外币的话，贷款企业就会完全地去承担该种外币的利率风险。例如，2008 年，为了缓解国际金融危机，刺激内需增长，中国政府实施了 4 万亿元刺激政策，2011 年其负效应开始显现，通货膨胀预期增强，人民币的利率连续升高。此时，企业的人民币浮动利率贷款的利率就会随之上调。如果一家企业的短期贷款全部为人民币贷款的话，它的财务成本就会随之不断增加。但是，如果企业将贷款的份额做成一个货币组合的话，可能其他币种的减息会减少该企业总的财务成本。事实上，在公司财务或投资学的组合投资理论当中，我们就已经理解了如下状况：如果将不同币种组成一个外币贷款组合的话，该组合面临的利率风险将可能比任何单独的一种外币贷款面临的利率风险都要小，在各币种的利率浮动相互独立的情况下是如此，在各币种利率浮动呈正相关关系时也是如此。世界经济呈现出一体化的倾向，各国的经济会相互影响，美国的危机或通胀有可能通过货物贸易、金融市场甚至是信心的传递，影响到其他国家的经济情况，各国的利率变动更多地呈现出正相关的关系。即便如此，如果一家跨国企业不可避免地要在投资、采购、销售中使用或接受不同币种，那么它规避外币利率风险的方法之一就是在筹资过程中考虑多种货币的组合。

要想通过人力来计算各国利率变化的方差，计算两个国家利率变化的相关系数，从而在一定权重下确定组合币种的利率风险，是比较麻烦的，但计算机是完全可以胜任这些工作的，很多专业人士在组合上也具有丰富的经验。所以，作为具有相关金融知识的大型企业财务人员，在财务顾问的帮助下，是可以做到较好地安排本公司的短期外币组合贷款的。

下面，我们通过一个例子详细地说明组合币种是怎样降低一家跨国公司组合币种贷款的预期成本的。

飞鱼公司是全球领先的汽车减震器制造商，总部设在美国密歇根州的底特律。公司的业务遍及美国及欧洲和亚洲。2001 年，由于公司亚洲业务的逐渐扩大和中国政府对外商投资的鼎力支持，公司决定在中国上海设立飞鱼中国有限公司，作为飞鱼公司全资拥有的子公司。

近期，美国总公司接到日本丰田汽车公司 2 亿美元的大额订单，必须马上筹集 1 000 万美元的资金用于补充营业资本。但因资金不足，公司不得不向总部求援。总部通过研究决定，在国际金融市场上进行短期融资以解决当前的资金之困。待下一年收到第一批货款时，再归还借款。董事会将这项任务交由公司财务主管 Terry 负责。

摆在 Terry 面前的融资币种有美元、人民币和日元三种货币。相应的一年期利率如下所示：

一年期美元利率＝8％

一年期人民币利率＝5％

一年期日元利率＝4.5％

由于人民币和日元的一年期利率要低于美元，所以 Terry 希望通过借入外币进行融资。他有三种可选的融资方案：(a) 借入人民币；(b) 借入日元；(c) 同时借入人民币和日元。

通过对人民币和日元以往汇率波动性的分析，Terry 对人民币和日元的汇率变化作出了以下预测。

人民币在贷款期内（对美元）升值 1％的概率为 30％，如果人民币升值 1％，实际融资利率将达到 6.05％；人民币在贷款期内升值 2％的概率为 40％，如果人民币升值 2％，实际融资利率将为 7.1％；人民币在贷款期内升值 3％的概率为 30％，如果人民币升值 3％，实际融资利率将达到 8.15％。相应地，我们可以得出人民币实际融资利率的概率分布如下：

人民币实际融资利率	6.05％	7.1％	8.15％
概率	30％	40％	30％

与人民币类似，日元在贷款期内升值 1％的概率为 35％，对应的实际融资利率为 5.545％；升值 2％的概率为 30％，对应的实际融资利率为 6.59％；升值 4％的概率为 35％，对应的实际融资利率为 8.68％。日元的实际融资利率的概率分布如下表所示：

日元实际融资利率	5.545％	6.59％	8.68％
概率	35％	30％	35％

可以看出，无论是通过人民币融资还是通过日元融资，实际融资利率都有高于美元融资利率的可能。通过计算，Terry 得出人民币融资的期望实际利率为7.100％，标准差为0.008 133；日元的期望实际利率为6.956％，标准差为0.013 331。对比发现：日元的期望利率要稍低于人民币的期望利率，但日元融资利率的波动性要略高于人民币融资，所以使用二者融资各有所长。

在讨论完单独运用两种货币融资的情况后，Terry 将目光转向了两种货币的组合融资。通过对历史汇率的变化的观察研究，Terry 发现人民币和日元（对美元）的汇率波动的相关性较弱，基本上可以认为是相互独立的。为了简化公司的决策过程，Terry 决定忽略两种货币汇率波动的微弱关联。

由于人民币融资和日元融资都存在三种可能性，因此组合融资中会出现 9 种情形。为了说明组合融资的实际效果，我们以两种货币各占 50%的情况为例进行说明。组合的所有可能情形如下表所示：

人民币	日元	组合实际融资利率	相应概率
6.05%	5.545%	5.798%	10.5%
7.1%	5.545%	6.323%	14.0%
8.15%	5.545%	6.848%	10.5%
6.05%	6.59%	6.320%	9.0%
7.1%	6.59%	6.845%	12.0%
8.15%	6.59%	7.370%	9.0%
6.05%	8.68%	7.365%	10.5%
7.1%	8.68%	7.890%	14.0%
8.15%	8.68%	8.415%	10.5%

组合融资中的期望实际利率和标准差计算如下：

组合融资中的期望实际利率 $r=7.100\times50\%+6.956\%\times50\%=7.028\%$

组合融资中的利率标准差 $\sigma=\sqrt{0.25\times(0.008\ 133)^2+0.25\times(0.013\ 331)^2}$

$=0.007\ 808$

对比以上数据可以看出，组合融资情况下，实际利率的期望值介于人民币和日元之间，而实际融资利率的标准差却小于任一货币单独融资的情况。从总体上来看，这种组合融资的实际融资利率和单独筹集任何一种外币的实际融资利率十分接近。但与单独筹集一种外币相比，组合融资使得实际利率超过美元利率的概率大大降低。组合融资的情况下，只有在人民币升值 3%和日元升值 4%的情况同时出现时，实际融资的利率才会超过 8%，最高实际融资利率为8.415%，而这种情况出现的概率仅有10.5%。可以看出，与单一货币融资相比，组合融资不但可以获得比较低的实际融资利率，还可以大大降低融资利率的波动性。

10.2 跨境债务融资工具

无论是跨国公司的母公司还是子公司或海外分支机构，如果有资金缺口的话，一般都应首先考虑在跨国公司内部融资。也就是说，一家公司资金有缺口，需要融资之前，应该检查跨国公司内部各公司是否有资金盈余。一般而言，企业如果有资金盈余，会投资于比较安全的有价证券，比如国债，以保证流动性和盈利性。但是这些安全投资的收益一般都会小于企业融资的成本。因此，跨国企业的一个优势就是可以将母公司和各子公司的资金盈缺互相调剂，达到最有效地使用流动资金，降低公司财务成本的目的。

这种资金的调拨，可以是借，也可以是价格划拨。如果是通过转移价格来划拨的话，就不需要归还了。比如在美国的母公司需要流动资金，而中国的子公司资金富余，就可以在母公司向中国子公司出口货物时报一个超高的价格，这样资金就从中国转向了美国。多数时候，可能是中国的子公司在向美国出口时报一个超低的价格，这也变相地减轻了母公司的流动性需求，完成了子公司向母公司的流动性输出。当然，这种情况会受到东道国的限制，但东道国常常会防不胜防。

跨国公司除了进行集团内部的资金融通外，还可以利用国际金融市场进行跨境融资。这也是跨国公司最主要的债务融资来源。国际金融市场可以为借款人提供多种不同期限、不同还款结构以及不同币种的融资工具。在国际金融市场上包括以下几类债务资本来源：欧洲货币及信贷市场、欧洲票据市场和国际债券市场。除了传统的国内融资途径外，跨国公司一般还综合运用以上几类市场以满足自身对不同期限、不同币种债券资本的需求。下面我们将描述这几类市场，并详细介绍其中主流的融资工具以及它们的相对优势和劣势，最后将对本地银行的直接贷款融资进行简要介绍。

10.2.1 欧洲货币市场

在介绍各种外部融资途径之前，我们有必要了解这一切能够实现的基础和大背景——欧洲货币市场。欧洲货币市场，就是经营欧洲美元和欧洲一些主要国家境外货币交易的国际资金借贷市场。这里所谓的“欧洲”一词并非地理概念上的欧洲，实际上是指“非国内的”“境外的”“离岸的”意思。欧洲货币市场是由世界性的广泛的国际银行网组成。这些银行被泛称为“欧洲银行”。所谓“欧洲银行”，与其说是一种机构，不如说代表着一种职能。“欧洲银行”以伦敦为中心，散布在世界各大金融中心。它们之间通过信函、电话、电报和电传联系。伦敦有许多金融机构，它们同世界各国有千丝万缕的联系，形成了伦敦特有的金融地位。这些机构由三类银行组成：英国商业银行在伦敦开设的总分行、其他各国商业银行和金融机构在伦敦开设的分行、金融公司或投资银行以及由不同国家大商业银行组成的联合银行集团。

所有可自由兑换的货币都可以欧洲货币的形式存在。规模最大的欧洲货币当属欧洲美元。此外，欧洲货币还包括欧洲英镑、欧洲日元、欧洲瑞士法郎、欧洲荷兰盾等。它们的性质与欧洲美元的性质相同，都是指在本国境外的该国货币资金。比如，日本银行存放在法国银行的英镑存款或德国银行对瑞士公司提供的英镑贷款，就叫做欧洲英镑。

欧洲货币市场是一个有很大吸引力的市场，其资金来自世界各地，规模极其庞大，各种主要可兑换货币应有尽有。与传统的国际金融市场不同的是，这是一个完全自由的金融市场。欧洲货币市场不受任何国家政府管制和税收限制，借款条件灵活，借款不限制用途，因此这个市场不仅受到跨国公司的青睐，而且能满足许多国家政府的需要。

同时，欧洲货币市场有独特的利率体系，其存款利率相对较高，放款利率相对较低，存放款利率的差额很小，这是因为它不受法定准备金和存款利率最高额限制。因此，欧洲货币市场对存款人和借款人都更具吸引力。

此外，欧洲货币市场是一个“批发市场”。欧洲货币市场的经营以银行间交易为主，银行同业间的资金拆借占欧洲货币市场业务总量的很大比重。此外，由于大部分借款人和存款人都是一些大客户，所以每笔交易数额很大，一般少则数百万美元，多则可达数亿甚至数十亿美元。

10.2.2 欧洲信贷市场

1. 欧洲短期信贷

短期的欧洲信贷和本土信贷相似，主要有两种贷款模式。一种是欧洲信贷额度(line of credit)，一种是欧洲循环贷款协定（revolving commitment)。欧洲信贷额度和本土的信贷额度类似，银行可以取消额度，而企业不需要为额度支付承诺费。而欧洲循环贷款协定则一般期限为3～5年，期限内信贷额度可以循环使用，比如1 000万美元的额度，企业在1 000万美元180天短期借款到期后还可以续借，这种情况已经和中长期信贷很类似了。已经使用循环贷款协定的银行对放款具有法律上的责任，与此同时，由于这些款项即使不用也会产生理论上的机会成本，所以企业要为没有使用的额度支付承诺费。

2. 欧洲中长期信贷

欧洲货币中长期信贷市场贷款额多在1亿美元以上，往往由几家或十几家不同国家的银行组成银团，通过一家或几家信誉卓著的大银行牵头贷款，即国际银团贷款。由于这类贷款期限较长，贷款人与借款人都不愿承担利率变动的风险，因此，该种贷款利率多为浮动利率，并根据市场利率变化每三个月或半年调整一次。利率一般以伦敦银行同业拆放利率为基础，根据贷款金额大小、时间长短以及借款人的资信，再加上不同幅度的附加利率（一般为0.25‰～0.5‰)。由于中长期信贷金额大、期限长，因此，借贷双方都需签订合同，有的合同还需经借款方的官方机构或政府方面担保。世界上第一笔国际银团贷款是1968年由银行家托拉斯公司和雷曼兄弟公司作为牵头行，金额为1亿美元的对奥地利政府的贷款。其后，国际银团贷款的程序迅速成熟。第一次对国际银团贷款做出详细记载和统计的是1972年的《欧洲研究》(*Euro Study*)，据称当时全球年银团贷款额为110亿美元。而在它诞生的短短三十多年的时间里，其年贷款总量已突破15 000亿美元，在2010年达到了17 237亿美元。表10-1为2008—2010年按发行主体统计的国际银团贷款发放量。与国际债券市场相似，发达国家占据了绝大部分的份额。从2008年到2010年，总体规模呈上升趋势，但由于受到金融危机的影响，2009年出现了较小幅度的下降。2010年我国的国际银团贷款额为183亿美元，仅占全球总额的1.06%。近年来，由于受到债券市场发展的压力，国际银团贷款期限可以更长，偿还方式也更加灵活。同时，国际银团贷款在结构设计上向证券靠拢，将原始贷款重新包装，经证券化处理在二级市场上向投资者出售，以此将信用风险转移到资本市场，使经济体系中的风险得到重新分散和配置。相比欧洲信贷，国际银团贷款可以满足借款人的大额贷款需要。此外，由于仅需提供一次财务报表，和所有银行采用同一协议，只需要和安排行协商，为企业节省了谈判时间和精力，降低了筹资成本。但国际银团贷款对借款人也存在一定的约束，例如，借款人需要得到全部或大部分银行的同意才能更改合同条款等。

表10-1　　国际银团贷款规模统计　　(单位：10亿美元)

年份	2008	2009	2010
发达国家	1 100.3	793.0	1 398.8
美国	427.2	255.3	596.5
英国	123.3	66.3	125.3

续前表

年份	2008	2009	2010
法国	76.4	35.6	108.6
德国	48.7	76.4	88.6
发展中国家	317.6	195.1	271.5
俄罗斯	57.5	21.8	33.3
巴西	19.0	22.4	16.4
印度	18.7	13.1	33.6
中国	17.7	13.1	18.3
离岸中心	51.9	33.5	53.4
国际组织	1.1	1.0	0
全球总计	1 471.00	1 022.60	1 723.70

说明：(1) 全球总计是发达国家、发展中国家、离岸中心、国际组织四者的数据之和。

(2) 发达国家只列举了四个国家，并未穷尽所有发达国家，所以发达国家数据不是所举例的四个国家的数据之和，发展中国家也一样。

资料来源：根据国际清算银行数据库数据整理。

10.2.3 欧洲票据市场

在讲跨国公司商业票据的短期融资作用时，我们应该先回顾一下我国商业票据的使用情况。在我国，商业票据是很不发达的，最常见的是作为贸易支付手段的商业票据——商业汇票，而且基本上市场只接受银行承兑汇票，企业及商号的本票在《票据法》中都是缺位的。这就是说，在我国企业是无法做到为了融资需求而去签发商业票据的。2005 年我国在银行间债券市场上发行了一种叫“短期融资券”的债务，大多由商业银行承销，这种短期融资券与用于融资的商业票据类似。比如 2005 年 5 月 26 日，中国银行以主承销商身份，成功发行了中国银行间债券市场上首只短期融资券——中国国际航空公司 2005 年第一期短期融资券，以及银行间市场单只最大的短期融资券——铁道部 2005 年第一期短期融资券。这一业务的开展，颇具示范性和实验性，一般只有上例中那样的大型央企、上市公司才能成为短期融资券的发行主体。到 2015 年，中国短期融资券的融资数额突破了 8 000 亿元人民币，体现了市场对这一融资方式的需求和热情，也预示着中国金融市场改革的进一步深化。中国商业票据和短期融资市场的这种压抑现状是有原因的，我们在这里可以浅显地探讨一下。但是，这并不妨碍我们在本节详细介绍美国市场和欧洲货币市场上的商业票据融资行为。

在我国的金融体系中，流动资金借款向来以银行向企业的直接贷款融资为主。这种银行的流动资金借款是一种间接融资，也就是说银行吸收储蓄和存款，付给存款利息，然后加息贷给企业。因为吸储和银行管理是需要成本的，所以这些成本再加上银行在该业务上的利润形成的银行贷款利息应该是比较高的。而且无论贷款期限为多长，银行审查放贷的程序都一样复杂，需要大量人力物力，所以银行也不愿意提供超短期的贷款服务，因为同样的投入收回来的总利息太少。如果是企业发债或发票据融资，投资者去购买，银行、投行或者其他金融机构在其中可能只扮演承销商的角色，只收一笔承销费用，那么企业的融资成本就会大幅度降低。但是，由于历史的原因，我国延续了这种以银行为主体的融资体系。这也是有好处的，我国主要的商业银行都是国有的，可以由贷款银行来监督企业的资金规范运行，并更有效地实行政府的货币政策和产业政策。比如，政府要打压房地产市场，就可以下行政指导意见，限制银行向地产商贷款。显然，这个体系的优势还是容易理解的。

直接融资虽然灵活且成本低廉，可以提高整个金融体系的货币的使用效率，但是监管难度会比较大。如果发行票据的企业信用不好，拒绝履行还款义务，或者根本就是诈骗，那么承担风险的就不是那些永不倒闭的银行（政府也不会让它倒闭），而是各种投资者，比如货币基金的购买者。如果这种货币基金由银行向公众发售，那么大众就会遭受损失。现在的问题就是，大众有这个心理准备接受风险吗？如果中国的大众还没有习惯做一个理性投资者，金融市场的风险就会带来社会问题。现在很多管理人员或者学者都认为中国存在金融压抑，要不要大力发展直接融资，如何推动直接融资，是一个边讨论边实践的问题。

直接融资先天不足，而后天的推动更需要市场环境、法律环境等多方面的努力。虽然现在已经有所发展，但仍然时时感到障碍重重。首先，现在市场上能流通且受欢迎的只是银行承兑汇票，品种比较单一；其次，中国现在缺乏有公信力的信用评级机构，所以每一个投资者都需要自己去对票据发行人进行信用考察，这是比较荒谬的，因此才会出现现在这种情况，即发行短期融资券的企业都是那些名号巨大的企业；再次，票据的流动性取决于流通市场的活跃度，而目前中国的票据市场流动性是比较差的，这也限制了票据融资的发展；最后，中国企业的信用还需要加强。我们前面说过，国内市场上流通得比较多的是基于贸易的银行承兑汇票。有时候，一张银行承兑汇票会在上下游企业多次背书，出票人的信用风险会一手一手传下去，如果出票人赖账，那么对于整个信用体系的影响都十分负面。

当然，接下来将要介绍，比如一家美国的跨国公司，将会如何利用国际货币市场的融资工具，我们认为跨国公司的财务人员需要了解它。

发行商业票据是跨国公司比较重要的短期融资方式。商业票据是由金融公司或某些信用等级较高的企业开出的无担保短期票据。商业票据的可靠程度取决于发行企业的信用程度，可以背书转让，但一般银行不愿意接受贴现。商业票据的期限在 9 个月以下，由于其风险较大，利率高于同期银行存款利率。商业票据可以由企业直接发售，也可以由承销商代为发售，但对出票企业信誉的审查十分严格。如果由经销商发售，则经销商实际上在幕后担保了出售给投资者的商业票据。

一家美国的企业可以选择在本土发行本币的商业票据，也可以选择在欧洲票据市场发行欧洲美元，或其他币种的商业票据，或进行组合。欧洲票据市场是指欧洲货币市场上的中短期债务市场。欧洲票据即该市场的交易工具。在欧洲票据市场发行的欧洲商业票据（Euro-commercial paper，ECP），和各国在国内市场上发行的商业票据类似，期限通常为 1 个月、3 个月与 6 个月。欧洲商业票据主要以折价的方式发行，有时也可以以附息的方式发行。欧洲票据市场上 90%是以美元计价的票据。

公司折价发行 ECP 的价格的计算公式如下：

$$市场价格=\frac{面值}{1+\left[\left(\frac{N}{360}\right)\times\left(\frac{Y}{100}\right)\right]}$$

式中，N 为年收益率；Y 为到期期限。

如发行面值为1 000美元，90 天期的 ECP，年收益率为 8%，则市场价格的计算如下：

$$市场价格=\frac{面值}{1+\left[\left(\frac{90}{360}\right)\times\left(\frac{8}{100}\right)\right]}=980.39(美元)$$

在上述市场价格的计算中，一年总天数的计算可能因国家不同而不同，如美国按 360 天而英国按 365 天来衡量财务年度。

1. 欧洲票据发行便利

欧洲票据发行便利于 1984 年由瑞典最先采用，是欧洲票据市场的又一创新。这种便利允许借款人采用多种方式提取资金，包括短期贷款、浮动信用额度、银行承兑票据等。这些便利包括循环承销便利、票据发行便利和备用发行便利，它们都由国际投资银行和国际商业银行提供。借款人在选择借款的期限、货币种类、利率基数等方面有较大的灵活性，也能筹集到发行欧洲票据所不能筹集到的资金，并在最便宜或者最适合的情况下提取资金。一种典型的结构是：1～3 家贷款安排银行组织多家参与行来分担承诺的贷款总额。安排银行只给自己留下较少的贷款份额，而主要通过贷款安排服务费赚取利润。若票据不能按预定的利率发行完毕，则安排银行和参与行需要购入剩余票据。通过票据发行便利的方式筹集短期资金要比国际银团贷款便宜很多，因为欧洲票据在发行后可在二级市场上流通，其流动性要远远强于国际银团贷款合约。

2. 中期票据

中期票据通常是指期限为 5～10 年的票据。公司发行中期票据，通常会通过承办经理安排一种灵活的发行机制，通过制订单一发行计划，多次发行期限不同的票据，这样更能切合公司的融资需求。中期票据是一种经监管当局一次注册批准后，在注册期限内连续发行的公募形式的债务证券，它的最大特点在于发行人和投资者可以自由协商确定有关发行条款（如利率、期限以及是否同其他资产价格或者指数挂钩等）。同公司债券一样，早期的中期票据都是无担保、无抵押的纯粹信用证券，但目前各种结构金融产品（包括传统的资产支持证券）的发行也采取中期票据形式。中期票据的历史要比公司债券短得多——从其出现至今，只有三十多年。但是，无论是在发达国家，还是在新兴经济体中，中期票据的地位都已经不亚于公司债券。从筹资者的角度看，可以根据市场行情适时选择中期票据发行的期限、利率和规模，从而不仅节省了财务成本，而且极大地便利了资产负债表的管理。中期票据的经济价值是量体裁衣式的设计。中期票据最早的功能在于从期限上弥补商业票据和公司债券的空白。随着市场的发展，中期票据在灵活性方面的经济价值日益体现出来。

第一，发行规模极其灵活。无论是否采取货架注册规则，公司债券通常都是一次性、大规模地足额发行。与此相比，中期票据通常采取的是多次、小额的发行，具体发行时间和每次发行的规模依据当时市场的情况而定。换言之，公司债券的发行是离散的，而中期票据的发行是连续的。

第二，发行条款（如期限、定价及是否包含衍生品合约等）极其灵活。为了适应大规模的一次性发行，公司债券的契约条款是标准化的。例如，无论采取何种发行招标方式，公司债券的期限和价格都是整体性的，同一批发行的公司债券在期限和价格上基本没有差异。公司债券条款中即使包含衍生品合约，也是极其简单的，如可转换债券、可赎回债券。中期票据则不然，不仅同一次注册的中期票据可以有不同的期限和定价，而且，中期票据的本金和利息支付可以钉住其他金融资产、非金融资产的价格或者价格指数。依据中期票据本息所钉住的资产类别，可以将之分为利率联结票据（interest-linked note）、股权联结票据（equity-linked note）、货币联结票据（currency-linked note）、商品联结票据（commodity-linked note）、保险联结票据（insurance-linked note）等。这些种类繁多的中期票据常常会明确或者隐含地包含一种或几种复杂的衍生品，因此被称作结构票据（structured note）。

第三，发行方式极其灵活。为了保证顺利发行，公司债券一般都是由投资银行进行承销。中期票据的发行方式则非常多样化。早期主要是靠投资银行尽力推销（best-effort），或者发行人自行销售。目前，有些中期票据的发行也开始采取承销方式，但与公司债券最大的不同在于所谓的"反向调查"（reverse inquiry）方式：投资银行先去征求潜在的投资者对发行价格、期限等条款的意见，然后再依据这些潜在投资者的意见发行相应的中期票据。与重视筹资人的传统金融活动不同，这种以投资者需求而非筹资人需求作为起点的发行方式代表了一种新的金融服务理念，它是中期票据市场在 20 世纪 90 年代中后期高速发展的关键。

在欧洲货币市场发行的中期票据，称为欧洲中期票据，其出现有效地填补了欧洲商业票据与长期国际债券市场之间的空缺。尽管许多票据最初都是公开承销发行的，但现在绝大多数欧洲中期票据都是通过非公开的方式发行的。欧洲中期票据的期限一般在 9 个月到 10 年之间，每半年支付一次利息。每次发行的规模一般控制在 200 万～500 万美元。

10.2.4 国际债券市场

国际债券市场具有丰富的创新产品，它们都由创意十足的投资银行提供。这些投资银行不受常规约束和国内资本市场上的政府管制，因此可以创造出各种适合发行商需求的债券品种。

国际债券市场可以分为两个基本市场：外国债券市场和欧洲债券市场。外国债券是指借款人在其本国以外的某一个国家发行的、以发行地所在国的货币为面值的债券。外国债券是传统的国际金融市场的业务，已存在几个世纪，它的发行必须经发行地所在国政府的批准，并受该国金融法令的管辖。例如，一家中国的跨国公司向美国投资者发行以美元标价的债券。欧洲债券是借款人在债券票面货币发行国以外的国家或在该国的离岸国际金融市场发行的债券。欧洲债券是欧洲货币市场三种主要业务之一，因此它的发行不受任何国家金融法令的管辖。例如，一家日本的公司在英国和德国市场上发行的以美元标价的债券。外国债券市场、欧洲债券市场与本国债券市场平行运作，并相互竞争。

表 10－2 是按发行主体进行分类的国际债券类产品发行量。2016 年 9 月，发行在外的国际债券总额为 217 010 亿美元，约占 2010 年全球 GDP 的 47%，其中发达国家占据了总发行量的绝大部分。表的右半边是跨国公司债券的发行总量，可以看出其占发行总额的 90%左右，剩余的份额是由各国政府和其他机构发行的。

表 10-2　　国际债券发行规模（按发行主体分类）　　（单位：10 亿美元）

债券种类 / 时间 / 国家（地区、组织）	所有债券（长期和短期）			公司债券（长期和短期）		
	2015 年 9 月 1 日	2016 年 3 月 1 日	2016 年 9 月 1 日	2015 年 9 月 1 日	2016 年 3 月 1 日	2016 年 9 月 1 日
发达国家	15 631	16 069	16 172	14 869	15 312	15 443
美国	2 129	2 283	2 328	2 125	2 278	2 323
英国	3 095	3 147	3 084	3 073	3 125	3 063
德国	1 171	1 192	1 192	1 095	1 110	1 114
法国	1 439	1 424	1 438	1 431	1 416	1 430
发展中国家	1 838	1 892	1 919	1 097	1 120	1 151
巴西	152	141	136	93	93	87
俄罗斯	111	104	103	78	73	73
中国	76	84	97	61	71	84
印度	29	31	31	29	31	31
离岸中心	1 979	2 032	2 056	1 921	1 974	1 993
国际组织	1 421	1 486	1 554	—	—	—
全球合计	20 869	21 479	21 701	19 308	19 912	20 141

说明：该表数据直接采用国际清算银行数据。因为有效数字与四舍五入的原因，全球合计的数据与表格中各数据之和有很小的差距。

资料来源：国际清算银行数据库（http：//www.bis.org/statistics/bulletin1509.htm）。

近些年来，新发行的国际债券中欧洲债券占到了八成。欧洲债券以它们的标价货币命名，如美元欧洲债券、日元欧洲债券、瑞士法郎欧洲债券等。另外，外国债券的名字更是五花八门。根据国际惯例，国外企业在一国发行债券时，一般以该国最具象征意义的事物命名，如在日本发行的债券被称为“武士债券”，在美国发行的债券被称为“扬基债券”，还有英国的“猛犬债券”和西班牙的“斗牛士债券”等。在我国发行的外国债券被称为“熊猫债券”。

此外，根据发行对象的不同，还可以将国际债券分为公募债券和私募债券。所谓公募债券，是向社会广大公众发行的债券，可在证券交易所上市公开买卖。公募债券的发行必须经过国际上公认的资信评级机构的评级，借款人须将自己的各项情况公之于众。而私募债券是指私下向限定数量的投资人发行的债券，这种债券发行金额较小，期限较短，不能上市公开买卖，且债券息票率偏高，但发行价格偏低，以保障投资者的利益。私募债券机动灵活，一般无须评级机构评级，也不要求发行人将自己的情况公之于众，发行手续较简便。

1. 债券工具的种类

就为投资者提供的投资工具类型而言，国际债券市场比国内债券市场更具灵活性。下面将简要介绍几种主要的债券工具。

（1）固定利率债券、浮动利率债券和无息债券。

1）固定利率债券，是在债券发行时就将债券的息票率固定下来的债券。

2）浮动利率债券，是指债券息票率根据国际市场利率变化而变动的债券。这种债券的利率基准和浮动期限一般也参照伦敦同业拆放利率。浮动利率债券是 20 世纪

80 年代以来国际债券市场上发展起来的一种新的金融工具。发行这种债券有一定的利率风险，但倘若国际利率明显走低，或借款人今后的资金运用也采取同样期限的浮动利率，则利率风险可以抵免。

3）无息债券，是指没有息票的债券。这种债券发行时是按低于票面额的价格出售，到期按票面额收回，发行价格与票面额的差价，就是投资人所得的利益。发行这种债券对借款人来说，可以节省息票印刷费用，从而降低筹资成本；对投资人来说，可以获得比有息票债券更多的利益。

（2）一般债券、可兑股债券和附认股权债券。

1）一般债券，是按债券的一般还本付息方式所发行的债券，包括通常所指的政府债券、金融债券和企业债券等，它是相对于可兑股债券、附认股权债券等债券新品种而言的，后两种债券合称“与股权相联系的债券”。

2）可兑股债券，是指可以转换为企业股票的债券。这种债券在发行时，就给投资人一种权利，即投资人经过一定时期后，有权按债券票面额将企业债券转换成该企业的股票，成为企业股东，享受股票分红待遇。发行这种债券的大多是大企业，近年来在国际债券市场上可兑股企业债券发展得很快。

3）附认股权债券，是指能获得购买借款企业股票权利的企业债券。投资人一旦购买了这种债券，在该企业增资时，即有购买其股票的优先权，还可获得按股票最初发行价格购买的优惠。发行这种债券的也多为大企业。

（3）双重货币债券和欧洲货币单位债券。

1）双重货币债券，是指涉及两种货币的债券。这种债券在发行、付息时采用一种货币，但还本时偿付另一种货币，两种货币间的汇率在发行债券时就确定了。发行这种债券的最大优点是可以防止和避免创汇货币与借款货币不一致所带来的汇率风险。

2）欧洲货币单位债券，是以欧洲货币单位为面值的债券，价值较稳定，近年来这种债券在欧洲债券市场上的比重逐年增大。

2. 欧洲债券发行实务

因为每年国际债券市场新发行的债券 80%左右都是欧洲债券，所以了解一些关于欧洲债券发行的实务是大有裨益的。

如果借款者想要通过向公众投资者发行欧洲债券来融资，那么它必须首先与一家投资银行签约，并委托其为承销银团的主承销商。承销银团一般由投资银行、商业银行或是商业银行专门从事公众发行的分支机构构成。有些时候，主承销商会邀请协理商来组成承销团，负责与借款者协商合同条款、确定市场状况并管理债券的发行工作。表 10－3 列出了2012年与 2007 年国际债券类产品承销方面的承销商排名。

表 10－3　　国际债券类产品承销商排名

2012 年排名	2007 年排名	承销商	市场占有率（%）	承销价值（百万美元）	费率（%）	承销数量
1	3	摩根大通	12.5	65 144.02	0.397	247
2	6	花旗集团	10.5	54 664.82	0.348	182
3	4	巴克莱	10.1	52 478.96	0.262	128
4	2	德意志银行	8.7	45 546.29	0.253	141
5	5	美林	7.5	39 067.58	0.489	165

续前表

2012年排名	2007年排名	承销商	市场占有率（%）	承销价值（百万美元）	费率（%）	承销数量
6	9	高盛集团	6.7	34 765.82	0.391	108
7	7	摩根士丹利	6.3	32 795.88	0.351	127
8	1	瑞银集团	6.1	31 994.96	0.205	83
9	10	汇丰	5.5	28 416.35	0.259	93
10	12	巴黎银行	4.8	24 828.03	0.214	88
11	14	瑞士信贷	4.3	22 304.45	0.294	73
12	—	富国银行	3.6	18 551.31	0.571	78
13	15	RBC资本市场	2.3	12 133.73	0.274	42
14	13	苏格兰皇家银行	2.1	11 048.05	0.487	70
15	—	加拿大帝国商业银行	1.1	5 500.92	0.081	11

资料来源：*Euromoney*.

承销集团与其他银行一起组建债券发行的承销商。它们将用自己的资金从借款者那里折价买入证券。这个折价叫做承销差价，一般为2%～2.5%。大多数承销商与其他银行一起，作为承销团的一部分，向公众投资者出售证券。承销团成员根据它们所发挥作用的大小及类型，共同分享承销差价。一般情况下，主承销商会获得大部分差价。

3. 欧洲债券的评级

欧洲债券发行利率的确定依赖于债券评级。债券评级的高低直接决定着发行利率。目前国际上债券评级由独立的信用评级机构来完成，它们是由专门的经济、法律、财务专家组成的对证券发行人和证券信用进行等级评定的组织。国际上公认的最具权威性的专业信用评级机构只有三家，分别是美国的标准普尔公司、穆迪投资者服务公司和惠誉国际信用评级有限公司。评级机构降低了金融市场上的信息不对称程度，在一定程度上促进了金融市场的发展与繁荣。在欧洲债券市场，投资者们不仅依赖对财务报表的分析，债券发行公司及其承销商的信誉也是他们重要的考量因素之一。因此，评级机构在欧洲债券市场中的地位就不言自明了。始于2009年并不断恶化的欧债危机也证明了评级机构在金融市场上的巨大话语权。

穆迪投资者服务公司、惠誉国际信用评级有限公司和标准普尔公司这三家机构通过分析债务的违约风险和债务特点，并综合考虑财务状况、汇率变动等多方面的因素，对债券进行分类。穆迪投资者服务公司将债券和发行商分为九个等级，从Aaa、Aa、A、Baa、Ba依次递推到C。从Aaa到Baa级别的债券被称为投资级债券，这些债券违约风险较低。相应地，Ba及以下评级的债券被称为投机级债券，也叫高收益债券。穆迪投资者服务公司用三个数字1、2和3将某一等级细分为最高级、中间级和最低级。标准普尔公司将债券和发行商分为10个等级，如表10-4所示，从AAA一直递推到D。其中，AAA到BBB评级的债券为投资级债券，BB及以下评级的债券为高收益债券。AA到CCC级的债券还将在前面加上“+”或“-”，表示处于两个等级中间的细分等级。惠誉国际信用评级有限公司采用的等级模式与标准普尔公司基本相同。

表 10-4　　标准普尔公司关于长期债券的信用评级

级别	评定
AAA	最高评级，偿还债务能力极强。
AA	偿还债务能力很强，与最高评级差别很小。
A	偿还债务能力较强，但相对于较高评级的债务/发债人，其偿债能力较易受外在环境及经济状况变动等不利因素的影响。
BBB	目前有足够偿债能力，但在恶劣的经济条件或外在环境下其偿债能力可能较脆弱。
BB	相对于其他投机级评级，违约的可能性最低。但持续的重大不稳定情况或恶劣的商业、金融、经济条件可能令发债人没有足够能力偿还债务。
B	违约可能性较BB级高，发债人目前仍有能力偿还债务，但恶劣的商业、金融或经济情况可能削弱发债人偿还债务的能力和意愿。
CCC	目前有可能违约，发债人须依赖良好的商业、金融或经济条件才有能力偿还债务。如果商业、金融、经济条件恶化，发债人可能会违约。
CC	目前违约的可能性较高。由于其财务状况不佳，目前正在受监察。在受监察期内，监管机构有权审定某一债务较其他债务有优先偿付权。
“+”或“−”	从AA到CCC等级分别可以用“+”或“−”进行细分。
SD/D	当债务到期而发债人未能按期偿还债务时，纵使宽限期未满，标准普尔公司亦会给予D评级，除非标准普尔公司相信债款可于宽限期内还清。此外，如正在申请破产或已作出类似行动以致债务的偿付受阻时，标准普尔公司亦会给予D评级。当发债人有选择地对某些或某类债务违约时，标准普尔公司会给予SD评级（选择性违约）。
NR	发债人未获得评级。

10.2.5 本地银行的直接贷款融资

1. 向本地银行申请周转金贷款（也叫流动资金借款）

企业由于季节性的原因、结算需要，或者其他临时的资金周转需求而面临资金缺口时，向银行申请流动资金贷款是企业解决资金缺口的常用途径。由于银行和企业长期以来建立了相互熟悉的关系，很多银行对于那些在银行有结算业务的、流水比较大的、信用比较好的企业，尤其是在银行开立基本户或存款户的优质企业，都有所谓信贷额度的核定，也就是结合过去企业的贷款历史和预期企业下一年的用款需要，给企业下一年的信用额度做一个核定，在核定数额内企业随时申请用款都是比较方便的。这个信贷额度一年一核，也叫贷款限额，是企业在一年内可以取得贷款的最高限额。企业如果要超出这个额度申请贷款，需要提供质押、抵押或担保等手续，如果用不完也没关系，只是下一年会核减。从银行方面看，它不必为这个核定的贷款额度负法律义务，如果企业信誉恶化，即便是在信贷额度内，银行也可以拒绝给企业贷款。正因为如此，企业在需要用款时，最好还是提早一些做安排。

短期流动资金借款中，由于银行的种种特殊要求，企业负担的实际利率可能比银行贷款的名义利率要高。我们来看下面的例子。

当企业被要求将贷款的20%作为存款余额留在贷款户头上时，企业实际能使用

的款项只有 80%，此时，

实际贷款利率＝名义贷款利率/(1－20%)

当贷款的利息（未贴现的利息总额）在贷款之初扣除时，企业实际使用的款项只有贷款额扣除利息后的部分，此时，

实际贷款利率＝名义贷款利率/(1－名义贷款利率)

当企业被要求在贷款期匀速偿还贷款时，企业能使用的贷款累计额实际上只有一半，此时，

实际贷款利率＝名义贷款利率×2

2. 周转信贷协定

另一种具有法律约束力的做法叫周转信贷协定，又叫“循环贷款协定”，是银行负有法律义务地承诺提供不超过某一最高限额的贷款协定。在协定的有效期内，只要企业的借款总额未超过最高限额，银行就必须满足企业随时提出的借款要求。企业享用周转信贷协定的用款保障，通常要对贷款限额的未使用部分付给银行一笔承诺费。在周转信贷协定里，因为银行负有向企业提供贷款的法律义务，所以银行必须要为此准备出头寸，如果企业定了额度却不使用，那么银行就要负担这部分资金闲置的机会成本，作为补偿，企业要按规定付给银行承诺费。

周转信贷协定的有效期通常超过 1 年，但实际上贷款每几个月发放一次，所以这种信贷具有短期和长期借款的双重特点。

周转信贷协定暗含的假定是：如果企业从年初到年末都全额借款，银行也必须满足要求放款，那么银行按协定就应该全年全额准备款项，这是银行的法律义务，同时承诺费也就按此标准来计算，也就是说，企业即使最终借款到了核定的最高额度，不足全年全额使用额度的部分也必须向银行支付承诺费。比如，一个周转信贷协定的最高额度是1 000万元，该企业上半年从 1 月 1 日起借款 500 万元，使用一年，下半年从 7 月 1 日起借款 500 万元，使用半年。虽然企业已经用足了1 000万元，但其中有 500 万元是下半年才开始使用，也就是说这部分额度在上半年是闲置的，所以企业要为第一个 500 万元付全年的利息，为第二个 500 万元付上半年的承诺费和下半年的利息。我们做个练习就明白了。

例：企业周转信贷额为 1 000 万元，承诺费率为 0.4%。1 月 1 日从银行借入 500 万元，8 月 1 日又借入 300 万元，如果年利率为 8%，则企业本年度末向银行支付的利息和承诺费共多少？

解法 1：

$$利息＝500\times 8\%+300\times 8\%\times \frac{5}{12}＝50(万元)$$

$$承诺费＝200\times 0.4\%+300\times 0.4\%\times \frac{7}{12}＝0.8+0.7＝1.5(万元)$$

$$利息费+承诺费＝50+1.5＝51.5(万元)$$

解法 2：

$$利息＝500\times 8\%+300\times 8\%\times \frac{5}{12}＝50(万元)$$

未使用的贷款额度$=1\,000-\left(500+300\times\frac{5}{12}\right)=1\,000-625=375$(万元)

承诺费$=375\times0.4\%=1.5$(万元)

利息+承诺费$=50+1.5=51.5$(万元)

3. 银行透支

银行透支是指银行允许其存款户在事先约定的限额内，超过存款余额支用款项的一种支付便利。存款户对透支放款应支付利息，并有随时偿还的义务。

银行透支只针对法人账户，获得银行授权可以透支的企业相当于拥有十分灵活的支付便利，在需要时可以不受银行存款余额的限制而做出支付行为。银行透支较普通贷款审核更加严格，表 10-5 是银行透支和普通贷款的区别。

表 10-5　银行透支与普通贷款对比表

	银行透支	普通贷款
设计目的	支付便利	融资
借款人资格	一定评级以上的企业	符合《贷款通则》
合同	参考合同	标准合同
贷款条件（利率、期限）	与借款人分别谈判：贷款条件可能不同，利率最高上浮 30%，最低下浮 10%（原则上不下浮，如需下浮，按相关规定执行）；期限最长为一年	按照行内相关规定
贷款使用	先用先还，随用随还。要在合同核定额度范围内循环使用	按照合同约定，可分次使用，对部分重点客户可以考虑循环使用
核算	会计系统核算，不在中国人民银行信贷登记系统里反映	信贷系统核算，在中国人民银行信贷登记系统里反映
贷款管理	按照贷后管理办法执行，重点监控资金去向	按照贷后管理办法执行
息费收取	按实际使用金额、日期收息；收取不超过企业透支额度的 0.5%的承诺费	按照与借款人合同规定和实际使用情况收本收息

思考题

1. 相对于股权融资，你认为债务融资具有哪些优势和劣势？

2. 梦想公司计划收购美国一家小型轮胎公司，收购价格预计为 2 亿美元。但目前公司可支配现金不足，仅能筹集1.8亿美元的现金，其余2 000万美元准备通过发行债务工具的方式融资。公司预计半年的现金流会比较充裕。

（1）请问梦想公司可以采用哪些方式获得融资？

（2）公司决定到欧洲市场发债，于是咨询中信证券。中信证券建议在欧洲市场上发行 6 个月期限的公司票据，贴现发行，票面利率 5%（年利率），面值为1 000美元。请计算该票据的发行价格。

3. 由于季节性的原因，梦想公司准备向中国银行申请流动资金贷款。中国银行提供以下三种贷款方式：

（1）梦想公司需要将贷款总额的 15%作为存款余额留在贷款账户上，名义利率为 5%；

(2) 贷款的利息（未贴现的利息总额）在贷款之初扣除，名义利率为 6%；

(3) 贷款在贷款期匀速发放，名义利率为 3%。

请计算以上三种方式的实际利率。

4. 在中国，央企、上市公司和中小企业获得债务融资的能力是不同的。请你分析一下现状，并针对以下问题提出自己的观点：

(1) 上述三类企业获得债务融资的渠道都有哪些？

(2) 上述三类企业是否都有机会获得直接的债务融资？

(3) 中小企业融资难的问题应该如何解决？

参考资料

[1] 杰夫·马杜拉．国际财务管理．9 版．北京：北京大学出版社，2010.

[2] 艾伦·C. 夏皮罗，阿瑟·I. 斯通希尔，迈克尔·H. 莫菲特．跨国公司财务管理．7 版．北京：中国人民大学出版社，2005.

[3] 戴维·K. 艾特曼．跨国公司金融．9 版．北京：北京大学出版社，2005.

[4] 科特·C. 巴特勒．国际金融．大连：东北财经大学出版社，2008.

[5] 国际清算银行（http：//www. bis. org/）.

[6] 证券行业和金融市场协会（http：//www. sifma. org/）.

[7] 中国货币网（http：//www. chinamoney. com. cn）.

[8] 中国债券信息网（中央结算公司）（http：//www. chinabond. com. cn）.

[9] 万德数据库.

[10] 万德门户（http：//www. wind. com. cn）.

[11] 浙江金融信息网（http：//zjfn. com. cn）.

[12] 惠誉国际信用评级有限公司网站（http：//www. fitchratings. com）.

[13] 穆迪投资者服务公司中国网站（http：//www. moodys. com. cn）.

[14] 标准普尔公司（http：//www. standardandpoors. com）.

[15] 刘伟，王汝芳．中国资本市场效率实证分析——直接融资与间接融资效率比较．金融研究，2006（10）.

[16] 王军生．金融结构优化的国际经验及借鉴．国际金融研究，2005（10）.

第 11 章

跨国租赁

本章重点

1. 经营租赁和融资租赁的区别
2. 融资租赁业务的种类
3. 融资租赁资本化在会计上的处理办法
4. 跨国融资租赁发展的原因
5. 跨国融资租赁的财务决策方法
6. 我国租赁业发展的现状和前景

关键词

经营租赁	融资租赁	委托租赁	售后回租	杠杆租赁	分成租赁
内含利率	特殊目的公司	净租赁优势	合成租赁	渗透率	

前面我们介绍了企业融资最传统的渠道：上市、私募这两种股权融资渠道和债务融资渠道。这一章我们介绍一种比较特殊的融资方式：租赁。这种融资方式和股权融资、债券融资相比，具有更加复杂的交易结构，更多的参与方，也会牵涉更多的法律和税务问题。本章共有三节，第一节是租赁的概念，主要是分清楚租赁业务中经营租赁、融资租赁、回租、杠杆租赁等概念，并介绍我国在会计准则中对于融资租赁的有关规定；考虑到国内的公司财务教材与教学中租赁这一块要么被忽视，要么太简单，所以本部分用的篇幅比较多，为的是给多数同学补上这部分的知识。第二节是跨国融资租赁，讨论跨国融资租赁发展的原因、现状，以及跨国租赁的实务，从承租人的角度讨论了进行跨国租赁的财务决策，并简单介绍了跨国租赁的参与方及其在租赁过程中的作用。第三节讲我国租赁业的发展和前景，介绍近年来我国租赁业从机构建设到服务开展等各方面的发展状况和广阔前景。

11.1 租赁的概念

本节介绍并辨析有关租赁的几个概念，从最早最原始的租赁概念，到现代兴起并被广泛运用的金融性租赁。这一节我们学习的重点是：分清楚经营租赁和融资租赁的区别，清楚我国会计准则对融资租赁的定义和相关会计方法的规定，并通过一个案例理解融资租赁中存在的财务安排问题。

11.1.1 租赁的概念

租赁最原始的含义是：通过支付一定的租金取得某项不属于自己的物品的使用权，比如租赁土地、房屋，短时租借各种设备等。在这个原始的定义中，租赁交易存在两方：出租方和承租方，出租的一方借出自己的物品供承租方使用，而承租的一方将为此支付租金。

但是，随着租赁业务和金融业务的发展，租赁的形式开始复杂化。带有融资性质的租赁业务在全球范围内兴起，并被较为广泛地用于租赁大型的资本性资产，比如飞机、成套设备等。很多时候我们可以看到类似的新闻：某航空公司与某金融租赁公司签订了飞机租赁合同。这种情况下的“租赁”和我们所熟悉的向房东“租”房子居住或办公，就有了很大的区别。在上述这个租飞机的例子里，存在三方：出租方、承租方和供货方，而出租方是金融机构，自身并不能提供飞机。这三方的关系和业务流程如图 11－1 所示，即承租方和供货方就货物种类、型号、安装维修服务、价格等达成协议，由出租方向供货方购买，并按照出租方和承租方的租赁协议将货物出租给承租方，而供货方直接将货物送至承租方。

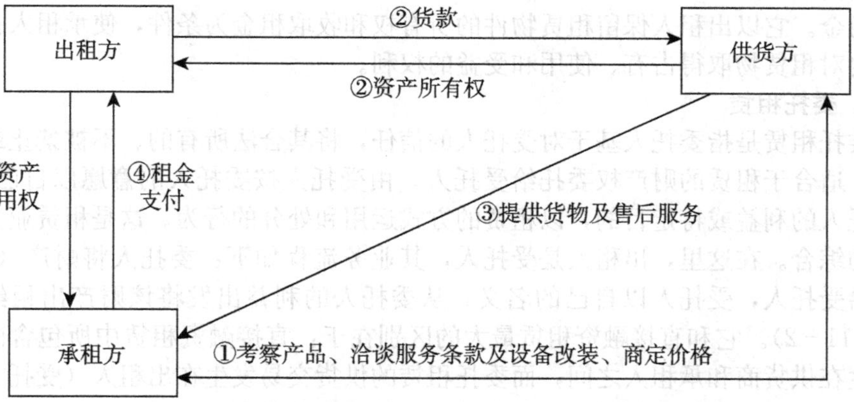

图 11－1　融资租赁三方关系及业务流程示意

《国际统一私法协会国际融资租赁公约》中，列出了融资租赁的三个最重要的特征，它们分别是：

（1）承租方确定设备并选定供货方；

（2）出租方为履行租赁协议而获取设备，并且供货方知道出租方已经或者即将和承租方签订租赁协议；

（3）租赁期限考虑了设备折旧期。

除了上述三个重要特征外，与经营租赁相比，融资租赁还具有下述特征（见表 11－1）：

表 11-1　经营租赁与融资租赁的特征比较

经营租赁的特征	融资租赁的特征
(1) 由出租人来维护和保养设备 (2) 无法通过向一个承租人收取租金来补偿投资 (3) 租赁期满以后，若承租人愿意留购，可按市场价留购 (4) 由出租人为资产购买保险，受益人为自己 (5) 承租人具有撤销的选择权	(1) 出租人不提供设备维护和保养 (2) 一个合同就能弥补投资和实现收益 (3) 承租人通常拥有到期续租的权利，租赁期满后，留购价格一般是象征意义的价格（比如1元） (4) 由承租人为资产购买保险，受益人为出租人 (5) 融资租赁不可撤销

可见，当企业需要大笔资金购进特定设备而需要融资时，可以采取融资租赁的方式。

11.1.2　融资租赁的不同业务类型

因为涉及大笔的资金借贷和货物买卖，融资租赁的业务类型很多且很复杂，近些年来也有不少的创新。下面我们介绍几种基本的业务类型。

1. 直接融资租赁

直接融资租赁就是我们上面介绍的最直接和典型的融资租赁。出租人根据承租人对供货商、租赁物的选择，向供货商购买租赁物件，并提供给承租人使用，向承租人收取租金。它以出租人保留租赁物件的所有权和收取租金为条件，使承租人在租赁合同期内对租赁物取得占有、使用和受益的权利。

2. 委托租赁

委托租赁是指委托人基于对受托人的信任，将其合法所有的、不被禁止或限制流通的、适合于租赁的财产权委托给受托人，由受托人按委托人的意愿以自己的名义，为受托人的利益或特定目的，以租赁的方式运用和处分的行为。这是租赁业务和信托业务的综合。在这里，出租人是受托人，其业务流程如下：委托人将财产（出租物）委托给受托人，受托人以自己的名义，从委托人的利益出发将该财产出租给承租人（见图 11-2）。它和直接融资租赁最大的区别在于：直接融资租赁中所包含的供货行为发生在供货商和承租人之间，而委托租赁的供货交易发生在出租人（受托方）和承租人之间。由于信托公司同时具备金融企业性质和产业业务上的专业性（比如专注于飞行器，或者建筑设备等），承租人直接从接触信托公司开始，既能获得想要的设备，又能获得融资。

3. 售后回租

售后回租是指承租人将自有物件卖给出租人，同时与出租人签订一份租赁合同，再将该物件从出租人处租回的租赁形式。这种方式有利于企业将现有资产变现，还可以用来改善财务状况和资金结构，改善银行信用条件。比如，某企业将其自有的资产——办公大楼——卖给了金融机构，并在出卖的同时签下租赁合同，较长时间租用该办公大楼。这样，企业在卖楼的交易中不仅从物业升值中获利，而且获得了大笔现金，用于改善企业的现金流。由于有了租赁合同，购买企业办公大楼的出租人能从租赁合同中收回投资及资金回报。简单的售后回租交易中只有两方：出租方和承租方。承租方是原物主，而出租方是新物主。

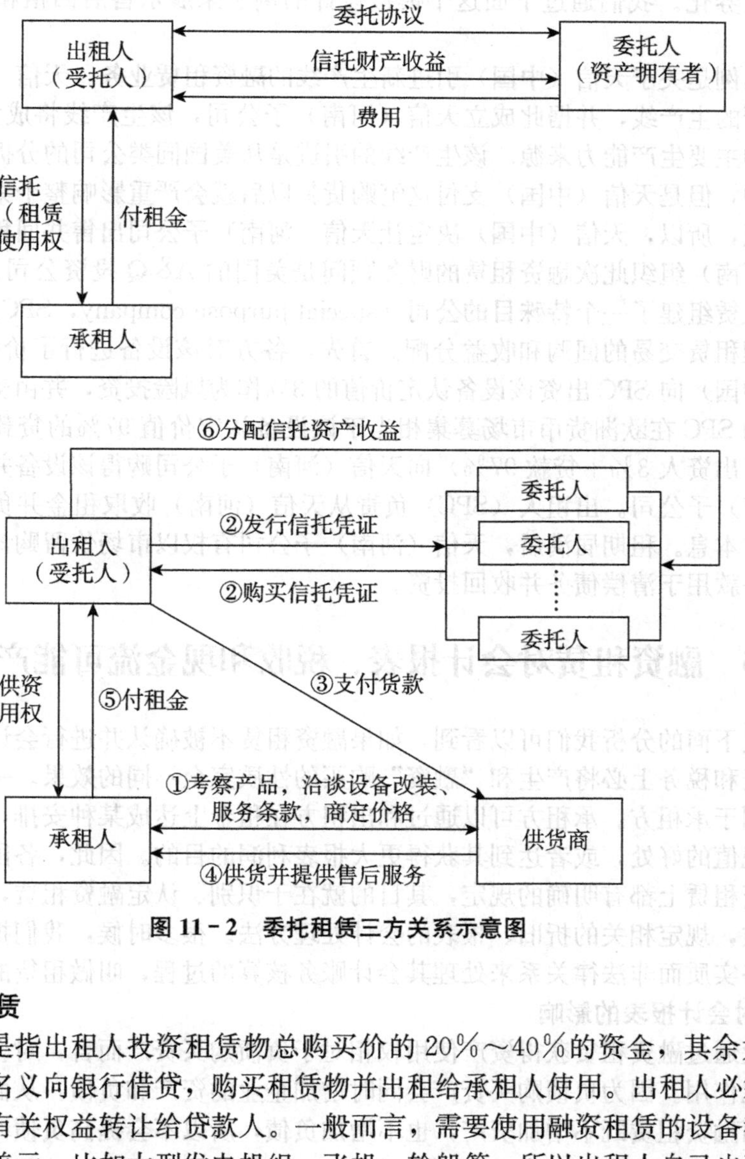

图 11-2　委托租赁三方关系示意图

4. 杠杆租赁

杠杆租赁是指出租人投资租赁物总购买价的20%～40%的资金，其余大部分资金以出租人的名义向银行借贷，购买租赁物并出租给承租人使用。出租人必须以租赁物作抵押并将有关权益转让给贷款人。一般而言，需要使用融资租赁的设备都耗资巨大，动辄上亿美元，比如大型发电机组、飞机、轮船等，所以出租人自己也不能完全满足购买出租物的资金需求，在这种情况下，出租人在对承租人的信用、还款能力等多方面进行考察之后，可以用自己的信用向银行抵押贷款购买（抵押物为出租物的所有权），再将买得的出租物出租给承租人，从收回的租金中支付银行利息并获得剩余收益。出租人能进行杠杆租赁并从中获益是因为它作为金融性企业，可以有较高的负债率，并且其获得资金的成本要远低于普通生产性企业。在杠杆租赁中，参与方有四方，分别是出租人、承租人、供货商和贷款方。

5. 分成租赁

分成租赁是一种新的租赁形式，结合了投资的某些特点。租赁公司与承租人之间在确定租金水平时，不是以固定或者浮动的利率作为依据，而是以租赁设备的生产量或企业与租赁设备相关的收益作为依据。

以上所介绍的各种租赁方式还可以“混搭”使用或者进行更为复杂的金融创新——证券化。我们通过下面这个模拟设计的例子来展示售后回租和杠杆租赁的混合使用。

本案例是关于天信（中国）引进新生产线的融资租赁业务。天信（中国）决心引进一条新的生产线，并据此成立天信（河南）子公司，该生产线将成为天信（河南）子公司的主要生产能力来源。该生产线的引进是从美国同类公司的分拆中以1亿美元竞拍来的，但是天信（中国）支付这笔购货款以后就会严重影响整个集团的营运资本和现金流，所以，天信（中国）决定让天信（河南）子公司出售并回租该生产线。为天信（河南）组织此次融资租赁的财务顾问是美国的A&Q投资公司。天信（中国）为此次租赁组建了一个特殊目的公司（special purpose company，SPC），专门设立账户来管理租赁交易的回购和收益分配。首先，各方对该设备进行了价值认定，据此，天信（中国）向SPC出资该设备认定价值的3%作为风险投资，并由美国A&Q投资公司协助SPC在欧洲货币市场募集相当于该设备认定价值97%的贷款。SPC以筹得的资金（出资人3%+贷款97%）向天信（河南）子公司购得该设备并将其出租给天信（河南）子公司。出租人（SPC）负责从天信（河南）收取租金并负责安排向各贷款人支付本息。租期届满后，天信（河南）子公司有权以市场价留购该设备，而SPC将此设备款用于清偿债务并收回投资。

11.1.3 融资租赁对会计报表、税收和现金流可能产生的影响

通过下面的分析我们可以看到，如果融资租赁不被确认并进行会计处理的话，在会计报表和税务上必将产生和“融资”购买的性质完全不同的效果。一般而言，将会更加有利于承租方。承租方可以通过和出租方在租金上达成某种安排，享受获取更大现金流现值的好处，或者达到其获得更大报表利润的目的。因此，各国的会计准则在认定融资租赁上都有明确的规定，其目的就在于识别、认定融资租赁，并按其融资的经济实质，规定相关的折旧、报表的会计处理方法。很多时候，我们把这种按融资租赁的经济实质而非法律关系来处理其会计账务核算的过程，叫做租赁的资本化。

1. 对会计报表的影响

企业通过融资租赁获得资产使用权相对于负债购买资产而言，对会计报表具有一定的美化作用。因为负债购买资产会同时增加企业的资产和负债，从而提高企业的负债率，而融资租赁既不增加资产，也不增加负债，所以不会提高负债率。请看下面的例子。

诺诚（贵阳）原来的资产负债表（简表）如表11-2所示。

表11-2　　诺诚（贵阳）资产负债表（2016年12月31日）　　（单位：万元）

资产		负债	
固定资产合计	1 000	负债合计	750
流动资产合计	500	权益	
		权益合计	750
资产合计	1 500	负债加权益合计	1 500

现该公司需要一台设备，价值1 000万元。如果公司向银行贷款购买，则公司的

资产负债表将变为表 11－3：

表 11－3　　诺诚（贵阳）资产负债表（2016 年 12 月 31 日）　　（单位：万元）

资产		负债	
固定资产合计	2 000	负债合计	1 750
流动资产合计	500	权益	
		权益合计	750
资产合计	2 500	负债加权益合计	2 500

这么看来，贷款融资会将负债比例从 100％提高到 233％，资产负债表会很难看。假如诺诚（贵阳）决定用租赁的方式，比如租用该设备 7 年，每年支付租金 200 万元（此时如果会计准则没有将该租赁认定为融资租赁），则资产负债表将和表 11－2 一样，没有任何变化。

也就是说，一家企业签订了 7 年每年支付 200 万元租金的租赁合同之后，其资产负债表没有任何变化。然而，企业真的没有变化吗？当然不是。企业签订了该合同之后，就不能撤销合同，必须保证每年 200 万元的现金支付，这和企业以设备本身作为抵押物进行抵押贷款获得设备使用权并分期还款的性质更加接近。只是由租赁合同产生的"应付款"（即应付租金）在报表中被遗漏或忽视了。为了更为准确地表达企业的资产负债状况，会计准则中要求企业披露其一定金额以上的租赁业务。并且某项租赁业务一旦被认定为融资租赁，就要通过技术处理将融资租赁的这一实质表达在资产负债表里，反映为资产和负债同时增加。具体的处理方法我们在后面一个议题中讲。

2. 对税收和现金流的影响

如果租赁双方将租金的现金流设计为先大后小，尤其是与折旧相比更加快的现金流，那么，企业将会在租赁的前几年缴更少的税，获得更多的自由现金流用于周转和投资。也就是说，租金的前大后小，结果是税收的前小后大和自由现金流的前大后小，即自有现金流现值的最大化。我们举一个简单的例子来说明租金安排对于税收和现金流的影响。

某机构决定上一个电脑系统，给全体员工都安装电脑终端。这一项固定资产投资总共需要投入 500 万元。企业如果以自有资金向供货商购买该系统的话，则需要一次性支付 500 万元。企业在会计上的处理包括：（1）记 500 万元固定资产（同时现金减少）；（2）第 1 年折旧 250 万元；（3）第 2 年折旧 250 万元。如果这样的话，企业考虑了税盾的现金流如表 11－4 所示。

表 11－4　　企业考虑了税盾的现金流　　（单位：万元）

	第 1 年	第 2 年
折旧	250	250
税盾（税率 25％）	62.5	62.5

如果企业的加权平均资本成本为 15％，则该笔投资的现金流及净现值如表 11－5 所示。

表 11－5　　投资的现金流与净现值　　（单位：万元）

	第 0 年	第 1 年	第 2 年
投资	－500		
税盾		62.5	62.5
现金流	－500	62.5	62.5
现值系数（WACC＝15％）	1	0.869 6	0.756 1
NPV	－398.39		

如果该企业向供货商租用这一系统，租期 1 年，租金 500 万元，到期后企业留用该设备，那么，该企业在会计处理上则只需要在第 1 年支付 500 万元租金。于是，该笔投资的净现值则为：

$$
\begin{aligned}
\text{投资额现值}+\text{税盾现值} &= -500+500\times 25\%\times 0.869\,6 \\
&= -500+108.7 \\
&= -391.3(\text{万元})
\end{aligned}
$$

显然，如果以租赁方式来处理这一笔投资的话，企业将会获得 7.09 万元的收益，这一收益从性质上来说是延迟纳税的时间价值。为了集中说明租金安排对税收和现金流的影响，本例中没有借贷。

11.1.4　融资租赁的确认和相关会计处理方法

基于上面介绍的租赁对会计报表和税收的影响，我国的会计准则规定了确认融资租赁的标准。一旦一笔租赁业务被确认为融资租赁，则承租人就需要将租赁物记为本企业的资产并在承租方进行折旧，而出租方仅需为租金中的利息部分缴纳税收。具体的认定标准和会计处理方法如下。

1. 融资租赁的确认

根据 2006 年财政部发布的《企业会计准则第 21 号——租赁》（以下简称“新准则”）的规定，符合下列一项或数项标准的，应当认定为融资租赁：

（1）在租赁期届满时，租赁资产的所有权转移给承租人；

（2）承租人有购买租赁资产的选择权，所订立的购买价款预计将远低于行使选择权时租赁资产的公允价值，因而在租赁开始日就可以合理确定承租人将会行使这种选择权；

（3）虽然资产的所有权不转移，但租赁期占租赁资产使用寿命的大部分；

（4）承租人在租赁开始日的最低租赁付款额现值，几乎相当于租赁开始日租赁资产的公允价格；

（5）出租人在租赁开始日的最低租赁收款额现值，几乎相当于租赁开始日租赁资产的公允价格；

（6）租赁资产的性质特殊，如果不进行较大改造，只有承租人才能使用。

以上六条，只要满足其中任何一条，就可以被认定为融资租赁。这里我们只对第 4、5 条进行解释。

我们从承租人的角度来看第 4 条。一般租赁合同都会规定租赁期限内每年的租金，如果租金的现值和（即每年租金的现值之和）大致等于当前所租赁资产的市场公允价格，则可以认定为融资租赁。

第5条是从出租人的角度来说的。即若出租人根据租赁合同在租赁期内可以收到的租金的现值和大致等于当前出租资产的市场公允价格，则可以认定为融资租赁。

对于第4、5条，需要理解的一点就是在求现值和的时候，用什么数据作为贴现率的依据。在粗算时，用平均的银行贷款利率即可。需要计算确切的租赁内含利率时，可以按照表11-5中“内含利率的选取”的有关规定来计算。

2. 企业会计准则中关于融资租赁的相关规定

表11-6是根据我国新准则整理出来的与融资租赁相关的规定。

表11-6　新准则中与融资租赁相关的规定

项目	内容
起始日计量	承租人应当将租赁开始日租赁资产公允价值与最低租赁付款额现值两者中的较低者作为租入资产的入账价值，将最低租赁付款额作为长期应付款的入账价值，其差额作为未确认融资费用。
内含利率的选取	承租人在计算最低租赁付款额的现值时，能够取得出租人的租赁内含利率的，应当采用租赁内含利率作为贴现率；否则，应当采用租赁合同规定的利率作为贴现率。承租人无法取得出租人的租赁内含利率且租赁合同没有规定利率的，应当采用同期银行贷款利率作为贴现率。
折旧政策	承租人应当采用与自有固定资产相一致的折旧政策计提租赁资产折旧。能够合理确定租赁期届满时取得租赁资产所有权的，应当在租赁资产使用寿命内计提折旧。无法合理确定租赁期届满时能够取得租赁资产所有权的，应当在租赁期与租赁资产使用寿命两者中较短的那个期间内计提折旧。
租赁期满时的选择	(1) 返还租赁资产；(2) 优惠续租租赁资产；(3) 留购租赁资产。
附注披露要求	(1) 各类租入固定资产的期初和期末原价、累计折旧额；(2) 资产负债表日后连续三个会计年度每年将支付的最低租赁付款额，以及以后年度将支付的最低租赁付款额总额；(3) 未确认融资费用的余额，以及分摊未确认融资费用所采用的方法。

说明：租赁内含利率，是指在租赁开始日，使最低租赁收款额的现值与未担保余值的现值之和等于租赁资产公允价值与出租人的初始直接费用之和的贴现率。

对于上述会计规定，我们可以得出以下几点认识：

(1) 国内的规定相对而言还是比较模糊的。比如在融资租赁的确认条款中多处出现“几乎”“大部分”这样的字样，这和美国的规定——比如租赁期占租赁物寿命年限的75%相比，权宜的空间比较大，可能跟我国国内融资租赁的发展程度相关。

(2) 如果一项租赁被确认为融资租赁，那么按会计准则，就要在账务上将租赁处理为负债购入资产。在具体的操作中需要处理的内容包括：确定资产价值，并记入资产增加；确定负债总额，并记入长期负债；此后每年对资产进行折旧，并记入损益表，享受税盾；确定每年支付的租金中的利息部分，记入损益并享受税盾；按照会计准则要求在报表中披露相关信息。

(3) 在期初记账时需要确定“固定资产”价值和“长期负债”数额。确定租赁物入账价值时，是在租赁物的市值和租金的现值和之间取较低者。这样的规定可以避免企业追求更高的折旧税盾；而长期负债额则以租金的现值和来定。因为资产的入账额是在市值和租金现值和之间取小者，所以，如果二者不相等时会产生差额，该差额作为“未确认融资费用”入账，在未来年份内摊销。一般而言，融资总是有费用的，所以“未确认融资费用”很可能是贷方余额，并在租期内摊销。

（4）融资租赁资本化需要确定利息。不可能让承租方既享受折旧的税盾，又享受租金的税盾。按照融资租赁的会计处理方法，承租人只能享受折旧的税盾，同时将租金中相当于利息的部分分离出来，仅享受租金中相当于利息支出的税盾。按照新版会计法规定，承租方确认负债利息的方法按顺序是：首先以出租人的内含利率来计算；如果无法取得内含利率，那么按租赁合同上的利率来计算；如果上述均不可得，则按照银行利率来计算。

我们可以简单地理解什么是出租人的内含利率。出租人的内含利率即出租人在这一笔租赁业务上取得的内部收益率，具体来说，就是使得出租人未来租金收入的现值和等于其购买租赁物及相关手续费等各项支出的贴现率。用公式表示如下：

$$\sum_{t=0}^{n}\frac{\mathrm{RCF}_t}{(1+k)^t}=0$$

式中，k 为内含收益率。

如果出租人获得了高于银行平均利润率的收入，而承租人又无法获得其内含收益率并只能以银行平均利润率计算利息的话，账务就会不平，也就是说，按银行利率贴现以后租金现值和就会大于资产价值，这些差额就是上面提到的未确认融资费用。这些费用是承租人现实的支出，所以也要允许其在租赁期内摊销。

（5）将融资租赁在账务上处理成“负债购买”是基于以下理由：首先，承租人通过融资租赁获得资产使用权，其租赁合同是不可撤销的，从现金流的压力上来讲和以所购资产抵押贷款并分期付款在性质上几乎是一样的，因此在账务上处理成负债，能从报表上更好地向银行、债务人及投资人反映公司的真实资产负债状况。其次，融资租赁的出租人仅就其租金收入中相当于利息收入的部分纳税，既不享受折旧税盾，也无须为租金中相当于收回本金的部分纳税，这样的处理对于金融企业来讲更为合理，其账务不会被大量的折旧扰乱。最后，对于政府来讲，这样处理只涉及由谁来缴税的问题，并不会减少收入计算，也不会重复折旧税盾。

3. 例题

我们通过一个例子来看融资租赁的确认和账务处理过程，并将其与贷款购买做一个简单的比较。

随着市场需求的快速扩张，天信（北京）公司和天信（贵阳）公司都需要添置一台大型的机器设备，因为业务相似，所需设备完全一致。该机器设备的市场价为 5 000 万元。由于目前两家企业可动用的储备资金不多，因此它们想通过租赁或借贷的方式进行融资。我们假定该机器的使用寿命为 10 年，10 年后无残值。两家公司的会计报表中对该机器均采用匀速折旧处理，即每年折旧额为 500 万元。适用的所得税税率为 25%。

贵阳公司选择传统的债务融资，向中国银行贵州分行申请了 5 年期5 000万元贷款，年利率为 7%。该笔贷款需要贵阳公司每年年末付息，并在到期日一次性偿还本金。与该笔贷款相关的现金流如表 11－7 所示。

表 11－7　　天信（贵阳）贷款现金流　　（单位：万元）

	第 0 年	第 1 年	第 2 年	第 3 年	第 4 年	第 5 年
现金流	5 000	－350	－350	－350	－350	－5 350

贵阳公司贷进 5 000 万元，现金增加 5 000 万元，同时负债增加 5 000 万元。用

借贷来的 5 000 万元购置了机器设备，资产负债表中现金减少了 5 000 万元，固定资产增加了 5 000 万元。在经营过程中，机器设备需要折旧，同时企业要为这笔借款支付利息，这两部分会最终记入企业的损益表中，并可抵税。对于贵阳公司来说，这两部分之和在前 5 年中为每年 850 万元，后 5 年中为每年 500 万元，因为后 5 年企业不需要再支付利息。考虑税盾之后，与该融资再投资活动相关的现金流如表 11－8 所示（出于对比的需要，这里不考虑购买的机器设备为企业创造的额外现金流）。

表 11－8　天信（贵阳）普通长期贷款对损益表的影响及贷款现金流　（单位：万元）

	第 1 年	第 2 年	第 3 年	第 4 年	第 5 年	第 6 年	第 7 年	第 8 年	第 9 年	第 10 年
年初长期借款负债	5 000	5 000	5 000	5 000	5 000	0	0	0	0	0
利息支出（7%）	－350	－350	－350	－350	－350	0	0	0	0	0
折旧	500	500	500	500	500	500	500	500	500	500
税盾	213	213	213	213	213	125	125	125	125	125
本金偿还	0	0	0	0	－5 000	0	0	0	0	0
净现金流	－138	－138	－138	－138	－5 138	125	125	125	125	125

与贵阳公司不同，北京公司选择进行租赁融资，由于租赁期限为 10 年，根据会计准则被认定为融资租赁，北京公司必须将与租赁相关的资产和负债记入资产负债表中，同时机器的折旧也会记入北京公司的损益表。初始计量中，公司需在资产方记入 5 000 万元的租赁资产，在负债方记入 5 000 万元的租赁负债。每年公司也需要按照匀速折旧的方法将 500 万元的折旧记入损益表。这一点与借贷融资完全相同。

在这里，我们假定该租赁的内含利率与市场利率相等，即为 7%。由于机器的价值为 5 000 万元，按照等额本金法计算，则公司每年需支付 711.89 万元租金。租赁利息是用每年年初的租赁负债乘以内含利率得出，而年初租赁负债为所有未支付租赁的现值，其计算过程如表 11－9 所示。

表 11－9　天信（北京）租赁融资对损益表的影响及租赁现金流　（单位：万元）

年份	第 1 年	第 2 年	第 3 年	第 4 年	第 5 年	第 6 年	第 7 年	第 8 年	第 9 年	第 10 年
年初租赁负债	5 000	4 638	4 251	3 837	3 393	2 919	2 411	1 868	1 287	665
租赁利息（7%）	350	325	298	269	238	204	169	131	90	47
折旧	500	500	500	500	500	500	500	500	500	500
税盾（25%）	213	206	199	192	184	176	167	158	148	137
租金支出	－712	－712	－712	－712	－712	－712	－712	－712	－712	－712
净现金流	－499	－506	－512	－520	－528	－536	－545	－554	－564	－575

如果天信（贵阳）与中国银行谈定的还款方式是等额本金法，则其付息、折旧的税盾及贷款的净现金流计算如表 11－10 所示。

表 11-10　天信（贵阳）等额本金还款对损益表的影响及贷款现金流　（单位：万元）

年份	第 1 年	第 2 年	第 3 年	第 4 年	第 5 年	第 6 年	第 7 年	第 8 年	第 9 年	第 10 年
年初租赁负债	5 000	4 638	4 251	3 837	3 393	2 919	2 411	1 868	1 287	665
租赁利息（7%）	350	325	298	269	238	204	169	131	90	47
折旧	500	500	500	500	500	500	500	500	500	500
税盾（25%）	213	206	199	192	184	176	167	158	148	137
租金支出	−712	−712	−712	−712	−712	−712	−712	−712	−712	−712
净现金流	−499	−506	−512	−520	−528	−536	−545	−554	−564	−575

对比表 11-8、表 11-9、表 11-10 三个表，我们可以看到负债和融资租赁在资产负债表方面的异同点。

（1）在现金流量表中，传统的长期贷款的现金流波动较大，第 5 年年末由于要偿还本金，会有大额的现金流出。而融资租赁中，每年的租金固定，净现金流也基本稳定。

（2）如果长期负债采取借款期间付息、到期还本的方法，则负债成本稍高，这是因为在借款期间其累积负债额更大。

（3）如果贵阳公司选择分期还款，且以等额本金法计算还款额，那么其无论在资产负债表上还是在损益表上，都将与北京公司的财务数据完全一致。这也是会计准则追求的效果。

（4）我们之所以看到表 11-9 和表 11-10 出现完全相同的财务数据，是因为我们假设出租人的租赁内含利率恰好等于银行利率。

综上可以看出，由于融资租赁中，租赁的机器设备会成为公司资产的一部分，租金的现值也会被认定为负债，所以，如果公司的租赁行为被认定为融资租赁，那么就很难通过租赁安排来调整财务结构。但通过以上对比我们也发现，与普通的长期贷款相比，融资租赁也具备一些优势，比如可以增加公司前期的利润，同时还能达到平滑现金流的目的。

11.2　跨国融资租赁

跨国融资租赁业务的兴起，原因是多方面的。不同国家跨国融资租赁的发展状况不一样，制度安排上也存在差别。这一节的第一部分探讨跨国融资租赁的意义，也是对跨国融资租赁发展原因的一个探讨。第二部分介绍跨国融资租赁的发展状况。第三部分是跨国融资租赁实务，介绍跨国融资租赁的财务决策、跨国融资租赁各参与方及其作用，以及美国在合成租赁上的创新及其意义。

11.2.1　跨国融资租赁的意义

1. 租赁业务本身被需要

国际上一些大型的成套设备、运输工具等，造价和售价都十分高昂，仅靠国际贸易来满足进口方对资产的需求显然是不够的，因为一次性支付那么大的资金总额是很困难的。为了解决需求和购买力不匹配的问题，很多供货商会提供经营租赁和融资租赁服务。为此，有的供货商拥有自己的租赁公司，甚至金融租赁公司，通过向购买方提供资金融通来达到促进有效需求的目的。与此同时，在销售的另一端，即设备的使用方也有可能为了增强自身的议价能力及整合自己在终端市场的资源，拥有自己的租赁公司。一个比较典型的例子就是围绕飞机这一资产，在飞机制造商和航空公司两端都有可能拥有租赁公司。专栏 11—1 就是海南航空公司收购金融租赁公司的例子。

专栏 11—1

海航以 1.5 亿美元收购澳大利亚飞机租赁公司

已经在国内拓展飞机租赁业务的海航集团开始走出国门，收购国外的飞机租赁业务。

昨天，海航集团收购澳大利亚 Allco 公司（Allco Finance Group，AFG）的飞机租赁业务正式举行了签字仪式。

海航集团通过其全资的香港子公司以 1.5 亿美元（约合 10 亿元人民币）单独完成此项收购，截至 2020 年，公司将获得的租赁管理费、各级别债券及利息、飞机残值分成等净现金流入为 5.72 亿美元。

2009 年下半年，这一收购项目已经分别获得了中、澳两国政府的批准。

此次海航收购的飞机租赁业务原隶属于澳大利亚的上市公司 AFG，AFG 因金融危机被债权人托管，其资产被分割出售用以偿债，其中飞机租赁业务共拥有和管理 68 架商用飞机，包括自有 31 架、管理 37 架。

值得注意的是，这并不是海航集团第一次涉足租赁业务。早在 2007 年，海航就成立了渤海租赁有限公司，并将这家公司打造成了海航租赁业务的旗舰公司，负责管理长江租赁有限公司、扬子江国际租赁有限公司和香港国际航空租赁有限公司。

海航方面表示，目前内地融资租赁业远未达到应有的规模，未来 20 年内地大约需要增加1 600架飞机，其价值约1 500亿美元。

此次收购 AFG 公司的飞机租赁业务，只是海航走出国门拓展飞机租赁业务的第一步，据记者了解，目前海航还在澳大利亚以及其他地区寻找更多的机会。

资料来源：mil. news. sina. com. cn/s/2010 - 01 - 20/0938581405. html.

2. 租赁业务融资金额巨大、交易结构复杂，也是租赁业务跨国发展的原因之一

租赁业务多发生在资本性资产的购置中，资金需求量比较大，出于满足资金需求、分担交易风险、共享经营收益等原因，交易结构也会比较复杂，往往需要寻求跨国的金融服务，比如国际化的债券发行、欧洲货币市场的贷款等。

3. 不同国家对融资租赁在会计、税务等制度上的不同规定，是造成租赁业跨国发展的重要原因

一些国家根据融资性租赁的经济实质来规定会计方法，比如美国、英国、中国；一些国家仅在出租方根据经济实质来规定会计方法，比如德国；而一些国家坚持按照租赁的法律关系来规定会计处理方法，比如法国和意大利。这些制度上的不同，使得跨境租赁有了更大的盈利空间。比如说，在我国租赁资产被要求记入承租人的资产负债表，并在承租人这一方折旧。有些国家的规定则是物权归谁，就在谁的账户核算中折旧，这样的话融资租赁的租赁资产将在出租人这里折旧。如果这些国家的出租人与我国的承租人达成融资租赁交易，租赁物就有可能在承租人和出租人两方都享受折旧税盾。对于我国的承租人而言，由于享受折旧税盾之后就不能全额享受租金支付的税收抵扣（只能抵扣其中属于利息的部分），因此影响也许并不是很大，但是对于出租人来讲，享受加速折旧一定会增加租赁交易的净现值。尤其是租期较长、前期租金相对较少的交易，出租人从加速折旧中获得的好处就更为明显。承租人可能会要求更低的租金，从而和出租人分享在折旧税盾上获得的好处。

11.2.2 跨国融资租赁的发展状况

(1) 以技术设备租赁为主要内容，兼有融资性质的现代租赁业，是第二次世界大战以后从美国发展起来的。1952 年，世界第一家专业性租赁公司美国租赁公司，也就是现在的美国国际租赁公司在旧金山创立。美国租赁业的海外扩张，有两方面的动力：一个是市场方面的动力，也就是“看不见的手”的力量。从供给方面来说，大型的设备制造商需要通过租赁解决需求有效性的问题，从需求方来说，也亟须引进美国的大型设备和先进技术。另一个动力来自美国政府的政策推动。为鼓励出口，美国政府对于那些符合特定条件的出口商即对外销售公司（foreign sales corporation，FSC）从事海外销售和租赁业务的海外收入，给予了很大的税收优惠，也在一定程度上鼓励了美国跨境租赁融资业的发展。

(2) 20 世纪 60 年代，设备租赁的做法传到西方工业发达国家如英国、法国、联邦德国、加拿大及日本，此后进一步扩展到发展中国家，并在欧洲国家得到了大力推广。与美国一样，市场的力量当然是租赁业发展的主要动力，更加特别的是，欧洲的金融业和富有个人的资金大量涌入租赁业，是融资租赁业务在欧洲得以迅速发展的原因。金融业极为发达的英国，设备租赁对投资的渗透程度超过了美国，渗透率达到20%～30%。金融机构参与租赁业，不仅有能力完成结构复杂的租赁业务，以满足设备供需双方的要求，而且因为租赁并不是其全部的业务，作为其资金配置的一部分，金融机构有耐心和能力随各国税收政策的变化而开发应对方法，维持其在租赁业务上的投入。欧洲很多国家具有高税负的特点，因此富有的个人将其资金投入租赁业中，一度成为其获得税务安排的很好的途径，但是各国税收规定逐渐变得严苛，比如对融资租赁资产的资本化规定，很大程度上打击了这部分资金的热情，但这部分资金在租赁业进入欧洲之初对租赁业的发展发挥了重要的推动作用。

(3) 20 世纪七八十年代以后，国际租赁业已日臻完善，从机构设置、业务内容到服务方式不断完善和创新，形成了行业的系统和规范。银行、金融机构、设备制造商、大型贸易公司成为租赁业的主要出资人。租赁业成为联结工业、贸易和金融领域的纽带。据世界租赁协会统计资料显示，1985 年世界租赁成交额为1 670亿美元，2008 年世界租赁成交额达到7 328亿美元，复合增长率为6.64%，高于同期全球 GDP 的增长速度，与全球贸易增长速度基本持平。

(4) 从结构上来看，美国、欧洲和日本的租赁业务一直占据着全球租赁的大部分，但近些年发展中国家的租赁也经历了快速的发展。中国的发展状况下一节我们专门进行讨论。很多发展中国家通过租赁的方式引进国外的先进设备，不但可以解决资金短缺的问题，还可以为经济发展提供技术支持。2008 年的最新统计数据显示，美、日和欧盟的租赁额占到全球总额的67%。其中欧洲是全球最大的租赁经济体，其租赁额约占全球总额的43%。表11-11为2014年欧洲交易额排名前20的租赁公司列表。欧洲最大的租赁公司暨全球最大的租赁公司，法国巴黎银行租赁集团，在全球有22个成员，包括位于中国的富通华比租赁公司。该公司2010年新增的租赁合约有将近50万单，租赁金额高达134亿欧元，平均每万单租赁合同金额高达2.7亿欧元，约合人民币19.8亿元。

表11-11　2014年欧洲租赁公司排名（前20名）

公司名称	所在国家	2014年新增租赁额（百万欧元）	2014年新增租赁合约数（单）
Société Générale Leasing Solutions (incl. ALD Automotive)	法国	13 961	391 341
BNP Paribas Leasing Solutions (incl. Arval)	法国	13 402	484 572
Volkswagen Leasing GmbH	德国	12 206	516 808
De Lage Landen International B. V.	荷兰	10 037	278 395
Deutsche Leasing	德国	7 436	66 836
UniCredit Leasing	意大利	6 858	111 121
Nordea Finance	瑞典	5 109	362 326
Alphabet International	德国	4 780	190 000
Lease Plan Corporation N. V.	荷兰	4 775	241 827
Crédit Agricole Leasing & Factoring	法国	4 422	98 387
CM-CIC BAIL	法国	3 577	108 318
DNB Finans	挪威	3 076	140 035
LBBW Leasing	德国	2 934	38 100
RCI Banque	法国	2 902	227 459
ING Lease	荷兰	2 548	21 477
NATIXIS LEASE	法国	2 488	27 964
Siemens Financial Services GmbH	德国	2 285	
Raiffeisen Leasing	奥地利	2 211	60 667
OJSC VEB Leasing	俄罗斯	2 088	27 591
OJSC VTB Leasing	俄罗斯	1 777	23 568

说明：新增租赁额和新增租赁合约数为欧洲范围内的统计数据，不包含对欧洲以外的国家或地区的租赁。

资料来源：Ranking of Top European Leasing Companies (2014).

11.2.3　跨国融资租赁实务

在这一部分，我们首先学习融资租赁的财务决策原则，然后介绍跨国租赁业务的参与方，最后讨论美国在合成租赁上的创新。

1. 跨国融资租赁的财务决策

企业为什么要选择通过租赁的方式而不是其他方式来融资呢？我们在第二节中已经谈到了融资租赁的好处，这里我们介绍一种用于判断融资租赁财务可行性的模型——净租赁优势（net advantage of leasing，NAL）。净租赁优势是租赁融资的现值（financing provided by the lease，PVL）和设备贷款融资现值（financing provided by the equivalent of loan，PVB）的差额。用公式表示，则为：

NAL＝PVL－PVB

这是从承租人的角度来做的模型。其中，租赁融资现值的计算方法和设备贷款融资现值的计算方法是一样的，即先确定现金流，再确定贴现率，然后求现值和。在这个模型中，我们假设：无论设备是以租赁的方式还是贷款购买的方式取得的，其在承租人的生产经营中的表现及相关财务数据都是相同的，即产量相同，成本相同，等等。简单地说就是，融资方式不同只在财务成本上影响企业的财务数据。所以，(PVL－PVB) 剔除掉了所有相同的财务数据，只剩下财务成本需要计算。我们用前文中天信（贵阳）和天信（北京）的数据来做例子。假如天信（北京）在发起租赁业务之初进行财务决策，将租赁融资的财务数据进行整理，得到表 11－12。

表 11－12　天信（北京）租赁融资财务决策　（单位：万元）

	第 1 年	第 2 年	第 3 年	第 4 年	第 5 年	第 6 年	第 7 年	第 8 年	第 9 年	第 10 年
租赁融资现金流	－499	－506	－512	－520	－528	－536	－545	－554	－564	－575
长期贷款现金流	－138	－138	－138	－138	－138	－138	－138	－138	－138	－5 138
PVL	－3 718									
PVB	－3 507									
NAL	－210									

显然，在本例中，租赁的成本要高于贷款，租赁并不合适。

2. 租赁交易的参与方

租赁交易最基本的参与方和利益相关者是承租人、出租人和供货商。由于融资租赁的交易结构比较复杂，发起和组织一次租赁交易需要更多的机构参与到交易中来，下面我们就做一些介绍。

(1) 律师事务所。为保证租赁合同符合国家的规定并满足各方的要求，熟悉跨国租赁业务的律师事务所必不可少。租赁交易各方的关系及交易结构是由各种文件来规定的，这些文件将由律师事务所来起草或审阅。律师事务所的收费不低，这是租赁交易的期初费用。

(2) 担保方。出租人可能会要求承租人为其租金支付寻找担保。有时候担保方是承租人的母公司，或者有担保资格的上级机构，在某些特殊交易中，也可能出现政府担保的情况。下面我们会讲到项目融资，项目融资和租赁结合使用的情况是很普遍的，如果是有政府参与的项目融资，其租赁担保也可能由政府提供。

(3) 保险。这里的保险分两类：一类是财产保险，比如飞机、火车等资产在使用中的保险，在融资租赁中一般由承租方来购买保险，但保险的受益人为法律上的资产所有人，即出租人。还有一种保险是为贷款和应收账款提供的保险。应收账款的保险由出租人购买，如果银行觉得有必要，可以购买贷款保险。一般来讲，保险方即为保险公司。

(4) 贷款人。在杠杆租赁中，出租人并不完全支付购货款，而是要向银行申请贷款，或者由特殊目的公司发行融资便利，由贷款人来提供流动性支持。在融资数额较大时，SPC 可能还需要发行不同等级的票据来进行融资。这样，根据贷款人的性质和风险偏好不同，可以购买不同等级的票据，承担不同的风险，获取不同的收益。一般来讲，贷款人为银行。

（5）委托人。在委托租赁中，委托人将自己所拥有的适合于租赁的资产委托给受托人进行租赁，或者当受托人发起一项租赁业务时，委托人购买标准化的委托凭证。一般而言，委托人可能是供货商、有闲置资产的企业或者富有的个人投资者。

3. 合成租赁

关于融资租赁的会计准则告诉我们，一项租赁业务被认定为融资租赁之后，就必须确认负债。但是，很多承租人希望通过表外租赁获得融资，这样不仅报表更加美观，而且财务安排上也会更加灵活。于是，针对美国财务会计标准委员会认定融资租赁的标准，一种新的租赁交易结构——合成租赁被创新运用。合成租赁模式的发展，为企业表外融资提供了途径，也促进了租赁业的进一步发展。

美国财务会计标准委员会认为，如果租赁交易涉及以下标准中的任何一条，就不能享受表外融资的待遇：

（1）在租赁期满时，所有权从出租人处自动转移给承租人；

（2）承租人享有议价购买权（尤其是购买价远低于市价时）；

（3）租赁期为租赁物估计经济寿命的75%及以上；

（4）在租赁开始时，根据内含收益率贴现的最低租金现值达到或超过了交易当日资产公允市价的90%。

为了享受表外融资待遇而发起的合成租赁的交易结构如图11－3所示。

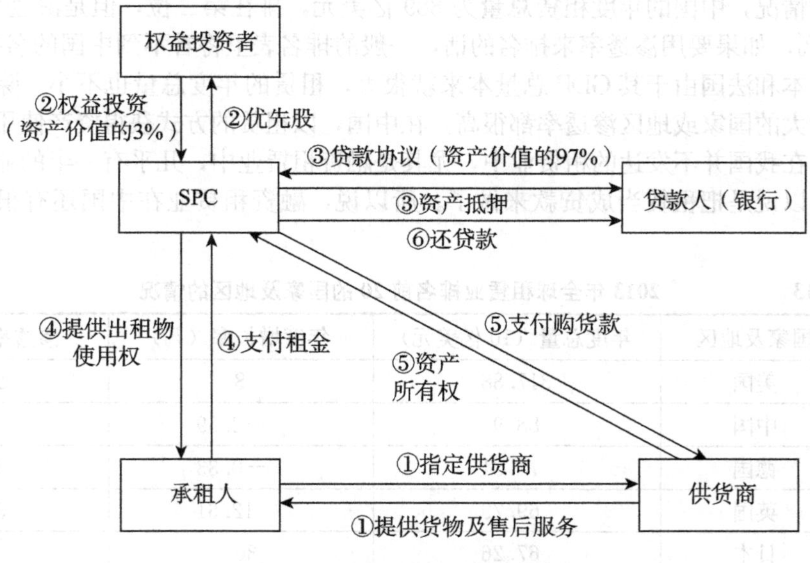

图11－3 典型的合成租赁交易结构

对图11－3中交易参与方和交易流程作简单说明如下：

（1）出租人一般是专门为租赁交易设计的特殊目的公司，其主要的经营收入几乎全部与出租物有关。

（2）投资人出资相当于租赁物交易当日公允市价的3%作为股权投资，而购买租赁物的其余97%的资金则通过银行贷款获得。这里之所以是3%，是因为根据美国财务会计标准委员会的指导，3%及以上的股权出资被认为是在险投资，足以表明投资人在交易中的风险承担，如果不及3%，则出租人有可能会被要求与承租人并表，从而承租人无法享受表外融资的好处。

(3) 贷款人的清偿顺序在股权投资人之前。

(4) 很多时候股权投资人与承租人有关联。比如，股权投资人是承租人的母公司。

因为美国财务会计标准委员会将租金现值不超过租赁物公允价格的90%作为标准，在此交易结构下，租期结束之后的残值处理对租赁的影响就比较大。一般而言，租赁合同的设计将有利于承租人在租期届满时以市场公允价格购入租赁物，而出租人和贷款人可以用出售收入来清偿债务和获得投资补偿。可以这样理解：如果在租赁期满时租赁资产的市场公允价格低于交易首日价值的10%，按照清偿顺序，股权投资者就会承担真实的风险。如果租赁期满时租赁资产的市场公允价格低于交易首日价值的7%，则贷款人也存在风险。投资人的风险承担正是承租人获得表外融资待遇的代价。

11.3 我国租赁业发展的前景

我国租赁业的发展，用一句话来总结就是：发展程度很低，空间很大，速度很快，前景很好。

(1) 从目前我国租赁业的渗透深度来看，发展的程度很低，还有很大的空间。渗透率是指设备投资中租赁所占的比重。表11-13是2013年全球租赁业排名前20的国家及地区的情况，中国的年度租赁总量为889亿美元，排在第二位，但是渗透率却极低，只有3.1%，如果要用渗透率来排名的话，一般的排名表里将看不到中国的名字。美国、德国、日本和法国由于其GDP总量本来就很大，租赁的年度总量也不小。除了日本之外，总量大的国家或地区渗透率都很高。在中国，以租赁的方式获得资产使用权还不普遍，而且在我国并不发达的租赁业中，尤其是融资租赁业中，几乎有一半的业务是售后回租，可以说是把租赁当成贷款来做了。所以说，融资租赁业在中国还有很大的发展空间。

表11-13　　2013年全球租赁业排名前20的国家及地区的情况

排名	国家及地区	年度总量（10亿美元）	年度增长率（%）	渗透率（%）
1	美国	317.88	8	22
2	中国	88.9	−2.59	3.1
3	德国	71.31	−0.33	16.6
4	英国	69.79	12.61	31
5	日本	67.26	30	9.8
6	法国	34.31	−2.88	12.5
7	俄罗斯	25.22	0.39	N/A
8	瑞典	20.82	2.57	24.4
9	意大利	18.93	−0.27	9.4
10	加拿大	12.47	8	32
11	瑞士	12.22	−7.81	10.6
12	澳大利亚	12.14	9.93	40
13	波兰	11.05	13.14	14.2
14	韩国	9.44	−2.87	8.1

续前表

排名	国家及地区	年度总量（10 亿美元）	年度增长率（%）	渗透率（%）
15	中国台湾	8.54	12.61	9.2
16	丹麦	8.49	8.1	21.8
17	挪威	7.88	3.95	8
18	奥地利	6.72	0.04	12.8
19	荷兰	6.05	7.3	6.6
20	芬兰	5.77	−5.95	16.2

资料来源：White Clarke Global Leasing Report 2015.

（2）我国的租赁业发展很快。2008 年由于受到金融危机的影响，各国的增长率都不理想，美国、德国是负增长，而日本、意大利等国家甚至达到了两位数以上的负增长。在这样萧条的市场中，中国的租赁增长率达到了 87.5%的高水平，很像在释放市场长期积压的需求。

出现这种爆发式增长，跟我国放开金融租赁牌照，允许成立金融租赁公司，鼓励开展金融租赁业务有关。因为基数小，所以增长率很高。2007 年 3 月，银监会颁布实施了《金融租赁公司管理办法》，明确了金融租赁公司新的准入条件和监管标准，允许符合资质要求的商业银行和其他机构设立或参股金融租赁公司。此后，国外金融机构、投资机构、跨国公司及国有大型设备制造厂商、国有商业银行、股份制银行、民营投资机构等开始在国内投资设立融资租赁公司。一些地方国有投资机构也在引导社会资金成立融资租赁公司。工商银行成立了第一家银行系统的金融租赁公司——工银金融租赁公司，2010 年，农银租赁、光大租赁、兴业租赁、昆仑租赁等金融租赁公司陆续开业。

（3）租赁企业质量高，实力强，且结构比较合理。新近成立的以银行、大型国企为主要出资人的金融租赁公司资金实力强、起点高，注册资金往往高达几十亿元人民币。在逐步形成的租赁企业布局中，结构也比较合理。在内资金融租赁公司中，有产业或厂商背景的约占 2/3，以财务投资为目的的独立机构类型的约占 1/3。其中以民营资本为主要出资人的约占 1/3。

金融租赁公司的发展在近几年尤其迅猛。截至 2010 年，市场上金融租赁公司总的注册资本为 455 亿元，潜在租赁资产承载能力可高达 1 万亿元人民币以上。金融租赁公司中，有 9 家是以银行为主要出资人，3 家是以资产管理公司等金融机构为主要出资人，还有 5 家是以产业资本为主要出资人，其中包括以中石油为主要出资人的昆仑金融租赁。在内资金融租赁公司中，有产业或厂商背景的约占 2/3，以财务投资为目的的占 1/3。外商投资的金融租赁公司中，既有银行背景的，也有跨国公司专业厂商背景的，还有投行、私募基金等投资机构背景的。外商独资或控股的约占 1/3，其余为内资或中资境外机构控股。

（4）租赁服务覆盖的行业越来越广泛，服务模式也呈现多样化趋势。目前租赁业已经覆盖了传统的生产设备、建筑工程设备、铁路交通运输设备、飞机、航运、汽车等行业，还逐步渗透到电讯运营设备、医疗设备、基础设施等行业。租赁业的服务模式，从原来比较被动地提供融资服务，逐渐发展到主动与设备制造商和银行建立战略合作关系，为设备制造商提供融资租赁销售服务，向银行提供信贷资金融资租赁配置服务；并主动介入商业、物流业和旅游业，为其提供服务，帮助它们整合资源，实现规模化、专业化和连锁化经营。可以说，在一切重资产的行业中，租赁业都开始积极渗透，从而企业无须买得起设备，只要租得起就可以投入生产。

我国的金融租赁业务虽然起步比较晚，但是起点比较高，发展比较平稳，整体上来说目前国内人才储备也较以前有很大进步，可以说金融租赁业的发展前景是很好的。因此，跨国公司与金融租赁公司合作进行租赁融资将越来越多地被运用到企业的中长期融资活动中。

思考题

1. 作为梦想公司研发中心的梦想高科是梦想公司出资、注册在高新技术园区的高新技术企业，该企业主要专注于轮胎生产的新材料开发。企业在创立之初买下了城区的一幢四层小楼作为其商务办公用楼。企业将厂区设在经济开发区，不仅可以享受税收上的优惠，而且可以申请到面积较大的生产用地。2010 年年末，由于该企业得到政策的强力支持，将替代传统的污染相对较大的行业，面临着难得的商业机遇。为此，企业向开发区申请了面积更大的土地，准备迅速建厂扩大产能，以占领市场。但是，扩大产能是需要较大的营运资本投入的，因此企业迫切需要建设资金。请同学们分析一下企业有哪些融资途径？将其商务办公楼出售并回租是否为一个好的办法？为什么？

2. 受近年来中国汽车业高速发展的推动，梦想公司的业务急剧扩大。近期，公司准备投产一条新的生产线，并希望采用租赁而非直接购买的方式。为了追求表外租赁的待遇，在该租赁交易的设计中，有哪些标准是应该被注意的？为什么？提示：请注意出资人的出资比例、租赁期限、租期满后承租人的购买价格。

3. 同样是第 2 题的例子。假如梦想公司无法做到通过表外租赁来满足融资需要，通过信贷来解决梦想公司的营运资本需求会使该公司的负债比例过高而降低银行对整个集团的信用评价。请同学们想想：梦想公司还有没有别的融资渠道？都有哪些选择可以避免过高的负债比例？

4. 仔细想想，并相互讨论：

（1）中国的融资租赁业为什么渗透率那么低？

（2）中国的融资业在未来十年的发展前景如何？为什么？

参考资料

[1] 国际融资租赁协会官网（http：//www. ifla. com）.

[2] 欧洲租赁协会官网（http：//www. leaseurope. com）.

[3] 克里斯・布比耶．租赁与资产融资——执业者的综合指南．4 版．北京：中国金融出版社，2009.

[4] White Clarke Global Leasing Report（2010）.

[5] 登齐尔・沃森，安东尼・黑德．公司理财原理与实践．北京：电子工业出版社，2009.

[6] E. R. Yescombe. 项目融资原理与实务．北京：清华大学出版社，2010.

[7] 布赖恩・科伊尔．公司理财．北京：中信出版社，2003.

PART 4

第4部分

跨境营运资本管理

这一部分我们要讲跨国公司的营运资本管理。营运资本管理包括流动资产管理和流动负债管理。生产经营活动会产生现金、库存、应收账款等流动资产，它们形成了企业的短期资金占压，虽然生产经营活动也会产生预收账款、预付账款等流动负债，但往往不足以满足流动资产对资金的需求，所以企业还需要进行短期融资，以此解决短期资金需求。多数跨国公司的生产经营活动会涉及国际贸易，所以货物在途时间长，应收账款的回款速度慢、风险大，对流动资产管理的技术要求就会更高。一家好的企业，需要尽可能有效地管理其流动资产，减少流动资金和资产占压，同时需要尽可能好地完成短期融资，满足生产需要，减少财务成本和金融风险。

这一部分我们分为三章，第12章是流动资产管理；鉴于跨国公司较多涉足国际贸易这一特殊性，我们专门用第13章来讲国际贸易融资；第14章讲跨国公司税收环境。

第12章

流动资产管理

本章重点

1. 现金管理的基本思路
2. 减少现金持有量的主要方法
3. 库存管理的基本思路
4. 减少库存占压的主要方法
5. 应收账款管理的基本方法
6. 企业利用银行业务提高现金管理水平的途径
7. 国际保理公司的业务模式
8. 出口企业利用国际保理公司的服务管理应收账款的方法

关键词

现金归集	虚拟现金池	实体现金池	单一账户现金池	多边净额结算
自由贸易区	自由工业区	账龄表	非歧视价格	销售折扣
商业信用成本	国际保理公司	国际保理业务		

流动资产管理对于企业的良好经营来讲，无论如何强调其重要性都不过分。这是一个财务主管日常管理的最基本的内容。我们经常听到的所谓经营不善的案例里面，有很多生动的例子告诉我们，流动资产管理不善，决策错误，往往会给企业带来严重的生存问题。流动资产管理的目标，一直围绕着满足需要和节约成本二者的均衡来进行。好的财务主管就是平衡大师，因为任何资金占压都是有成本的，但是一切成本节约都需要以满足需要为前提。无论是现金管理还是库存管理都一样。

本章分三节，分别讲解最重要的三种流动资产的管理技术。第一节是现金管理，第二节是库存管理，第三节是应收账款管理。

12.1　现金管理

图12-1显示了跨国公司在经营中产生的现金流及其使用情况。从中可以总结出

如下特点：（1）现金在企业生产经营中无一时之缺；（2）现金确实可能在关联企业之间往来；（3）企业需要建立一个现金“仓库”来“吞吐”超需现金，平衡流动性和盈利性。

如果是跨国公司，且母子公司分别位于不同国家，则还可以总结出另外两个特点，即：（4）如果跨国集团母子公司或各国子公司之间有现金流往来，那么会存在汇兑成本和汇率风险；（5）往来的现金流如果以净额结算，可以节省往来划拨的银行费用，并避免汇兑风险。这一节我们就要在以上五大特点的基础上深入探讨企业持有现金的理由和成本，并介绍多种可以帮助跨国公司更好地管理现金的技术和方法。

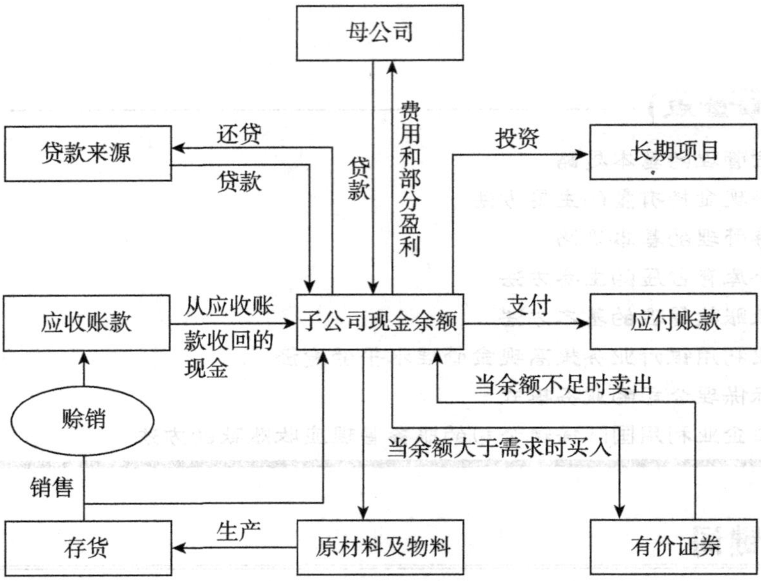

图 12-1　子公司的现金流

12.1.1　企业持有现金的理由

按照凯恩斯的理论，企业备用现金的目的有三个：交易、预防和投机。从图 12-1 中能看到，在实践中企业的现金需求主要是交易需求和支付需求，投机需求不是每家企业都有，如果有的话，现金的重要性就不言而喻了，因为投机的机会总是稍纵即逝的，只有持有现金才能抓住机会。对于跨国集团公司而言，会要求更多的现金储备，主要原因是存在汇率风险。比如海外采购，如果发票货币升值，那么支付采购货款时所需要的本国货币数量就会增加；又比如出口，如果应收账款的计价货币贬值，那么应收账款到账时折算成的本币就会缩水，从而预计的现金收入会减少。对母公司的各种利润、利息和管理费用支付等，虽然数量可以预测，但是汇率风险仍然存在。所以，跨国企业不仅需要为交易、预防和投机持有现金，还需要为应对汇率风险而持有更多的现金。

12.1.2 持有现金的成本

企业持有现金是基本没有利息收益的，因此这笔资金的机会成本就是企业持有现金的成本。对于一个流水只有十几万元、几十万元或者几百万元的企业来讲，这也许不是问题，但对于流水达几十亿元甚至上百亿元的企业来讲，持有现金的机会成本就是巨大的。举个例子，苹果公司 2011 年公布的第一季度销售收入为 250 亿美元，简单折算成年收入大概为 1 000 亿美元，按这个数来打比方（这里只是比方，让同学们知道很多大企业在财务上的数字量级。苹果公司还要研发、投资，还要支付，当然不会将全部销售收入以现金形式持有，同时，苹果公司也不是只卖了一年的产品，而是持续多年在市场上大卖），将这 1 000 亿美元存入银行，如果是活期存款，则年化收益率为 0.1%，即千分之一，1 000 亿美元的千分之一则是 1 亿美元。如果存为一个月的定期存款，则年化收益率为 0.24%，即年利息为 2.4 亿美元，依此类推，存为三个月的定期存款年利息为 4 亿美元，存为六个月的定期存款年利息为 7.5 亿美元，存为一年期定期存款年利息为 10 亿美元，如果买了国债，假如票面利息为年收益率 3.25%，那么年收益是 32.5 亿美元，较活期存款要高出 30 亿美元。如果将这些数字除以 365，那么每天的利息差额也是以百万美元计的，所以收款的速度也无比重要，因为早收一天或者晚收一天，每年的利息收入差别也是个令人吃惊的数字。

上面这个例子说明，企业大量持有现金的财务成本是不可忽略的。因此，好的现金管理不仅要满足需要，而且最好是仅仅满足需要，即满足且仅满足。

企业需要持有多少现金流才算满足且仅满足需要呢？这要看企业的方方面面。首先，要看企业的现金预算，这是最重要的根据。每家企业的现金预算是根据企业历年尤其是上年的实际情况来制定的，每家企业都不相同。其次，从技术上来说，一些企业会根据历年对现金的真实需求的变化来计算出企业现金需求的标准差，并将之考虑进去。再次，还要看企业融资的便利程度及金融环境。比如一家跨国公司的母公司在美国，银行信用良好，当时的金融环境也良好，那么企业激进一点也没关系，如果真出现预料之外的现金需求，签发商业票据或者从银行透支或者动用其他短期融资手段都可以；假如这家跨国公司的某子公司在一个发展中国家，企业利用银行信用不方便，那么就需要自备更多现金。

企业可以根据自身的情况建模来管理现金，比如鲍默尔模型就提供了一种思路，即根据企业交易需要的现金数量、现金需求的标准差和持有现金的机会成本，测算出企业现金的最小持有量和最大持有量，如果现金少于最小持有量，即卖掉有价证券，如果现金多于最大持有量，则用多出部分买入有价证券。无论如何，做一项务实的现金预算，随时调整需求，密切关注流向和余额，是财务主管分内的工作。

12.1.3 持有现金的技术及合理管理现金的方法

1. 利用银行服务降低现金持有量的技术

在满足需求的前提下，减少现金持有可以降低财务成本，而且对于跨国公司而言，减少现金持有还可以降低风险。除了严格进行现金预算管理之外，集团公司还可以进行一些创新以减少现金持有的需求。

使用银行提供的跨境流动性管理服务。现在有不少银行为企业提供类似的服务，服务的名称都比较贴切，其服务对象主要针对多层级的集团公司和跨国公司，服务的内容主要包括现金归集、现金池、单一账户等。其服务功能包括为企业更快完成收款到账，集中管理账户，归集现金，统一使用。依靠银行的相关服务，不仅能降低预防性余额需求，减少财务成本，而且可以提高资金使用效率，在不妨碍子公司运营的前提下，便于集团监控与管理。专栏 12—1 就是中国银行和中银集团为集团企业提供的相关服务。

专栏 12—1

中国银行和中银集团为企业提供降低现金持有量的服务

虚拟现金池：通过构建账户体系将各成员单位账户余额信息进行实时加总构成现金池，集团总部和成员单位账户可以全额或定额使用现金池资金对外支付，集团总部可统一设置成员单位账户使用现金池的额度，控制其对外支付权限。

实体现金池：各成员单位账户资金按照既定的条件归集至集团客户指定核心账户，实现集团客户对成员单位资金的集中管理；各成员单位账户在确定的额度管理模式下对外付款，如发生资金余缺，则由核心账户下拨资金满足其使用。

单一账户现金池：集团客户在中国银行只开立一个结算账户，各成员单位在该结算账户下开立附属账户或虚拟账户，成员单位资金由该结算账户统一对外收支或联动附属账户收支。

外币现金池：各成员单位与集团总部签订委托贷款协议，通过委托贷款专用账户将成员单位账户资金归集至集团总部统一使用；各成员单位账户可通过日间透支方式对外支付，余缺资金由集团总部通过委托贷款专用账户划拨资金补平。

内部计价：根据集团客户提前设定的内部资金成本率计算各成员单位账户间的资金往来利息，帮助集团客户合理分配各成员单位收益。

跨境自动归集：支持所有可自由兑换货币进行同币种之间的资金归集。对于有外汇管制的国家和地区可实现境内归集，对于无外汇管制的国家和地区可实现跨境归集。

资料来源：中国银行全球门户网站。

这里有一个问题需要解释，即为什么将所有预防性余额集中于中央财务中心可以减少同等预防水平下的总预防需求而不造成损失。我们举个例子来说明。飞鱼（美国）公司在中国、新加坡和英国均有子公司。假设每家子公司各自持有预防性现金头寸，该头寸等于期望现金需求加上实际需求的标准差的 3 倍。假定各子公司的现金需求服从正态分布且相互独立。标准差的 3 倍意味着实际现金需求得到满足的概率为 99.87%，任何子公司出现现金短缺的概率仅为0.13%。

单个子公司的现金需求以及持有的预防性余额见表 12 - 1。飞鱼中国、新加坡和英国子公司持有的预防现金总额为 3 390 万美元，其中期望现金需求为 2 400 万美元，余下 990 万美元为 3 倍标准差。

表 12-1　　　　分散与集中现金管理　　　　（单位：万美元）

现金管理方式	子公司及合计数	期望现金需求（A）	标准差（B）	为了达到充足性防护的现金余额预算*（A+3B）
分散现金管理	飞鱼（中国）公司	800	80	1 040
	飞鱼（新加坡）公司	600	100	900
	飞鱼（英国）公司	1 000	150	1 450
	合计	2 400	330	3 390
集中现金管理	飞鱼（中国）公司	800		
	飞鱼（新加坡）公司	600		
	飞鱼（英国）公司	1 000		
	合计	2 400	197.23**	2 991.69

* 假定三家子公司的现金需求呈正态分布，充足性防护被定义为期望现金需求加上 3 倍标准差，这种情况下，实际现金需求得到满足的概率为99.87%。

** 集中现金管理下的标准差的计算过程如下：

$$标准差=\sqrt{(80)^2+(100)^2+(150)^2}=197.23(美元)$$

通过表 12-1 可以看出：如果飞鱼公司将其所有子公司的预防现金余额存在飞鱼公司在美国的一个账户上，那么实际的现金需求就会从3 390万美元减少至2 991.69万美元，可减少 398.31 万美元的现金需求。

2. 加快收款速度，减少浮存

我们在前面拿苹果公司打比方时提到，如果一家企业的日流水非常大的话，收款的速度就会很重要，如果每一笔款项递延 1 天到账，每年的财务损失就会大到上百万美元。我们知道，资金支付也是有“在途时间”的，比如邮寄票据会造成邮寄浮存，收款企业收到票据后进行处理会造成处理浮存。比如同城结算，假如以支票结算，下午收到的支票如果能及时送存，当日到账，那么就可以当日计息，如果拖到第二天存入，则会少计一天利息，这就是处理浮存。虽然目前各国的清算系统都实行了电子化，较人工操作快了很多，但还是不能完全避免资金在途的利息损失。比如划汇，假如付款企业在国庆黄金周前一天下午四点半以后跨行划汇，则汇出账户这边已经扣款，而汇入账户那边要等到国庆黄金周以后资金才能到账，这样在途资金就会产生长达 7 天的利息损失。为加快收账速度，银行提供了多样化的服务来满足企业需要，流水大的企业甚至会有银行殷勤服务，比如在银行而不是在企业设立信箱接收票据，每隔一小时就有银行职员开箱检查，并及时存入；银行将办公地点设立在离大客户很近的地方，比如在客户的办公楼租用写字楼的一层或二层办公，甚至可能专门在大客户最方便的地方设立窗口办公，一个生动的例子就是银行和券商之间的保证金账户联动。为了更好地服务于券商，有些银行在券商办公区设立临时窗口接收开户和保证金账户绑定业务；银行职员上门取票；为集团企业服务的银行还会为集团设立网上银行，集团内部关联企业之间可以直接网上划汇，实时到账。

3. 实施集团内部多边净额结算，减少现金支付需求，节省汇划费用，规避汇率风险

跨国集团公司的关联企业之间往来频繁，比如A公司有两笔货款（金额分别是

400 万美元和 600 万美元）要付给 B 公司，B 公司也有一笔货款（800 万美元）要支付给 A 公司，三笔大额划汇可以进行净额结算，即将相互之间的往来款项冲抵，剩下的净额由 A 公司付给 B 公司（200 万美元）。双边如此，多边也是如此。多边净额结算一般只在期末产生支付，可以减少关联公司之间的业务量，从而降低现金转移的总量，尤其对于跨国集团来说，更少的交易数量和交易次数，降低了对外币兑换的需求，从而降低了与外币兑换有关的交易成本和汇兑风险。

假如存在一家集团公司，在上海等地设有子公司，各子公司两两间的支付如表 12－2 所示，比如支付矩阵第一行第二列的 30 万元，表示北京子公司需划给天津子公司 30 万元，而第二行第一列的 45 万元表示天津的子公司需划给北京子公司 45 万元。如果它们之间将款项一一相互结清，那么该矩阵里所有数据的和就是该集团公司各子公司之间相互汇划资金的总额。表 12－3 则是各子公司之间的净额支付表，在这个表里，北京子公司和天津子公司之间只有一笔净额汇划，即天津子公司划给北京子公司 15 万元。表 12－3 里所有数字的和要比表 12－2 里所有数字的和少很多。

表 12－2　　子公司间的支付矩阵　　（单位：万美元）

位于下列地区的子公司所欠款项	欠位于下列地区的子公司的款项数额						
	北京	天津	上海	重庆	河南	浙江	广东
北京	—	30	60	70	35	40	100
天津	45	—	30	45	85	110	65
上海	60	25	—	75	80	60	40
重庆	100	20	40	—	50	70	90
河南	35	10	25	35	—	60	80
浙江	70	30	20	40	60	—	60
广东	90	80	10	15	35	40	—

表 12－3　　子公司之间的净额支付表　　（单位：万美元）

子公司支付的净额	北京	天津	上海	重庆	河南	浙江	广东
北京	—	0	0	0	0	0	10
天津	15	—	5	25	75	80	0
上海	0	0	—	35	55	40	30
重庆	30	0	0	—	15	30	75
河南	0	0	0	0	—	0	45
浙江	30	0	0	0	0	—	20
广东	0	15	0	0	0	0	—

4. 剩余现金投资

将剩余现金投资于有价证券，可以像“水库”一样，形成现金吞吐，在预防性现金余额不足时可以及时抛售一些有价证券，满足流动性需求，同时在现金有剩余时买入有价证券，满足资金的盈利性需求。根据企业的经营和财务状况，现金的投放方向必然和企业将来的长、短期投资决策相适应，这些可以用前面章节学过的内容来指导。这里只提出几点供同学们思考：第一，资金聚集是否更有利于剩余现金投资？第二，币种多样化在现阶段是否为更好的选择？第三，积极地投资对生产性企业到底是否必要？

5. 成立集团内部银行或者内部财务公司

很多集团都有自己的内部银行或财务公司，国外发达国家的财务公司已有100多年的历史，全球500强企业中有2/3以上都有自己的财务公司。1987年5月，我国批准设立了第一家企业集团财务公司——东风汽车工业财务公司。目前我国已有多家财务公司，一百多家央企中有多家已成立了自己的财务公司，这些设立了财务公司的企业集中在能源和资源业、制造业、交通运输业。这些财务公司有金融牌照，可以进行银行间资金拆借，极大地降低了企业的资金成本。有些内部银行和财务公司也对外服务，经营的收益可以抵消组织银行的成本，甚至还有利润。这样做的好处比较多：第一，由集团内部银行来管理企业各子公司的账户，可以全面聚集信息，并切实执行监控，方便集团了解各关联企业的现金状况，调度资金调节余缺。第二，关联公司更方便在集团银行内实施净额结算，节省财务费用。关于集团内的多边净额结算，下面还将详细介绍，这里只是强调由集团内部银行来组织关联企业之间的往来结算，更加方便和节省。第三，避免在不同银行体系中实行信贷的利率风险，即规避在不同的外部银行体系中存款户收到较低利息而贷款户支付较高利息的损失。第四，实行企业间背对背贷款，在降低财务费用的同时，也可以加强贷款约束。背对背贷款指的是关联企业之间并不是相互间直接地由一方把钱借给另一方，而是由有盈余的一方将资金存入内部银行，再由内部银行将资金贷给需要的企业。存款的企业从银行收利息，借款的企业付给银行利息。这样可以由内部银行来分配企业之间的相互利益，并且由银行来匹配资金需求和盈余，促使存贷方便、快捷地完成。第五，以上所述的优势都将直接导致各关联公司各自的备用现金数量减少，理由是显而易见的。

12.2 库存管理

在资产负债表的资产一栏，我们可以看到库存一项。库存是企业资产存在的重要形态，存货价值的大小，会严重影响资产负债表以及各项周转指标和流动性指标。从这个意义上来说，存货管理是财务主管需要重视的内容。库存有不同种类，主要分为原材料库存、中间产品库存和产成品库存，库存数量的大小，一定程度上是由财务决策决定的，比如当财务预测原材料涨价或者原材料进口结算货币升值时，可能会从财务角度考虑增加原材料采购，又比如，当财务预测产品会升值时，也会决定在一定程度上压货。从这个角度来说，库存决策是一项财务决策。但是，仓库里存放的毕竟是商品，是货物，而不是货币资金或者金融资产。商品的购买、销售、存放，都是和实物的管理技术、销售策略相关的，所以，更多的关于库存的研究是从管理学的角度来做的，从仓库的选址，到商品的码放、订货管理，甚至往前延伸到企业销售对于前线货架的布置，都是管理学研究的重要课题。关于库存，有理论提出应该由供货商来管理（vendor managed inventory，VMI），也有理论提出该由商家来管理（custom managed inventory，CMI），还有理论提出该由供货商和商家联合管理（jointment managed inventory，JMI）的，都有各自的道理，在实践中也都各有案例。在这一节，我们抛开复杂专业的物流和管理方面的问题，只讨论和企业流动性及周转指标相关的库存管理内容，也就是财务视角的库存管理。

12.2.1 保有库存的理由

企业保有原材料库存的理由比较好理解。第一，库存的保有可以保证生产的持续进行，这一点不需要解释。第二，有些原材料货源有限，需要分批购进，所以保有存货十分重要。比如钻石、玉石，保有充分的库存会增加首饰企业的价值。第三，从财务上看，有些原材料在一定时间可能会持续涨价，比如矿产、钢材，企业在资金充足、堆放方便的情况下，会考虑大批量购进。但这种做法可能会“投机”失败，比如有些企业在2007年年底看涨原材料，大批进货堆放，结果2008年经济危机爆发后原材料价格暴跌1/3，导致企业遭受巨大损失。第四，如果原材料需要进口，且用外币结算，那么外币走势也是库存数量决策的一个参考指标，但通过判断汇率来决定库存数量似乎更加激进。第五，有时候企业可能会用更大的订单数量来换取更低的原材料价格，比如十年前中国处于家电行业竞争比较激烈的时候，四川长虹就曾经一张订单买下松下电子管全年的货，为打价格战埋下伏笔。上面说的是原材料库存，企业保有一定量的产成品也有好处，比如可以囤积居奇、饥饿营销——虽然消费者痛恨这些。当然，有些季节性产品也免不了会有库存积压，比如圣诞树。

12.2.2 企业保有库存的成本

企业保有库存，首先会占压资金，影响周转；其次，库存的管理本身是有成本的，包括库存管理的费用和物资损耗。

保证库存需要和减少库存占压这一对矛盾，需要财务以较高的技巧来进行平衡。这当然不是单凭财务主管的愿望就能解决的，因为商品适销对路才是解决商品积压的关键，而订货和订单管理则需要生产部门和销售部门协调才能完成。不过，从财务的角度，一些方法是有帮助的。

比如我们在生产中总结出来的双箱法、红线法、1.5倍原则，都是经验之道。各企业可以根据自己的情况来制定相应的管理方法。

12.2.3 减少库存资金占压的方法

库存对资金的占压是很多生产型企业面临的压力。企业一直在寻求通过创新的办法来解决这一问题。从财务的角度，可以根据企业自身的状况建立模型，得出企业原材料最低库存和最高库存，滚动监控库存实物，做到一旦低于最低库存就订货，一旦高于最高库存就停止进货。建模需要考虑的因素比较多，包括材料的材质及保存条件、材料供应商供货速度、运输保障、仓储成本、销售订单状况等。对各方面状况的控制比较极端的追求即所谓的“零库存”，但“零库存”具有很大的管理难度，要求企业根据订单来生产，根据生产来订货，原料和零部件随用随到，产品下线即出厂。这不仅要求无缝衔接，还要交通无事故，运输无差错。因此实践中能做到零库存的企业是稀有的。

在市场上，企业如果做得到的话，都会尽量将自家库存向上游或者下游延伸，形成上下游企业的库存链条，把资金占压等压力转移给上下游企业。比如中国的某汽车零配件生产企业生产汽车用轮胎，给通用、奔驰、大众等企业供货。但是通用并不负责进口，而是由中国汽车零配件生产企业将自家仓库设到美国，自己解决通用提货前的所有运输、仓储等问题，资金占压数量大、时间长，这一压力几乎全由中国企业负担。中国企业自然不希望这样做，但这是由市场地位决定的。还有一个创新的例子即诺基亚手机，诺基亚手机材料的供应商在将材料送至诺基亚仓库时，并不转交物权，也就是说放在诺基亚仓库里的原材料仍然算是供应商的物品，诺基亚并不支付货款，如果诺基亚因为市场原因暂时不能使用这些材料，那么这些物资的积压就成为供应商的库存积压，除非这些材料被启用，生产成手机，或者最终被决定弃用，才可以将物权转给诺基亚，并由诺基亚支付货款。虽然诺基亚最终还是要支付，但是延迟支付给诺基亚带来了极大的资金上的好处。

自由贸易区是一些国家给涉及进出口业务的跨国公司提供的减少库存资金占压的良好解决方法，将货物放在自由贸易区的仓库，无论它们是仅仅存放还是要进行加工生产，甚至相互交易，都不算作进出口，因此不用缴纳进出口关税，直到货物被销售。专栏 12—2 就介绍了自由贸易区。

专栏 12—2

自由贸易区

自由贸易区源于以前的关税自由港，可以对港内的零售商或制造商部分或完全免征关税，在自由贸易区所得税也可以部分免征。以前的关税自由港一般位于海港码头区，在那里货物可以免征关税，直到货物被销往国内各地。现代自由贸易区一般不在港口区，如意大利 Olivertti 公司在美国宾夕法尼亚州哈里斯堡就建立了这种自由贸易区。

自由贸易区有几种类型。如前所述，它可能是一个商品卸货地，以待随后销往国内。丰田汽车在洛杉矶港的储货区就是此类。公司可以在区内存放大量的样品直到经销商将它们从区内“进口”到美国进行销售。这样安排的好处是：各种样品可以存放在接近销售的地方以利于销售，而关税只有在从该区进入加利福尼亚州时才支付。

自由贸易区的第二种类型是用于零部件组装，随后销往国内。梅赛德斯在亚拉巴马州的组装线就属此类。零部件输入自由贸易区组装，当组装成车销往其他地区时才缴纳进口关税。同时，零部件进口关税低于整车，因为零部件成本低于整车。

自由贸易区的第三种类型是完整的旗舰式的制造中心，其大部分产品复出口到国外。马来西亚的槟榔屿以及马达加斯加就属于此类。此类贸易区又称作自由工业区。在槟榔屿，各类公司如戴尔计算机、国家半导体、索尼、博世、Trane 空调等公司制造终端产品，其中大部分出口以避免马来西亚征收进口关税，当然这也给当地提供了很多就业机会。在马来西亚销售的产品只按进口的零部件征收关税。不过，公司之间允许相互购买，比如戴尔可以从英特尔购买奔腾芯片，从希捷购买硬盘，这两家公司都与戴尔工厂相距不到 1 英里。

12.3 应收账款管理

应收账款是企业资产负债表里一项重要的流动资产。企业为了推广产品，留住买家，往往愿意向买家提供商业信用，也就是先提货，后付款，或月结款、季度结款甚至年结款。如果企业涉及进出口业务，那么多数支付方式都会产生应收账款。应收账款会占压资金，影响周转，而且一旦买家支付能力出现问题，甚至不讲信用成心赖账，还有可能收不回来，所以应收账款并不是财务分析中乐见的科目，但这并不是说好企业就不能有应收账款。经营得好的企业应该是应收账款管理得好的企业。跟现金管理一样，应收账款的管理一方面需要企业自身的严谨、细致和技术，另一方面也要依靠银行和专业公司提供的专业服务。下面我们就从企业自身的管理技术和保理公司的服务两个方面来介绍应收账款管理。

12.3.1 加强应收账款的日常会计管理

1. 设置应收账款明细分类账是强化管理的重要技术

应收账款应该根据账期和客户分别做应收账款分类账。滚动统计应收账款的账期和数额，绘制账龄表，便于企业监控应收账款的账期结构。同时也要做好应收账款的分户明细，便于企业监控往来企业的回款情况（见表 12-4 和表 12-5）。

表 12-4　飞鱼（美国）公司应收账款账龄表　（单位：美元）

账龄	上期借方余额	本期净增加额（借方）	本期借方余额
3个月以下	4 058 544	845 848	4 904 392
3～6个月	2 649 329	754 565	3 403 894
6个月～1年	2 094 542	−171 110	1 923 432
1～2年	1 687 955	−595 510	1 092 445
2～3年	949 452	−339 620	609 832
3年以上	305 932	−111 900	194 032

说明：上期借方余额合计为 11 745 754 美元，本期净增加额（借方）合计为 382 273 美元，本期借方余额合计为 12 128 027 美元。

表 12-5　飞鱼（美国）公司应收账款明细表

单位名称	与本公司关系	金额（美元）	占应收账款总额的比例（%）
A汽车公司	客户	9 020 393	24.77
B汽车公司	客户	5 683 039	15.61
飞鱼（英国）公司	控股子公司	5 305 955	14.57
C汽车公司	客户	4 906 845	13.47
D汽车公司	客户	4 039 344	11.09
飞鱼（中国）公司	控股子公司	3 508 353	9.63
E汽车公司	客户	2 048 553	5.63
F汽车公司	客户	1 904 845	5.23

说明：应收账款金额合计为 36 417 327 美元。

2. 实行严格的坏账核销制度

只要有应收账款，就会有坏账风险，如果不能避免的话，管理好并处理好坏账风险是明智的选择。核销坏账是应收账款管理的好办法，它可以在一定时间段内按比例将损失从收益中扣除，合理反映企业真实的资产状况，谨遵谨慎性原则，不夸大企业的资产和权益，也不积累问题。跟什么时候发生坏账什么时候核销的直接核销法相比，一般企业都更愿意用备抵核销的方法，也就是根据销售收入的一定比例，或者销售利润的一定比例来预提坏账准备，待有应收账款被核实确实不能收回时，则从坏账准备中冲抵。

3. 实行销售折扣

企业在严格执行非歧视价格的前提下，实行销售折扣可以有效地鼓励买家及早回款。我们举个例子来说明商业信用的成本。假设飞鱼公司规定，买家必须在45天之内将货款汇至飞鱼公司指定账户。如果15天内回款，则可以享受95折的优惠，如果15天至1个月内回款，则享受97折的优惠。在这样的销售条件下，买家选择的回款时间理论上只有三天，即第15天、第30天和第45天。

（1）如果买家选择第45天回款，则意味着延迟45天付款的商业信用成本是

$$[5\%/(45-15)]\times 365=60.83\%$$，即年利率60.83%；

（2）如果买家选择第30天回款，则意味着延迟30天付款的商业信用成本是

$$[2\%/(30-15)]\times 365=48.67\%$$，即年利率48.67%。

由此可见，商业信用的成本是很高的。在商家严格执行非歧视价格的前提下，销售条件（即多少天付款享受多少折扣）可以促使买家根据需要决定是否使用商业信用。

12.3.2 国际保理公司的服务

1. 保理的定义及发展背景

保理（factoring）即保付代理的简称。国际保理公司是专门为国际贸易中的进出口商提供进口商资信调查、坏账担保、货款催收、销售分户账管理、贸易融资等一揽子咨询和金融服务的公司。国际保理公司提供的业务，实际上银行、保险公司和调查机构也都提供，但是保理因为专业从事与国际贸易应收账款相应的全套服务，甚至专门为某个行业的进出口商提供保理业务（如鑫银国际保理），所以其具有一揽子服务的专业性和全面性特点，在国际上备受欢迎，近几十年发展迅速。保理业务20世纪80年代末进入中国，由中国银行率先尝试与国外保理商合作开展保理业务，90年代交通银行也开始受理相关业务，近年来发展迅速，多家银行、保险公司都开展了相关业务，但和国际水平相比，发展空间还很大。2010年，我国有十多家保理公司成立，基本均落户天津与上海，天津有嘉融信、瀛寰东润、达泰、西易、克莱德等，上海有高银保理等。

2. 国际保理业务简介

上述提到的保理业务中，进口商资信调查、货款催收业务比较容易理解，贸易融资业务在第13章有详尽的介绍，这里介绍一下坏账担保和销售分户账管理。

坏账担保就是保理商对已经核准的应收账款提供100%的坏账担保。这里有两点需要解释：一是“核准”，即签订保理协议之前，出口商需要向保理公司提出信用额度的申请表，在表中如实填写进口商概况、出口产品、预计出口总额、价格条件、付款条件等内容，保理公司据此对出口商核准应收账款额度。在此额度内，对坏账进行100%的担保，也就是在此额度内发生的坏账，将由保理商支付给出口企业。

销售分户账管理，就是将企业的应收账款管理外包给保理商，由保理商逐笔记

账、清算、计息，整理打印并向出口企业提供各种统计报表和往来账户对账单，并负责向进口商寄送账单、催收及收取货款。这种管理工作专业而有效，对于生产型的出口商来讲，建立专门的队伍需要专业人才，成本高、效率低，但保理公司专门打理类似业务，一个专业团队可为较多企业高效服务，人力资源和信息资源共享，无疑对进出口商和保理公司来讲都是创造价值的优化选择。

3. 国际保理业务流程

国际上多见的业务是国际双保理业务，其业务开展模式是：出口商与出口保理公司签订协议，将应收账款交由出口保理公司打理，而出口保理商则与进口国的进口保理公司签订协议，由进口保理公司在其国内向进口商催款。这样能较好地解决进出口双方因地理、语言、文化、法律等不同带来的麻烦。

图 12－2 是保理业务的流程示意图。

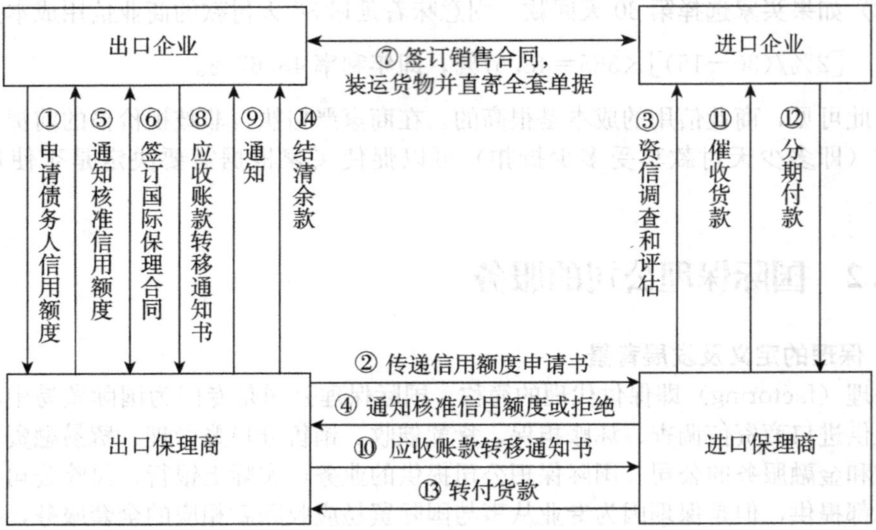

图 12－2 保理业务的流程示意图

简单地描述，即出口企业向出口保理商申请信用额度，出口保理商通过进口保理商了解进口企业资信并进行评估，决定核准还是拒绝出口企业的信用额度申请并通知出口企业。如果核准，出口企业就可以和出口保理商签订保理合同。有了保理合同，出口企业就可放心地跟进口企业签订进出口合同并据此发货，然后将贸易中产生的应收账款转交给出口保理商处理。而出口保理商往往在应收账款到账前向出口企业提供资金融通，便于出口企业资金周转。与此同时，出口保理商会将应收账款通知书转给进口保理商，由它向其国内的进口企业催收账款，并将款项转付给出口保理商，由出口保理商和出口企业结款。

4. 国际保理业务和出口信用保险的比较

出口信用保险实质上是保险业务，由出口人就进口人的信用向保险公司投保，投保人支付保费而保险公司在进口人不能及时支付货款时赔付货款。国际保理业务和出口信用保险都是在有偿条件下保证出口企业应收账款收回的途径，但是它们在运用中还是有所差别。表 12－6 即对此差别的总结。

表 12-6　　保理与出口信用保险的比较

项目	保理	出口信用保险
费用	1%～1.5%（发票金额）	4%（出口金额）
最高保障（核准额度内）	100%	70%～90%
赔偿期限（贷款到期日起）	90 天	120～150 天
进口企业资信调查评估	详细	一般
财务信用风险保障	全部	部分
应收账款追收及管理	有	无
财务会计记录及管理	有	无
贸易融资的提供	有	无

资料来源：陈湛匀，马照富．国际结算实务．上海：立信会计出版社，1994.

5. 利用国际保理业务管理应收账款对进出口企业的益处

利用国际保理业务管理应收账款对进出口企业的益处可见表 12-7，其中，O/A 付款条件指的是赊账销售，即 open account transaction。

表 12-7　　利用国际保理业务管理应收账款对进出口企业的益处

益处	对出口企业	对进口企业
增加营业额	对于新的或现有的进口企业提供更有竞争力的 O/A 付款条件，以拓展市场，增加营业额	利用 O/A 优惠付款条件，以有限的资本购进更多货物，加快资金流动，扩大营业额
风险保障	进口企业的信用风险转由保理商承担，可以得到 100%的收款保障	对出口企业履约行为有更强的控制，避免欺诈风险
节约成本	资信调查、账务管理和账款追收都由保理商负责，减轻业务负担，节约管理成本	省却了单证交易的费用
简化手续	免除了一般单证交易的烦琐手续	在批准信用额度后，购买手续简化，进货快捷
扩大利润	由于销售额的扩大降低了管理成本，排除了信用风险和坏账损失，所以利润随之增加	由于加快了资金和货物的流动，生意更好，从而利润增加
美化财务报表	将应收账款卖断给银行，降低资产负债率	—
规避汇率风险	将远期外汇收入变为即期，提前结汇	—

思考题

1. 梦想公司已经在数十个国家建立了独资企业或合资企业，这些公司经常互为客户关系，往来资金密切。公司可以采用哪些手段来降低各公司持有资金和资金往来的成本？此外，公司客户遍及中国、美国和欧洲国家，由于没有建立良好的制度，公司的应收账款回款速度缓慢，拖欠现象较为严重。请提出改善这一状况的方法。

2. 梦想公司在中国、法国和美国均有子公司。假设每家子公司各自持有预防性现金头寸，该头寸等于期望现金需求加上实际需求的标准差的 2 倍。假定各子公司的现金需求服从正态分布且相互独立。标准差的 2 倍意味着实际现金需求得到满足的概率为 96%，任何子公司出现现金短缺的概率仅为 4%。

单家子公司的现金需求以及持有的预防性余额见下表。

（单位：万美元）

子公司	期望现金需求（A）	标准差（B）	为了达到充足性防护的现金余额预算（A+2B）
中国子公司	600	100	800
法国子公司	500	60	620
美国子公司	400	50	500

请计算集中现金流管理时的现金需求，并思考为什么集中现金流管理可以降低现金需求。

3. 请思考集中现金管理的方式除了具有第 2 题中所提及的优势之外，还具有哪些其他优势。

4. 请思考国际保理业务和进出口保险业务有哪些区别？

5. 请不要看书，自己画一个国际保理业务的流程示意图。

参考资料

[1] 陈湛匀，马照富．国际结算实务．上海：立信会计出版社，1994.

[2] 切奥尔・S. 尤恩等．国际财务管理．北京：机械工业出版社，2007.

[3] 戴维・K. 艾特曼，阿瑟・I. 斯通希尔，迈克尔・H. 莫菲特．跨国公司金融. 9 版．北京：北京大学出版社，2005.

第13章

国际贸易融资

本章重点

1. 国际贸易融资的主要特点
2. 在国际贸易中利用信用证进行融资的业务种类及业务流程
3. 银行为国际贸易提供的融资业务种类
4. 政府为鼓励出口，给出口企业提供的融资优惠种类
5. 对销贸易的形态

关键词

信用证	汇票	提单	授信开证	押汇	付款交单
承兑交单	福费廷	出口信贷	卖方信贷	买方信贷	出口信用保险
对销贸易	补偿贸易				

一家企业的跨国经营离不开国际贸易，不管是生产性企业还是专门从事国际贸易的企业。国际贸易的一个特点是买卖双方处于不同的国家，从卖方发货到买方收货，其间需要经历相对于国内贸易更为漫长的时间并穿越更为漫长的距离，货物有时甚至要通过海、陆、空的联合运输才能从卖方交到买方，这就给交易带来了更多的不确定性，也给企业带来了更大的流动资金占用压力。而且，国际贸易的交易双方因为处于不同国家，语言、法律环境不同，文化不同，相互见面不易，因此在交货与支付的安排上也需要更多地考虑风险问题。如果先付款，后收货，那么买方风险很大，会担心钱有去而货无回，或者来货是假冒伪劣产品。如果先发货，后收款，那么风险又转到了卖方，卖方很可能钱货两空。这时往往就需要银行参与进来，以信用证或担保的形式给国际贸易的支付提供保证。这些银行服务的有偿使用，不仅可以让跨国企业减少流动资金的占用，甚至可以围绕相关国际贸易的凭证、单据衍生出更多的银行信用，在企业需要的时候为企业提供流动资金的融通。

国际贸易融资与其他流动资金融资相比，其最大的特点就是以国际贸易的交易作为获取融资和银行信用服务的依据。银行是提供国际贸易融资最重要的机构。银行往往在进出口双方国家都有分支机构或者代理行，所以买卖双方都愿意接受其信用作为交易的担保。国际贸易支付的常用方式之一就是银行开立信用证，简单地说就是以银行的信用承诺卖方，其若能及时取得完全符合信用证要求的单证，比如提货单等能证明卖方交货行为，保证买方能凭此按时提货的单证，就能从开立信用证的银行获得货款。开立信用证时买方需要在银行存入保证金，但当买方资金短缺或有更好用途时，它也可以向银行申请授信开证，即将授信额度抵免保证金，这样就不需要将全部货款存在银行用于保证支付，减少了买方的资金占压。信用证的融资功能不止于此，在信用证下还衍生出进出口押汇等贸易融资服务，为进出口企业抓住商机、减少财务成本提供了更多可能性。

在国际贸易中，还有很多种类的票据可以作为质押品获取国际贸易融资，比如具有物权性质的提单、仓单等。很多国家，包括中国，为了鼓励出口，会给出口企业出口退税的优惠，如果把出口退税账户托管给银行，也可以从银行获取贸易融资。国际贸易和国内贸易一样，由于卖方市场的原因，出于推广产品和占领市场的考虑，出口企业会产生大量的应收账款。应收账款极大地占用了企业的流动资金，减少了企业的流动性，许多银行、保理公司通过包买应收账款等业务，也为企业提供了有特色的国际贸易融资服务。

各国政府除了制定出口退税、政府收购、出口补贴等鼓励出口的政策外，大多还给出口企业提供资金融通方面的支持和帮助，比如组建进出口银行、进出口保险公司，为进出口企业提供政策性服务，使企业能方便地获得优惠的流动资金贷款以及优惠的进出口担保。

国际贸易和国内贸易一样，也存在各种形式的商业信用，也就是参与贸易的一方占用另一方的资金或者货物，提供资金或货物的一方则在贸易中分配到更多的利益。国际贸易中的商业信用形式要复杂得多，比如进口方提供原材料和生产设备，而出口方则赚取部分劳务费用并用其余劳务来抵付进口方提供的生产设备，等等。这就是我们在最后要介绍的对销贸易——一种结构复杂的贸易融资。

13.1 信用证、票据和单证融资

13.1.1 信用证 (letter of credit, L/C)

1. 信用证的定义

在这里，我们介绍《跟单信用证统一惯例 600》中对信用证的定义。《跟单信用证统一惯例 600》(Uniform Customs and Practice for Documentary Credits 600，简称 UCP600)，是国际银行界、律师界、学术界自觉遵守的“法律”，是全世界公认的、到目前为止最为成功的一套非官方规定。该惯例有过多次修订，UCP600 是 2007 年修订版，国际商会第 600 号出版物，适用于所有在正文中标明按本惯例办理的跟单信用证（包括本惯例适用范围内的备用信用证）。除非信用证中另有规定，否则本惯例对一切有关当事人均具有约束力。根据 UCP600，信用证意指一项约定，无论其如何命名或描述，该约定都不可撤销，并因此构成开证行对于相符提示予以兑付的确定承诺。

通俗一点来说，信用证即 letter of credit，习惯写成 L/C，是银行应进口商的要求代表其签发的，承诺当卖方交货装运后提供的单据与合同条款一致时由银行向出口商（受益人）付款的一种单据。在这里，银行以其自身的信用代替了买方的信用。它承诺只要出口商出示与信用证要求一致的文件（一般说来这些文件能说明出口商已经按照买卖合同按时、保质保量并按照合同规定的运输细节交运了货物），那么，出口商就确信能从签发信用证的银行收到货款。因此，在信用证方式下，一方面，不论买方是否有能力或是否愿意支付，签发银行都有义务准许卖方提款。另一方面，只有卖方在发运了所订购货物并完整地提交有关的单据后，买方才需支付货款。

2. 信用证的当事人

为了让同学们更清楚地了解信用证，这里我们要分解一下信用证开立和使用的参与者和流程。

信用证的主要当事人有四个：开证申请人、开证行、通知行和受益人。每个当事人都有多种称谓。

（1）开证申请人（applicant）或开证人（opener）。

· 开证申请人是向银行提交申请书开立信用证的人，通常就是国际货物买卖合同中的买方，即进口商。

· 开证申请书是进口商对开证行的付款指示，也是它与开证行之间的一种书面合同。

· 信用证开立后，开证行若向受益人履行了付款义务，则进口商的义务是向开证行付款赎单。

（2）开证行（opening bank，issuing bank）。

· 开证行是应申请人（进口商）的要求向受益人（出口商）开立信用证的银行。

· 它是信用证下的第一付款人，对受益人承担独立责任，是信用证业务的核心。

· 开证行的付款通常为终局性的付款，一经付出不得追索，即使付款后发现单证不符，或进口商拒不赎单，也不能向出口商、议付行、付款行或偿付行等追索。

（3）通知行（advising bank，notifying bank）。

· 通知行只负责通知信用证并证明信用证的真实性，不承担其他义务。

· 在信用证的真实性得到证实后，通知行应根据开证行的要求，缮制通知书，及时、正确地通知受益人。

· 通知行及时澄清疑点是其道义责任。

（4）受益人（beneficiary）。

· 受益人是开证行在信用证中授权使用和执行信用证并享受信用证所赋予的权益的人，通常为签订买卖合同的出口商。

· 出口商必须按照信用证条款履约。

· 出口商在收到信用证后，应仔细将信用证内容与合同条款核对，并审核信用证条款能否履行。

· 受益人交单后，若开证行倒闭，受益人有权向进口商提出付款要求。

在信用证流转过程中衍生出的其他当事人：

（5）议付行（negotiating bank）。

· 根据开证行在议付信用证中的授权，买进受益人提交汇票和单据的银行，称为议付行，一般由通知行兼任。

· 开证行收到议付行寄来的单据，如发现单据不符合信用证条款，可以拒绝偿付。因此，议付行必须严格审单。

• 在单证严格相符、开证行无力付款时，议付行可向受益人追索。

• 议付行通常要求受益人交单时签署质押书，声明在发生拒付时，议付行有权处理单据，甚至变卖货物。

(6) 保兑行 (confirming bank)。

• 保兑行是指应开证行或信用证受益人的请求，在开证行的付款保证之外对信用证进行保证付款的银行。

• 保兑行与开证行均对受益人承担第一位的付款责任。

(7) 付款行或承兑行 (paying or accepting bank)。

• 开证行在信用证中指定并授权承担向受益人 (无追索权) 付款或承兑责任的银行。

• 开证行通常委托通知行为付款行。

• 付款行付款后不得向受益人追索，而只能向开证行索偿。

(8) 偿付行 (reimbursement bank)、信用证清算银行 (clearing bank)。

• 偿付行是指受开证行的指示或授权，对有关付款行或议付行的索偿予以照付的银行。

• 偿付行的偿付不视为开证行终局性的付款，因为偿付行不接受单据、不审查单据。若开证行见单后发现单证不符，可向议付行或付款行追索货款。

(9) 受让人 (transferee)、第二受益人 (second beneficiary)。

• 受让人指接受受益人转让使用信用证权利的人，大多是出口人。

3. 信用证的业务流程

图 13-1 为信用证的业务流程图。

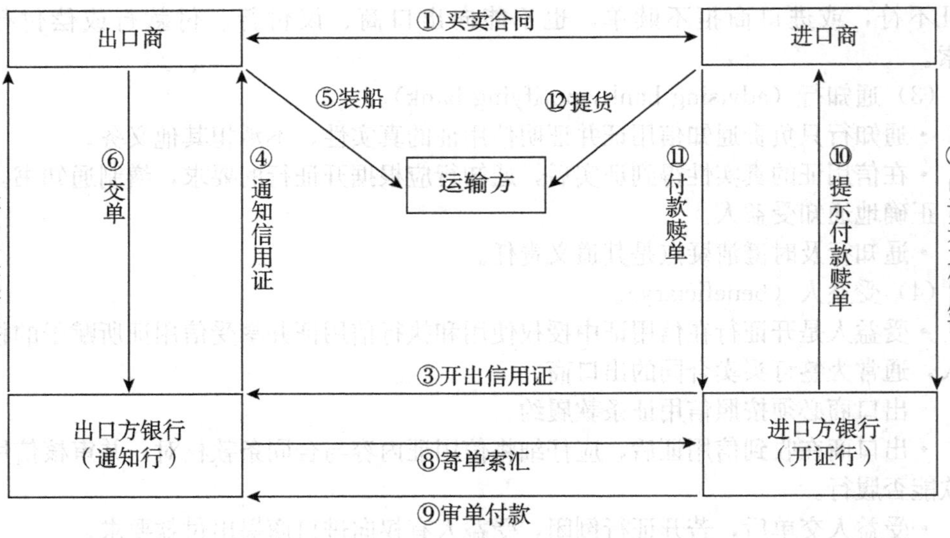

图 13-1 信用证业务流程图

4. 信用证样本

图 13-2 为不可撤销跟单信用证样本。

中国银行
新加坡分行
BANK OF CHINA
(Incorporated in China with Limited Liability)
SINGAPORE
TELEGRAPHIC ADDRESS "CHUNGKUO"
TELEX NO RS 23046 BK CHINA
SWIFT CODE BKCHSGSGA

Irrevocable Documentary Credit Number 764351

Place and Date of Issue: Singapore 5/5/2007 (D/M/Y)

Expiry Date and Place for Presentation of Documents
Expiry Date 15/8/2007 (D/M/Y)
Place for Presentation Shanghai

Applicant: Overseas Company
100 Julan Sultan
#01-20 Sultan Plaza
Singapore 0719

Beneficiary:
Shanghai Machinery Imp. & Exp. Coop
Shanghai, China

Advising Bank: Reference No 210214
Bank of China, Shanghai

Amount: USD729,000.00
(United States Dollars Seven Hundred and Twenty Nine Thousand Only)

Partial shipments [X] allowed [ ] not allowed
Transhipment [X] allowed [ ] not allowed
[ ] Insurance covered by buyers

Credit available with Nominated Bank:
[ ] by payment at sight
[ ] by deferred payment at
[ ] by acceptance of drafts at
[X] by negotiation

Shipment as defined in UCP 600 Article 20
From Shanghai
For transportation to Singapore
Not later than 31/7/2007 (D/M/Y)

Against the documents detailed herein
[X] and Beneficiary's draft(s) drawn on Bank of China, Singapore, at sight

Documents required (in three-fold unless otherwise specified):

Signed commercial invoice
Insurance Policy or Certificate, endorsed in blank, covering All Risks and War Risks as per CIC
Full set clean on board Bill(s) of Lading made out to order and endorsed in blank, marked Freight Prepaid and notifying applicant
Evidencing shipment of:
4,860 sets Colour Television Set "Golden Star" Brand Model SC374
PAL/BG System, 220V 50HZ, Two Round Pin Plug, with Remote Control
Unit Price @USD150.00 per set CIF Singapore
Sales Confirmation No.EF94SP-71-023
Transported in 40' containers of 810 cartons each

Documents to be presented within [15] days after the date of shipment but within the validity of the Credit

We hereby issue the Irrevocable Documentary Credit in your favour. It is subject to the Uniform Customs and Practice for Documentary Credits (… Revision International Chamber of Commerce, Paris, France, Publication No …) and engages us in accordance with the terms thereof. The number and the date of the Credit and the name of our bank must be quoted on all drafts required. If the Credit is available by negotiation, each presentation must be noted on the reverse side of this advice by the bank where the Credit is available.

INSTRUCTIONS TO THE NEGOTIATING BANK:
1. All documents to be despatched to us in one lot
2. In reimbursement, we shall reimburse you in accordance with your instructions.

Yours Faithfully,
For BANK OF CHINA, SINGAPORE

This document consists of [1] signed page(s)

Authorized Signature

图 13－2 不可撤销跟单信用证样本

13.1.2 国际贸易中的票据和单证

在国际贸易中还会频繁地用到其他多种票据和单证，它们能提示持有人或指定受益人的无条件提款权利或者提货的权利，这些票据和单证不仅是金融资产和国际贸易货物的债权凭证和物权凭证，而且能通过贴现、押汇、包买等业务，使买方或卖方实现短期的资金融通，从而完成为国际贸易服务的融资活动。为了搞清楚这些业务，我们需要从介绍国际贸易中的票据和单证开始。

1. 汇票（bill of exchange，draft）

（1）汇票的定义和分类。

国际贸易结算，基本上是非现金结算，使用以支付金钱为目的并且可以流通转让的债权凭证——票据——为主要的结算工具。各国都对票据进行了立法，海洋法国家的票据法基本一致。大陆法国家很多都是《统一汇票本票法公约》(Convention on the Unification of the Law Relating to Bills of Exchange and Promissory Notes）的参约国。我国于1995年5月10日通过了《中华人民共和国票据法》，1996年1月1日起施行。

票据可分为汇票、本票和支票。国际贸易结算中最常使用的是汇票。汇票是由出票人签发的，委托付款人在见票时或者在指定日期无条件支付确定的金额给收款人或者持票人的票据。签发汇票的个人或单位叫出票人，一般是销售货物的出口商。汇票的另一方当事人为受票人。受票人按要求支付特定的款项，即兑付汇票。从以上定义可知，汇票有三个当事人：出票人（the drawer)、付款人（the drawee）和收款人(the payee)。三者的关系是：出票人要求付款人将款项支付给收款人。

汇票的分类方式有多种，根据出票人的不同，可以分为商业汇票和银行汇票。商业汇票的出票人可以是企业、商号、法人和个人，一般而言是发货方，此时汇票即代表了出票人索取货款的正当要求。当汇票的出票人和付款人都是银行时，该汇票即为银行汇票。

按有无附属单据，汇票可分为光票汇票和跟单汇票。光票汇票（clean bill）本身不附带货运单据，银行汇票多为光票汇票。而跟单汇票（documentary bill）又称信用汇票、押汇汇票，是需要附带提单、仓单、保险单、装箱单、商业发票等单据，才能进行付款的汇票。国际贸易中使用的汇票绝大多数都是跟单汇票，必须附上各种运输单据，而这些单据是随后取得货物的凭证。如果买方支付款项后才可以取得单据，那么叫做“付款交单（D/P）汇票”(documents against payment)；如果承兑后就可以取得单据，则叫做“承兑交单（D/A）汇票”（documents against acceptance)。不难看出，承兑交单的风险要大于付款交单。

按付款时间不同，汇票可分为即期汇票和远期汇票。即期汇票（sight bill，demand bill）指持票人向付款人提示后对方立即付款，又称见票即付汇票。远期汇票(time bill，usance bill）是在出票一定期限后或特定日期付款。在远期汇票中，记载一定的日期为到期日，于到期日付款的，为定期汇票，记载于出票日后一定期间付款的，为计期汇票；记载于见票后一定期间付款的，为注期汇票；将票面金额划为几份，并分别指定到期日的，为分期付款汇票。不论在哪里，大多数远期汇票的期限通常都是30～180天。远期汇票虽然提示的付款日期在一定期限以后，但是银行可以在这段时间内给企业提供贴现等业务，企业不必等到到期日就能获得相应资金和货款。

按承兑人不同，汇票可分为商业承兑汇票和银行承兑汇票。承兑即承诺兑付，商业承兑汇票（commercial acceptance bill）是以银行以外的任何商号或个人为承兑人的远期汇票。银行承兑汇票（banker's acceptance bill）指承兑人是银行的远期汇票。当汇票得到银行承兑之后，就具有了很强的流动性，持有人可以贴现，也可以转让，从而在承兑日期之间就取得资金融通。

由于银行无义务代表购货方付款，所以，汇票给出口商提供的保护要小于信用证所提供的保护。在国际贸易中，我们可以这样简单地来理解信用证和汇票：汇票是收钱的人（出口商）自己或者其银行代写的索要货款的票据，如果买方的银行之前为这一单进出口交易开立了信用证，则意味着银行是这一笔货款的第一付款人，它一定会被兑付，所以最安全；如果汇票是跟单汇票，那就意味着兑付汇票的银行或企业将拥有所附单证，主要是货物提单，这种物权凭证也成为汇票被兑付的保证；而光票汇票，往往只在相互关系极为密切且相互非常信任的企业之间，比如母子公司之间，才会使用。

(2) 银行承兑汇票的业务流程。

银行承兑汇票是由银行承兑的远期汇票。在国际贸易中，出口商交货取得提单以后，就可以签发汇票了，但是由于路途遥远，海上可能会有耽搁，所以货物什么时候能到，各方都只能有个大致的判断，这时，要求进口商或议付行见票即付并不是好的选择，所以往往签发远期汇票。在美国，如果银行在远期汇票上注明到期时给予兑付，那么会盖一个“接受”（acceptance）的章，表明到期银行一定给予兑付，这种即为银行承兑汇票。在中国，如图 13-3 所示，汇票上注明是银行承兑汇票，并在显著位置标明：到期由我行兑付。如果银行承兑，则在此处盖上该银行的汇票专用章。

汇票申请书

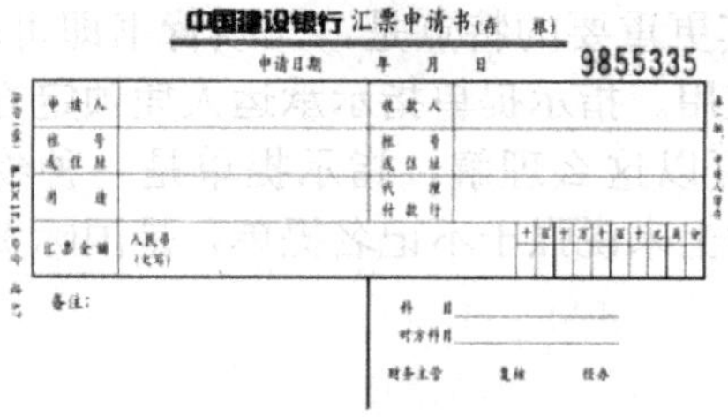

银行汇票

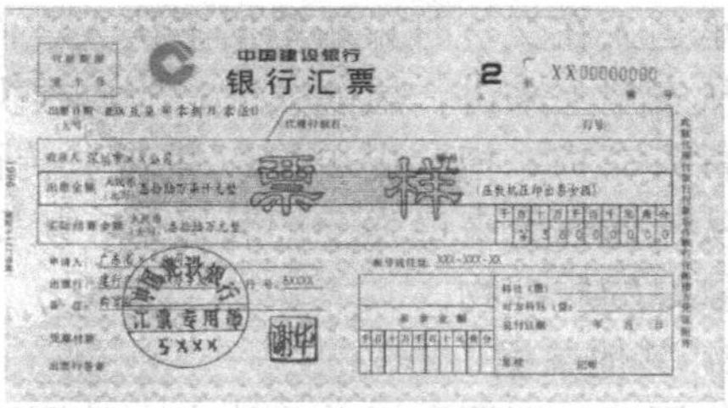

商业承兑汇票

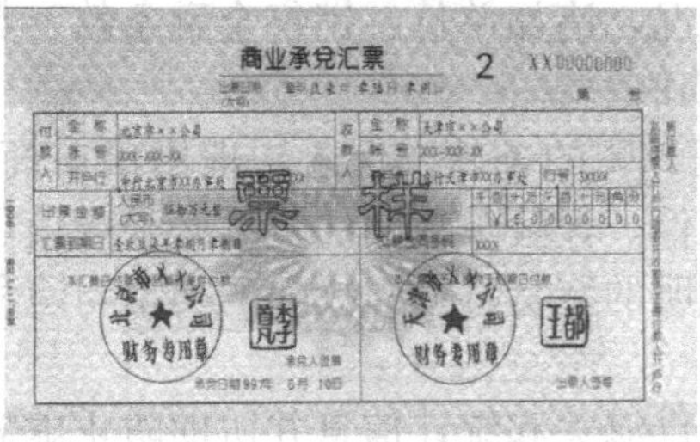

银行承兑汇票

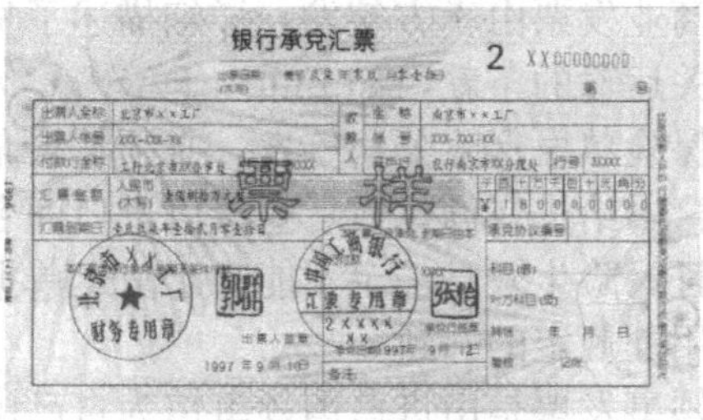

图 13-3 汇票图示

2. 提单（bill of loading，B/L）

提单是国际贸易融资的关键票据之一，简称 B/L。提单是货物承运人签发给出口商的货物运输单据，它有三种作用：收据、契约和货物处理。

作为收据，提单标明承运人已经收到单据上载明的货物。由于承运人对集装箱中的货物不负责检查，因此提单上对货物的描述一般都很简短。如果承运费提前支付，则提单上会标示“运费已付”或“运费预付”。

作为契约，提单表明承运人以一定的报酬提供特定的运输服务的义务。很多提单会把托运人和承运人的标准合同附在上面，说明托运和承运双方的责任和义务。普通承运人不能逃避提单上的特别条款载明的责任。

作为货物处理单据，提单是向进口商交货前获得支付或支付承诺的凭证。提单也可以作为运输前或运输中出口企业向银行申请预付货款或者进口商向银行申请垫付货款的质押物。

很多国际贸易实务方面的教材都给学生们提供非常详细的有关提单的知识，主要是详细介绍各种提单的种类和变种，细分它们之间的差别以及在货物交运、提货等国际贸易实践中的作用，以及托运人、承运人和收货人三方的法律关系。但在财务课程中，对作为国际贸易融资的质押物的提单，我们只需要理解如下的重点。

一般人们认为提单具有物权性质，但记名提单在司法实践中是否具有物权性质还是有争议的，至少在银行业务上，银行并不愿意接受记名提单。记名提单是指在提单上收货人（consignee）一栏内具体填写某一特定的人或公司名称的提单。托运人原则上不得将已记名提单背书转让，但提单指定的收货人有时可通过办理类似财产转让手续进行转让，因为记名提单项下货物只能由提单上载明的收货人提取，从而失去了代表货物可转让流通的作用，银行一般不愿意接受这种提单。可以说，记名提单并不是一个好的贸易融资的质押物。一般而言，只有当货物款项已被预付，或者收货人就是出口商自己或者其子公司、代理商时，才采用记名提单。

与记名提单相对应，还有不记名提单和指示提单。不记名提单在提货人方面不记名，承运人在交货时只认单据不认人，而且其更重要的特点是，无须背书即可转让，因此从安全上来讲，风险太大，所以很少被使用。指示提单指示承运人凭预定方指定向受货人交货。指示提单可以凭背书转让。可以这么理解，指示提单是一种物权凭证，从流通性上来说强于记名提单，从安全性上来说强于不记名提单，是国际贸易融资中较好的质押物。

3. 其他单据

信用证、汇票和提单是绝大多数国际贸易所需要的主要单证和票据，除此之外，在兑付汇票时可能还需要其他单据。下面是一些比较常见的附加单据。

商业发票由卖方签发，详细描述了货物状况，诸如单价、销售金融条款、数量以及有关运输的条款，如 FOB、FAS、C&F、CIF。

保险单由保险公司签发，必须符合信用证载明的条款。保险一般由出口商投保，然后背书给进口商，或者直接以进口商名义投保。保险单载明的货币必须与信用证一致并且保险生效日一定不能晚于货运单据上载明的装货日期。投保的类型与险种应该与信用证规定的一致。

领事发票是由进口国领事馆为自己国家提供海关和统计信息并协助防止虚假价值申报而签发的票据。领事发票一般与货物原产地凭证相联系。

分析凭证用于确定一些特定条款如重量、纯度和卫生条件等是否符合要求。这些条件有的是进口国卫生部门或其他部门所要求的，特别是对食品和药物，有的是进口商自己要求的，以确保收到的是预定的货物。依照信用证规定，分析凭证可以由政府或私人组织签发。

装箱单标明集装箱内容，用于报关或满足进口商对包装的要求。

出口申报单是出口商协助政府出口统计所用的单据。

以上介绍的各种单据，不单独成为合格的融资质押物，但在信用证、汇票融资时，往往成为全套单证的构成文件。

13.1.3 信用证、票据和单证融资

1. 授信开证

信用证除了具有担保支付的功能外，还具有很强的融资功能。信用证在从开证到付款的全部过程中，可为买卖双方提供多种融资途径。企业如果对其有充分的了解，则在进出口时可减少对资金的占用，解决短期的资金融通问题，防止不必要的经济损失。在国际结算中，信用证被广泛接纳和采用，除了因为它的保障性强之外，与其能提供灵活的融资便利也是分不开的。

信用证为进出口商提供的融资方式有多种，这里先介绍进口开证授信额度，或简称授信开证。开证额度是指银行信贷部门或统一授信评审机构给客户核定的减免保证金开证的最高限额。在中国，具有外贸业务经营资格，在银行有一定外贸结算业务，业务情况及收付汇情况良好、资信可靠、具备一定经济实力，能够提供银行接受的可靠担保、抵押、质押的客户，可以向银行申请并由银行核定进口开证授信额度。获得开证授信额度的申请人，在申请开证时，可向开证行申请以授信额度抵扣部分保证金，从而减少保证金资金的占压。

2. 押汇（documentary bills）

押汇是银行给国际贸易中的进出口商提供的短期资金融通。简单而言，银行在审核了企业提供的各种单据并确认无误后，将款项扣除各种费率后支付给企业。押汇可以分为信用证下押汇、D/P下押汇和D/A下押汇，三者风险依次增大。若按照押汇业务的对象，则可以分为进口押汇和出口押汇。

进口押汇是指进口方出现资金困难无力按时对外付款，或者遇到更好的商业机会，其收益大于押汇利率时，由银行代垫货款，押汇到期后企业将货款及利息付给银行。这是银行提供给进口方的短期资金融通。进口方申请办理进口押汇时，收货方虽然凭着和银行之间的托管关系管理进口货物，但这些货物的所有权在押汇时即转让给银行，收货方只是代为收货管理，并同时保证在规定期限内用货物的销售收入归还全部银行垫款。进口押汇是短期融资，期限一般不超过90天。

出口押汇是银行向出口方提供的短期融资。在国际贸易中，从出口方发货到进口方付款，中间有一定的期限，出口商为了更快地拿到货款用于周转，会在组织发货后开出汇票，并和所有单据一起交银行押汇，银行审核单据并确认无误后，留下全套单据，并参照票面金额扣除费率，将净额现金支付给出口企业，然后再寄单索汇。需要指出的是，押汇业务是银行保留追索权的垫款，不论出于何种原因，如无法从国外收汇，或者货物不能售罄回款，客户都应及时另筹资金归还垫款。

信用证下押汇对银行来说是比较安全的，所以开证行一般都会乐意给开证企业提供进口押汇，议付行也一样乐意给出口商提供出口押汇。D/P和D/A下的押汇，对于银行来说因为有票据作为抵押，实际上就是将买卖双方交易的货物作为担保品抵押给银行，因此也是比较安全的信贷，运用比较广泛。

3. 票据贴现

贴现是指资金的需求者，将自己手中未到期的商业票据、银行承兑票据或短期债券向银行或贴现公司要求变成现款，银行或贴现公司（融资公司）收进这些未到期的票据或短期债券，按票面金额扣除贴现日至到期日的利息后付给现款，到票据到期时再向出票人收款。在国际贸易融资中，最常用的票据贴现就是银行承兑汇票的贴现。

汇票经银行承兑后即称银行承兑汇票，汇票到期时，银行无条件兑付，但持有人不必等到到期才得到支付，而是可以在货币市场上将承兑汇票卖掉，所得的收入会小于汇票的票面金额，这一差额体现了资金的时间价值。持票人还可以选择将承兑汇票贴现给银行。此时持票人得到的金额是面值减去承兑佣金和贴现率后的净额。提供贴现的银行可以将该汇票纳入自己的资产组合赚取贴现收益，也可以在承兑汇票市场将承兑汇票转售给组合投资者。

事实上，货币市场的投资者很可能愿意以折扣价购买银行承兑汇票，并持有它直至到期，然后这个投资者将收到全额支付，从而实现其资金的价值。

银行承兑汇票的行为，给银行带来了承兑费和可能的贴现收益，如果持票人选择到期兑付，则银行赚取承兑费，如果持票人选择到承兑银行贴现，则银行还可以获得贴现收益。

在出口商方面，因为汇票的贴现率要低于普通贷款利率，所以用这种方法来获取短期资金融通是一条节约财务成本的好途径。如果出口商持有该承兑汇票直至到期，那么它就向进口商提供了融资，这跟应收账款融资是一样的。无论是持有银行承兑汇票还是应收账款，都是买方占用了卖方的流动资金，所以卖方会在货款上取得资金占用的收益（后面会详细讲解）。而出口商持有银行承兑汇票到期所节约的贴现费就是出口商资金被占用的收益。利用银行承兑汇票与应收账款融资的关键区别是，银行承兑汇票由银行保证向出口商付款，较应收账款这样简单的商业信用要安全。

4. 福费廷（forfaiting）

福费廷是一种以无追索权形式为出口商贴现大额远期票据提供融资并能防范信贷风险与汇价风险的金融服务。第二次世界大战后瑞士苏黎世银行协会首先开办福费廷业务。自 1965 年以后，福费廷业务从西欧国家开始推行，近些年来尤其在德国、瑞士、东欧国家及发展中国家的设备贸易中得到发展。据统计，全世界年均福费廷交易量占世界贸易额的 2%。目前，这一在欧美国家广泛使用的出口贸易融资手段已在中国流行。

在进出口商品中，由于资本性商品（资本性商品是指作为固定资产的设备等，与纺织品、食品等消费品不同）通常十分昂贵，进口商可能无力在短期内支付货款，这正是第二次世界大战之后发达国家向发展中国家出口时遇到的问题。出口商也许能够向进口商提供融资，也就是延期付款，但又可能不愿意这样做，原因是该项融资可能要延续若干年，这样长期的资金占压给企业造成的压力会很大。福费廷业务就很好地解决了这一矛盾。在一项福费廷交易中，进口商会签发一张以出口商为受款人的本票来支付进口资本性商品的款项，期限通常为 3～7 年。然后出口商会向福费廷银行出售这些无追索权的票据。在某些方面，这与应收账款让售相似，因为买入票据的银行承担着不能从购货方收取货款的责任，其中也自然包含信用风险和有关的国家风险。因为福费廷交易中显而易见的风险，它通常由银行保证书或由进口商银行为该项交易专门签发的信用证来担保。由于很难获得有关进口商的财务信息，所以福费廷银行对银行担保书寄予了很大的信任，以此作为购货方不能按协议付款时的担保物。正是这个为交易作后盾的担保书，刺激了福费廷市场的成长，特别是在欧洲，福费廷已成为贸易融资的有效方式。

我们知道，资本品交易的数额一般比较大，而进口商又无力在短期内完成支付，所以通常来讲其金额会超过 50 万美元，时间可长达 7 年，有时还可以用许多种货币标价。对于一些大额的交易，可能会由银团（我们也可以把它叫做辛迪加）来购买，这时，每一个参与者都分担着一定比例的风险并获取相应的收益。和任何一种金融资产相同，福费廷交易的本票也可以在金融机构之间转让销售。但是，风险依然在福费廷银行这里，当进口商无力支付时，福费廷公司仍然要对票据的支付负责。

福费廷业务的一般运作流程为：在进出口商洽谈贸易合同阶段，出口商如欲使用福费廷业务融资，必须事先和其所在地一家金融机构约定，做好各项信贷安排，同时为进口商选定进口地一家一流银行，由其对交易中经进口商承兑的汇票或进口商开立的本票进行付款担保。福费廷机构一般先向出口商报出虚盘，说明贴现率的大致范围，以便出口商福费廷机构在了解了交易细节、做出了提供信用的决策后，即报出实盘，承担融资义务。出口商在按合同规定发运货物后，将取得的单据通过银行寄交进口商，进口商承兑汇票或开出本票，经进口地银行担保后寄还出口商，出口商将汇票或本票向福费廷机构进行无追索权贴现，扣除一定贴现利息后收回货款。在票据到期日，由福费廷机构向进口商提示付款。

在这里需要解释一下什么是银行本票。《中华人民共和国票据法》第 73 条第 1 款给出的本票的定义是：本票是由出票人签发的，承诺自己在见票时无条件支付确定的金额给收款人或持票人的票据。第 2 款接着规定，本法所指的本票是指银行本票，不包括商业本票，更不包括个人本票。

跟汇票相比，本票的主要特点有三个：一是自付票据，由出票人本人对持票人付款；二是基本当事人少，本票的基本当事人只有出票人和收款人两个；三是无须承兑，本票在很多方面可以适用汇票法律制度。但是由于本票是由出票人本人承担付款责任，无须委托他人付款，所以，本票无须承兑就能保证付款。

福费廷作为一种灵活简便、有效的融资方式，在国际市场上发展非常迅速。目前，福费廷业务在美国、德国、英国、瑞士等发达国家应用已相当普遍，业务量不断扩大。同时，随着市场的变化，福费廷业务也采取了一些灵活的做法：融资期限可缩短至几个月，最长延至 7 年，融资范围也由资本设备的出口发展至消费品、农产品出口。在我国，顺应我国国际贸易的迅猛发展，福费廷业务也得到了较大规模的扩张，专栏 13—1 和专栏 13—2 来自中国银行网站，可以从中看到客户满足哪些条件可以向中国银行申请福费廷融资，并为此支付什么费用、获得哪些好处。

专栏 13—1

福费廷案例

我国机械设备制造企业 A 公司拟向中东某国 B 公司出口机械设备。该种设备的市场为买方市场，市场竞争激烈，A 公司面临以下情况：

(1) B 公司资金紧张，但在其国内融资成本很高，希望 A 公司给予远期付款便利，期限 1 年。A 公司正处于业务快速发展期，对资金需求较大，在各银行的授信额度已基本用满。

(2) B 公司规模不大，信用状况一般。虽然 B 公司同意采用信用证方式结算，但开证银行 C 银行规模较小，A 公司对该银行了解甚少。

(3) A 公司预计人民币在一年内升值，如等一年后再收回货款，有可能面临较大汇率风险。

A 公司与中国银行联系，希望提供解决方案。

为满足 A 公司融资、规避风险、减少应收账款等多方面需求，中国银行设计了福费廷融资方案，A公司最终采用了中国银行的方案，并在商业谈判中成功地将融资成本计入商品价格。业务过程如下：

(1) C银行开来见票360天远期承兑信用证。

(2) A公司备货发运后，缮制单据交往中国银行。

(3) 中国银行审单无误后寄单至C银行。

(4) C银行发来承兑电，确任到期付款责任。

(5) 中国银行占用C银行授信额度，为A公司进行无追索权贴现融资，并结汇入账。

(6) 中国银行为A公司出具出口收汇核销专用联，A公司凭其办理出口收汇核销和退税手续。

通过福费廷业务，A公司不但用远期付款的条件赢得了客户，而且在无须占用其授信额度的情况下，获得无追索权融资，解决了资金紧张的难题，有效规避了买方信用风险、国家风险、汇率风险等各项远期收汇项下风险，同时获得提前退税，成功将应收账款转化为现金，优化了公司财务报表。

资料来源：中国银行官方网站。

专栏13—2

国际贸易融资产品介绍

随着我国国际贸易的迅猛发展，国际贸易融资的需求大幅增加。加入世界贸易组织后，我国银行业承诺开放，国际上很多大银行开始了在我国国际贸易融资市场上的争夺。为了尽快提高竞争力，实现国际化，同时也为我们这样一个进出口大国的企业提供更好的服务，很多银行都推出了贴心、便利的国际贸易融资产品。这些产品有时还会取一些既能表达主要业务内容，又比较好听、吉利的名字，比如融付达、汇利达等。中国银行是我国最早做外币结算的银行，也是最早在海外有分支和代理机构的银行，在国际贸易融资方面具有一定的代表性。这里我们以中国银行为例，给大家做个简单的产品介绍。

给出口企业提供的融资便利包括：融付达、买入票据、打包贷款、出口贴现、出口押汇、出口全益达、出口汇利达、出口退税托管账号质押融资、福费廷、国际组织担保项下贸易金融、出口商业发票贴现、出口双保理、应收账款收购。

给进口企业提供的融资便利包括：授信开证、杂币进口汇利达、进口押汇、付款汇利达、海外代付、提货担保、进口双保理等。

其中出口贴现、出口押汇、进口押汇、授信开证和福费廷等在前面讲得比较多。还有一些比较特殊的产品前面没有接触到，它们当中有的可能是专为我国企业量身定做的，比如所谓出口退税账户托管贷款，是指商业银行为解决出口企业退税未能及时到账而出现短期资金困难，在对企业出口退税账户进行托管的前提下，向出口企业提供的以退税应收款作为还款保证的短期流动资金贷款。贷款期限一般为3个月。还有一些业务比如进出口的双保理、应收账款收购，前面说到的中信保也开展类似业务。如果大家想了解这些产品的特点、适用客户群、业务流程，可以登录中国银行的网站，在产品介绍一栏中详细了解。在了解产品的过程中，大家要注意各种业务之间的区别，比如计息方式，是固定利率（福费廷）还是LIBOR加点方式（出口商业发票贴现），也要注意银行有没有追索权，等等。

另外，国内各大银行也在进出口贸易的融资业务上加大力度宣传，尽力开发新产品。同学们也可以去它们的网站上进行了解。

资料来源：根据中国银行官方网站资料整理。

5. 业务创新

随着国际贸易的深度发展，会出现更多结构复杂、资金量巨大的贸易融资需要。这时单一的国际贸易融资产品就不能满足企业的需要，因此，针对不同客户特点、不同交易特点和不同客户需求而提供不同融资产品及产品组合的服务，就在各大金融机构发展起来。中国银行的全益达就是这样一种产品。我们可以从下面中国银行给出的示例中，理解这种结构性产品创新的内容。

甲公司在东南亚某国拿到承建电站的5亿美元大单，但面临诸多困难：

(1) 电站业主资金紧张，且在当地融资成本很高，希望甲公司带资承建，同时业主准备采用5年期延期付款方式结算；

(2) 该国银行的信用评级不佳；

(3) 尽管甲公司在该国有十多年承建工程的历史，但涉足如此大规模的电站项目还是第一次，相关风险难以预知；

(4) 受自身资产规模限制，甲公司在国内无法取得承建工程所需的贷款。

基于以上信息，中国银行为甲公司设计的解决方案如下：

(1) 以银行保函为甲公司争取部分预付款；

(2) 争取延期收款在信用证项下实现，从而以银行信用替代商业信用，并且可以利用信用证取得多种贸易融资。

之后中国银行专家又陪同甲公司两赴该国，参与了该公司与业主、当地银行的一系列谈判，将以上解决方案逐一加以细化落实：

(1) 当地银行开立5年期延期付款信用证，某外资银行加具保兑；

(2) 甲公司在该电站项下投保出口信用险、营运险、完工险等，分散转移风险；

(3) 在甲公司银行授信额度不足的情况下，中国银行利用独家叙做的保函风险专项资金出具预付款保函及履约保函，使甲公司即期收到部分工程款，能够迅速启动项目；

(4) 收到信用证后，中国银行为甲公司叙做打包贷款；

(5) 信用证下出单后，中国银行为甲公司办理押汇，用以归还打包贷款；

(6) 收到开证行/保兑行承兑后，中国银行为甲公司叙做福费廷，买断甲公司在该项目下的长期应收账款，用以归还押汇。

通过上述中国银行出口全益达解决方案，甲公司这笔5亿美元大单面临的问题迎刃而解，公司从该业务中获得了如下帮助：

(1) 通过预付款保函获得了宝贵的项目启动资金；

(2) 通过打包放款、出口押汇和福费廷等融资产品的转换运用，减少了对银行授信额度的占用，扩大了融资规模；

(3) 利用不同融资产品适用利率不同的特点，有效降低了财务成本，提高了业务利润；

（4）通过灵活运用金融工具，最大限度地分散和控制了风险。

13.2 政府的出口融资援助计划

13.2.1 政府支持和鼓励出口的政策和机构

1. 鼓励出口的政策

出于发展民族经济的考虑，各国都在一定程度上实施鼓励出口和限制进口的国际贸易政策。在鼓励出口的政策中，比较常用的有财政政策和信贷政策。财政政策主要是对出口商进行直接或间接的补贴，增加其出口收入，降低其生产成本。财政政策的政策手段包括出口补贴、政府收购、出口退税。财政政策主要通过财政和税务部门来执行。运用财政政策鼓励出口易受到国际法律规则的制约，同时也易引起对方国家的反对和报复，因而信贷政策的作用越来越大。信贷政策的主要目的是给出口商提供融资便利，提供优惠贷款以及优惠的担保和保险，有时也向进口本国商品及劳务的外国进口商提供融资便利。信贷政策由政府组建的信贷机构来完成，有一定的市场性，也有一定的政策性。这些机构主要是服务于进出口的银行以及保险公司，比如美国进出口银行、日本输出入银行、法国外贸银行、中国进出口银行，以及中国进出口保险公司。

2. 鼓励出口的信贷政策业务

（1）出口信贷。

出口信贷是指对本国的出口厂商、外国的进口厂商或进口方银行提供的贷款。出口信贷通常是在出口成套设备、船舶、飞机等商品时由出口方银行提供的，因为这类商品价格昂贵，进口方难以马上支付，而若得不到货款，出口商又无法正常进行资金周转。

第二次世界大战前，出口信贷就已被利用来鼓励商品出口，第二次世界大战后其运用更为普遍，且延长了信贷期限，降低了贷款利息。如 1978 年美国国会决定今后 5 年内拨给美国进出口银行的资金总额由原来的 250 亿美元增加至 400 亿美元。出口信贷受到的国际约束比较少，且进出口国都比较欢迎，实行起来也比较方便，因此广为使用。当前发达国家大型设备、成套设备的出口约有 40%是依靠出口信贷实现的。出口信贷分为卖方信贷和买方信贷两类。卖方信贷（supplier's credit）是由出口方的官方金融机构或商业银行向本国出口商提供的贷款。卖方信贷的一般做法是：在签订买卖合同后，进口商先支付货款的 5%～15%作为履约保证金，在分批交货、验收和保证期满时再分期支付10%～15%的货款，其余货款在全部交货后若干年内分期付款。而卖方不必等待买方的分批付款就可以从银行拿到卖方信贷款项，完成资金周转，等买方分期偿付货款时，出口商把所借款项和利息偿还给出口方银行。因此，卖方信贷实际上是银行直接资助出口厂商向进口厂商提供延期付款。采用卖方信贷时出口商的报价，除考虑出口商品的成本和利润外，还要把从银行借款的利息和费用以及外汇风险的补偿加在其中，因此，利用卖方信贷进口的成本和费用较高。据测算，利用卖方信贷进口机器设备等，与用现汇进口相比，其价格可能要高 3%～4%，个别情况下甚至可能高 8%～10%。

出口信贷的另一个办法是买方信贷（buyer's credit）。买方信贷是出口方银行直接向进口厂商或进口方银行提供的贷款，用以支持进口商进口贷款国商品。买方信贷是约束性贷款，贷款必须用于进口贷款国的商品，贷款合同常常以签订的商品贸易合同为准。

买方信贷在具体运用时有两种形式。第一种是出口方银行直接把贷款提供给外国的进口厂商。其具体的做法是：在进口商与出口商签订贸易合同后，进口商先交相当于货价的15%的现汇定金，然后进口商再与出口商所在地的银行签订贷款协议。进口商用其借得的贷款，以现汇付款条件向出口商支付货款。进口商对出口商所在地银行的欠款，按贷款协议的条件分期偿付。第二种是出口方银行直接将贷款提供给进口方银行，这是一种更为普遍的买方信贷方式。其具体做法是：进口商与出口商洽谈贸易，签订贸易合同后，进口商先交相当于货价的15%的现汇定金。进口方银行与出口方银行签订贷款协议，进口方银行以其借得的款项贷给进口商，然后进口商以现汇条件向出口商支付货款。进口方银行根据贷款协议分期向出口方银行偿还贷款。进口商与进口方银行间的债务按双方商定的办法在国内清偿结算。

专栏 13—3

买方信贷的运用

利用买方信贷，无论是直接贷给进口商还是贷给进口商的银行，对出口商都比较有利，因为它既可以较快地得到货款，又避免了借贷带来的风险，比如汇率风险，便于资金周转。由于买方信贷有很多优点，所以它目前较为常用。比如，1988年美国进出口银行为帮助本国的两家公司击败来自法国、日本等国家的竞争，使其得到向两家中国企业出口机器设备的合同，向中国两家企业提供了9 020万美元的贷款，其中8 020万美元的贷款提供给中国某玻璃制造厂以购买纽约康宁玻璃公司的机器设备，另外的1 000万美元则提供给中国一家聚氯乙烯企业购买宾夕法尼亚州西方化学公司的机器设备。中国近些年也经常利用买方信贷的方式促进产品出口，比如，中国进出口银行于1996年3月向秘鲁共和国提供了7 000万美元的买方信贷，此项贷款专门用于支持中国外贸公司向秘鲁出口铁路设施和机车。此外，为了发展出口信贷业务，发达国家一般都设立了专门的银行来办理与进出口有关的信贷业务，如美国进出口银行、日本输出入银行、法国外贸银行等，这些银行所需的资金一般由政府预算来拨付。另外，一些私人商业银行也办理出口信贷业务。

（2）出口信贷国家担保制（export credit guarantee system）。

出口信贷国家担保制是指国家为了鼓励商品出口，由国家设立专门的机构，对本国出口厂商或商业银行向外国进口厂商或银行提供的贷款进行担保，当外国债务人无力付款或拒绝付款时，由该机构按照承保的数额予以补偿的一种制度。

因为出口信贷涉及的金额一般都比较大，往往是私人保险公司无力承担的，为了促进出口，发达国家纷纷拨出资金，设立专门机构，由这些机构出面为出口信贷保险，如美国的出口信贷保险协会、海外私人投资保险公司和美国商品信贷公司，英国的出口信贷担保局，法国的法兰西对外贸易保险公司，日本通产省的出口担保局等。为了最大限度地减少出口信贷保险的风险，保险人必须全面准确地了解和把握进口国国内政治经济状况以及进口商的资信程度和经营情况。这项工作也是一般的保险公司难以做到的，所以通常在国家承担经济责任的前提下，政府把信贷保险业务交给专门的出口信贷保险机构经营。也有极少数国家是委托本国私人保险公司代理出口信贷保险业务，但其经济责任也是由国家承担的。

出口信贷国家担保的承保范围主要有两类。其一是政治风险，包括由于进口国国内发生政变、战争、革命、暴乱以及出于政治原因而实行的禁运、冻结资金、限制对外支付等给出口商或出口国银行带来的损失。这种风险的承保金额一般是合同金额的85%～90%，有的国家，如美国甚至高达100%。其二是经济风险，包括由于进口商或进口国银行破产倒闭，或无理拒付，或由于汇率变动异常及通货膨胀等给出口商或出口国银行造成的损失。经济风险赔偿额一般为合同金额的70%～85%。此外，出口信贷国家担保可能还会包括一些专项保险险种。

出口信贷国家担保的期限分为短期、中期、长期。短期一般是6个月左右，中长期担保时限从2年到15年不等。短期承保适宜于出口厂商所有的短期信贷交易，为了简化手续，有些国家对短期信贷采用“综合担保”方式，出口厂商一年只需办理一次投保，即可承保这一年中对海外的一切短期信贷交易。中长期信贷担保适用于大型成套设备、船舶等资本性货物出口及工程技术承包服务输出等方面的中长期出口信贷。这种担保由于金额大、时间长，一般采用逐笔审批的特殊担保。

由于出口信贷国家担保是一种政策性的保险，目的是鼓励出口，因而各国的保险费率普遍较低，以减轻出口商和银行的负担。但根据保险期限、保险金额、保险险种、输往国别的不同，保险费率亦不相同。此外，各个国家的保险费率也有差异。

13.2.2 中国的进出口银行和进出口保险公司

中国也效仿发达国家的做法，先后组建了自己的进出口银行和进出口保险公司，为进出口商和其银行提供政策性贷款及贷款保险，为我国的国际贸易发展作出了特殊的贡献。这里我们简略介绍一下这两个金融机构。

1. 中国进出口银行

中国进出口银行成立于1994年，是直属国务院领导的、政府全资拥有的国家政策性银行，其国际信用评级与国家主权评级一致。中国进出口银行总部设在北京。目前，在国内设有10余家营业性分支机构和代表处；在境外设有东南非代表处、巴黎代表处和圣彼得堡代表处；与500多家银行建立了代理行关系。

中国进出口银行的主要职责是：贯彻执行国家产业政策、外经贸政策、金融政策和外交政策，为扩大我国机电产品、成套设备和高新技术产品进出口，推动有比较优势的企业开展对外工程承包和境外投资，促进对外关系发展和国际经贸合作，提供政策性金融支持。其主要业务明细可从图13-4中看到。

2. 中国出口信用保险公司（简称“中国信保”）

中国信保是由国家出资设立、支持中国对外经济贸易发展与合作、具有独立法人地位的国有政策性保险公司，是我国唯一承办政策性出口信用保险业务的金融机构，于2001年成立，目前已形成覆盖全国的服务网络。公司的经营宗旨是：通过为对外贸易和对外投资合作提供保险等服务，全面支持对外经济发展，促进经济增长、就业与国际收支平衡。

出口卖方信贷业务

- 设备出口卖方信贷
- 高新技术产品（含软件产品）出口卖方信贷
- 一般机电产品出口卖方信贷
- 对外承包工程贷款
- 境外投资贷款
- 文化产品和服务（含动漫）出口信贷
- 农产品出口

出口买方信贷业务

进口信贷业务

- 资源类进口信贷
- 技术设备类进口信贷

交通运输融资业务

优惠贷款业务

- 中国政府对外优惠贷款业务
- 优惠出口买方信贷业务

外国政府转贷业务

中间业务

- 对外担保业务
- 国际结算业务
- 委托贷款业务

贸易融资业务

资金业务

- 人民币资金业务
- 外汇资金业务
- 代客业务
- 债券承销业务

其他贷款业务

- 出口基地建设贷款业务
- 出口企业固定资产投资贷款

图 13-4　中国进出口银行的业务

资料来源：中国进出口银行官方网站。

中国信保的主要任务是：积极配合国家外交、外经贸、产业、财政和金融等政策，通过政策性出口信用保险手段，支持货物、技术和服务等出口，特别是高科技、高附加值的机电产品等资本性货物出口，支持中国企业向海外投资，为企业开拓海外市场提供收汇风险保障。

专栏 13—4

中国信保的主要业务

短期出口信用保险

—— 一般情况下保障信用期限在一年以内的出口收汇风险。

—— 适用于出口企业从事以信用证（L/C）、付款交单（D/P）、承兑交单（D/A）、赊销（OA）结算方式自中国出口或转口的贸易。

承保风险

—— 商业风险——买方破产或无力偿付债务；买方拖欠货款；买方拒绝接受货物；开证行破产、停业或被接管；单证相符、单单相符时开证行拖欠或在远期信用项下拒绝承兑。

—— 政治风险——买方或开证行所在国家、地区禁止或限制买方或开证行向被保险人支付货款或信用证款项；禁止买方购买的货物进口或撤销已颁发给买方的进口许可证；发生战争、内战或者暴动，导致买方无法履行合同或开证行不能履行信用证项下的付款义务；买方支付货款须经过的第三国颁布延期付款令。

损失赔偿比例

—— 由政治风险造成的损失的最高赔偿比例为 90%。

—— 由破产、无力偿付债务、拖欠等其他商业风险造成的损失的最高赔偿比例为 90%。

—— 由买方拒收货物所造成的损失的最高赔偿比例为 80%。

中长期出口信用保险

—— 旨在鼓励我国出口企业积极参与国际竞争，特别是高科技、高附加值的机电产品和成套设备等资本性货物的出口以及海外工程承包项目，支持银行等金融机构为出口贸易提供信贷融资；中长期出口信用保险通过承担保单列明的商业风险和政治风险，使被保险人得以有效规避以下风险：

出口企业收回延期付款的风险；

融资机构收回贷款本金和利息的风险。

资料来源：中国出口信用保险公司官方网站。

13.3 对销贸易

13.3.1 对销贸易的定义

对销贸易（counter trade）在我国又称为“反向贸易”“对等贸易”“互抵贸易”等，也有人把它笼统地称为“易货”或“大易货”。其实对销贸易是一个松散的概念，现在还没有一个标准的定义和确定的界限。一般认为这是一种进出口双方对货物、劳务和支付方式的一系列安排。从货物的角度看，它是以进出结合、出口和进口互为条件为共同特征的各种贸易方式的总称。其基本概念是，出口方承诺从进口方购买等值或一定金额的商品或劳务，不用或少用外汇，贸易双方的进出口货款全部或部分抵消，交易过程在合同或协议规定的期限内完成，比如进出口双方交换不同货物。从支付的角度来看，一般认为这是一种以货物或劳务（包括工业产权和专有技术等无形财产）作为偿付贷款手段的贸易方式，比如进口资本性商品的一方可以用该商品生产出来的货物来偿付货款，或者进口消费品的一方以工艺、原料等抵付部分货款，等等。它把进口和出口结合起来，组成相互联系的整体交易，交易双方都有进有出，并求得各自的收支基本平衡。

对销贸易是一系列复杂和充满周折的协定与安排，其中包含着一方对另一方的商业信用，虽然可能有也可能没有货币的支付，但双方在交货时间、货物数量的安排上必然体现出提供信用一方的对价。对销贸易不仅在偿付货款上有所安排，体现其资金融通的一面，同时也在货物品种上有所安排，参与对销贸易的双方也可能在特殊的或紧俏的货品上得到供应的保障与优惠。所以，对销贸易不仅仅是一个信用的问题。把对销贸易放在国际贸易融资这一章里讲，只是针对它具有信用的一面，比如以产品和劳务偿付货款，或在更长的时间内安排货物的对等销售，都离不开进出口双方的信用。有一些特殊的安排比如信贷和货物贸易之间的安排，比如中国和非洲国家之间的以贷款换烟草协定，我们就不单独讨论了。

传统上认为对销贸易仅仅发生在实行外汇管制的国家（对销贸易只是规避管制的一种手段）或信誉等级较低的国家。但是研究发现，事实恰巧相反：禁止国外对内直接投资的国家具有显著的对销贸易倾向；外国投资者觉察的政治风险（也即环境波动性）越大，对销贸易水平越高；国家计划扩展的程度越大，对销贸易水平越高。

在我国改革开放之初，由于计划体制、外汇管制的原因，加上当时引进设备和技术的需要以及偿付能力比较弱的现实，对销贸易在我国发展对外贸易的历史上发挥过重要的作用，直到现在也是国际贸易的一种重要形式。在我国，补偿贸易占对销贸易的比重最大（43.8%），其次是抵消贸易（18.8%）、易货贸易（11.3%）、互购贸易（8.8%）。我国的大型补偿贸易往往由政府牵头，引进先进的技术设备，建设国家重点项目。政策上，为促进补偿贸易而出台的《国务院关于开展对外加工装配和中小型补偿贸易办法》成效显著。近年来，由于我国进出口贸易发展较快，外汇储备增长迅速，利用外资的方式较多，补偿贸易的份额有所下降，但它仍是我国对外贸易的重要形式。

我国对销贸易的主要贸易伙伴大多是发达国家。与美国、俄罗斯、英国、法国、日本、德国、澳大利亚的对销贸易量占我国对销贸易总量的比重分别为32.5%、11.25%、7.5%、7.5%、6.25%、5%、5%。这说明我国在积极使用对销贸易引进先进的技术，以发展进口替代工业及出口导向工业。

13.3.2 对销贸易的主要类别

亨纳特（Hennart）定义了六种对销贸易的形式：易货贸易（barter）、结算协定（clearing arrangement）、转手贸易（switch trading）、回购贸易（buy-back）、互购贸易（counter purchase）和补偿贸易（offset）。前三种不涉及现金的使用，而后三种则涉及现金的使用。

易货贸易是指交易双方直接交换物品。虽然不使用货币，但通常都得用一种公认的货币来衡量双方用来交换的物品的价值。出于会计、税收或保险方面的目的，通常都得给物品进行货币标价。

结算协定（又称双边结算协定）是易货贸易的一种形式，是指交易双方签订合约向对方购买一定量的商品或劳务。双方均为对方开立一个账户，当一国从对方进口货物时，便记入该账户的贷方。在双方约定的期限结束后，若账户不平衡，则可通过支付货币或转让商品来使之平衡。结算协定在易货贸易中引入了信用的概念，使得双边贸易无须进行即时结算。定期检查账户是否平衡，若不平衡，则以约定的货币进行结算。

转手贸易是指第三方用硬通货向出现结算协定逆差的一方采购并加以转售。这样，出现结算协定逆差的一方再利用与第三方的盈余向最初出现结算协定顺差的对方购买货物和服务产品。

回购贸易包含通过出售制造设备来转让技术。作为交易的一方，卖方同意在该设备投产后购买一定比例的该设备生产出来的产品。

互购贸易与回购贸易类似，但也有一些显著的差异。交易双方通常是东方的技术进口国和西方的技术出口国。互购贸易与回购贸易的主要差异是：在互购贸易中，作为出口方的西方国家所要购买的商品与出口的设备无关，或者不是用该设备生产的。卖方同意以进口方的定价购买由进口方给出的货物列表。

图 13－5 是对销贸易的分类图。

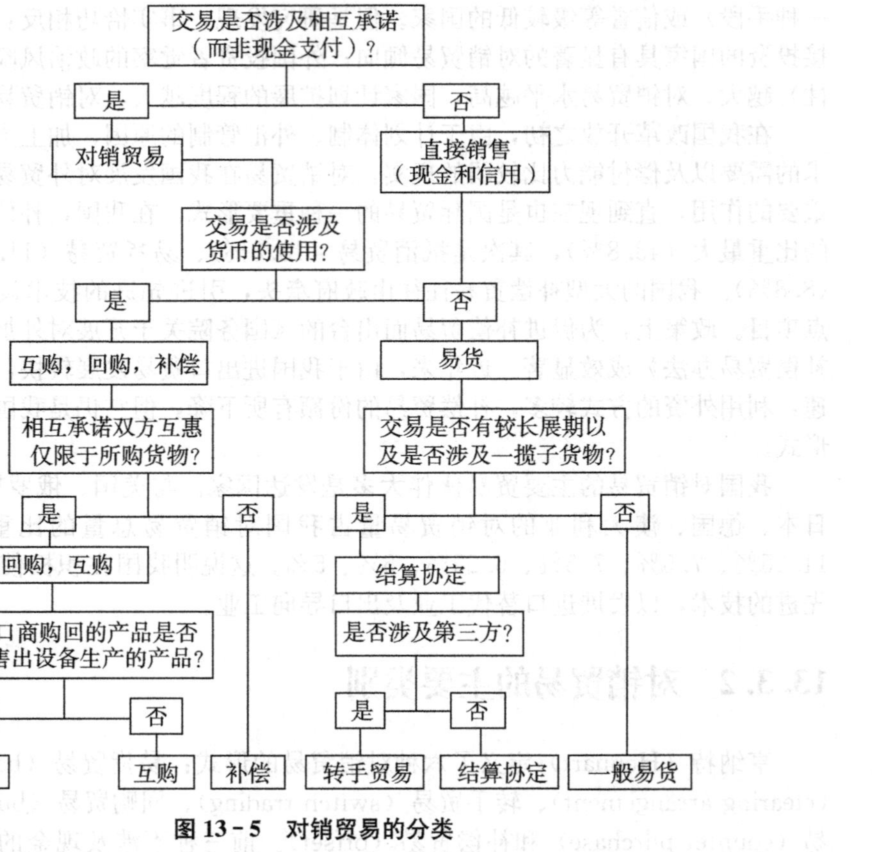

图 13－5　对销贸易的分类

资料来源：Jean-Francois Hennart，“Some Empirical Dimensions of Countertrade”，*Journal of International Business Studies*，Second Quarter 1990，p. 245.

补偿贸易与互购贸易的流程相似，但所涉及的行业为航天及国防工业。补偿贸易是工业化国家与拥有国防、航空工业的国家之间的互惠贸易协议。

思考题

1. 请简述信用证业务流程，并说明为什么信用证具有融资功能。

2. 中国某公司准备向一家古巴企业出口一批机器设备，总价值在1亿元人民币左右，但由于进口商目前资金较为紧张，无法在3个月内付款。据估计，设备会在1个月之后运达古巴，再通过1个月的安装调试后即可投入生产。最晚在半年后，进口商便可以支付该笔货款。在这种情况下，中国公司可以通过哪些方法在达成交易的情况下快速收到汇款？请简要列举。

3. 请简述福费廷的业务流程。

4. 请访问中国信保的网站，浏览中国信保的业务介绍，并思考为什么说中国信保的业务体现了政府对出口企业的支持和优惠？

5. 请访问中国银行的网站，浏览并研究中国银行为出口企业提供的贸易融资的业务介绍，并回答：

（1）为什么银行对开拓贸易融资业务很热心？

（2）企业能从银行得到什么样的服务？

6. 为什么将对销贸易看成一种贸易融资？

参考资料

[1] 戴维·K. 艾特曼，阿瑟·I. 斯通希尔，迈克尔·H. 莫菲特．跨国公司金融．9版．北京：北京大学出版社，2005.

[2] 中国进出口银行（http：//www.eximbank.gov.cn/).

[3] 中国出口信用保险公司（http：//www.sinosure.com.cn/sinosure/index.html).

[4] 中国银行（http：//www.boc.cn/).

[5] 姚新超．国际结算与贸易融资．北京：北京大学出版社，2010.

[6] 原擒龙．国际结算与贸易融资案例分析．北京：中国金融出版社，2010.

第 14 章

跨国公司税收环境

本章重点

1. 什么是税收中性原则
2. 什么是税制结构，中国的企业需要缴纳哪些主要的税种
3. 了解各国税负的大致水准
3. 为什么会产生国际重复征税
4. 分国抵免法的计算方法
5. 综合抵免法的计算方法
6. 可以降低税负的企业组织结构

关键词

税收中性　　所得税　　增值税　　预提税　　重复征税　　属人原则　　属地原则
税收抵免　　税收饶让　税收协定

税收的问题从来都是一个极为复杂的问题，尤其是当关系到税收实践时，税务就是一个十分专业的问题，无论从财务的角度还是从法律的角度。在公司财务的学习中，我们学习了我国的税收制度，了解到税收对于企业现金流、企业利润的影响，从而学会了在财务决策的过程中如何将税收的因素考虑进去。对跨国公司而言，它要面临不同国家的税收环境，要适应甚至利用这种不同，因此税收问题变得更加复杂。我们在这里大致介绍一下税收的基础知识，不同国家的基本情况，以及国家之间对于税收征管权利的协定，下一章我们再继续学习跨国资金重组中的税收效应。

第一节是税收理论概述，我们简单复习税收的理论，并介绍税收的种类；第二节讲跨国公司所面临的国际重复征税问题，主要分析重复征税对跨国公司的影响以及税收协定对避免重复征税的意义；第三节探讨如何组建跨国公司以降低整体税负。

14.1 税收理论概述

14.1.1 税收的目的

税收是国家为满足社会公共需要，凭借公共权力，按照法律所规定的标准和程序，参与国民收入分配，强制地、无偿地取得财政收入的一种特定分配方式。税收是政府取得财政收入最古老的手段，中国2 500年前在舜的年代就开始征税，税收也是政府取得财政收入最重要的手段，我国税收占财政收入的比重在不断提高，2009 年之后，税收占财政收入的比重就超过了 90%，2010 年达到 95%。税收学原理中强调税收有“三性”，即税收具有强制性、无偿性和固定性，“取之于民，用之于民”的税收理念和税收的无偿性并不矛盾。

在过去几千年，税收最主要的作用是获得财政收入，随着政治经济和社会的发展，税收和财政支出的同时使用也具备了促进社会公平的功能，对高收入者征收高税收并对无收入者或低收入者进行补贴，在富裕和贫困的城市之间进行调剂，甚至像目前欧盟所做的以财政收入支援爱尔兰等经济相对落后的国家。随着近代经济的进一步发展，税收具有更复杂的调节宏观经济的作用，成为政府宏观调控的重要手段。税收可以用来配合产业政策，如对国家大力发展的行业，减免其国内税收，同时征收关税，以保证对进口的替代；政府可以通过征收重税来限制某些行业的发展，用税收减免来刺激某地方或某产业的发展；在经济萧条时期可以通过减税来刺激经济，相反在经济过热时可以通过加税配合加息来冷却经济；很多国家，尤其是发展中国家还可以通过税收上的减免，来吸引外商投资并鼓励外商将红利留在当地再投资。

14.1.2 税收中性

税收中性的概念是建立在经济学的效率和公平的理论基础上的。经济学理论中追求的中性是不干扰市场决策。税收中性的理念在这里是针对国际经济而言的，也就是说，理想的税收在为各国政府有效筹集财政收入的同时，并不会妨碍跨国公司在全球范围内最有效地配置资源，并获得最大化回报。这一理念和自由贸易的理念一样，是建立在全球经济的视角上的，追求的是全球经济最大化增长。与这一理念相对应的是民族经济的视角。

对跨国公司来说，衡量其税收环境是否中性，有两个标准。一是比较经营同样业务的企业，在不同国家的税负是否相同，如果相同，那么我们说税收是中性的。另一个是比较跨国经营一家国外企业的税负和当地的本土企业是否相同，如果相同，那么我们说税收是中性的。如果这两个标准都达到了，很显然，税收在企业的投资经营决策中就不成为一个需要考虑的因素了，就满足了税收中性的定义。

税收中性是一个理论，是一个经济学理想，现实中很多国家都有目的地通过税收政策来影响企业的决策。发展中国家，比如中国，在改革开放之初为了吸引外资，对外商投资提供了很大的税收优惠。而一些发达国家，比如美国，也有政治家、经济学家从防止资本外流，保证国内就业的角度出发，提出要对资本流出征税。小布什连任的竞选对手里克就提出过这样的主张。在这里我们再一次看到了经济学中从世界视角和民族视角出发所得出的不同主张。

当然，上面举的里克的例子并不是美国对国外收入的一贯政策主张。事实上，美国政府对其居民公司的国外收入的征税政策有多个相互抵触的目标。它们是：

- 中性化税收激励，避免出现私人对发达国家过度投资的倾向；
- 为美国私人对发展中国家投资的倾向提供激励；
- 消除人为避税行为并鼓励国外收入汇回以改善美国收支；
- 增加税收收入。

很多经济目标都很美好，但并不完全一致，正如效率和公平、收益性和安全性，竭力达到其中一个目标就会妨碍另一个目标的达成。比如税收的中性目标和激励对发展中国家进行投资的目标，就不能通过同样的税收政策来达成。同样，发展中国家也有吸引外商投资的激励政策，这些政策与税收中性目标也不一致。吸引外资的这个政策目标本身就和税收中性背道而驰。

税收中性是一个经济学的概念，具体到跨国企业，税收中性是指政府对居民企业在本国和外国取得的收入都要征税，且税负应该相当，同时对国内和国外的企业在本国的收入都一视同仁地征税。但这个理想很难实现，一方面，一个国家虽然可以规定对其海外收入征税，但如果海外收入在东道国缴的税负比本国低，那么收入汇回国内以后补交差额部分可以算是中性的，但企业可以不汇回这部分收入，或者东道国的税负更重，这样就难以做到中性。另一方面，因为世界各国税负不尽相同，跨国公司总有办法在全球搭建合适的组织形式来减轻其税负。关于这一点，我们会在后面讨论。

14.1.3 税制结构和税种

政府在国民经济循环的各个环节都可能设置税种进行征税，按照马克思国民经济循环的理论，政府会在生产、流通、消费和分配的各个环节征税，一般来讲，各国的主要税收种类包括对商品征税、对所得征税及对财产征税。对商品征税的主要税种是增值税、消费税和关税，所得税分个人所得税、公司所得税、资本利得税和社会保障税，对财产征税分为财产保有税和财产转移税。此外，各国还延续习惯，或为了达到特殊的目的，征收一些其他的税种，比如环境税、资源税和印花税。一般而言，取得税收收入最多的税种是所得税和增值税。

因为政府的税收理想不同、政策目标各异，各国的经济发展水平程度不一样，征收管理水平有差距，历史传统各有侧重，所以各国的税制结构都不一样，有些国家更加重视对商品征税而有些国家更加重视对所得征税，而且随着时代的发展，各国税制也在发生着变化。与税种中性的国内税理想相反，人们普遍认为税收确实对跨国公司的经济决策有重要影响。国家之间的税收条约、不同的税收结构、征税税率等都会影响到跨国公司在全球市场上的竞争。表 14-1 反映了我国税制结构 1998—2010 年的变化。

政府对工商企业征税，也对个人征税。跨国公司最关心各国政府对工商企业征税的情况，但由于企业管理人员要在当地缴纳个人所得税，所以边际的个人所得税税负对跨国公司也会产生一些影响。下面，我们就来介绍对跨国企业经营而言最重要的三个税种，即所得税、增值税和预提税。

表 14-1　　　　　　　　　　　2011—2015 年中国税收变化表

年份	增值税		企业所得税		营业税	
	总额（亿元）	占比（%）	总额（亿元）	占比（%）	总额（亿元）	占比（%）
2011	24 266.63	27.04%	16 769.64	18.69%	13 679.00	15.24%
2012	26 415.51	26.25%	19 654.53	19.53%	15 747.67	15.65%
2013	28 810.13	26.07%	22 427.20	20.29%	17 233.02	15.59%
2014	30 855.36	25.89%	24 642.19	20.68%	17 781.73	14.92%
2015	31 109.47	24.90%	27 133.87	21.72%	19 312.84	15.46%

资料来源：作者根据中经网统计数据库整理。

1. 所得税

所得税是以纳税人的所得为课税对象的税种。我国开征的所得税包括个人所得税和企业所得税，在西方发达国家，所得税还包括资本利得税和社会保障税。这里我们讨论企业所得税。所得税的征收对象是净所得，是企业的收入抵扣掉各种成本之后的净利润。一些国家实行分类所得税征收，也就是将所得分为一般经营所得和资本利得，分别征收。为鼓励投资，资本利得税要低于一般经营所得税。虽然所得税是各国最普遍征收的税种，但税率很不一样，且最高税率和最低税率相差很远。

表 14-2 是世界部分国家和地区公司所得税税率。从中可以看出，公司所得税税率各国（地区）差异较大，阿拉伯联合酋长国公司所得税税率最高，达 55%，日本为 32.26%，英国为 20%，中国台湾为 17%，中国香港比较优惠，为 16.5%，巴西为 34%，而有些避税天堂税率基本相当于 0，如开曼群岛、英属维尔京群岛（后面还会论及）。

表 14-2　　　　部分国家或地区的公司所得税税率（2016 年数据）（%）

国家和地区	税率	国家和地区	税率	国家和地区	税率	国家和地区	税率
美国	38.9	卡塔尔	10	中国	25	日本	32.26
德国	29.65	英国	20	法国	33.3	印度	34.61
意大利	31.4	巴西	34	加拿大	26.5	韩国	24.2
澳大利亚	30	俄罗斯	20	西班牙	28	墨西哥	30
印度尼西亚	25	阿拉伯联合酋长国	55	乍得	40	波多黎各	39
苏里南	36	阿根廷	35	刚果	35	赤道几内亚	35
加蓬	35	关岛	35	几内亚	35	马耳他	35
苏丹	35	赞比亚	35	巴西	34	委内瑞拉	34
比利时	33	喀麦隆	33	纳米比亚	33	巴基斯坦	33
莫桑比克	32	安哥拉	30	哥斯达黎加	30	萨尔瓦多	30
埃塞俄比亚	30	尼加拉瓜	30	卢旺达	30	希腊	29
洪都拉斯	30	尼日利亚	30	塞内加尔	30	阿鲁巴	28
肯尼亚	30	巴布亚新几内亚	30	塞拉利昂	30	新西兰	28
马拉维	30	秘鲁	30	坦桑尼亚	30	南非	28
墨西哥	30	菲律宾	30	乌干达	30	西班牙	28

续前表

国家和地区	税率	国家和地区	税率	国家和地区	税率	国家和地区	税率
摩洛哥	30	刚果共和国	30	卢森堡	29.22	斯里兰卡	28
孟加拉国	27.5	以色列	26.5	哥伦比亚	25	牙买加	25
斯威士兰	27.5	津巴布韦	25.75	埃及	25	莱索托	25
多米尼加共和国	27	奥地利	25	加纳	25	马来西亚	25
挪威	27	巴巴多斯	25	危地马拉	25	毛里塔尼亚	25
萨摩亚	27	玻利维亚	25	象牙海岸	25	蒙古	25
缅甸	25	老挝	24	厄瓜多尔	22	阿富汗	20
荷兰	25	丹麦	23.5	斯洛伐克	22	亚美尼亚	20
巴拿马	25	阿尔及利亚	23	瑞典	22	阿塞拜疆	20
特立尼达和多巴哥	25	欧盟	22.8	叙利亚	22	柬埔寨	20
突尼斯	25	智利	22.5	越南	22	克罗地亚	20
乌拉圭	25	博茨瓦纳	22	葡萄牙	21	爱沙尼亚	20
斐济	20	沙特阿拉伯	20	文莱	18.5	中国香港	16.5
芬兰	20	泰国	20	白俄罗斯	18	罗马尼亚	16
冰岛	20	土耳其	20	乌克兰	18	阿尔巴尼亚	15
约旦	20	也门	20	瑞士	17.92	格鲁吉亚	15
哈萨克斯坦	20	捷克共和国	19	新加坡	17	伊拉克	15
利比亚	20	匈牙利	19	斯洛文尼亚	17	科威特	15
马达加斯加	20	波兰	19	中国台湾	17	拉脱维亚	15
黎巴嫩	15	阿曼	12	巴哈马	0	黑山	9
立陶宛	15	波黑	10	巴林	0	乌兹别克斯坦	8
毛里求斯	15	保加利亚	10	百慕大	0	列支敦士登	12.5
塞尔维亚	15	科索沃	10	开曼群岛	0	中国澳门	12
塞浦路斯	12.5	马其顿	10	马恩岛	0	摩尔多瓦	12
爱尔兰	12.5	巴拉圭	10	马尔代夫	0		
瓦努阿图	0						

资料来源：http：//zh. tradingeconomics. com/country-list/corporate-tax-rate.

2. 预提税

预提税是一国对其企业和个人在他国税收管辖权内取得的被动所得所课征的税收。被动所得包括纳税人所得的股息和利息收入，以及特许权、专利权所得或版权所得。预提税是代扣代缴税，由支付该项被动收入的企业代扣代缴给当地税务机关。预提税属于间接税，即缴税人不是税负的负担人，而是被动收入的支付者，税负的真正负担人是该项收入的获得者。

举个例子来说明。美国一家服装公司在中国建了控股合资厂，其生产的服装部分使用美国企业的著名商标，美国的母公司因此向中国子公司收取特许权使用费。该项费用即为美国母公司的被动收入。该费用在汇出中国前，由中国子公司代扣代缴，交给中国的税务机构。虽然是中国子公司在完成缴税的义务，但体现的是中国政府对美国母公司在中国取得的收入的税收管辖权。该项税收最终由美国母公司负担。

预提税是东道国对外国企业在东道国的所得征收的税，涉及税收管辖权的问题，这个后面要详细解释。一般牵涉到税收管辖权，各国政府都需要相互协调，签订税收协定。关于预提税，由国与国之间签订相关的税收条约，对不同的被动收入进行划分和定义，并明确不同类型的被动所得的预提税税率。签订的协议具有双边性，协议国按照协议规定对对方国企业在本国的各类被动收入征收相同的税收。这里要强调的是，根据协定，双方对同类收入征税的税率是相同的。

表 14-3 列出了美国与其他国家（地区）的税收条约所规定的对他国（地区）所征收的预提税税率。从中可以看出，预提税税率因被动收入的种类不同而不同，并且差距很大。而同一种类的被动收入的预提税税率在不同国家之间相差也很大。例如，美国对居住在大多数西欧国家的纳税人不征利息税，但对居住在巴基斯坦的纳税人则征收 30%的预提税。并不是所有国家都与美国签过类似条约，遇到未签过类似条约这种情况，美国则征收 30%的预提税。

表 14-3　美国与部分国家（地区）的税收条约中所规定的预提税税率*（%）

国家（地区）	由美国债务人支付的利息——总体情况	股利**		专利版税***
		由美国公司支付——总体情况	适用于直接股息率	
非协约国	30	30	30	30
澳大利亚	10	15	5	0
奥地利	0	15	5	0
孟加拉国	10	15	10	10
巴巴多斯	5	15	5	5
比利时	15	15	5	0
加拿大	10	15	5	0
中国	10	10	10	10
独联体	0	30	30	0
塞浦路斯	10	15	5	0
捷克共和国	0	15	5	10
丹麦	0	15	5	0
埃及	15	15	5	0
爱沙尼亚	10	15	5	5
芬兰	0	15	5	0
法国	0	15	5	5
德国	0	15	5	0
希腊	0	30	30	0
匈牙利	0	15	5	0
冰岛	0	15	5	0
印度	15	25	15	10

续前表

国家（地区）	由美国债务人支付的利息——总体情况	股利** 由美国公司支付——总体情况	适用于直接股息率	专利版税***
印度尼西亚	10	15	10	10
爱尔兰共和国	0	15	5	0
以色列	17.5	25	12.5	15
意大利	15	15	5	10
牙买加	12.5	15	10	10
日本	10	15	10	0
哈萨克斯坦	10	15	5	10
韩国	12	15	10	15
拉脱维亚	10	15	5	5
立陶宛	10	15	5	5
卢森堡	0	15	5	0
墨西哥	15	10	5	10
摩洛哥	15	15	10	10
荷兰	0	15	5	0
新西兰	10	15	15	10
挪威	0	15	15	0
巴基斯坦	30	30	15	0
菲律宾	15	25	20	15
波兰	0	15	5	10
葡萄牙	10	15	5	10
罗马尼亚	10	10	10	15
俄罗斯	0	10	5	0
斯洛伐克	0	15	5	10
斯洛文尼亚	5	15	5	5
南非	0	15	5	0
西班牙	10	15	10	8
斯里兰卡	10	15	15	0
瑞典	0	15	5	0
瑞士	0	15	5	0
泰国	15	15	10	8
特立尼达和多巴哥	30	30	30	15
突尼斯	15	20	14	10
土耳其	15	20	15	5

续前表

国家（地区）	由美国债务人支付的利息——总体情况	股利**		专利版税***
		由美国公司支付——总体情况	适用于直接股息率	
乌克兰	0	15	5	10
英国	0	15	5	0
委内瑞拉	10	15	5	5

* 表中所列为基本的条约规定的预提税税率。

** 如果一家美国公司在股息公布前三年的收入中至少有 80% 来自国外的主动经营，那么对该公司的股息分红不予征收美国税赋。

*** 专利版税税率因专利类型不同而有所不同。

资料来源：www. irs. gov.

3. 增值税

所谓增值税，是对商品在经历不同生产环节时发生的价值增加部分所课征的税。因为生产者会将税收作为成本算在商品价格中转嫁到最终消费者那里，所以增值税是一种间接税。

增值税是中国、欧盟、大多数其他西欧国家及拉丁美洲一些国家的主要税源，但美国一直没有引进增值税。各国增值税税率相差没有那么大，一般都定有标准税率和对特殊行业的低税率，如食品、医药等特定必需品及与医疗保健相关的服务、教育和宗教活动以及邮政服务等通常免税或适用低税率。我国的增值税税率是 17%，对食品等适用低税率 13%，出口产品为零税率，德国的标准税率比较高，为 19%，日本的标准税率比较低，为 5%，韩国的是 10%。

增值税的计算方法不止一种，“扣除法”是实践中最常用的，即以企业销售产品的销售额乘以适用税率得到该产品应缴纳的全部增值税，然后扣除该企业为生产这一产品所购买的原材料已经缴纳的增值税。增值税的计算公式如下：

增值税应纳税额＝当期销项税额－当期进项税额

＝当期应税销售额×适用税率－当期外购项目已缴纳增值税

表 14－4 为某企业增值税计算的案例。

表 14－4　　增值税的计算　　（单位：元）

生产环节	销售价格	价值增加	增值税
1	100	100	100×17%＝17
2	300	200	200×17%＝34
3	450	150	150×17%＝25.5
			增值税总额：76.5

14.2 国际重复征税及避免重复征税

本节分四个部分。第一部分解释各国税收管辖权的行使及国际重复征税问题，第二部分和第三部分分别介绍避免国际重复征税的做法，即税收抵免和国际税收协定。第四部分是税收协定对我国现代化建设的重要意义。

14.2.1 政府的税收管辖权和对企业的重复征税

跨国公司进行跨国经营首先遇到的问题是东道国和母国都有权对其所得征税。这是关乎各国主权的问题。税收管辖权是国家主权在税收领域的延伸。一个政府在确定税收的征收对象时有两个考虑，一个是要对本国居民——包括自然人和法人居民——在全球取得的收入征税，也就是说无论是在本国经营取得的收入还是在其他国家取得的收入，政府都要征税。另一个考虑是要对在自己本土取得的所有收入征税，无论是本国居民取得的收入还是外国居民取得的收入。

如果各国政府将其税收管辖权适用于如上两个方面，那么进行跨国经营的企业就将面临被重复征税的问题。跨国公司先要被东道国征税，因为其收入在东道国取得，收入被汇回母国后，还要被母国征税，因为它是母国的居民公司。这样的税收环境显然是不利于跨国公司经营的。实践中，各国政府会制定税收抵免的办法，对居民公司在国外已缴纳的所得税和预提税进行抵免，各国政府还会通过签订双边税收协定进行协调。为讲清楚国际双重征税及国际税收协定，我们需要先了解国际法中关于税收管辖权的一些基本知识。

1. 属地原则

根据国际法，任何一个国家对在其所属疆界范围内的人、物、行为或发生的事件，除国际法规定的外交特权和豁免外，有权按照本国的法律和政策实行管辖。按照属地原则，任何一个国家在行使其征税权时，应该受其国家疆界的限制。疆界包括其国家的领土、领海和领空以及船舶、飞机等。

按照属地原则确立的税收管辖权称为地域管辖权，也称收入来源地管辖权，即只对来自本国境内的所得征税。按地域税收管辖权征税，收入来源于哪个国家，就在哪个国家征税。它体现了国际经济利益分配的合理性，也便于税收的征收管理，为世界各国所普遍接受。但是，单一行使地域管辖权的国家和地区并不多，只有中国香港、文莱、沙特阿拉伯、海地、马耳他、危地马拉、尼加拉瓜、厄瓜多尔、多米尼加、委内瑞拉、玻利维亚、巴西、巴拉圭、巴拿马、塞舌尔、加纳、哥斯达黎加、埃塞俄比亚等国家或地区。

2. 属人原则

一个国家以人的概念作为行使其税收管辖权所遵循的依据和准则。按照属人原则确立的税收管辖权称为居民管辖权，又称居住管辖权。按照这一管辖权，一个国家可以对本国的公民或居民在全球的收入行使税收管辖权，这就形成了属人原则的公民管辖权和居民管辖权。

在行使管辖权时仅以国籍作为判断标准的，我们称为公民管辖权。

随着国际经济的迅速发展，跨国经济活动不断涌现，许多人（包括自然人和法人）长期不在其所属国籍国居住，对于这些人是很难行使公民税收管辖权的。所以，绝大多数国家采用了“居民”管辖权这个概念。居民是指居住在一国境内并受该国法律管辖的一切人。衡量自然人和法人是不是居民，各国的标准不同。现在通行的办法有如下几种：

（1）法律标准。法人居民的法律标准又称登记注册标准。法人居民是依法设立并依法独立享有民事权利和承担民事责任的企业组织。登记注册标准即以是否在本国依法注册为依据。凡是按照本国法律注册登记的企业，即为本国的法人居民。

依据法律标准行使税收管辖权，简明且易执行，但存在一个严重的缺点：由于法人的注册地与经营地可以完全分离，采用注册登记标准容易引起国际逃税和避税。因此，世界上只有少数几个国家采用法律标准，大多数国家采用户籍标准。

（2）户籍标准。它是以国际企业的管理机构所在国来判定其居民身份，但如何确认管理机构所在地也是比较复杂的。现在国际上通行的认定管理机构的标准有四个：

第一，管理中心标准。管理中心是一家企业的实际指挥中心和决策中心，中心以董事会为标志，即一个国际企业的董事会所在国就是其居民身份所属国。采用管理中心标准的国家比较多，如德国、英国等。

第二，总机构标准。企业法人的总机构就是指总公司、总厂、总店、总事务所等。总机构的判断标准，就是企业的管理中心。目前，世界上采用总机构标准的国家也比较多，如法国、日本、中国等。

第三，资本控制标准。以跨国公司50%以上有投票权股份的居民（包括自然人居民和法人居民）的所在国为依据，即哪个国家的居民拥有某国际企业50%以上有投票权的股份，哪个国家就是该国际企业的居民身份所属国。

第四，主要经营活动所在地标准。以跨国公司的重要经营活动所在国来判断。由于一个跨国公司可能同时在多个国家从事主要经营活动，按照这一标准，该企业就可能具有多个居民身份，或没有确定的居民身份。所以，世界上采用这一标准的国家比较少。

目前世界上大多数国家同时行使地域管辖权和居民管辖权。其中地域管辖权优先。

14.2.2 税收抵免

由于跨国公司在全球取得收入，既要受东道国地域管辖权的管理纳税，又要受管理中心所在国居民管辖权的管理纳税，必定会产生国际双重征税问题。有时各国对于收入来源国的确认有不同标准，或者对跨国公司属于哪个国家的居民身份认定不同，也会产生国际双重征税问题。

双重征税的负面影响毋庸多言，为此各国首先通过采取单边的税收抵免办法，或者签订双边税收协定来避免双重征税。

1. 税收递延

在实践中，实行居民和公民管辖权的国家都承认地域管辖权优先，也就是说，本国居民在国外取得的收入，先由东道国政府征税，而在东道国完税后的收入直到汇回居住国时才征税。这就是居住国对国外收入的税收递延政策。比如，美国的所得税税率比较高，中国的所得税税率相对较低，在中国设立子公司的美国居民公司可以将利润留在中国，从而推迟在美国的缴税以获取资金的时间价值。有时候，因为在中国总是有新的投资机会需要资金，这种递延会无限期。

2. 国外税收抵免

为了避免双重征税，大多数国家都允许给在东道国已缴纳的所得税予以抵免。各国对税收抵免的计算方法和限额有所不同。一般地，国外税收抵免还适用于预提税。但增值税和其他销售税不在此列。表14－5计算了不同税率、股权比例和红利分配比例情况下中国国外收入的税收抵免。

表 14-5　　　　　　　　中国国外收入的税收计算

项目		案例 1	案例 2	案例 3	案例 4
各项税率及比例	a. 国外公司所得税税率	20%	20%	30%	30%
各项税率及比例	b. 中国公司所得税税率	25%	25%	25%	25%
各项税率及比例	c. 国外收入预扣税税率	0	10%	10%	10%
各项税率及比例	d. 中国母公司的股权比例	100%	100%	100%	50%
各项税率及比例	e. 红利分配比例	100%	100%	50%	50%
国外公司税收计算（万元人民币）	①税前收入	20 000	20 000	20 000	20 000
国外公司税收计算（万元人民币）	②应纳所得税（①×a）	4 000	4 000	6 000	6 000
国外公司税收计算（万元人民币）	③净利润（①－②）	16 000	16 000	14 000	14 000
国外公司税收计算（万元人民币）	④可分配利润（③×e）	16 000	16 000	7 000	7 000
国外公司税收计算（万元人民币）	⑤汇回中国母公司的收益（④×d）	16 000	16 000	7 000	3 500
国外公司税收计算（万元人民币）	⑥预扣税额（⑤×c）	0	1 600	700	350
国外公司税收计算（万元人民币）	⑦汇回中国母公司的净收益（⑤－⑥）	16 000	14 400	6 300	3 150
中国母公司对国外收入的税收计算（万元人民币）	⑧预扣税前的红利收入（＝⑤）	16 000	16 000	7 000	3 500
中国母公司对国外收入的税收计算（万元人民币）	⑨上一行中收入已纳所得税（⑤/③×②）	4 000	4 000	3 000	1 500
中国母公司对国外收入的税收计算（万元人民币）	⑩中国母公司应纳税额（⑧＋⑨）	20 000	20 000	10 000	5 000
中国母公司对国外收入的税收计算（万元人民币）	⑪按中国所得税税率计算的所得税（⑩×b）	5 000	5 000	2 500	1 250
中国母公司对国外收入的税收计算（万元人民币）	⑫国外税收抵免（⑨＋⑥）	4 000	5 600	3 700	1 850
中国母公司对国外收入的税收计算（万元人民币）	⑬额外征税（⑪－⑫，如果⑪＞⑫的话）	1 000	0	0	0
中国母公司对国外收入的税收计算（万元人民币）	⑭来自国外公司的税后收入（⑦－⑬）	15 000	14 400	6 300	3 150
实际税率	⑮税收总额（⑥＋⑨＋⑬）（万元人民币）	5 000	5 600	3 700	1 850
实际税率	⑯实际税率（⑮/⑩）	25%	28%	37%	37%

实践中，跨国公司可能在不止一个国家有收入来源，各国对此的处理办法各有不同。目前国际上主要实行的是分国限额法、综合限额法和分项限额法。分国限额法是指区别对待居民企业来源于本国以外的每一个国家（地区）的所得，以每个国家为单位，分别计算各个国家（地区）的抵免限额，中国就是采用这种办法。综合限额法是指居住国将居民企业来自境外的全部应纳税所得相加，作为一个整体计算一个总的抵免限额，即只有一个统一的抵免限额，美国就是采用这种办法。分项限额法是指对纳税人来源于境外的某些特定项目的所得单独计算抵免限额，与其他项目分开，纳税人就各类境外所得在国外缴纳的税款只能在同项抵免限额内抵免。

各种不同的抵免法，在实践中对纳税人和税务当局会有不同的影响。一般来说，如果纳税人在国外的分支机构都盈利，那么对纳税人而言，综合限额法比分国限额法可能更为有利。因为在分国限额法下，各个国家或者地区的抵免限额不能相互调剂使用，纳税人在企业所得税税率高于其居住国的国家缴纳的税款就无法得到全部抵免，在企业所得税税率低于其居住国的国家，剩余的抵免限额不仅不能调剂使用，而且利润汇回后还要补缴税款。相反，如果国外的分支机构有的盈利、有的亏损，则分国限额法对纳税人更为有利。因为使用综合限额法将纳税人的盈利和亏损相互抵消了，这样作为纳税人抵免限额计算基础的境外所得就会减少，从而抵免限额也会减少。

不难理解，对纳税人比较合适的方法，对税务当局而言会减少收入。不过综合平衡各种利弊，多数国家认为分国限额法更合适。表 14－6 显示，在不同外国子公司都有盈利且两个国家的税率相对于中国而言有高有低的情况下，采用分国限额法对企业不利。

表 14－6　　中国企业多国收入的抵免处理

项目		A 国子公司	B 国子公司	分国限额法	综合限额法①
税率	企业所得税税率	40%	10%	—	—
	预扣税税率	15%	10%	—	—
国外公司税收计算（万元人民币）	税前收入	2 000	4 000	6 000	6 000
	国外应纳所得税	800	400	1 200	1 200
	净利润（全部汇回）	1 200	3 600	4 800	4 800
	预扣税额	180	360	540	540
	汇回中国母公司的净收益	1 020	3 240	4 260	4 260
中国母公司对国外收入的税收计算（万元人民币）	中国母公司应纳税额	2 000	4 000	6 000	6 000
	按中国企业所得税税率（25%）计算的应纳所得税	500	1 000	1 500	1 500
	国外税收抵免限额	980	760	1 260②	1 500③
	额外征税④	0	240	240	0
	来自国外公司的税后收入	1 020	3 000	4 020	4 260
实际税率	税收总额（万元人民币）	980	1 000	1 980	1 740
	实际税率	—	—	33%	29%

说明：①此表假设中国采用综合限额法；

②分国限额法情况中，A 国可用抵扣最高为 500 万元，B 国为 760 万元，二者合计为1 260万元；

③综合限额法情况中，先计算国外总收入为6 000万元，再乘以中国国内企业所得税税率 25%，得出抵扣限额为1 500万元；

④如果按中国企业所得税税率应纳税额大于抵免总额就需额外征税，额外征税额为二者之差。

14.2.3　税收协定

国际税收协定是双边税收协定，是消除双重征税的重要方式。世界上很多国家相互间都缔结了双边税收协定。该协定的缔结一般以经济合作与发展组织（OECD）提供的范本为基准，世界银行也有范本提供。税收协定确定的基本内容是缔约国之间的税收管辖权，即一方是否对从另一方取得的收益征税以及如何计征等。缔约双方明确规定了每种收益的类型及其适用税率。

很重要的一点是，通过缔约国双方谈判，为扩大双边经济贸易关系，税收协定一般会减少对预扣税的征收。这一点无论是对通过国外子公司取得积极收益的跨国公司而言，还是对仅仅以红利、利息等形式取得消极收益的组合投资者而言都是利好消息。

改革开放以后，我国开始与世界各国签订双边税收协定。专栏 14—1 是中国税收协定谈签的总体情况。

专栏 14—1

中国税收协定谈签的总体情况

为了执行改革开放政策，适应吸引外资、引进技术，发展经济技术的需要，1981年1月我国与日本首开避免双重征税协定的谈判。截至2017年10月，我国共对外正式签署103个税收协定，其中99个已生效，内地与香港、澳门地区也签署了避免双重征税安排。按签字顺序，跟我国签订了避免双重征税协定的国家和地区有日本、美国、法国、英国、比利时、德国、马来西亚、挪威、丹麦、新加坡、芬兰、加拿大、瑞典、新西兰、泰国、意大利、荷兰、捷克、斯洛伐克、波兰、澳大利亚、保加利亚、巴基斯坦、科威特、瑞士、塞浦路斯、西班牙、罗马尼亚、奥地利、巴西、蒙古、匈牙利、马耳他、阿拉伯联合酋长国、卢森堡、韩国、俄罗斯、巴西、印度、毛里求斯、克罗地亚、白俄罗斯、斯洛文尼亚、以色列、越南、土耳其、乌克兰、亚美尼亚、牙买加、冰岛、立陶宛、拉脱维亚、乌兹别克斯坦、孟加拉国、南斯拉夫、苏丹、马其顿、埃及、葡萄牙、爱沙尼亚、老挝、塞舌尔、菲律宾、爱尔兰、南非、巴巴多斯、摩尔多瓦、古巴、委内瑞拉、哈萨克斯坦、印度尼西亚、阿曼、突尼斯、伊朗、巴林、吉尔吉斯斯坦、摩洛哥、斯里兰卡、特立尼达和多巴哥、阿尔巴尼亚、阿塞拜疆、格鲁吉亚、墨西哥、中国香港、中国澳门、卡塔尔、尼泊尔、尼日利亚、希腊、文莱、沙特阿拉伯、阿尔及利亚等。

下表摘选了部分中国企业到境外投资时在对方国家（地区）执行税收协定时涉及的具体税种。

1	日本	所得税；法人税；居民税
2	美国	根据国内收入法征收联邦所得税
3	法国	所得税；公司税；包括上述各种税的源泉扣缴和预扣款
4	英国	所得税；公司税；财产收益税
5	比利时	自然人税；公司税；法人税；非居民税；视同自然人税的特别捐助；包括预扣税、上述税收和预扣税的附加税以及自然人税的附加税
6	德国	个人所得税；公司所得税；财产税和营业税
10	新加坡	所得税
12	加拿大	加拿大政府征收的所得税
20	澳大利亚	澳大利亚税收
29	巴西	联邦所得税，不包括追加所得税和对次要活动征收的税收
35	韩国	所得税；公司税；居民税（原协定） 协定第二条韩国方面的税种应理解为包括韩国在所得税或者公司税的税基上直接或间接附加征收的农村发展特别税（第二议定书，2006年7月4日生效）
36	俄罗斯	企业及团体利润税；个人所得税
38	印度	所得税及其附加

说明：第一栏的序号是和我国签订协议的顺序号。

资料来源：国家税务总局官方网站。

在税收协定中，税收饶让也是一个重要的内容。税收饶让是指一国政府对本国居民在国外得到税收减免的那部分所得税，视同已经缴纳，并允许其用这部分被减免的外国税款抵免在本国应缴纳的税款。这样，东道国给予居住国投资者的优惠就落到了投资者的手中，而不会被居住国补征。所以说，税收饶让的实质并不是消除重复征税，而是对从事跨国经济活动的本国居民的一种特别税收优惠。

根据我国税务当局的规定，我国的居民企业只有从那些和中国订立了税收协定（或安排）的国家（地区）取得的所得才可以享受税收饶让待遇，而且这些税收协定（或者安排）中还必须明确有税收饶让条款。如果企业可以享受税收饶让待遇，那么企业抵免的税额就包括两个方面：一是企业实际缴纳的境外所得税额，二是未缴但视同已缴的境外所得税减免税额。我们不妨将后者称为饶让抵免税额。

我们举个例子来说明税收饶让抵免的计算（见表 14-7）。

表 14-7　　中国企业国外收入税收饶让抵免的处理

税收饶让相关规定	A 国 定率饶让：25%	B 国 限制税率：20%	C 国 无明确规定
税前收入（万元人民币）	1 000	1 000	1 000
国外名义税率	18%	35%	30%
国外实际缴纳所得税（万元人民币）	180	180	150
汇回中国母公司的净收益（万元人民币）	820	820	850
中国母公司应税所得（万元人民币）	1 000	1 000	1 000
按中国所得税税率计算应纳所得税（万元人民币）	250	250	250
抵免限额的税率	25%①	20%②	25%③
抵免限额（万元人民币）	250	200	250
饶让抵免税额（万元人民币）	70	20	100
额外征税④（万元人民币）	0	50	0
来自国外公司的税后收入（万元人民币）	820	770	850
税收总额（万元人民币）	180	230	150
实际税率	18%	23%	15%

说明：①定率饶让情况下，按照规定饶让税率确定抵免限额的税率；

②限制税率情况下，按照规定的税率上限确定抵免限额的税率；

③无明确规定情况下，按照国外名义税率和中国税率中的较小者确定抵免限额的税率；

④如果按中国所得税税率应纳税额大于抵免总额，就需额外征税，额外征税额为二者之差。

我们来详细解释一下表 14-7。假设我国的某居民公司在 A 国、B 国和 C 国都取得了1 000万元的收入，在国外完税后全部汇回国内。为集中讨论饶让问题，假设都没有预提税。

案例 1 中，中国跟 A 国签订了所得税定率饶让（25%）协定，即无论中国的居民公司在 A 国纳税多少，中国都视同该公司在 A 国按 25%缴纳了所得税，假如该公司在 A 国实际缴纳的税收为 180 万元，则我国给予该公司的抵免额为1 000×25%=250（万元），其中饶让抵免额为 250－180=70（万元），该公司在我国需要补缴的税收为1 000×25%－250=0，该公司的总税负为 180 万元。

案例 2 中，中国跟 B 国的税收协定里没有规定定率饶让，但签订了所得税执行的限制税率，为 20%，该公司享受 B 国税收优惠之后实际纳税 180 万元，则我国给予该公司的税收抵免额为1 000×20%=200（万元），其中饶让抵免额为 200－180=20

(万元)，该公司在中国还需要补缴的所得税税额为1 000×25％－200＝50（万元），该公司的总税负为180＋50＝230（万元）。

案例3中，中国与C国的税收协定里明确表示可给予税收饶让，但没有定率，也没有限制税率，C国的国内所得税税率为30％，但该企业因享受某些特殊优惠，只向C国缴纳了所得税150万元，因为C国的税率比中国高，所以我国给予该公司的抵免额只有1 000×25％＝250（万元），该公司全部用足，其中饶让抵免250－150＝100（万元），该公司的总税负为150万元。

14.2.4 税收协定对我国现代化建设的重要意义

20世纪80年代，中国面临外汇和技术的“双缺口”。为鼓励引进外资、引进先进技术，中国为境外投资者提供了以税收减免为代表的“超国民待遇”政策。以优惠的税收政策来吸引外资和引进先进技术，后来这一做法被证明是成功的，对中国的现代化建设起到了重要的作用。根据我国的三部外资法，外商投资企业的增值税和消费税是免征的，优惠力度最大的是所得税，当时我们国内的企业所得税税率还是33％，外商投资企业的所得税税率则是15％。不仅税率较低，还有减免政策，根据投资的行业和投资额的大小，分别规定不同的减免年份，经营期在10年以上的生产性投资企业，从投产开业获利年度起享有两年免征、三年减半征收企业所得税的优惠。如果是高新技术企业，在此基础上可以再减半。像港口这样的大型基础设施建设，从获利的当年算起，前五年免征所得税，从第六年到第十年减半征收。另外，外资企业还可以享有其他优惠，例如对进口生产设备、零部件、办公用品，为生产出口产品而进口的原材料、辅料、元器件、零部件及包装物品等免税。如果外资企业利润留在中国境内进行再投资，还有再投资的退税优惠，可以获得再投资额的已缴税款的40％。总之，根据地区发展、产业发展的需要，我们给外商投资企业和外国企业的税收优惠，也有所不同，主要的优惠有分地区优惠、分产业优惠、再投资优惠、购买国产设备投资抵免企业所得税、采购国产设备退税、地方所得税和其他税减免7种。由此看来，很长时间以来在中国的外商投资企业其所得税税负都是很轻的。这一税收的优惠如果落到投资者手里，还需要税收饶让，否则投资人利润汇回后，居住国政府会补征其在中国实际缴纳的税收和其在居住国应纳税收之间的差额。正如我们前面介绍的，中国从1981年开始就着手和各国签订双边税收协定，在协定中规定税收饶让条款，确保中国政府给予外商投资的优惠政策能落到实处。

随着改革开放的深入，中国的市场经济体制趋于完善，对于外国企业来说，投资于中国的制度性成本明显降低，继续对外资实行超国民待遇势必导致众多效率低下的外资企业进入中国，加剧内外资企业之间的不公平竞争，有违公平竞争的市场规则和税收中性的政策理想。因此，社会各界要求统一内外资企业税费、取消外资超国民待遇的呼声越来越强烈。从1994年开始，全国人大、国务院着手逐步统一内外资企业的税收制度，先后统一了在增值税、消费税、营业税、企业所得税、城镇土地使用税、车船税、耕地占用税和房产税等税种上的内外资企业的分设制度，直至2010年12月1日，对外商投资企业、外国企业及外籍个人征收城市维护建设税和教育费附加，最后一项分设制度被取消。至此，内外资企业税制实现了全面统一，外资企业在税收政策上享受的“超国民待遇”被彻底终结。

经济学家从税收中性的角度，对这一税制改革表示赞同。有关机构也从公平竞争的角度解释了这一政策的初衷。当然也曾经有人担心优惠政策的终结会对外资产生负面作用，导致其全面撤资，但是事实证明，在当时的全球经济环境之下，外资投资于中国更加看重的是中国无限的潜在利好机会，而税收上的优惠已经远不是它们考量的重点。

当然，制度上的统一并不代表外资在国内就完全没有优惠了。很多地方政府在招商引资的压力下，还可以使用体制内“税收返还”来确保优惠力度，很多地方经过税收返还，外资企业仍可以享受比内资企业少三分之一到二分之一的税负。这种所谓税收返还并不是直接降低税率，而是在税收完成后由政府财政或地税部门从地方财政一般预算收入中进行“返还”，属地方权限，所以并不违法。这种“行政竞争”不仅用在吸引外资上，而且用在吸引优质企业上，例如，为筑巢引凤，有些地方政府甚至用返还高管的个人所得税的方式竞争优质企业落户。

专栏 14—2

“超国民待遇时代的终结”对在华外企的影响调查

2010 年 12 月，威科中国旗下的财税板块 CCH 进行了一次小范围的问卷调查，共有 24 家外资企业的财税管理人员参与了此次调查。

CCH 调查的主要结果包括：

·外资企业在华投资，重点考虑的因素中排在前两位的为：市场环境（83.3%）、税负（70.8%）；

·内外资实行统一税制后，58.3%的企业认为，投资和经营环境依然友善，25%的客户认为不可预知；

·内外资实行统一税制后，83.3%的企业认为，有些影响但不大，16.7%的企业认为影响很大；

·在应对投资及经营环境的变化上，83.3%的企业选择关注政策导向，62.5%的企业选择改善内部控制；

·80.9%的企业认为，税负的实际增加对公司未来在中国的投资和经营行为有些影响但不大，14.3%的企业认为影响很大；

·实行统一税制，企业税负成本增加，59.1%的企业会采取措施调整优化企业组织和管理结构，加强内部成本控制；18.2%的企业会遵守法规，用足政策，寻求更多税收优惠；9.5%的企业会寻找新的投资策略。

参与本次调查的企业有：谷歌、甲骨文、大众汽车、山特维克集团、西门子、英特尔、大陆汽车、博世、汉高（中国）、特雷克斯（中国）、普莱克斯、OpenV、比欧西、塞拉尼斯、阿特斯（中国）投资、安捷伦科技、博通集成电路、上海塞维斯玻璃、N. E. W. China、Norma（China）、威讯联合半导体、鼎佳国际贸易、摩恩水暖器材、和记黄埔地产、七天连锁酒店。

资料来源：中国新时代，2011（1）.

14.3 降低税负的跨国公司组织结构

从前面两节学到的内容我们已经发现，由于各国的税收制度不一样，国家之间签订的税收协定条款不一样，所以税前收益相同的子公司的实际税负相差很大。各国政府在税收征收和抵免上的规定不同，各国的税务当局在征管上的具体措施和政策运用不同，也会导致收益相同的跨国公司的总体税负相差很大。这就给跨国公司提供很大的动力来研究如何建立跨国公司的组织结构，从而尽可能地减少公司的总体税负。

一个最容易被想到的办法是通过母子公司或子公司、孙子公司之间的关联交易，将利润集中在税率较低的国家，享受较低的税率，并利用居住国税收递延的优惠，尽量拖延汇回利润，或者设法就地运用资金进行投资，从而从根本上避免利润汇回。我们将在下一章“资金的国际重组”中继续讨论这种利用关联交易在全球范围内转移资金的技术和细节。

1. 考虑本机构的盈利状况，选择建立分公司还是子公司

跨国公司的海外机构可以是分公司的形式，也可以是子公司的形式。最终选择哪种形式，需要考虑的因素当然很多，比如管理因素、法律因素等。但这里不讨论非税因素，只考虑税收因素。如果企业预计在建设之初可能会有一段时间的亏损（从经营管理上来讲很多企业都是在建成之后若干年才开始盈利），那么设立分公司比较节税，因为一些国家，比如美国，不允许外国子公司和母公司合并损益表，合并纳税，但是允许外国分公司和母公司合并纳税。假如分公司亏损，并和母公司合并纳税，那么海外分公司在成立之初的亏损就可以减少母公司的所得税税基。

2. 考察各地的税收制度和实际征管政策，择地筑巢

如本章上一节所分析的，各国的税收包括预提税的不同，以及居住国和东道国之间的税收协定条款的不同，都会影响到跨国公司的总税负。除了这些基本的制度外，政府在进行税收征管时还有很多具体的政策和地方性政策，需要更加深入地了解。中国各地方政府为了招商引资，会在法律允许范围内出台各种地方性政策。目前，全国有 25 个国家级的经济开发区和上百个省级的经济开发区。这些经济开发区的税收政策都有不同程度的优惠，同学们可以在商务部、各地方政府的网站上看到相关介绍，也可以到这些经济开发区的官方网站上查阅各种特殊政策。由于这些经济开发区可能和老的市中心区和商务中心区（CBD）有一段距离，一些企业在经济开发区注册，将生产管理放在开发区，然后在 CBD 注册非独立核算的分公司进行商务活动，这样也能在开发区缴税，享受税收待遇。

3. 考察各地的会计制度和对税收的影响，选择合适的会计方法

有些会计处理方法会对税收产生较大影响。比如，对从事自然资源勘探与开发的企业来讲，美国的会计处理方式就体现了美国对海内外勘探业务的大力支持与政策倾斜。因为美国允许将勘探成本和部分开发成本作为当期费用抵扣，而不要求将之资本化后在连续多年内摊销。因此，美国的跨国石油和矿产公司都选择在海外设立分公司而非子公司的方式来从事相关商业活动，因为分公司可以和总公司合并报税，这就可以将海外勘探开发的大笔支出在当期就抵扣总公司利润，从而为总公司贡献更多的当期现金流。

4. 在避税天堂注册公司，达到减轻海外税负的目的

散落在全球各地的避税天堂，是跨国公司搭建降低税负的公司构架的优选地，比如英属维尔京群岛、开曼群岛、巴拿马、百慕大群岛、萨摩亚、毛里求斯等。这些地方信息不透明，没有股东身份真实性审核，保密严格，税收几乎为零，通信便利，资金进出不受任何限制，所以被称为避税天堂。有很多如雷贯耳的企业在那里有控股公司，比如中石化、中海油、中国联通、新浪、百度、网易等。利用避税天堂的目的比较多样（比如有的是规避居住国内的监控和管理），手法也比较花哨。一些跨国公司在世界各国的避税天堂设立100%控股子公司，通过这些子公司来控制那些有真正生产和经营的公司，并在关联公司之间通过划拨价格和分红将全球的利润集中到这些避税公司，躲过增值税和所得税。它们利用母国的税收递延优惠，几乎可以永久避免母国对这些红利的所得税补征，因为母国并不是在这些避税公司收到分红时征收所得税，而是要递延到这些红利被汇回时征收。由于持续经营的需要和不断出现的新的投资机会，跨国公司又可以通过这些避税公司将资金投放到世界各地，这样一来利润汇回就遥遥无期了。避税天堂对于投行和私募来讲，可能用处还不止避税，如它可以通过搭建复杂结构，绕开一些国家的规定，为达到外资进入禁入行业、国内外资产置换、企业海外上市等目的开辟曲线路径。这就是为什么很多投行、私募资本在避税天堂注册公司，甚至不止注册一两家公司的原因。比如大名鼎鼎的高盛、IDG、摩根士丹利，中国的鼎晖、联想投资等，都在维尔京群岛有关联公司。

5. 利用红筹架构

红筹架构也称红筹模式，是20世纪90年代末开始在中国被广泛使用的海外上市公司结构。简单来讲，就是有些企业，其主要业务、利润来源都在国内，但是它通过在海外设立特殊目的公司，将这些企业的所有权置换给了这个特殊目的公司，使企业的利润从法律上归属了外国公司，减少了中外会计制度不同等带来的上市成本，方便了企业在境外融资并上市。这一模式的广泛使用被认为是受到2003年中国证监会取消对红筹上市的境内审查程序这一政策的刺激。政府的政策初衷是方便企业海外上市，虽然政策目标看来是达到了，但是这一政策显然被曲解和过度使用到了其他目的上。2005年10月21日，国家外汇管理局颁布《关于境内居民通过境外特殊目的公司融资及返程投资外汇管理有关问题的通知》，2006年9月8日，商务部、国资委、国家税务总局、国家工商总局、国家外汇管理局和中国证监会六部委联合发布《关于外国投资者并购境内企业的规定》（即“10号令”），使用红筹模式在海外上市不再方便，关联收购的审批权被商务部收回，证监会重掌海外上市的审批程序，红筹架构不再容易被滥用。

专栏 14—3

中国离岸企业被指侵吞国资转移500亿美元资金

有一个细节至今都让商务部研究员梅新育印象深刻。

2005年的一天，英属维尔京群岛的财政部部长、国际金融中心主任、金融监管部门的负责人访华，并邀请梅新育一起在王府井全聚德吃饭。

席间，梅新育注意到了一个细节，这几位黑皮肤的客人，他们的筷子用得非常熟练，甚至可以很轻松地夹起花生米。

“当时我就想，他们跟中国人打了多少交道，才能把筷子练得那么熟练。”梅新育感慨道。

商务部资料显示，2008年对华投资前十位的国家和地区中，以实际投入外资金额排名，英属维尔京群岛位列第二（159.54亿美元），开曼群岛位列第五（31.45亿美元），萨摩亚位列第八（25.5亿美元），毛里求斯位列第十（14.94亿美元）。

早在2004年，梅新育领衔的团队主持过有关中国与离岸金融中心跨境资本流动问题的课题研究。报告显示，2004年第一季度，英属维尔京群岛在中国外资来源中位列第二，开曼群岛、萨摩亚分别位列第七和第九。

离岸公司不断编造着规避税收、海外上市、曲线规避对外资的行业限制、资本运作、跨境并购、全球贸易以及资产转移的神话，令各国的监管部门头疼不已。

避税始终是大多数离岸公司追求的目标。

2010年8月，河南省漯河市国税局透露，国外投行A（注：原文是投行的名字，由笔者隐去）在境外转让河南双汇投资发展股份有限公司（下称“双汇发展”，000 895.SZ）的股权，获得丰厚收益，但并没有向河南省国税局纳税，逃避企业所得税4.2亿元。

2006年3月，A、B（注：原文中B为一家私募的名字，由笔者隐去）在英属维尔京群岛注册设立公司Shine B Holdings Limited（下称“Shine B”）。Shine B公司完全控股罗特克斯公司（由A和B同年2月在香港设立的合资公司），罗特克斯公司控股双汇发展公司。

通过维尔京公司Shine B，A实现了在中国境外对双汇发展的实际减持，到2009年年底时，对双汇发展的持股比例降至3.3%。这与2006年A间接持股双汇发展31%相比，有天壤之别。根据双汇发展2006年、2007年、2008年的年报估算，A获得的收益可能达21亿元。

朱广俊是国家税务总局税收科学研究所的一名研究员，曾在基层担任过税务局局长的他，对利用离岸公司进行避税的操作手法非常熟悉。

他向《中国经济周刊》介绍，“转让定价”是避税操作中常见的手法。

河北某公司和某国的M集团（境外）于1990年年末共同投资创办了一家中外合资企业C公司，注册资本2.5亿元，投资总额3亿元，主要从事汽车及相关零配件的生产及销售。

然而，近年来，C公司的年报数据却一直处于低盈利状态。

河北国税局和石家庄国税局调查发现，C公司在从关联方（M集团）进口原材料和向关联方出口产品两方面，存在“转让定价”行为：通过高价从M集团进口原材料，加工成产品后，低价出口给M集团。“一高一低”，降低了C公司的利润，也使相应的税收减少了。2008年12月，C公司向税务机关补交应纳税额4 375万元。

朱广俊说，因为维尔京群岛、开曼群岛等离岸地没有税收，因此，通过高买低卖的方式，把利润做到离岸公司，把亏损留给国内公司，这样就避免了国内的增值税等。

2007年，国家统计局“利用外资与外商投资企业研究”课题组完成的一份研究报告表明，在所调查的亏损外商投资企业中，约三分之二为非正常亏损，这些企业通过“转让定价”等方式避税达300多亿元。

资料来源：南焱，王永福．开曼谎言——中国企业离岸秘史．中国经济周刊，2011（30）．

思考题

1. 梦想公司2010年度境外税前净所得合计为300万元。其中，设在A国的分支机构当年所得额为600万元（换算后），设在B国的分支机构当年所得额为－300万元（换算后）。假设A国所得税税率为30%，B国所得税税率为20%，且A、B两国均不征收预扣税。中国所得税税率为25%。请计算：如果采用分国限额法，国外税收抵免限额为多少？如果采用综合限额法，国外税收抵免限额为多少？哪种抵免方式对梦想公司更为有利？为什么？

2. 梦想公司在美国拥有全资子公司。该子公司2011年的税前利润为200万美元，美国和中国的公司税税率分别为35%和25%，美国对本国公司分配给中国居民的红利征收10%的预扣税。若红利汇回比例为50%，请计算税收总额和有效税率。

3. A国的所得税税率为20%，但为了鼓励外商直接投资，A国税收当局对所有来本地投资建厂的外资企业执行15%的优惠所得税税率。同时，A国和中国政府签订了定率饶让的双边税收协定，饶让税率为20%。梦想公司恰好在A国建立了子公司，2011年税前利润为1 500万元（换算后），如果所有红利全部汇回国内，那么还要额外征收的所得税税额为多少？有效税率为多少？

4. 你认为中国的企业税负重吗？

5. 正文中提到，在经济学界有“税收中性”的理想。你认为，各国政府在税收政策的运用上是在追求税收中性的理想呢，还是在背离该理想？如果各国政府在制定税收政策时都追求税收中性，那么跨国公司还能有税收筹划的空间吗？

参考资料

[1] 苗润生等．国际财务管理．北京：清华大学出版社，2011.

[2] 萨拉尼．税收经济学．北京：中国人民大学出版社，2005.

[3] 梁蓓．国际税收筹划．北京：对外经济贸易大学出版社，2011.

[4] 美国国内收入署（http：//www.irs.gov）.

[5] 国家税务总局（http：//www.chinatax.gov.cn/n 8 136 506/index.html）.

[6] 那力，臧韬．中国视角：税收来源国与跨国公司的税收博弈．税务与经济，2009（4）.

第 15 章

资金的国际重组

本章重点

1. 跨国公司资金重组的动力
2. 跨国公司资金重组的技术
3. 跨国公司资金重组的阻力
4. 跨国公司资金重组的所得税效应
5. 跨国公司资金重组的关税效应

关键词

资金重组	特许权使用费	高补偿政策	低补偿政策	独立价格
可比非控价格法	再销售法	成本加成法		

前述跨国公司营运资本的管理，基本出于生产贸易销售活动的需要，主要目的是加快资金周转，提高营运能力。但本章要讲述的，也是跨国公司流动性管理的一个特别的且引人关注的内容——跨国公司的资金重组。资金重组是指跨国公司通过各种费用的收取和内部价格的制定，来完成资金在不同国家之间的转移和不同币种之间的转换。资金重组的途径主要是特许权、管理费等费用的定价和收取以及跨国公司的全球划拨价格。但这些技术和避税往往只有一线之隔，很容易引起相关国家政府和当地合伙人的注意。因为划拨价格是跨国公司内部制定的价格，可能高于或低于市场价格到了很不合理的程度，虽然有利于跨国公司自身资金成本最小化和利润最大化，但同时会影响到利益输出国子公司的利润，可能跟子公司所在地的投资合伙人产生利益冲突，并影响其在东道国的纳税。一些东道国因此制定了一些办法来衡量跨国公司内部价格的合理性并对其进行审查。

本章先分析跨国公司进行资金重组的原因，再一起来学习资金重组的技术，最后通过对一组关联公司资金划拨的分析，来看资金重组可能遇到的问题。

15.1 跨国公司资金重组概述

15.1.1 跨国公司资金重组的原因

1. 追求税收效应

有的国家所得税的税率比较高，有的国家所得税的税率比较低，跨国公司就有这个优势，可以将利润集中在税率较低的国家，这样从整个集团的角度来看，总的税负就会减少，税后净利润就会增加。低税率国家在进口时都支付超低的价格，出口时都收取高价格，或者收取高的各种费用。在全球有许多国际离岸金融中心（International Off-shore Finance Center，IOFC），比如英属维尔京群岛、马来西亚拉班岛、马耳他等，很多企业通过在这里设立总部或分子公司来进行资金划拨。中国香港由于税负比较低，公司的维护成本也比较低，所以也成为内地企业和其他国家企业登记注册壳公司的热门选择。

2. 为了收付的币种匹配

跨国公司可能在全球安排采购、生产和销售，一个跨国公司可能是一个大的托拉斯，也就是拥有一条生产链的上下游，这时它支付和收回的货币会有不同种类，数量也不相同。最好的办法是让收入和支付币种数量匹配，这样可以避免折算风险。

3. 为了减少无谓的资金汇划和货币兑换成本

我们可能都听过这样一个故事，欧洲货币统一成欧元以前，一个旅游者从瑞士开始在欧洲各国旅游，他拿着一百瑞士法郎，每到一个国家就换成当地的货币，一分钱都不花，到了下一个国家再将这部分钱换成当地货币，等他旅行结束回到瑞士时这一百元瑞士法郎在兑换中已经损失过半了。这个故事虽然有虚构的成分，但说明银行在汇兑时收取买卖差价是不可忽略的事实。企业在办理汇兑时支付的买卖差价和经纪人佣金在兑换比较频繁时或者数量巨大时，产生的财务成本也是不容忽视的。比如，一家英国子公司将英镑换成美元支付美国母公司的红利，随即又将美元换成英镑支付给英国一家企业购买专利，其中的汇兑损失就是无谓的，一家财务管理良好的跨国公司就不应该出现这种情况。又比如，两个欧元国家的母子公司之间出现类似情况，意大利米兰子公司需要向德国母公司支付红利而德国母公司随即就需要在意大利米兰购买一处地产，虽然这中间不需要货币兑换，但是划汇也是需要向银行交手续费的，如果整个集团没有处理好，就会出现资金在途的浪费和银行手续费的浪费。

4. 追求金融收益

当跨国公司在集团内部拥有充分的现金流的时候，它可能会为了追求更高的利率收益和汇率收益而在集团内部转移和转换货币。一般而言，集团会将更多的流动性换成高利率的币种以追求更高的财务收益，或者买入有升值潜力的币种，卖掉有贬值预期的币种。大家比较熟悉的情况是人民币在21世纪的强劲表现。长时间的高利率和高汇率升值预期并存。这种双高的情况使得企业愿意将更大部分的流动性以人民币形式存在。这样不仅富余现金的收益高，而且能保证流动资产不贬值。外商独资企业或中外合资企业通过高报固定资产投资需要、申请增加流动资金注入、划拨价格（高出口价和低进口价）、给中国控股公司支付预付款或者让中国境内的企业延迟支付国外关联公司的相关款项，使企业的流动性更多地以人民币形态存在于中国市场。

5. 管理国家风险

有些国家看上去随时可能限制外汇输出，这样跨国公司的资金就可能会被套牢在这些国家，抽不回去。因此，在这些国家进行投资的外商往往都是未雨绸缪，事先就安排好各种特许权使用费和管理费的定价和收取方式。在投资之初就谈定这些，到时操作起来就比其他方式尤其是利润汇回方式更容易被东道国接受。比如20世纪80年代的中国处于改革开放之初，虽然也有一些外商在中国投资，但这些外商对于中国对外开放政策的稳定性还是不太确定，加上当时中国对外汇出境的管理有比较严格的审批，利润汇回要收预提税，所以特许权使用费、商标使用费和管理费的收取就比较多。当然，当时中国对外商投资的优惠力度非常大，对将红利留在国内再投资也出台了很多优惠政策，实际上它们将外币留在中国进行再投资并不吃亏。

15.1.2 跨国公司资金重组的办法

1. 拆分是资金重组的重要技术

母公司和子公司之间、子公司和子公司之间，如果有孙子公司的话，各个关联公司之间，资金转移时往往会拆分成不同的种类，这样会比较方便、灵活。一般关联公司资金转移的渠道有好几种，弄清楚各渠道是如何帮助资金重组的，对财务决策很有帮助。

（1）红利支付。红利支付是子公司向母公司支付红利，母公司将资金投资到子公司进行生产经营，然后以红利的形式收回。进行红利支付可能遇到几个问题：1）如果子公司是和东道国合资建立的，那么红利支付的决策由董事会来决定，因此，东道国股东或合伙人的意见是一定要听取的，但很有可能他们不会愿意红利被汇回；如果母公司是控股股东并一意孤行要汇回利润，矛盾严重时当地合伙人甚至有可能去向东道国政府举报，造成东道国政府插手。2）红利是在税后支付的，也就是说，关联公司的各种支付中，红利是少数不可以抵扣税收的支付。3）红利汇回时，可能会被征收预提税，也就是说母公司的这笔分红是由子公司在东道国取得的，所以母公司要首先在东道国缴税。一般缴完预提税后，母国还会补征母国税收和东道国税收的差额。4）红利可能会被限制汇出。尤其东道国货币是软币时，限制汇出对资金重组的弊端更大，而不幸的是，东道国货币是软币时发生限制汇出的可能性更大。

（2）公司间贷款的本金和利息支付。公司间也可以有借贷，有资金剩余的公司可以把剩余资金借给有资金缺口的公司，这是跨国公司的一个优势，我们在短期融资一章里具体讲过，跨国公司集团内部的短期资金需求应首先检查内部资金余缺状况，在内部调剂，这样可极大地减少营运资金成本。这一财务手段，同时也可被用来作为资金重组的渠道，由资金转出国公司借出，由资金转入国公司借入，或者借出减持币种，换成借入国的增持币种。

（3）支付商品价格。跨国公司内部经常有产品转移，比如原材料、中间产品、零部件，或者就是产成品。伴随着商品转移，跨国公司内部就要发生支付，这个支付的价格如果跟在市场上购买同样商品的价格差不多，那么就不是我们这一节着重要探讨的内容了。因为很多时候，跨国公司的内部价格和市场价格差异很大，资金就以商品为载体，在内部商品购买的支付中被转移了。这也是跨国公司内部商品价格的制定比较敏感，有时会引起东道国政府注意的原因。

（4）服务购买。跨国公司之间也会相互提供服务，比如咨询、培训、技术支持等。有些母公司会向子公司派出培训师，在公司生产技术、销售管理、财务操作系统等方面进行系统的、循环的、制度化的培训，而子公司需要支付母公司培训师的差旅费并按工作时间向母公司支付培训费。有时母公司会就公司的业务向子公司提供咨询和技术支持，这些也需要子公司按工作时间向母公司付费。很多跨国公司会规定将技术支持集中放在某个国家或地区，但它提供的技术支持也绝不是免费的。

（5）特许权使用费。特许权主要包括专利、商标和版权。专利是指发明创造人或者其权利受让人，对其发明创造在一定的期限内享有的独占实施权，是知识产权的一种。专利权是可以交易的，对专利权的评估方法有成本法、市场法和收益法。成本法是以专利发明所使用的人力物力等成本为基础来评估专利的价值，这种方法没能体现智慧产品的真正价值，几乎没有机构用这种方法。市场法的意思是在市场上找相似专利的价格，是一种比较的方法、相对的方法，但是这种方法对专利不大好用的原因在于专利之所以是专利，是因为没有与之相似的发明创造，否则其也就不能成为专利了。最常使用的方法是收益法，也就是以专利使用之后带来的收益为基础，视专利对相关收益的贡献率来确定专利的价值。不同的专利在不同的产品和服务中所起到的作用及其贡献率是不一样的，所以说往往一事一议。但是，在实践中，还是有一个范围的。根据联合国工业发展组织（UNIDO）的分析，发展中国家在引进专利使用权时，普遍使用的利润分享比例是16%～27%，如果该专利的使用会使销售量明显增长，专利购买方也可以接受按销售额分成，一般比例在3%左右。商标也一样，因为商标里面包含产品的历史、美誉和市场认同，所以母公司的商标是不会免费提供给跨国子公司使用的——虽然它们的关系是“母子”。这里不仅有知识产权保护、专利保护的原因，而且有资金重组的原因。迪士尼在新加坡的亏损，就被认为是迪士尼向新加坡子公司收取了太高的以“米老鼠”为标志的知识产权使用费导致的，即这只可爱的老鼠成为吞噬利润的硕鼠。

特许权使用费一般是母公司在投资建立子公司时签订特许权使用合同并按合同收取的。为了以后执行合同的方便，一般特许权使用合同都是比较详尽的，对于销售价格的定义——是否包括包装和商品税，以及特许权使用的覆盖范围等，都会做详细的规定。

（6）管理费。管理费是母公司向子公司收取的费用。因为母公司给子公司提供了统一的营销策划、广告、财务管理系统、信息管理系统、全球融资、人才计划等方面的管理，让子公司享受到了跨国集团的先进的管理思想、管理技术和管理效率，所以，子公司要缴纳管理费。

（7）预付和延迟支付。这两种方法在财务管理的运用中是方向相反的两种操作。预付会减少付款方的流动资产，而延迟支付会增加付款方的流动资产。在跨国公司的资金重组中，预付可以减少预付方的现金，增加收款方的现金；而延迟支付可以将资金留在支付方更长时间，增加支付方的流动资金，减少收款方的流动资金。比如，当跨国公司判断人民币升值潜力巨大时，就会比较倾向于让其他国家的公司向中国子公司支付预付款，或者让中国子公司延迟支付其他国家的货款。从资金重组的财务收益来讲，预付可以提前结汇，这时人民币还没那么贵，可以减少外币支持，延迟到人民币升值以后再支付，则可以用更少的人民币来支付货款，当然很划算。

看来企业有不少渠道来重组资金，但最关键的问题是财务决策，也就是说，谁转给谁，转多少，什么时候转，通过什么渠道转。而且当财务做出财务决策后，实施过程也会面临一些障碍，这就是下一节我们将着重探讨的问题。

15.1.3 跨国公司进行资金重组受到的限制

跨国公司并不能随心所欲地运用上述方法进行资金重组，以达到匹配货币收付、降低税收负担和追求资金收益的目的，因为这些方法会受到来自各方面的限制。平衡好这些限制条件，在可能的范围内利用财务技术达到目标，是跨国公司财务主管的任务。

1. 来自东道国政府的限制

东道国政府的限制分几种情况：（1）东道国政府在本国外汇储备稀缺时，并不希望外商将投资收益汇回母国。这时，东道国政府不仅会限制利润汇回，而且会对管理费、特许权使用费的汇出都进行管理和审查，严格的时候甚至会禁止汇出，造成投资资金被套牢。（2）东道国发现母公司的各项费用收取不合理，货物买卖价格不合理，有逃税嫌疑时，会对企业进行调查，严重时会给予处罚。比如，东道国的税负比较高，母公司以收取高额管理费和特许权使用费的方法，榨干子公司利润，或者母公司跟东道国子公司之间的划拨价格严重偏离市场价格，使子公司无利可图，从而将利润转到低税率国家。（3）东道国出于严肃管理的目的，制定规则防止跨国公司兴风作浪。比如上面讲的延迟支付，如果东道国不管理进口延迟支付，那么，这些钱留在国内就很可能成为“热钱”，扰乱金融市场。相反，如果东道国不管理出口延迟支付，那么就有资金被转移到其他国家的嫌疑。所以，有的国家对进出口延迟支付的最长期限都有规定。比如意大利曾经规定，在与非经济合作与发展组织（OECD）成员国的进出口交易中，出口延迟支付不得超过180天，进口延迟支付不得超过5年。

2. 来自东道国合伙人的限制

如果子公司不是由母公司100%控股，那么它全球自由调动资金就会影响到某些东道国合伙人的利益。比如，中国在引进外资之初，是不允许外商独资的，来中国投资，必须以合资的形式。即使母公司控股，也不能不顾及其他合伙人的利益，如果做过头了，其他合伙人可能会向当地政府告发。在日本就有这样的例子。日本合伙人不满意美国母公司过多抽取利润，便向当地税务机关告发。

3. 来自不同子公司、孙子公司的限制

作为集团公司的不同组成部分，各子公司也都有自己的利益，其管理层也都相互竞争。各子公司业绩如何？奖励如何？管理层拿到多少分红或期权？哪个子公司领导可能被提拔到母公司任职？这些竞争往往与企业利润挂钩，与财务表现挂钩。如果舍小家为大家，那么集团该如何对待利润被抽走了的子公司？除非公司建立一套全新的考核体系，以各子公司对集团的贡献率进行考核，否则很难说服子公司完全服从集团调度，而这样一套考核体系的建立很困难。

15.2 跨国公司资金重组的效应分析

让我们用一个例子来说明跨国公司资金重组的各种影响和效应。飞鱼公司是一家全球领先的汽车减震器制造商。它的母公司在美国，并在日本、英国等国建立了全资子公司。美国的所得税税率是34%，日本的所得税税率是40%，而新加坡的所得税税率是25%。为了突出主要问题，我们假设没有预提税，又因为母公司在美国，我们全部以美元计算。

下面我们来分析分拆的税收抵扣效应。

看表15-1，我们假设飞鱼公司日本子公司的收入是2 000万美元。现在美国将要从日本子公司转移回去1 000万美元，表中反映了飞鱼公司可以采取的4种方案的效果。方案1是全部以红利的方式转回，方案2是全部以专利费的方式转回，方案3和方案4是用不同比例拆分的方式转回。

我们先来看方案1。如表15-1所示，日本子公司的收入是2 000万美元，在当地缴纳税收40%即800万美元，净利润1 200万美元，汇回红利1 000万美元，留在当地200万美元。从日本的税后分红来看，汇回母公司的红利占比是1 000/1 200=0.833 3，按此比例分配税前收益，还原成美国母公司收到的税前收入应该是2 000×0.833 3=1 666.7（万美元），这笔税前收入在美国需要缴纳的税收是566.7万美元。由于日本的税负更重，实际已缴纳666.7万美元，所以不需要在美国补缴所得税。这一方案的综合效应是：日本留得红利200万美元，美国分得红利1 000万美元，在美日两国共缴税800万美元，共得税后利润1 200万美元。

表15-1　汇回资金拆分的税收效应　（单位：千美元）

	项目	方案1：支付红利10 000	方案2（一揽子）：支付专利费10 000	方案3（非一揽子）：支付专利费6 000+红利4 000	方案4（非一揽子）：支付专利费4 000+红利6 000
飞鱼（日本）公司的财务报表	总收入（扣除专利费前）	20 000	20 000	20 000	20 000
	减专利费	0	10 000	6 000	4 000
	在日本的应税收入	20 000	10 000	14 000	16 000
	减40%的日本所得税	8 000	4 000	5 600	6 400
	可得红利	12 000	6 000	8 400	9 600
	支付母公司的现金红利	10 000	0	4 000	6 000
	在日本的再投资	2 000	6 000	4 400	3 600
飞鱼（美国）公司的财务报表	美国公司的应税收入	16 667	0	6 667	10 000
	34%的美国所得税	5 667	0	2 267	3 400
	国外税收抵免	6 667	0	2 667	4 000
	额外征税	0	0	0	0
	飞鱼美国公司的净红利收入	10 000	0	4 000	6 000
	已收专利费	0	10 000	6 000	4 000
	减34%的专利费税	0	3 400	2 040	1 360
	税后净专利费	0	6 600	3 960	2 640
	飞鱼美国公司总现金收入	10 000	6 600	7 960	8 640

续前表

项目		方案 1： 支付红利 10 000	方案 2 （一揽子）： 支付专利费 10 000	方案 3 （非一揽子）： 支付专利费 6 000 ＋红利 4 000	方案 4 （非一揽子）： 支付专利费 4 000 ＋红利 6 000
全球税收	向日本支付的税收	8 000	4 000	5 600	6 400
	向美国支付的税收	0	3 400	2 040	1 360
	全球已付税收	8 000	7 400	7 640	7 760
日本对全球收入的贡献	税前原始贡献	20 000	20 000	20 000	20 000
	减全球已付税收	8 000	7 400	7 640	7 760
	对合并的全球收入的贡献	12 000	12 600	12 360	12 240
税后留有现金	留存在日本的现金	2 000	6 000	4 400	3 600
	留存在美国的现金	10 000	6 600	7 960	8 640

说明：(1) 飞鱼（美国）公司的应税收入＝飞鱼（日本）公司税前总收入×红利分配比例；

(2) 红利分配比例＝汇回母公司的红利/飞鱼（日本）公司可得红利。

方案 2 是将这 1 000 万美元以专利费的名义汇给母公司。这样，日本的利润降为 1 000 万美元，缴税 400 万美元，税后净利润 600 万美元全部留在日本，不再汇回红利。美国收到的这 1 000 万美元是其收入，假如美国母公司没有亏损，这 1 000 万美元就需要缴纳 34%的美国所得税即 340 万美元，得红利 660 万美元。这一方案的综合效应是：日本得红利 600 万美元，美国得红利 660 万美元，在美日两国共缴税 740 万美元，共得税后净利润 1 260 万美元。只是数据有差异。

方案 3 和方案 4 的算法完全一样，只是数据有差异。以方案 3 为例。日本将需要汇回的 1 000 万美元拆成 600 万美元的专利费＋400 万美元的红利。日本的 2 000 万美元税前利润减去 600 万美元专利费，应税所得为 1 400 万美元，缴税 560 万美元，税后净利润为 840 万美元。从这税后的 840 万美元中汇出 400 万美元红利回美国，相当于母公司分红的比例是 400/840＝0.476 2，按此比例，美国分得的税前利润是 1 400×0.476 2＝666.7（万美元），同样因为日本的税负重，美国得到的分红将不再补缴国内所得税。但美国得到的专利费 600 万美元却要缴纳 34%即 204 万美元的所得税，得到的净利润是 396 万美元。方案 3 的综合效应是：日本得红利 440 万美元，美国总收益为 400＋396＝796（万美元），在美日两国共缴税 560＋204＝764（万美元），共得税后净利润 1 236 万美元。按同样的算法，方案 4 的结论是：日本得红利 360 万美元，美国得红利 864 万美元，在美日两国共缴税 776 万美元，共得税后净利润 1 224 万美元。

从上面的计算过程和结果来看，两国对于 2 000 万美元的收入都将只征一次税，因为美国是母公司，且税负比较轻，所以将最后一次征税放在美国是比较节税的决策，因此，方案 1 将 2 000 万美元全部在日本完税，缴的税最多，留的总红利最少，方案 2 将尽可能多的收入划到美国去缴税，则缴的税最少，留的红利最多。

我们再来看表 15－2。这是飞鱼新加坡子公司和日本子公司之间商品划拨价格的税收效应。我们把新加坡子公司付给日本子公司较高的商品价格叫做高补偿政策，反之叫做低补偿政策。从表 15－2 中我们看到，如果实施低补偿政策，新加坡子公司从日本子公司得到的销售收入是 200 万美元，除去各种成本得到 60 万美元应税收入，新加坡所得税税率为 25%，因此需缴纳所得税 15 万美元，税后收入是 45 万美元。同时日本将这些新加坡子公司生产的货物进行分销，销售收入是 270 万美元，因为当初付给新加坡子公司的价格是 200 万美元，所以毛利润是 70 万美元，再减去营业成本，得出在日本的应税收入是 50 万美元，按 40%的税率应缴纳所得税 20 万美元，税后收入是 30 万美元。综合新加坡和日本两家子公司，可以得出与该进出口业务相关的收益是：新加坡子公司收入 45 万美元，日本子公司收入 30 万美元，共纳税 35 万美元，共为集团贡献利润 75 万美元。

表 15－2　划拨价格的税收影响　（单位：千美元）

政策	项目	飞鱼新加坡子公司（生产机构）	飞鱼日本子公司（分销机构）	飞鱼日本子公司与飞鱼新加坡子公司合计
低补偿政策	销售额	2 000	2 700	2 700
	减货物销售成本	1 200	2 000	1 200
	毛利润	800	700	1 500
	减营业成本	200	200	400
	应税收入	600	500	1 100
	减所得税	150	200	350
	净收入	450	300	750
高补偿政策	销售额	2 250	2 700	2 700
	减货物销售成本	1 200	2 250	1 200
	毛利润	1 050	450	1 500
	减营业成本	200	200	400
	应税收入	850	250	1 100
	减所得税	212.5	100	312.5
	净收入	637.5	150	787.5

如果两家子公司之间实行高补偿政策，日本子公司付给新加坡子公司的价格为 225 万美元，那么用同样的算法，得到的结果是：新加坡子公司收入 63.75 万美元，日本子公司收入 15 万美元，两家子公司共纳税 31.25 万美元，共为集团贡献利润 78.75 万美元。

显然，因为新加坡的所得税税率比较低，所以对新加坡实行高补偿政策可以使整个集团获得更大的利润。可以想象，如果是从日本向新加坡出口，那么就应该实施低补偿政策。总之，将更大的利润留在低税率的国家，可以使集团节税。但是，显然，在这种划拨价格中处于高税率国家的子公司的利润是要受到损失的。

表 15－3 假设两家子公司所在东道国的所得税税率都是 35%，通过计算可知，当两国税率相同时，在高补偿政策和低补偿政策下整个集团的收益是一样的。

表 15－3　　　　　　　税收中性对资金转移高、低价格的影响　　　　　　（单位：千美元）

政策	项目	飞鱼公司 A 国子公司（生产机构）	飞鱼公司 B 国子公司（分销机构）	飞鱼公司 A 国子公司与飞鱼公司 B 国子公司合计
低补偿政策	销售额	2 000	2 700	2 700
	减货物销售成本	1 200	2 000	1 200
	毛利润	800	700	1 500
	减营业成本	200	200	400
	应税收入	600	500	1 100
	减所得税（35%）	210	175	385
	净收入	390	325	715
高补偿政策	销售额	2 250	2 700	2 700
	减货物销售成本	1 200	2 250	1 200
	毛利润	1 050	450	1 500
	减营业成本	200	200	400
	应税收入	850	250	1 100
	减所得税（35%）	297.5	87.5	385
	净收入	552.5	162.5	715

在表 15－2 中，我们计算出在飞鱼新加坡子公司向日本子公司的出口中，使用高补偿政策对飞鱼公司集团的利润贡献更大。但是，这种高补偿政策明显降低了日本子公司的应税收入，有逃避日本税收的嫌疑，会引起日本政府的注意，甚至可能会导致日本政府对该笔进出口价格进行调查，以确认这种补偿价格是否为“恰当价格”，即“独立价格”。OECD 将《美国国内税收法案》第 482 条对转账价格的相关规定推荐给其成员国使用。根据相关的指导规则，各国确定转账价格是否恰当的方法有三种：可比非控价格法、再销售价格法和成本加成法。

（1）可比非控价格法。可比非控价格即该跨国公司与无关联的公司之间或其他无关联公司之间相互交易的价格。这个价格看起来很市场化，比较理想，被视为最佳独立价格，但是实践起来有困难，因为跨国公司内部转移的商品本身多为定制品，在市场上不大容易找到同质产品来比较。

（2）再销售价格法。再销售价格即将最终销售价（一般是销售给无关公司）减去适当补偿得到的价格。这一方法的运用也存在困难，因为适当的补偿本身不容易确定。

（3）成本加成法。成本加成即在商品的完全成本上加上适当利润。这种方法看上去是最有可操作性的。只要企业账目清楚无误，核算成本总是可行的。这种方法的问题在于，成本里面的内容也比较丰富，除了可变成本外，还有些不变成本，比如管理费用。如果一家跨国公司决心要将收益转出去，那么将管理成本提高也不是做不到。反之，如果它决心要将利润留在这个国家，它也会找到理由不收取该子公司管理费用。

可以说，政府虽然有动机去调查跨国公司的转账价格，但因为技术上、策略上的考虑，还是睁一只眼闭一只眼的时候居多，但也不是说就没有调查的可能。

我们来看一个案例（见表15-4）。飞鱼公司在处理新加坡子公司向日本子公司出口时采取了高补偿政策，即将转移价格定为225万美元。如此一来，新加坡子公司就有了较高的税前利润105万美元，据此缴纳了新加坡的所得税21.25万美元，税后收入是63.75万美元。遗憾的是，日本公司在纳税时受到了税务当局的调查，税务当局认为225万美元的补偿价格是不合适的，更恰当的定价应该是210万美元。于是日本税务局就根据210万美元的价格而不是225万美元的价格来计算日本子公司的成本，于是毛利就增加了，变成60万美元，减去相同的20万美元营业成本，应税收入是40万美元，最后被日本税务当局核定的纳税额是16万美元，比公司自己申报的要多6万美元。但是实际上日本公司确实是按照其申报的225万美元支付给新加坡公司的，所以日本公司的真正税前利润不是40万美元，而是270－225－20＝25（万美元），税后收入也就只有25－16＝9（万美元）。新加坡公司此时也无法修改收到的销售收入数据，所以还是只能按照225万美元的收入来报税，最后日本和新加坡两国共缴税37.25万美元，两家企业共为集团贡献利润72.75万美元，这个利润比起表15-2算出来的低补偿政策的总利润还要小，所以，如果转移价格被认为是不恰当的并招致查处，对企业而言是损失最大的。

表15-4　　转移价格被政府否决的后果　　（单位：千美元）

	飞鱼新加坡子公司（生产机构）	飞鱼日本子公司（分销机构）	飞鱼日本子公司与飞鱼新加坡子公司合计
销售额	2 250	2 700	2 700
减货物销售成本	1 200	2 100（被认定）	
毛利润	1 050	600（被认定）	
减营业成本	200	200（真实）	
应税收入	850	400（被认定）	
减所得税	212.5	160（真实）	372.5
净收入	637.5	90（真实）	727.5

转移价格不仅跟所得税有关，还跟关税相关。当集团决定采用高补偿政策时，从价关税必将上升，这时就需要确定关税的增加会不会抵消所有高补偿政策带来的所得税节省。以表15-5为例，如果实行低补偿政策，按8%的进口关税计税，那么飞鱼日本子公司的净收入是20.4万美元，新加坡子公司的净收入则为45万美元，合计65.4万美元；如果实行高补偿政策，则留在低税国新加坡的利润虽然高了，达到了63.75万美元，比低补偿政策高18.75万美元，但是关税也高了，为18万美元，比原来高出2万美元，因此，所得税的节省部分地被关税抵消了。在本例中，抵消之后还有剩余，所以高补偿政策仍可实施。如果关税税率更高的话，高补偿政策就得不偿失了。

表 15-5　所得税和进口关税对转移价格的影响　(单位：千美元)

政策	项目	飞鱼新加坡子公司（生产机构）	飞鱼日本子公司（分销机构）	飞鱼日本子公司与飞鱼新加坡子公司合计
低补偿政策	销售额	2 000	2 700	2 700
	减货物销售成本	1 200	2 000	1 200
	减 8%的进口关税	0	160	160
	毛利润	800	540	1 340
	减营业成本	200	200	400
	应税收入	600	340	940
	减所得税	150	136	286
	净收入	450	204	654
高补偿政策	销售额	2 250	2 700	2 700
	减货物销售成本	1 200	2 250	1 200
	减 8%的进口关税	0	180	180
	毛利润	1 050	270	1 320
	减营业成本	200	200	400
	应税收入	850	70	920
	减所得税	212.5	28	240.5
	净收入	637.5	42	679.5

思考题

1. 梦想公司美国子公司的收入是5 000万美元。现要从美国子公司转移回中国2 000万美元，可全部以红利的方式转回，也可全部以专利费的方式或二者混合的方式汇回。美国的所得税税率为35%，中国的所得税税率为25%。假设不考虑预提税的影响，为使梦想公司的全球课税最小化，请计算确定最优的汇回方案。

2. 梦想公司在美国适用的所得税税率为35%，在日本为40%。出于避税的考虑，梦想公司将500万美元的收入通过转移定价的方式（即将从美国出口至日本的货物价格上调500万美元）从日本转移至美国，该笔交易的关税税率为15%。假设货物总额不大，以至于该转移定价的行为不会被税收当局察觉。请计算说明通过转移价格来避税是否合算。如果关税税率为5%，是否合算？

3. 梦想公司在越南拥有一家全资子公司，用来生产轮胎半成品。该公司每只轮胎的生产成本合计为200元（换算后），生产后的产品将销往梦想公司在广东的子公司，正常销售价格为每只300元。广东公司的二次加工成本为100元，轮胎成品的最终售价为每只500元。假设只存在所得税，越南的所得税税率为28%，中国的所得税税率为25%。梦想公司的首席财务官判断对中国的转账价格可以提高或是降低15%而不至于引起税收当局的注意。那么采用的最优转账价格是多少（假设关税为0）？

4. 跨国公司进行资金重组都有哪些重要方法？

参考资料

［1］高勇强．跨国公司管理．北京：清华大学出版社，北京交通大学出版社，2010.

［2］朱北仲．跨国公司管理．北京：清华大学出版社，2011.

［3］杰夫・马杜拉．国际财务管理．9版．北京：北京大学出版社，2010.

［4］艾伦・C. 夏皮罗．跨国公司财务管理．7版．北京：中国人民大学出版社，2005.

［5］戴维・K. 艾特曼，阿瑟・I. 斯通希尔，迈克尔・H. 莫菲特．跨国公司金融. 9版．北京：北京大学出版社，2005.

［6］切奥尔・S. 尤恩等．国际财务管理．北京：机械工业出版社，2007.

PART 5

第5部分

跨国公司财务评价

第 16 章

跨国公司财务评价

本章重点

1. 资产负债表、损益表和现金流量表的分析和解读
2. 基于三表的财务指标分析
3. 经济增加值的含义和计算方法
4. 跨国公司的业绩评价

关键词

资产负债表	损益表	现金流量表	偿债能力指标	营运指标
盈利指标	ROA	ROE	可持续增长指标	市场价值比
P/E	P/B	经济增加值	资本占用	资本化

本部分是本书的最后一部分，只有一章，即跨国公司财务评价。和任何一家国内企业相比，跨国公司的财务考核有其共性，即通过正式地形成报表，并计算出各种考核指标，反映企业合法经营的状态，供工商部门监管，税务部门借以征税，债权人比如银行、债务购买者考察企业的还款能力，投资者分析投资收益，也供分析师或咨询师们提供分析意见，企业的股东考察高管的经营业绩。与此同时，跨国公司的财务考核还有一些特性，这些特性是与跨国公司之前所述的经营特点相关的，即为了追求集团利益的最大化，一些子公司可能会牺牲自己的利益，因此建立一个可以考核集团内部各子公司对集团利益贡献度的指标体系，就成为跨国公司财务考核的特点之一；由于跨国公司在经营中总是要涉及多种货币，因此建立在折算之上的报表将面临会计暴露也是跨国公司财务考核的特点之一。本章将在回顾共性财务指标的基础上，进一步讨论跨国公司业绩评价的问题。

会计部门将企业发生的每一个经济事件都分科目记录下来，存下原始凭证，登记在册，然后汇总、核算，并形成报表，全面反映企业的资产、负债和权益状况，核算企业的经营利润，并展示企业在投资、经营和融资方面的现金流。财务分析就是利用会计工作形成的资产负债表、损益表和现金流量表，计算出各种指标，进行同行业比较或自我比较，一方面供外部分析，用以监管、判断资信或投资价值；另一方面用于企业自查经营状况，考核和评比各子公司对集团的贡献。本章第一节会计报表和财务指标分析，系统复习公司财务课程里学过的报表和指标分析方法，第二节介绍新的基于投资视角的分析方法，即经济增加值（EVA）法，第三节讨论跨国公司业绩评价体系的特殊性。

16.1 会计报表和财务指标分析

会计三表即资产负债表、损益表（利润分配表）和现金流量表，它们汇总了企业的财务信息，基本反映了企业资产组成形态、负债权益结构、收益和成本核算、利润分配以及现金流等外部所需的信息。通过反映在三表中的统计数值计算出来的不同指标，更加方便了债务人、股东、潜在投资人和监管方了解企业在行业中的相对状况以及自身的发展趋势，从而做出借贷、投资等相应决策，股东也可借此考核管理层。跨国公司将各计量货币折算成母国货币并表以后，形成的报表也适用同样的分析方法，也可用与国内企业相同的一套指标体系来衡量跨国公司的表现。

16.1.1 财务指标体系

我们在公司财务中介绍的一套指标体系主要包括偿债能力指标、营运能力指标、盈利能力指标、可持续发展指标和市场价值指标。

偿债能力指标反映企业偿付债务的能力，以各类负债、利息与各类可用于清偿债务的资产或保障利息支付的收益之比值，来反映企业偿付债务与支付利息的能力。

营运能力指标反映企业利用资产获取营业收益的能力。企业利用现有的资产获取更高的销售收入、库存周转更加迅速、应收账款更快收款，都是其营运能力强的表现。所以营运能力指标基本上是在资产、库存、应收账款科目中寻找比率关系，并关注库存和应收账款的周转速度。

盈利能力指标反映企业的经营活动带给投资者的收益，包括在主营业务中每销售一元货物的利润、总资产（权益加负债）的收益率以及投资者净权益的收益。

可持续发展指标是反映企业可持续发展策略的一个指标，该指标是企业利润中分红与留存的比例关系，反映且仅反映企业的分红政策倾向。

市场价值指标反映市场对企业的定价与企业账面资产的关系。我们知道，企业的账面资产和市场价值之间总是有差异的，账面价值是历史的，以经济统计数值反映企业过去发生的所有投资、融资和生产经营活动，而市场价值反映的是市场投资者在考虑到宏观经济形势、产业发展前景和公司的具体经营活动和财务表现之后，对企业价值的一个综合判断。如果我们把企业产权看做一项可交易的资产，那么市值则是市场的出价。如果企业是上市企业，那么其股票可以在二级市场上交易，甚至能以较小数量方便地交易，并且还会有更高的溢价。一方面，市场价格对账面价值的比值或倍数，可以说反映了市场对某个行业中某家具体企业的认可程度，比如在美国的纳斯达克市场和中国的A股市场，IT行业的倍数都要比金融行业高，在各国的保险公司中，寿险公司的倍数又要比财险公司的倍数高，这反映的是市场对行业的估价。在A股市场，贵州茅台的股价比泸州老窖的高，反映的是市场对具体企业的估价；另一方面，市场倍数也在一定程度上反映了该市场的溢价状况，严重时可以说存在泡沫，比如2007年中国人寿在A股市场和H股市场同时上市，A股市场的价格当天上涨幅度超过100%，盘中达40元/股，成为当时全球市盈率最高的人寿股，但与此同时，H股市场的价格则不涨反跌，收盘跌至26元/股。同一只股票在两个市场的表现，反映的是市场的泡沫状况。市场价值指标的另一个用处是，假设我们接受了市场对某一行业的倍数范围，则可以从企业的账面资产推出该企业的市场价值范围。

表16-1归纳了我们常用的企业财务指标评价体系，供同学们查阅。

表16-1　企业常用财务评价指标

指标	明细	公式	说明
偿债能力指标	流动比率	$流动比率=\frac{流动资产}{流动负债}$	
	速动比率	$速动比率=\frac{流动资产-存货}{流动负债}$	考虑到存货不容易出售，流动性不强
	现金比率	$现金比率=\frac{现金}{流动负债}$	具有完全的流动性
营运能力指标	存货周转率	$存货周转率=\frac{产品销售成本}{存货}$	
	存货周转天数	$存货周转天数=\frac{365天}{存货周转率}$	
	应收账款周转率	$应收账款周转率=\frac{销售额}{平均应收账款余额}$	指平均而言，多少销售额中产生1元应收账款
	应收账款周转期	$应收账款周转期=\frac{365天}{应收账款周转率}$	
	总资产周转率	$总资产周转率=\frac{销售额}{总资产}$	
	资本密集度	$资本密集度=\frac{总资产}{销售额}$	
盈利能力指标	销售利润率	$销售利润率=\frac{净利润}{销售额}$	
	资产收益率（ROA）	$资产收益率=\frac{净利润}{总资产}$	
	权益收益率（ROE）	$权益收益率=\frac{净利润}{总权益}$	总资产周转率、销售利润率和权益乘数之乘积
可持续发展指标	可持续增长率	$可持续增长率=\frac{权益收益率\times留存收益}{1-权益收益率\times留存收益}$	
市场价值指标	每股盈利（EPS）	$EPS=\frac{净利润}{发行在外的股票}$	账面
	市盈率	$市盈率=\frac{每股价格}{每股收益}$	市场/账面
	市净率	$市净率=\frac{每股价格}{每股账面净资产}$	和市盈率各有优势

16.1.2 杜邦分析

杜邦分析最先由杜邦公司推出，因此得名。图 16-1 可以清晰地表达这一套分析方法，从图中不仅可以看到每一种指标的计算公式，而且可以看出指标之间的相互关系。更为管理人员所喜爱的是，这些拆解出来的指标体系，往往对应公司不同业务部门的业绩，可以看出整个企业各部门指标对最终指标——净资产收益率——的贡献。因此杜邦分析法不仅能用于外部评价，还能用于内部制定各部门目标、衡量业绩和评比考核。

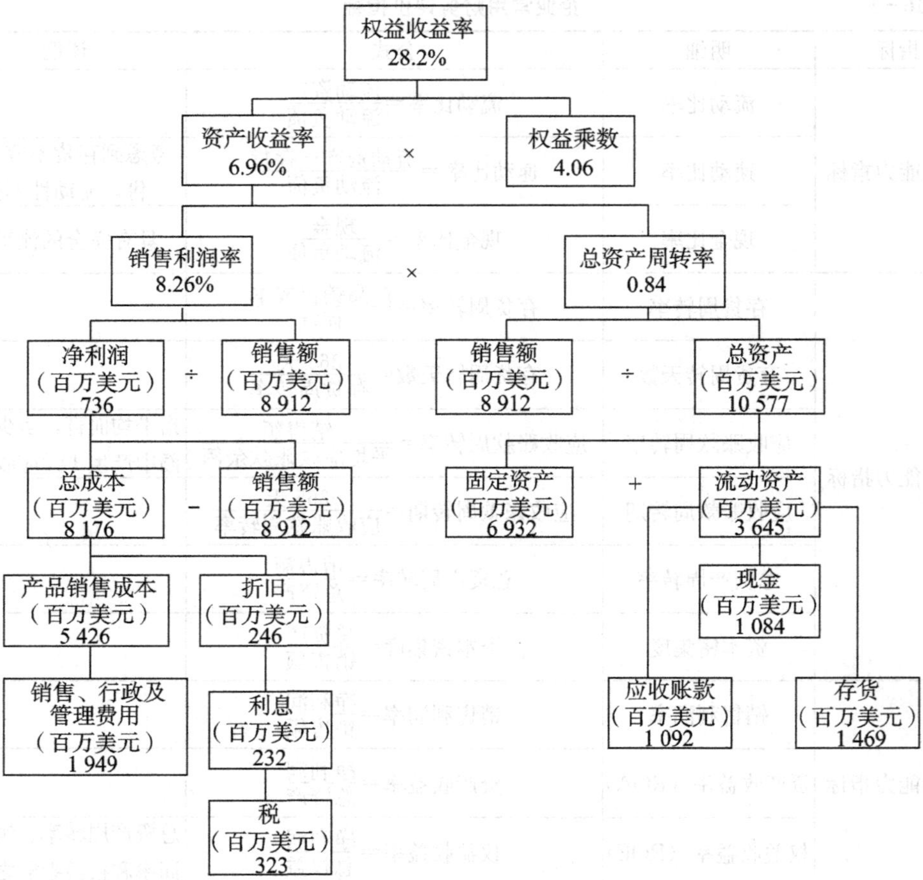

图 16-1 杜邦分析

如图 16-1 所示，销售利润率是由生产成本核算得出来的，可见要提高销售利润率，需要生产部门来节约成本，因此下一期针对生产部门的预算管理也可以由此制定。在总资产一定的情况下，总资产周转率是由销售额来决定的，也就是说销售部门的业绩直接影响该指标的表现。销售利润率和总资产周转率相乘，得到资产收益率，可见资产收益率指标是由生产和销售部门的业绩来贡献的，资产收益率乘以权益乘数得到最终的指标——权益收益率，说明负债可以对资产收益率起到倍乘的作用，而负债的比例控制则是财务部门的工作。

将 ROE 的计算公式拆开来看：

$$ROE=\frac{净利润}{销售额}\times\frac{销售额}{总资产}\times\frac{资产}{权益}=销售利润率\times总资产周转率\times权益乘数$$

可见，ROE是销售利润率、总资产周转率和权益乘数的乘积。企业为了提高ROE，使投资者收益最大化，可以从周转率入手，提高资产周转速度，加快生产、加快销售、加快收款，对于生产性企业来讲，这是比较辛苦的办法。对于有品牌效益的企业而言，提高利润率也许更加值得追求。财务杠杆是一把双刃剑，风险和收益并存，处理好财务杠杆也需要审时度势。

表16-2是杜邦公司的财务报表，包括利润表和资产负债表，图16-1就是在这些财务报表的基础上进行杜邦分析的整个计算过程。

表16-2　　杜邦公司的财务报表（2010年12月）　　（单位：百万美元）

利润表		资产负债表			
销售额	8 912	流动资产		流动负债	
销售成本	5 426	现金	1 084	应付账款	1 182
毛利	3 486	应收账款	1 092	应付票据	28
销售、行政及管理费用	1 949	存货	1 469	其他	1 376
折旧	246	小计	3 645	小计	2 586
EBIT	1 291	固定资产	6 932	长期负债	5 388
利息	232			权益	2 603
EBT	1 059				
税	323				
净利润	736	总资产	10 577	负债与权益合计	10 577

16.2 经济增加值

随着资本市场的深化，从投资者视角关注企业财务数据，对企业投资价值进行评估就成了研究主题。在美国，股市占GDP的比重从20世纪80年代的30%上下，到90年代超过50%，近些年来超过100%。在一级市场，兼并收购也是高潮迭起，更不用说各种规模的私募资本进行的投资。因此，更多的财务分析开始强调投资者视角，即评价企业是否具有投资价值，能否给投资人带来投资收益。在评价企业业绩表现时思腾思特公司（Stern Stewart & Co.）提出了一种被它们称为更加符合投资者需要的方法——经济增加值（economic value added，EVA）法。与过去的利润衡量指标相比，EVA法除了考虑了利润和投资数量之间的关系外，还顺便做了投资的机会成本的扣除。

我们先来介绍这种方法，然后再对该方法做出评价。

16.2.1 EVA法

EVA法的核心公式是：

$$\begin{aligned}EVA &= 税后净营业利润-资本成本\\ &= 税后净营业利润-资本占用\times加权平均资本成本率\end{aligned}$$

正确运用 EVA 法进行经济增加值计算的关键是税后净营业利润的计算、资本占用的计算和加权平均资本成本率的计算。

1. 税后净营业利润的计算

这里的税后净营业利润和会计核算中的净利润有所不同，EVA 法认为 ROE 法依赖现有的会计核算体系来计算收益，其收益用的是损益表中的利润概念，不能完全反映企业全面真实的盈利能力。EVA 法对利润的算法，在一定程度上挑战了现有的会计核算制度，它根据自己的理由对税前利润和税收都做了调整。EVA 法和 ROE 法中利润的算法不同，调整起来也很复杂，项目很多，我们在这里介绍几项最常涉及的调整。大家可以从中看到 EVA 法的思想。

EVA 法并不理会坏账准备和存货跌价准备。在会计上，为了匹配负担，平滑利润，每年按一定比例计提各种准备，等真有坏账出现时再冲抵。坏账虽然是一时出现的，但是形成坏账的原因却可能是累积的，所以计提准备金的做法一直被大家理解认同。EVA 法认为这种准备并不代表真实的利润被坏账冲抵了，如果计算利润时减掉准备，则不能反映企业真实的利润水平。这也有一定道理，比如有些企业就不合适地计提各种准备以调节利润。

对于研发费用、职工培训等支出在当时、获利持续表现在将来的支出的处理，ROE 法根据会计准则来处理，而 EVA 法则更多使用资本化处理，如果是在未来时间持续为企业利润作贡献的，则选择摊销处理。会计准则的制定不仅有投资者视角、债权人视角，也有监管视角，中国的会计准则制定就是由财政部来决策的。出于保证税收征收和避免财务作弊的考虑，会计处理的方法可能会牺牲划分收益性支出和资本性支出的原则。根据我国 2007 年的新会计准则，可以将开发阶段的费用资本化，对这部分资本化支出的认定比较严格，只有同时符合新则 5 项规定的费用才可以进行资本化处理。

对兼并收购中产生的商誉的处理，随着会计准则的调整，EVA 法和利润表在这部分的差别逐渐缩小。美国过去是将这部分在不超过 20 年内摊销，现在是列示无形资产，每年做减值测试。我国现在也是这么处理的。

EVA 法的利润计算中不涉及财务费用，主要是不计算利息和汇兑损失。对于利息的处理，ROE 法是在税前扣除利息，也就是有所谓的税盾，因为 EVA 法最终要将利息从 WACC 里扣除，在这里就不重复扣减了。我们在计算 WACC 的时候，利息计算是要乘以（$1-T$）的，做这个处理就是为了体现税盾；至于汇兑损失，EVA 法认为这和营业外损失一样，不是管理层的主观错误，不是产品的问题，所以不能用来抵减利润。因此在处理时，要将汇兑损失加回利润中，并做出相应的税收调整。

EVA 法的计算中，不计营业外支出和营业外收入，而 ROE 法的计算中，这些都是要包括在内的。营业外收入和支出是和主营业务及企业投资经营无关的一些收支，比如罚款、来源不明无法查实的现金增加，这些收入与企业经营的主观努力没有什么关系，不能体现企业产品、管理等价值，所以不用来核算利润。

EVA 法对很多利润核算科目的处理不同，这会导致利润和税收不同，所以需要做一个税收调整的计算。这里调整税收遵守的一条基本思路是：税收是根据税前利润来征收的，如果在核算利润时 EVA 法中加了任何一项会计核算中没有的，或者相比会计核算而言少扣减了任何一项，那么就会增加利润，这部分增加的利润就应该有相应的税收增加，因此 EVA 法在进行税收调整时就要加上这部分没有发生但理应发生的税；同理，如果在用 EVA 法计算利润时，与会计报表相比减掉了一些核算项，或者少加了一些核算项，就会导致税前利润变小，那么就应该少缴与此相对应的税收。

由于按照EVA方法没有扣除利息的过程，所以少减了核算项，导致利润变大，那么相对应的税收就会增加，增加的数额就是利息乘以税率。

将上述意思简单地用公式表达（也许并不全面，但反映了主要意思）如下：

NOPAT＝[营业利润＋利息支出＋当期费用化研发支出
－费用化研发支出累计摊销额＋市场开拓费用
－市场开拓费用累计摊销额＋员工培训费用
－员工培训费用累计摊销额
＋资产减值准备本期增加额－公允价值变动收益＋汇兑损失
－当期停业部门净收益]×(1－所得税税率)
－调整后递延所得税资产本年增加额
＋调整后递延所得税负债本年增加额

2. 资本占用的计算

这里将资本分为债务和权益两部分分别计算。EVA的计算与资产负债表的核算也有所不同，主要的区别表现在：

在对债务资本的计算上，EVA要减掉无息负债。我们知道，资产负债表中除了真正意义上的借贷之外，还有很多在生产经营中产生的暂时的资金来源，比如预收款、应付款，这些在资产负债表里都会被统计为负债，但是它们和借贷产生的负债是不一样的，最主要的区别是，这些资金来源的产生不存在付息义务。EVA认为利用这些信用会减少企业流动资金投入，提高资金利用效率，在资本投入中减掉这部分更能体现企业的盈利能力。

在对权益的处理上，EVA法延续了在处理利润时对待营业外收入和营业外支出的原则，认为这些收入的积累会最终成为利润留成算在权益里，所以要将营业外收入的积累从权益中扣除，或者将营业外支出造成的权益减少加回来。

EVA法在之前处理利润时，不理会会计上的各种坏账、跌价准备，也就是说并不因为计提了坏账准备而减少利润，如此，这些准备的积累就会最终形成利润留成，所以，在用EVA法计算股权资本时就要将坏账准备和存货跌价准备的余额加上来。

EVA法认为，企业的在建工程和现金并没有参加生产，所以应该从资本中减掉。还有一些战略性投资的处理方法也与在建工程相同，因为EVA法认为某些战略性投资虽然当期没有利润产生，但是未来却有很好的预期。比如，某传媒企业花巨资买下某播出频道，虽然该频道在买入之初一两年不可能产生利润，但未来无论是经营还是转让，都有非常好的预期，那么不如等到将来利润产生时再作为资本投入计算，现在就不算了。

可以简单地用公式表达如下：

债务资本＝短期借款＋一年内到期的长期借款＋长期借款合计
股本资本＝权益资本合计＋少数股东权益＋坏账准备＋存货减值准备
资本投入＝债务资本＋股本资本－在建工程－战略性投资－现金

3. 加权平均资本成本率的计算

加权平均资本成本率和我们之前学过的加权平均资本成本（WACC）的算法相比，公式和原理都是一样的，区别在于计算负债和权益的比例时如何确定负债和权益的数额，这个区别也是由前面资本投入的计算差别决定的。

下面的案例是一个虚拟的案例，是我们熟悉的天信集团在贵阳的一个分公司的情况。我们可以在这个案例中看到EVA算法的多种调整手段。

表16－3和表16－4是天信（贵阳）依会计准则提供的报表。现在要在此基础上调整计算出其税后净营业利润和投入资本，请见表16－5和表16－6。每处的加减我们都在表中标示出来。

表16－3　　天信（贵阳）公司损益表　　（单位：千元人民币）

日期	2015年12月31日	2014年12月31日	2013年12月31日	2012年12月31日
一、营业总收入	66 768 018	57 796 724	42 098 294	46 593 204
二、营业总成本	63 982 210	56 337 252	41 455 536	46 065 370
营业成本	55 189 268	46 800 444	34 620 698	39 114 038
营业税金及附加	206 115	161 664	168 778	136 955
销售费用	7 096 808	7 884 948	5 371 661	5 441 589
管理费用	1 160 830	1 147 858	986 949	912 440
其中：收益性管理费用支出	1 125 160	1 120 958	966 609	893 360
资本性管理费用支出	35 670	26 900	20 340	19 080
财务费用	162 566	107 150	213 708	164 287
资产减值损失	166 813	235 129	93 601	296 128
其中：坏账损失	50 599	8 771	−8 033	218 987
存货跌价损失	61 169	183 722	−5 491	77 140
其他资产减值损失	55 044	42 636	107 124	0
投资收益	57 591	13 496	1 400	155 167
其中：对联营企业和合营企业的投资收益	42 834	—	—	—
三、营业利润	2 843 358	1 472 974	644 171	683 010
营业外收入	251 381	532 710	248 946	248 664
营业外支出	19 418	77 007	48 531	19 102
非流动资产处置损失	15 076	61 350	—	2 670
利润总额	3 075 322	1 928 679	844 588	912 572
所得税费用	439 647	352 795	181 126	246 197
未确认投资损失	—	—	—	—
四、净利润	2 635 675	1 575 881	663 460	666 374
归属于母公司所有者的净利润	2 621 602	1 564 439	706 403	640 042
少数股东损益	14 071	11 442	−42 941	26 333
五、每股收益（元人民币）				
基本每股收益	3.02	3.17	1.44	1.30
稀释每股收益	3.01	3.17	1.44	1.30

表16－4　　天信（贵阳）公司资产负债表　　（单位：千元人民币）

日期	2015年12月31日	2014年12月31日	2013年12月31日	2012年12月31日
流动资产				
货币资金	7 651 897	6 902 693	2 122 009	1 952 920

续前表

日期	2015 年 12 月 31 日	2014 年 12 月 31 日	2013 年 12 月 31 日	2012 年 12 月 31 日
应收票据	15 890 064	11 364 414	7 299 370	4 977 340
应收账款	2 744 692	2 120 081	1 741 662	2 493 411
其中：应收账款——坏账准备	164 542	129 422	122 800	141 071
应收账款净值	2 580 151	1 990 660	1 618 862	2 352 340
预付款项	81 872	90 443	112 667	223 308
其他应收款	136 016	118 752	140 744	176 763
其中：其他应收款——坏账准备	90 748	89 581	85 235	89 852
其他应收款净值	45 268	29 171	55 509	86 911
存货	8 255 825	7 918 689	3 966 029	6 656 753
其中：存货跌价准备	266 723	396 756	219 004	224 495
存货净值	7 989 102	7 521 933	3 747 025	6 432 259
流动资产合计	34 238 246	27 899 308	14 955 443	16 025 084
非流动资产				
长期股权投资	423 068	376 806	19 340	5 891
投资性房地产	101 048	104 797	108 604	352 383
固定资产原值	5 282 234	4 706 703	4 893 784	4 558 621
累计折旧	1 801 000	1 501 473	1 931 587	1 893 944
固定资产净值	3 481 255	3 205 218	2 962 210	2 664 673
固定资产减值准备	52 727	41 467	105 549	24 196
固定资产净额	3 428 535	3 163 738	2 856 659	2 640 476
在建工程	34 670	67 313	142 442	96 159
固定资产清理	4 941	2 872	407	614
无形资产	256 672	276 723	292 988	315 002
开发支出	—	6 011	13 802	—
商誉	—	—	—	24 692
长期待摊费用	60 564	45 143	65 352	139 500
递延所得税资产	683 446	534 594	114 153	121 947
其他非流动资产	—	—	—	—
非流动资产合计	4 992 945	4 577 994	3 613 763	3 696 659
资产总计	39 231 160	32 477 334	18 569 206	19 721 743
流动负债				
短期借款	—	—	—	—
应付票据	1 531 912	1 473 467	804 336	792 225
应付账款	11 565 970	9 166 445	4 814 279	6 674 918
预收款项	1 735 808	1 352 505	1 449 512	1 287 419
应付职工薪酬	451 925	381 460	141 820	57 719
应交税费	387 900	253 737	—112 003	14 075
应付利息	3 024	3 024	3 024	3 024

续前表

日期	2015 年 12 月 31 日	2014 年 12 月 31 日	2013 年 12 月 31 日	2012 年 12 月 31 日
其他应付款	5 253 785	3 844 522	1 504 826	1 480 507
一年内到期的非流动负债	—	—	—	
流动负债合计	20 930 329	16 475 172	8 605 798	10 309 876
非流动负债				
长期借款	20 410	20 410	20 410	20 410
专项应付款	—	—	—	37 641
其他非流动负债	60 985	184 027	282 959	109 523
非流动负债合计	81 395	204 437	303 369	167 574
负债总计	21 011 718	16 679 617	8 909 185	10 477 458
所有者权益				
实收资本（或股本）	2 721 287	1 814 192	1 550 432	1 550 432
资本公积	8 329 195	9 191 879	4 719 075	4 876 640
盈余公积	1 718 415	1 203 867	904 377	817 298
未分配利润	5 095 686	3 257 216	2 186 746	1 584 532
外币报表折算差额	−50 824	−58 937	−68 790	—
归属于母公司的股东权益合计	17 813 754	15 408 231	9 291 857	8 828 895
少数股东权益	405 814	389 489	368 171	415 397
所有者权益总计	18 219 567	15 797 717	9 660 022	9 244 286
负债和所有者权益总计	39 231 160	32 477 334	18 569 206	19 721 743

表 16-5　　天信（贵阳）公司税后净营业利润（NOPAT）估算　（单位：千元人民币）

日期	2015 年 12 月 31 日	2014 年 12 月 31 日	2013 年 12 月 31 日	2012 年 12 月 31 日
营业利润	2 843 358	1 472 974	644 171	683 010
加：坏账准备	50 599	8 771	−8 033	218 987
存货跌价准备	61 169	183 722	−5 491	77 140
财务费用	162 566	107 150	213 708	164 287
研发支出中未摊销部分	15 272	13 636	12 456	15 264
减：利润表上所得税	439 647	352 795	181 126	246 197
研发支出逐年摊销额	20 398	13 264	7 884	3 816
财务费用带来的税收减少	53 647	35 359	70 524	54 215
坏账准备带来的税收减少	16 698	2 894	−2 651	72 266
存货跌价准备带来的税收减少	20 186	60 628	−1 812	25 456
非流动资产处置损失带来的税收减少	4 975	20 246	—	881
研发费用（未摊销部分）带来的税收减少	5 040	4 500	4 110	5 037
加：营业外净收入带来的税收增加	76 548	150 382	66 137	75 755
税后净营业利润（NOPAT）	2 669 320	1 460 213	671 651	830 392

表 16-6 天信（贵阳）公司投入资本估算 （单位：千元人民币）

日期	2015 年 12 月 31 日	2014 年 12 月 31 日	2013 年 12 月 31 日	2012 年 12 月 31 日
债务资本				
短期借款	—	—	—	—
一年内到期的非流动负债	—	—	—	—
长期借款	20 410	20 410	20 410	20 410
债务资本合计	20 410	20 410	20 410	20 410
股本资本				
归属于母公司的股东权益合计	17 813 754	15 408 231	9 291 857	8 828 895
少数股东权益	405 814	389 489	368 171	415 397
坏账准备	255 289	219 002	208 035	230 923
存货跌价准备	266 723	396 756	219 004	224 495
股本资本合计	18 741 580	16 413 479	10 087 067	9 699 709
减：在建工程	34 670	67 313	142 442	96 159
货币资金	7 651 897	6 902 693	2 122 009	1 952 920
投入资本	11 075 422	9 463 882	7 843 026	7 671 040

通过表 16-5 和表 16-6 中的调整，我们可以计算出天信（贵阳）公司近四年来的 EVA，其计算过程如表 16-7 所示。

表 16-7 天信（贵阳）公司 EVA 估算 （单位：千元人民币）

日期	2015 年 12 月 31 日	2014 年 12 月 31 日	2013 年 12 月 31 日	2012 年 12 月 31 日
(1) 税后净营业利润（NOPAT）	2 669 320	1 460 213	671 651	830 392
(2) 投入资本	11 075 422	9 463 882	7 843 026	7 671 040
EVA	1 340 269	324 547	−269 512	−90 133

说明：EVA＝NOPAT－投入资本×WACC＝（1）－（2）×12%。

无论是 ROA、ROE 还是 EVA，都尝试从不同的侧面反映公司的经营状况。它们的基本原理大致相同，得出的结论也十分相近，但有时仍会存在细微的差别。如表 16-8 所示，从 2012 年到 2013 年，天信（贵阳）公司创造的 EVA 呈现下降趋势，而用 ROA 衡量却是上升趋势。

表 16-8 天信（贵阳）公司财务数据比较

日期	2015 年 12 月 31 日	2014 年 12 月 31 日	2013 年 12 月 31 日	2012 年 12 月 31 日
EVA（千元）	1 340 269	324 547	−269 512	−90 133
ROE	15.5%	12.4%	7.0%	7.2%
ROA	7.4%	6.2%	3.5%	3.4%
RONA	14.4%	9.8%	6.7%	7.1%

2015 年度财务指标：

$$销售利润率=\frac{净利润}{营业总收入}=\frac{2\ 635\ 675}{66\ 768\ 018}=3.95\%$$

$$资产收益率=\frac{净利润}{平均总资产}=\frac{2\ 635\ 675}{\frac{39\ 231\ 160+32\ 477\ 334}{2}}=7.35\%$$

或：

$$资产收益率=\frac{净利润}{营业总收入}\times\frac{营业总收入}{平均总资产}=\frac{2\ 635\ 675}{66\ 768\ 018}\times\frac{66\ 768\ 018}{35\ 854\ 247}=7.35\%$$

$$权益收益率=\frac{净利润}{平均总权益}=\frac{2\ 635\ 675}{\frac{18\ 219\ 567+15\ 797\ 717}{2}}=15.50\%$$

$$净资产收益率=\frac{净利润}{营业总收入}\times\frac{营业总收入}{平均资产总额}\times\frac{平均资产总额}{平均总权益}$$

$$=\frac{2\ 635\ 675}{66\ 768\ 018}\times\frac{66\ 768\ 018}{35\ 854\ 247}\times\frac{35\ 854\ 247}{17\ 008\ 642}=15.50\%$$

16.2.2 对 EVA 法的一些讨论

（1）用 NOPAT 进行核算的中心思想是确定公司经营业务的盈利能力，该指标是完全从投资者视角出发的，关注且仅关注企业利用资本投入赚取利润的能力，因此更加注重区分资本性支出和收益性支出，也不愿意为平滑利润做出让步。EVA 法压缩了预提坏账准备和减值准备在利润调节上的空间，使得那些为美化报表或者出于财务和税收原因做出的会计处理不至于掩盖企业的真实盈利状况。NOPAT 的计算也非常注重资本化那些收益体现在未来的支出，然后逐年进行摊销处理。从核算的角度，EVA 对资本化费用的摊销处理更符合收益和支出匹配的原则。

（2）在上述对预提准备和费用资本化的处理上，EVA 法表现出对待现有会计制度的不同的态度。EVA 法反对为平滑利润“摊销”坏账，却坚持通过资本化支出来摊销研发费用。这反映出 EVA 法对于现有会计制度可能造成的报表作秀空间的警惕性。

（3）EVA 法还有一些地方可以讨论。比如，EVA 法在处理资本投入时将战略性投资、在建工程和现金减掉。减掉现金的算法在企业有较多现金闲置的情况下是合适的，但不少企业尤其是有负债的企业，并没有太多闲置资金，即使在考察企业时有现金存在，也可能只是为了满足周转的需要。周转中的资金毫无疑问应该是投入生产中的流动资金。而减掉在建工程和战略性投资的算法，虽然将投入产出的期限做了匹配，但是从投资者角度来看，资金投出去了就有占用，就有机会成本产生，同样是不应忽视的，除非 EVA 法仅仅用在对某项产品的盈利性评估而不是对企业的综合评价上。

（4）EVA 法与 ROE 法的重大不同是，ROE 法依赖有统一准则的会计报表，因此，除非被普及，否则 EVA 法的结果没有系统参照，最终会是一个问题。思腾思特公司提出该方法后，就开始努力在全球推广其方法，给世界不同市场的上市公司做评价和排名，然而股票市场的问题就是，方法很多，但任何一种方法得出的排名都不会总是准确的。

（5）随着资本市场的深入发展，在一级市场上，通过尽职调查取得数据来衡量企业盈利能力时，用EVA法可以排除会计准则带来的扰乱，集中核算企业的NOPAT，更具有明显的优势。

（6）在估算投资价值时，DCF法被认为比较合理，多年来一直被推崇。在DCF法的计算中，也用到WACC来计算贴现率，从而反映出资本成本。但是，DCF法是流量法，旨在以企业可能产生的所有未来现金流来评估企业当下的价值，因此对于企业当期业务考核没有更大的参考价值。相反，EVA法通过资本化费用核算，极力匹配当期投资收益，以此评价管理层业绩，排除了前人栽树后人乘凉的不公平，对于管理层的业绩考核具有较大的参考价值。

16.3 跨国公司的业绩评价

跨国公司的业绩评价可以从两个方面来看，一方面是外部的投资者对跨国公司表现的评价，另一方面是跨国公司集团对其子公司业绩的考核。跨国公司的正式报表是基于折算的，比如总公司在美国，我们看到的就是美元报表，总公司在中国，我们看到的就是人民币报表，而这个报表就反映了集团的资产负债状况和总体经营状况，我们可以用杜邦分析、市场价值分析、EVA分析等来对集团进行财务分析与评价。跨国公司业绩评价中比较特殊的一面是集团对于子公司业绩的考核，因为各子公司分处不同国家，所处金融环境、税收环境都不相同，为了在全球范围内重组资金以达到集团货币风险最小化、财务成本最小化、税负最小化和集团利润最大化的目标，集团公司会扭曲子公司之间的交易价格，让部分子公司承担更重的融资负担，从而子公司的报表也是扭曲的，不能客观反映子公司对集团的贡献。跨国公司业绩评价中还会遇到一个特殊的问题，就是报表的折算问题。如果将子公司的报表折算成母公司货币的话，汇率风险会影响到子公司的折算报表的表现。也就是说，某个子公司也许用其记账本位币做出来的报表很好看，但因为汇率的缘故折算之后利润率降低不少。因此，为了更加公平地考核子公司的表现，跨国公司内部业绩考核的办法就不应该只是看其子公司的报表，而是要确立一整套适合公司结构的考核评价体系。

16.3.1 会计报表折算

会计报表的折算，简单说来就是要把国外子公司以外币记账的报表折算成母公司记账货币后并表。我们知道，所有资产负债表都是平衡的，因此，如果进行货币折算时将所有的科目都以相同的某个汇率进行折算的话，那么折算之后的资产负债表也一定是平衡的。但是，资产负债表中的科目似乎并不适合都用统一的汇率去折算，比如固定资产，其购买发生是一个历史事件，如果每次并表都用不同的汇率去折算的话，在外币大幅升值时，就会出现固定资产净值以母国货币算超过购买价格的不合理情况。因此，在会计实务中，对不同科目的折算用不同的汇率，折完之后报表就会产生不平衡。这样我们就面临两个问题：第一，实践中可以用什么样的汇率来折算，什么科目用什么汇率折算？第二，折算之后产生的不平衡怎么处理？

随着我国改革开放的深入，需要进行外币折算的企业越来越多。而且随着我国企业走向国际化，更多企业将面临国际化的竞争，我国的会计制度也需要有相应的发展。2006年出台的《企业会计准则第19号——外币折算》，反映出新的规定正向国际靠拢。下面，我们将介绍中国的跨国公司在建立会计账目和折算报表时的做法。

1. 记账本位币的确定

记账本位币是指企业经营所处的主要经济环境中的货币，一般我们要求以人民币为记账本位币。但如果企业的经营和融资活动更多以外币进行，则可以选择外币作为记账本位币，但是编制报表时要用人民币。选择记账本位币要考虑两方面的问题：一个是该企业的经营活动相对于母公司是否具有相当的独立性和自主性。如果是独立的，则选择外币记账，如果不够独立，仅仅只是母公司的构成部分，则以母公司本币记账为宜。举个例子，飞鱼公司在越南有个子公司，负责对某个零部件的镀金处理，之后再运回中国组装。这样的子公司实质上是母公司的一个境外车间，以人民币记账为宜。但如果飞鱼公司在新加坡的某个子公司，其产品的原材料自主购进，产品除了供应母公司外，还在国际市场上与其他同类产品竞争，销往欧美日，那么作为一个独立的子公司，可以选择以外币来结算。选择记账本位币还需要考虑企业的经营活动是否主要以该种货币进行结算，是否以该种货币进行融资并存放，公司的收入是否以该种货币为主并能足够偿付债务及利息。如果答案是肯定的，那么可以选择这种货币为记账本位币。

一旦确立了记账本位币，就不应随意变动，如需变动，应在变动日将所有科目余额均以当日汇率折算成新币种。企业在境外的子公司可以用外币作为记账本位币，集团在国内的子公司，由于经营比较独立，主要涉外，主要使用外币作为结算币种，视同境外经营，也可以采用外币记账，但在资产负债表日需要折算成人民币。

2. 分账制

对于外币交易频繁、外币币种较多的企业（比如金融企业），也可以采用分账制记账方法进行日常核算。到了资产负债表日，应当按规定折算。采用分账制记账方法，其产生的汇兑差额的处理结果，应当与统账制一致。比如中国对外建设总公司，其业务遍布全球各洲，收支中有多种外币，可以分别记人民币账、美元账、欧元账等，在资产负债表日再按规定折算并表。

3. 折算汇率

即期汇率，通常是指中国人民银行公布的当日人民币外汇牌价的中间价。即期汇率的近似汇率，是指按照系统合理的方法确定的、与交易发生日即期汇率近似的汇率，通常采用当期平均汇率或加权平均汇率等。企业通常应当采用即期汇率进行折算。汇率变动不大的，也可以采用即期汇率的近似汇率进行折算。

4. 折算时分外币货币性项目与非货币性项目，按不同汇率进行折算，对于折算产生的差额分不同情况加以处理

（1）货币性项目，是指企业持有的货币资金和将以固定或可确定的金额收取的资产或者偿付的负债。货币性项目分为货币性资产和货币性负债。货币性资产包括库存现金、银行存款、应收账款、其他应收款、长期应收款等；货币性负债包括短期借款、应付账款、其他应付款、长期借款、应付债券、长期应付款等。对于外币货币性项目，应当采用资产负债表日即期汇率折算。因结算或采用资产负债表日即期汇率折算而产生的汇兑差额，计入当期损益，同时调增或调减外币货币性项目的记账本位币金额。

（2）非货币性项目，是指货币性项目以外的项目，包括存货、长期股权投资、固定资产、无形资产等。以历史成本计量的外币非货币性项目，由于已在交易发生日按当日即期汇率折算，资产负债表日不应改变其原记账本位币金额，不产生汇兑差额。以公允价值计量的外币非货币性项目，如交易性金融资产（股票、基金等），采用公允价值确定日的即期汇率折算，折算后的记账本位币金额与原记账本位币金额的差额，作为公允价值变动（含汇率变动）处理，计入当期损益。

（3）企业收到投资者以外币投入的资本，应当采用交易发生日即期汇率折算，不得采用合同约定汇率和即期汇率的近似汇率折算，外币投入资本与相应的货币性项目的记账本位币金额之间不产生外币资本折算差额。

（4）企业编制合并财务报表涉及境外经营的，如有实质上构成对境外经营净投资的外币货币性项目，因汇率变动而产生的汇兑差额，应列入所有者权益“外币报表折算差额”项目；处置境外经营时，计入处置当期损益。

5. 企业对处于恶性通货膨胀经济中的境外经营的财务报表，应当按照下列规定进行折算

对资产负债表项目运用一般物价指数予以重述，对利润表项目运用一般物价指数变动予以重述，再按照最近资产负债表日的即期汇率进行折算。在境外经营不再处于恶性通货膨胀经济中时，应当停止重述，按照停止之日的价格水平重述的财务报表进行折算。对于恶性通货膨胀的定义，判断经济是否处于恶性通货膨胀的依据有五条：（1）最近三年累计通货膨胀率接近或超过100%；（2）利率、工资和物价与物价指数挂钩；（3）公众不是以当地货币而是以相对稳定的外币为单位作为衡量货币金额的基础；（4）公众倾向于以非货币性资产或相对稳定的外币来保存自己的财富，持有的当地货币立即用于投资以保持购买力；（5）即使信用期限很短，赊销、赊购交易仍按补偿信用期预计购买力损失的价格成交。

16.3.2 跨国集团公司子公司的业绩考核

跨国公司对不同国家子公司的业绩考核，关系到企业管理层的职业生涯和奖励，更关系到集团公司的全球布局和对于子公司未来的发展与规划。这些评价难免主观，甚至带有公司政治的色彩，但也需要有一定的客观依据，财务数据在国内业绩评价上一直是被用做这样的依据的。但是由于跨国公司的特殊性，财务指标还不能像国内企业那样好用，在运用时还需要做更多的调整。

（1）跨国公司内部业绩评价具有复杂性。这些复杂性表现在：

1）子公司报表在折算时会受到来自汇率变动的影响。一些公司如果用当地货币计算盈利是很好的，但是折算成母国货币时遇到当地货币贬值，若固定资产是用母国货币投资购买的，而产品销售在当地，收回的是当地货币，这样就会在报表上显示出较低的利润甚至亏损。这个时候我们需要从多方面去分析具体情况。比如，除了公司建立之初以母公司所在国货币投放设备之外，该子公司在生产经营中是不是原材料购买、劳动力购买和销售结算都用的是当地货币，如果是这样，我们就应该更加重视当地货币报表，并将该企业的当地货币报表与当地同行业的报表进行比较，以此来评价子公司的业绩。但是，从全球布局的角度来看，股东会要求其投资在全球有一个好的组合分布，最终表现在集团报表上，有一个好的回报。如果某个国家因为货币的原因严重拖累企业整体利润，那么集团就需要站在全球布局的角度，结合对该国宏观经济、市场环境和汇率走势的预测，决定对该国子公司采取何种发展规划。

2）子公司所处各国税收环境不一样，为了全球节税，跨国公司可能会通过划拨价格在全球分配利润，将利润集中于低税收国家，这样就牺牲了某些地区的报表利润，这种扭曲的报表就不能体现企业的真实业绩。

3）子公司所在各国的金融环境也不一样。有的国家金融比较发达，贷款融资方便且成本较低，有的国家信用不发达，而且成本高昂。这时金融发达的国家的子公司也需要牺牲自己的利润，帮其他国家企业融资并背负一定的财务成本。

4）如我们在跨国资金重组一章中介绍的那样，母公司在境外设立子公司尤其是与当地合资建立子公司之初，往往出于各种考虑——比如利润汇回的限制，利润分配的不确定性，当地政府的接受程度等——会将投资收益以各种其他非利润形式收回，比如管理费、专利费、特许权使用费等。这也会扭曲子公司的报表。

5）子公司所处各国的会计制度是有区别的，会计报表的利润调节空间也有所不同。因此，各国子公司在自身所处的制度环境下，在不违反规定的范围内可能会有不同的调节驱动，并采取不同的调节方向。比如，开曼的子公司，就可能因为“吹牛不上税”而将利润做大，从而吸引投资者和抬高股价；中国的一些大型上市公司，因为是垄断行业，所以比较“低调”，往往愿意把利润调得低一些，最终会在财务报表上呈现出很高的预提费用、资产减值和存货折价准备。

（2）建立跨国公司子公司内部评价体系，按照重要性排序，需要考虑如下四种目标：

1）保证利润，保证股东利益最大化。股东利益最大化是企业一切决策的基本动力和方向，因此建立公司内部评价体系也要从这个目标出发，以保证股东收益最大化作为评价体系建立的首要依据。具体到子公司，就要考虑到子公司对集团利润的贡献，业绩评价应激励子公司为集团最大化利润作出贡献。

2）管理风险，为错误提供早期的预警系统。该体系应该针对各子公司所处环境的特点，设立合理指标，管理风险。这是内部风控和管理的理想状态，但是指标的确定是很困难的，而且执行起来也困难重重，因为指标出现状况的原因不止一种，还可能有预料之外的原因，因此要具体问题具体分析。

3）为资源配置提供基础。每个子公司的管理层都必将为本子公司的发展竭力要求母公司配置更多资源，好的内部财务评价体系应该为母公司在资源配置上提供参考，以求更公平合理地分配集团资源。这谈何容易！分配集团资源是公司政治的核心问题，财务指标可以是依据，也可以是借口，也可以什么都不是。

4）可用于评价子公司管理层的业绩。管理层的职业生涯中总是避免不了各种考核，好的公正的评价体系，应该让他们的努力得到公正的评价并借此获得应有的承认，让更加有价值创造能力的人得到及时的升迁，避免让管理层以表面功夫获得好处。好的评价体系是好的激励机制的基础，只有让管理层和员工都得到正面激励，才会激发出其管理和工作潜能，为企业创造更大的财富。

（3）集团公司业绩评价的实践。专栏 16—1 是某集团公司制定的对子公司和子公司管理层进行业绩考核的章程。从中可以看出，由于各子公司在集团中扮演的角色各不相同，或者是为了公共关系，或者是为了扩大生产，或者是为了扩大市场，或者是为了输送利润，因此对每家子公司进行评价的指标基本都是分别制定的，而且由于国际经济形势变化迅速，市场发展日新月异，因此每家子公司每年的考核内容也会一年一定。这样做的目的，是让每家子公司都努力扮演好自己的角色，从而为集团利润最大化作出最大贡献。

专栏 16—1

××公司子公司管理章程之绩效考核

第六章　绩效考核

第一节　子公司绩效考核

第二十条　子公司绩效考核设定以下关键绩效指标：

1. 董事会经营目标完成情况；

2. 财务方面：财务预算执行情况、净资产收益率、主营业务收入、流动比率、净现金流等；

3. 市场开拓方面：市场占有率、主营产品在行业中的地位等；

4. 内部管理方面：制度是否健全、实际执行情况等；

5. 研发方面：新产品数量、自主开发含量、自主开发产品占销售收入的比重；

6. 服务方面：用户满意度、投诉和诉讼情况等；

7. 执行子公司管理制度情况；

8. 战略发展部认为应列入绩效考核的其他指标。

根据子公司具体情况，可以选取全部或部分关键绩效指标。

第二十一条　对关键绩效指标的权重分配，应当遵循以下原则：

1. 相对重要原则：八大类指标一般按董事会经营目标完成情况、财务、市场开拓、研发、内部管理、子公司管理制度执行情况、服务相对重要程度递减排序分配；

2. 个案原则：鉴于不同子公司的实际情况不同，权重按个案原则确定；

3. 董事会经营目标完成方面的指标权重一般不少于50％。

第二十二条　子公司绩效考核执行程序如下：

1. 考核组织：战略发展部组织子公司董事、监事、主管领导等分别对子公司年度经营绩效做出独立评估，在此基础上采用一定的平均或加权方法得到同一评估值。此评估值作为子公司董事会评价子公司管理层经营业绩的主要依据。

2. 确定、调整考核指标和权重。每年年度董事会召开之前，战略发展部与子公司管理层充分沟通，就考核指标、权重的调整取得一致，并报母公司投资副总裁审核。

3. 董事会确定、描述考核目标值。

4. 下次年度董事会召开之时，董事会根据目标值和实际完成业绩情况评价子公司上一会计年度的经营绩效。

5. 董事会根据子公司经营绩效评价结果，确定对管理层的整体奖惩方案。

第二节　高管人员绩效考核

第二十三条　子公司高级管理人员考核模型和指标原则上参考母公司有关个人能力素质模型和业绩考核体系。

第二十四条　子公司高级管理人员绩效考核执行程序如下：

1. 考核组织。战略发展部可视情况，会同子公司董事、监事、主管领导、母公司相关部门、子公司相关部门等分别对子公司高管人员个人上一年度业绩做出独立评价，在此基础上采用一定的平均或加权方法得到统一的评分值。此评分值作为子公司董事会评价子公司管理层个人经营业绩的主要依据。

2. 确定、调整考核指标和权重。每年年度董事会召开之前，战略发展部与公司高级管理人员个别沟通，并上报投资副总裁审核。

3. 董事会根据个人目标值和实际完成业绩情况，评价子公司高级管理人员上一会计年度的个人业绩。

4. 董事会根据对管理层的奖惩方案，结合高级管理人员个人的贡献程度，参考战略发展部对高级管理人员个人绩效的考核结果，制定具体奖惩方案。其中总经理和财务总监的奖惩方案由董事长提议，董事会通过；其他高级管理人员的奖惩方案由总经理提议，董事会通过。

第二十五条　对于非母公司派出子公司高管人员，战略发展部如认为不胜任职位，可向子公司董事会提出撤换建议。

思考题

1. 思考并简要论述跨国公司财务评价的复杂性。

2. 梦想公司正在进行年终总结，董事会希望通过不同的方法来衡量公司近年来的业绩。下面分别列出了梦想公司近三年来的资产负债表和损益表。

梦想公司资产负债表　（单位：千元人民币）

项目		2017 年 12 月 31 日	2016 年 12 月 31 日	2015 年 12 月 31 日
流动资产	货币资金	25 946 400	9 641 990	6 697 270
	交易性金融资产	410 166	30 754	126 617
	应收票据	2 567 260	954 003	689 292
	应收账款	5 541 620	5 741 030	4 965 140
	预付款项	669 931	628 892	247 629
	应收利息	143 533	18 769	61 265
	应收股利	—	—	24 191
	其他应收款	1 558 480	950 357	888 491
	存货	7 688 760	6 636 080	4 553 990
	流动资产合计	44 526 100	24 601 900	18 253 900
非流动资产	持有至到期投资	2 122	—	2 642
	长期股权投资	1 236 620	867 267	527 682
	投资性房地产	733 308	248 205	240 968
	固定资产原值	5 577 920	5 772 040	5 376 380
	累计折旧	2 545 090	2 595 370	2 512 520
	固定资产净值	3 032 830	3 176 670	2 863 860
	固定资产减值准备	152 320	107 620	133 543

续前表

项目		2017年12月31日	2016年12月31日	2015年12月31日
非流动资产	固定资产净额	2 880 510	3 069 050	2 730 320
	在建工程	2 040 360	436 652	110 928
	无形资产	893 724	419 033	675 660
	开发支出	55 326	38 883	34 156
	商誉	562 046	440 127	440 127
	长期待摊费用	50 588	40 741	25 435
	递延所得税资产	57 663	37 245	39 068
	其他非流动资产	439 680	35 376	111 803
	非流动资产合计	8 951 940	5 632 580	4 938 790
资产	总计	53 478 100	30 234 400	23 192 700
流动负债	短期借款	13 457 800	5 013 670	6 712 220
	吸收存款及同业存放	108 824	116 858	122 555
	拆入资金	480 000	150 000	—
	交易性金融负债	175 064	6 798	60 664
	应付票据	1 698 210	1 336 150	1 202 550
	应付账款	6 653 100	6 805 330	5 042 250
	预收款项	1 238 640	757 751	555 130
	应付职工薪酬	613 145	495 560	387 949
	应交税费	−28 794	−37 680	3 793
	应付利息	71 436	15 522	33 052
	应付股利	1 117	1 116	44 976
	其他应付款	3 613 480	3 800 790	1 840 940
	一年内到期的非流动负债	1 492 000	192 680	476 060
	其他流动负债	943 058	764 643	183 850
	流动负债合计	30 517 100	19 419 200	16 666 000
非流动负债	长期借款	1 929 290	2 074 420	24 301
	应付债券	1 975 500	—	125 082
	长期应付款	16 681	19 589	52 737
	专项应付款	—	—	40 758
	递延所得税负债	22 946	10 403	10 189
	其他非流动负债	924 113	282 424	62 141
	非流动负债合计	4 868 530	2 386 830	315 208
负债	合计	35 385 600	21 806 000	16 981 200

续前表

项目		2017 年 12 月 31 日	2016 年 12 月 31 日	2015 年 12 月 31 日
所有者权益	实收资本（或股本）	4 238 110	2 936 930	2 586 330
	资本公积	5 694 300	2 451 170	1 925 520
	盈余公积	567 053	567 053	519 810
	一般风险准备	361	361	205
	未分配利润	−241 699	−674 237	−1 096 910
	外币报表折算差额	16 218	11 342	48 076
	归属于母公司的股东权益合计	10 274 300	5 292 620	3 983 040
	少数股东权益	7 818 090	3 135 810	2 228 440
所有者权益（或股东权益）	合计	18 092 400	8 428 430	6 211 480
负债和所有者权益（或股东权益）	总计	53 478 100	30 234 400	23 192 700

梦想公司损益表

（单位：千元人民币）

日期	2017 年 12 月 31 日	2016 年 12 月 31 日	2015 年 12 月 31 日
一、营业总收入	51 869 900	44 295 200	38 419 300
二、营业总成本	52 201 100	43 756 400	38 274 400
营业成本	44 535 541	37 551 496	32 374 742
营业税金及附加	121 358	48 852	43 469
销售费用	5 100 940	3 890 030	3 632 060
管理费用	2 161 280	1 977 190	1 807 120
财务费用	32 846	120 821	264 136
资产减值损失	249 141	167 958	152 859
其中：坏账减值损失	123 432	56 987	101 600
存货跌价损失	125 709	110 971	51 259
公允价值变动收益	−51 379	−103 058	−79 705
投资收益	225 319	154 714	435 107
其中：对联营企业和合营企业的投资收益	4 858	20 219	30 448
汇兑收益	−238	266	−3 930
三、营业利润	−157 533	590 727	496 364
营业外收入	1 145 040	449 786	267 891
营业外支出	214 662	65 839	105 026
非流动资产处置损失	23 636	20 518	56 541

续前表

日期	2017 年 12 月 31 日	2016 年 12 月 31 日	2015 年 12 月 31 日
利润总额	772 840	974 674	659 229
所得税费用	300 437	271 130	218 707
未确认投资损失	0	0	0
四、净利润	472 403	703 545	440 522

梦想公司的财务报表中研发支出全部采取了费用化处理，但实际上应分五年匀速摊销最为合理。这里我们不考虑 2015 年以前的研发支出摊销。过去三年的研发支出如下表所示：

年份	2017	2016	2015
研发支出（千元）	400 860	365 600	300 876

（1）计算梦想公司 2016 年的 ROE 和 ROA。

（2）计算梦想公司 2017 年的 NOPAT。

3. 企业应用 EVA 法来评价各不同部门或子公司经营业绩时经常遭遇一个问题，即是否已根据各部门或子公司的经营风险调整其资本成本。从理论上来说，在高风险环境中经营的部门其资本成本应该更高。然而，很多企业的资本却是集中筹集，不论各部门的风险水平如何，这些资本都是以相同的成本提供给各部门的。请简要论述在运用 EVA 法时区分不同资本成本进行业绩衡量的利弊。

参考资料

[1] 荆新，王化成，刘俊彦．财务管理学．5 版．北京：中国人民大学出版社，2009.

[2] 韦安特等．会计学原理．北京：中信出版社，2011.

[3] 企业会计准则第 19 号——外币折算.

[4] 李奇．基于经济增加值的企业价值管理体系研究．财会研究，2008（11).

[5] 陈晓慧．EVA 业绩评价指标计算问题探讨．财会研究，2010（6).

[6] 廖小菲，周良平．浅析 EVA 在企业业绩评价体系的应用．财会研究，2010（5).

教学支持说明

1. 教辅资源获取方式

为秉承中国人民大学出版社对教材类产品一贯的教学支持，我们将向采纳本书作为教材的教师免费提供丰富的教辅资源。您可直接到中国人民大学出版社官网的教师服务中心注册下载——http://www.crup.com.cn/Teacher。

如遇到注册、搜索等技术问题，可咨询网页右下角在线 QQ 客服，周一到周五工作时间有专人负责处理。

注册成为我社教师会员后，您可长期根据您所属的课程类别申请纸质样书、电子样书和教辅资源，自行完成免费下载。您也可登录我社官网的"教师服务中心"，我们经常举办赠送纸质样书、赠送电子样书、线上直播、资源下载、全国各专业培训及会议信息共享等网上教材进校园活动，期待您的积极参与！

2. 高校教师可加入下述学科教师 QQ 交流群，获取更多教学服务

经济类教师交流群：809471792

财政金融教师交流群：766895628

国际贸易教师交流群：162921240

税收教师交流群：119667851

3. 购书联系方式

网上书店咨询电话：010－82501766

邮购咨询电话：010－62515351

团购咨询电话：010－62513136

中国人民大学出版社经济分社

地址：北京市海淀区中关村大街甲 59 号文化大厦 1506 室　100872

电话：010－62513572　010－62515803

传真：010－62514775

E-mail：jjfs@crup.com.cn